수사체계와
검찰문화의 새 지평

김 일 수 저

세창출판사

이 도서의 국립중앙도서관 출판시도서목록(CIP)은 e-CIP 홈페이지(http://www.nl.go.kr/ecip)에서 이용하실 수 있습니다.(CIP제어번호: CIP2010002026)

머 리 말

이 책은 우리나라 수사체계와 검찰문화의 어제를 되돌아보고 오늘과 내일의 새로운 길을 모색하기 위한 의도로 엮은 것이다. 물론 검·경 문화가 근본적으로 달라져야 한다는 목소리가 큰 흐름을 형성해가고 있는 현재의 상황을 의식한 것은 아니었다. 하지만 저자가 그 동안 전문가 계층의 일원으로서 겪었던 소중한 체험들을 통해 축적해 두었던 생각들 중에서 우선 바람직한 검찰문화에 비중을 둔 것은 사실이다.

대학에서 형사법을 연구하고 가르쳐 온 저자는 때때로 검찰조직의 외곽에서 검찰의 활동과 기능, 그리고 제도와 관련된 여러 가지 개혁적·정책적 과제들을 논의할 수 있었던 기회들을 큰 자산으로 소중히 간직해 오고 있었다.

이제 머지않아 정년을 맞이해야 할 시점에 이르러 그 동안 단편적인 경험들과 생각의 편린들을 중요한 하나의 주제 속에 용해해 두는 일도 의미 있는 마무리 작업 중 하나라는 생각이 들어, 아직 설익은 면이 많이 눈에 띄지만, 용기를 내어 출간에 이르게 되었다.

이 책은 저자가 검·경 수사권 조정위원장(2004. 12.~2005. 5.)으로 일하고 손수 엮었던 보고서와 2005년 여름 독일·오스트리아·스위스 여러 나라의 검찰제도를 견문하고 그 해 12월 법무부에 제출했던 「독일·오스트리아·스위스의 형사법 개정추이 연구」, 그리고 2009년 12월 대검찰청에 제출했던 「선진법치사회 진입을 위한 검찰의 사명과 역할」 등이 그 골격이 된 셈이다.

마침 올해는 경술국치 100년이 되는 해이다. 일제에 의한 조선 식민지 정책의 일환으로 우리나라에 통용되기 시작했던 근대 사법제도가 제도의 본질에서 벗어나 어떻게 왜곡되기 시작했고, 또 그 쓴 뿌리가 어떤 형태로 전승되어 왔는지를 이 책에서 더듬어 볼 수 있었던 점은 의미 있는 일이라고 생각한다.

비록 부족하지만, 이 책이 법치주의와 검찰문화의 새로운 지평을 열어가는 데 하나의 작은 길동무가 될 수 있었으면 하는 바람이다.

이 책의 출간을 기꺼이 맡아 수고해 준 세창출판사 이방원 사장, 그리고 임길남 상무께 감사 드린다. 교정에 수고를 보태준 연구실의 김진 군과 고비환 법학석사에게도 고마운 뜻을 전하는 바이다.

2010년 5월

고려대학교 법학전문대학원 연구실에서

김   일   수

차   례

Ⅰ. 서   론 _ 1

Ⅱ. 우리나라의 문제상황 _ 18

Ⅲ. 한국 검찰사적 관점에서 본 검찰권 행사의 역사 _ 72

Ⅳ. 비교법적 관점에서 본 검찰권의 위상 _ 127

Ⅴ. 독일의 수사체계와 검찰문화 _ 138

Ⅵ. 오스트리아의 수사체계와 검찰문화 _ 194

I 서 론

　　근래 우리나라 법 정책 가운데 가장 뜨거운 감자로 떠오른 주제 가운데 하나가 검·경 수사권 조정에 관한 문제이다. 이 주제는 수사체계에서 검찰과 경찰의 지위와 역할 및 기능을 재조명하고 재조정하는 문제를 그 내용으로 한다. 여기에는 우리 형사소송법, 검찰청법, 사법경찰관직무집행에 관한 법률 및 넓게는 정부조직법 등 현행법의 개정작업이 주된 내용이기도 하다.

　　검·경 수사권 재조정은 어느 날 갑자기 떠오른 문제는 아니다. 경찰은 오래 전부터 기회가 있을 때마다 경찰 수사권의 근거를 법률적으로 명료하게 규정해야 한다는 입장을 표명해 왔다. 그것이 2003년 참여정부의 출범과 함께 본격화되기 시작했다. 노무현 대통령의 대선공약 사항 중 하나가 자치경찰제도입과 민생범죄에 대한 경찰수사권독립이었고, 이것은 또한 대통령인수위가 채택한 국정의제 중 하나가 되었기 때문이다. 이를 계기로 경찰은 민생범죄를 넘어 모든 범죄에 대해 원칙적으로 검찰과 동일한 수사주체가 되어야 한다는 주장을 펴왔다.

　　이와 같은 시대의 흐름에 따라 검찰과 경찰은 합리적인 수사제도와 관행을 정착시키는 방안을 강구하기 위해 2004. 9. 15. 양 기관 공동으로 「수사권조정협의체」를 발족하여 수사권조정을 협의하기 시작했다. 그 결과 현행수사권 중 조정 가능한 의제 19건을 협의하고, 조정곤란의제 16건을 확인했다.

■ 조정 가능한 의제 19건은 다음과 같다.

① 사법경찰관리 관할 외 수사시 보고의무폐지(형사소송법 제210
조 관련사항)

경찰제안사항으로서 협의결과 경찰의 내부지침에 중요사건 보고
장치 마련을 전제로 폐지키로 협의함.

② 압수물 처리(환부·가환부)에 대한 검사지휘 폐지(형사소송법 제
219조 단서 관련사항)

경찰제안사항으로서 협의결과 수사경찰의 고의·중과실에 의한
처리오류에 대한 징계요구권 등 마련을 전제로 폐지키로 협의함.

③ 이송지휘건의 폐지

경찰제안사항으로서 이송남용 방지를 위한 경찰의 자체제도 보
완을 전제로 폐지키로 협의함.

④ 고소·고발사건 수사기간 연장(사법집무규칙 제39조 관련사항)

검찰제안 사항으로서 경찰접수 사건은 현행 2개월에서 3개월로,
검찰접수사건 지휘기간은 현행 1개월에서 2개월로 연장키로 협의함.

⑤ 체포·구속피의자 건강침해 염려시 사유보고의무 폐지

경찰제안 사항으로서, 사법경찰관리집무규칙 제24조 규정을 삭
제하여 이 제도를 폐지하되, 경찰의 내부지침을 마련하여, 그 부작용
을 예방키로 함.

⑥ 통신제한조치 집행통지유예 후 통지시 보고의무 폐지

경찰제안 사항으로서 사법경찰관리집무규칙 제53조의3 규정을
삭제하여 이 제도를 폐지하되, 신속통지를 담보하는 경찰의 내부지

침을 마련키로 함.

⑦ 범죄사건부 등에 간인을 받을 의무폐지

경찰제안사항으로서 사법경찰관리직무규칙 제61조 제2항을 삭제하여 이 제도를 폐지키로 협의함.

⑧ 징수금 집행촉탁제도 개선

경찰제안사항으로서 검찰징수 사무규칙 제43조에 규정된 경찰에 대한 징수금집행촉탁제도는 보충적으로만 운용토록 하고, 검찰담당 직원에 대해 이 같은 보충운용에 대한 정기적인 교양실시와 중점감찰을 병행키로 하는 선에서 타협점 발견.

⑨ 긴급체포시 검사의 사후승인제도 폐지

경찰제안 사항으로서 형사소송법 제200조의3 제2항에 규정되어 있는 제도임. 이 점에 대해 검·경수사권조정협의체에서는 검사의 사후승인은 유지하되 석방시 사전지휘는 폐지하기로 협의함.

⑩ 사법경찰관 작성 피의자신문조서의 증거능력 강화방안

경찰제안사항으로서 형사소송법 제312조의 개정사항에 해당함. 검·경수사권조정협의체에서는 특신상태가 인정되는 경우에 한해 증거능력을 강화하기로 협의함. 다만 당시 사법개혁추진위원회에서 전체 형사사법체계의 개혁 작업을 논의하는 중이었기 때문에, 양 기관의 조정의견은 제시하지 않기로 합의하였음.

⑪ 사법경찰관에게 변시자 검시권한 부여

경찰제안 사항으로서 형사소송법 제222조에 관련된 사항. 이 문제는 전문검시관 제도를 도입할 것인지 여부 등 근본적인 제도개혁 차원에서 논의·검토하기로 협의하였음.

⑫ 기소중지 사건기록 보관방식 개선

경찰제안 사항으로서 검찰보존사무규칙 제5조에 규정된 제도임. 이에 대하여 검·경수사권조정협의체는 중요사건에 한하여 사본에 의한 보관방식으로 종전의 업무방식을 개선키로 협의함.

⑬ 사법경찰관리의 검찰파견 문제

2002년 말 그때까지 관행적으로 검찰에 파견되어 왔던 사법경찰관리 172명의 전원복귀로 검찰의 효율적 수사권행사에 차질이 생겼음. 이에 검찰은 국가공무원법 제32조의4(국가기관의 장은 국가적 사업의 수행 … 등을 위해 소속공무원을 일정기간 타 기관에 파견근무하게 할 수 있음)를 근거로 파견근무를 희망하는 사법경찰관리를 일정기간 검찰의 인지수사부서에 파견근무토록 할 것을 제안함. 검·경수사권조정협의체는 구체적인 개별사건 수사시 6개월 이내의 기간을 정하여 파견하되, 필요시 그 기간을 연장할 수 있도록 협의함.

⑭ 민생범죄 수사 자율성 보장

이 문제는 검·경수사권조정 및 재정립의 핵심논제 중 하나임. 경찰의 광범위한 수사 자율성 보장 요구에 대해 검찰이 제안한 사항으로서 민생관련범죄에 대한 경찰수사의 자율성은 현행 형사사법절차에서 검사를 수사의 주재자로 한 근간을 훼손하지 않는 범위 내에서 보장한다는 전제 아래 종전의 검찰수사지휘권의 범위를 축소하겠다는 입장이었음. 그리하여 절도·폭행·상해죄 및 교통사고처리특례법·도로교통법 위반 등 민생관련범죄에 대한 경찰수사의 자율성을 최대한 보장하기로 하고, 송치 전 수사지휘는 강제처분 및 중요사건 등으로 한정하여 경찰수사의 자율성을 완전보장하며, 도로교통법위반 등 일부 정형화된 불기소의견 민생범죄사건은 간이 송치하는 선에서 조정 가능할 것으로 협의함.

⑮ 고소·고발사건 처리 혁신방안

고소·고발사건 송치 전 지휘건의제도가 대검예규기획 제308호에 규정되어 있는데, 이의 폐지를 경찰 측에서 제안함. 검·경수사권조정협의체 협의결과 중요사건과 강제처분을 제외하고는 송치 전 수사지휘는 폐지토록 하고, 사건당사자의 이의제기가 없는 불기소의견 사건은 경찰이 간이 송치하도록 하되, 처리가 3개월을 초과하는 사건에 대하여는 경찰 자체 내에서 합리적인 통제장치를 마련하기로 함.

⑯ 사법경찰에 대한 징계·해임·체임요구 등 규정폐지

이 요구는 경찰이 제안한 사항으로서 검찰청법 제54조와 폭력행위 등 처벌에 관한 특별법 제10조에 규정된 제도를 폐지하자는 것임. 이에 대해 검찰은 사법경찰에 대한 징계소추권을 형사소송법에 통합하여 규정하자는 의견을 제시했음. 검·경수사권조정협의체에서는 몇 가지 가능한 방안들을 상정하고, 이를 검·경수사권조정자문위원회에 올리자는 데 의견일치를 봄.

－1안: 폭처법 제10조 폐지, 검찰청법 제54조에 징계요구권추가(결과통보의무 수반)
－2안: 폭처법 제10조 폐지, 검찰청법 제54조에 징계소추권 신설
－3안: 폭처법 제10조 및 검찰청법 제54조를 각각 폐지
－4안: 폭처법 제10조 폐지, 검찰청법 제54조 존치

⑰ 검사의 체포·구속장소 감찰권한 및 검사의 종합사무감사제도 폐지

경찰이 제안한 사항으로서 각각 형사소송법 제198조의2 및 검찰사건사무규칙 제34조에 규정된 제도임. 검·경수사권조정협의체에서는 부장검사 또는 경력검사만이 감찰을 실시토록 하며, 감찰횟수 및 대상과 관련하여서는 몇 가지 가능한 방안들을 검·경수사권조정

자문위원회에 상정하여 검토케 하기로 함.
   — 1안 : 감찰횟수를 3개월에 1회로 하고, 감찰대상서류를 현장에
           체포·구속되어 있는 자와 직접 관련된 서류로만 제한
   — 2안 : 감찰횟수를 3개월에 1회로 하고, 감찰대상 서류를 체
           포·구속의 의심이 있는 경우, 그 확인에 필요한 서류로
           규정
   — 3안 : 감찰횟수를 3개월에 1회로 하고, 감찰대상서류에 즉결장
           부, 내사장부, 변사체 검시장부 등 기타 서류를 포함.

⑱ 진정·내사중지 및 불입건지휘 범위검토

   사법경찰이 진정·내사사건에 대해 내사중지하거나 불입건 하는
경우 검사의 지휘범위가 불분명하여, 그 대상을 명확히 하고 그에
대한 검사의 사후통제가 필요하다는 점을 들어 검찰이 제안한 사항
임(관련규정은 사법경찰관리 집무규칙 제2조, 제20조임). 검·경수사권조
정협의체에서는 피내사자를 소환조사한 사건 등은 모두 정식 내사사
건으로 번호를 부여하여 관리하고, 강제처분(단, 통신사실 확인자료요청
은 제외)을 한 사건은 정식인지사건으로 처리하며, 공안사범과 집시
법위반 등 공안관련사범·선거법위반사범·노동관련사범 등에 대하
여는 불입건시 검사의 지휘를 받도록 경찰내부지침을 마련하기로 협
의함.

⑲ 중요범죄발생보고·정보보고·범죄통계보고 등 폐지

   중요범죄발생보고는 사법경찰관리집무규칙 제11조(수사사무보고)
에 내란·외환, 공안을 해하는 죄, 살인, 선거법위반, 공무원·외국인
에 관한 죄 등 각호(1~22)에 해당하는 범죄발생시 지방검찰청, 검찰
청 또는 지청장에 보고하도록 되어 있는 제도임. 정보보고는 사경집
무규칙 제12조에 규정된 사경의 의무로서 소요의 발생 기타 사유로
사회 제 불안을 조성할 우려가 있을 때, 정당·사회단체의 동향이

사회질서에 영향을 미칠 우려가 있을 때 지방검찰청 검사장 또는 지청장에게 보고하도록 되어 있는 제도임. 범죄통계보고 는 사경집무규칙 제13조에 규정된바, 사건마다 범죄통계원표를 작성하여 지방검찰청 검사장 또는 지청장에게 제출토록 한 제도임.

경찰은 이 같은 보고제도의 전면폐지를 건의함. 이에 대해 검·경수사권조정협의체에서는 논의 결과 중요범죄발생보고는 현행 22개 항에서 12개항으로 축소하여 내란, 외환, 국기, 국교, 공안, 폭발물, 살인, 국가보안법, 선거법위반, 공무원범죄(검찰보고사무규칙 제3조에 규정된 공무원에 국한), 사회이목을 끄는 사건, 검사장의 지시사건 등에 대해서만 보고의무를 존치키로 함.

그 밖에 정보보고의무도 "집회·시위 기타의 사유로 공공의 안녕질서를 저해할 우려가 있을 때"로 축소 규정하는 방안을 검토키로 하고, 범죄통계원표는 국가의 형사정책적 기능수행에 필수적이며, 경찰이 수행하는 것이 효율적이라는 이유로 현행제도를 유지하는 선에서 검·경수사권조정자문위에 상정키로 함.

■ 조정곤란의제 중 검·경수사권조정 자문위원회로 상정키로 한 6건은 다음과 같다.

① 경찰의 수사주체성 인정 여부

현행 형사소송법 제195조, 제196조는 검사를 수사의 주재자로 규정하고, 사법경찰은 검사의 지휘를 받아 수사하도록 규정하고 있다. 이 규정에 대한 통설적 견해에 따르면 사법경찰은 스스로 수사를 개시·진행할 권한이 없고, 검사의 지휘 하에서 검사를 보조하여 이와 같은 일을 할 수 있는 것이라고 한다.

이에 대해 경찰은 사경도 검사와 대등한 수사주체로 하여, 검사의 지휘 없이 독자적으로 수사할 수 있도록 하는 요지를 내용으로 하는 형사소송법 개정을 요구했다.

경찰은 그 논거로 첫째, 영미법계 및 일본의 검찰·경찰은 대등·협력관계라는 점, 둘째, 경찰이 형사사건의 대부분을 수사하고 있는 현실을 감안할 때, 사경을 독자적인 수사주체로 규정하는 것은 현실과 법규범의 간극을 메워, 오히려 법치국가의 이념실현에 적합하다는 점, 셋째, 경찰의 독자적 수사주체성이 부인됨으로써 피의자는 경찰조사 후 검찰에서 이중조사를 받게 되어, 국민에 대한 사법서비스의 질을 저하시키는 요인이 되므로, 이를 제거하여 국민의 고충을 해소시킬 필요가 있다는 점 등을 든다.

검찰은 이 같은 경찰의 요구를 수용할 수 없는 주장이라고 단정했다. 이에 검·경수사권조정협의체에서는 이 논제가 조정곤란하다고 판단하여, 제3의 기구인 검·경수사권조정자문위원회에 상정하여 조정안을 도출하기로 협의했다.

② 검·경간 관계를 상호협력관계로 재정립할지의 여부

현행 형사소송법 제196조 및 검찰청법 제53조는 범죄수사에 있어서 사경은 검사의 지휘를 받아 수사하여야 하고, 검사가 직무상 발한 명령에 복종하도록 하는 상명하복관계를 규정하고 있다. 이에 대해 경찰은 검·경 수사권 문제를 상명하복관계가 아닌 상호협력관계가 될 수 있게 법률을 개정해야 한다는 요구를 내놓았다.

이 논제는 사경의 지위를 검찰과 독립된 수사주체로 명문화하자는 앞서 본 요구와 같은 맥락의 논제이다. 경찰은 영미법계와 일본의 입법례 및 우리나라의 수사현실에서 이미 경찰이 민생범죄수사에서 주도적 역할을 담당하고 있는 점을 감안하여, 앞으로 검·경 수사권은 상호협력관계로 재정립해야 한다는 입장이다.

이에 대해 검찰은 대륙법, 특히 독일의 형사사법체계를 대폭 수용한 우리나라의 형사사법체계에서 탄핵주의, 기소독점주의, 기소편의주의의 중심에 준사법기관인 검사가 서 있으므로, 수사의 적법절차성과 법치주의 이념을 충실히 실현하기 위해서는 경찰수사에 대한

검찰의 지휘권은 핵심사항이므로, 사경이 독자적으로 수사를 주재할
수 있다는 입법개정방향은 오히려 법치주의의 근간을 위태롭게 하는
요인이 될 수 있다는 점을 들어 반대했다.

결국 검경수사권조정협의체에서는 이 논제도 조정곤란하다고 판
단하여, 제3의 기구인 검·경수사권조정자문위원회에 상정하여 조정
안을 도출해 보기로 협의했다.

③ 지방경찰청장(치안정감·치안감)을 검사지휘대상에 포함할지의 여부

현행 형사소송법 제196조 제정당시 현재 경찰청장에 해당하는
치안국장을 제외한 전 경찰관을 사법경찰관에 포함시켰으나, 그 후
경찰직제는 다양하게 변경되었고, 그에 따른 위 형사소송법 규정은
보완되지 않아 공백이 크게 벌어진 상태이다.

이에 검찰은 민생침해사범에 대한 검찰수사의 자율성을 대폭 확
대하는 경우의 전제로 먼저 사법경찰을 행정경찰과 분리, 운용할 필
요가 있다고 주장한다. 검사의 지휘를 받지 않는 행정경찰간부가 수
사업무를 지휘하는 것은 불법이므로, 행정경찰에 의한 사법경찰에
대한 지휘를 배제하기 위해 형사소송법 제196조를 개정하여 경찰청
장을 제외한 지방경찰청장(치안정감·치안감)도 사법경찰관으로 규정
해야 한다는 것이 검찰의 제안사항이었다.

경찰은 사경과 행정경찰의 구분이 경찰내부의 기능적인 분류일
뿐 모든 경찰이 사경의 직무를 행사할 수 있는 지위에 있음을 이유
로 법개정의 필요성을 부인하고, 대신 형사소송법 제196조의 규정을
검·경수사권의 상호협력관계로 개정하는 것이 급선무라는 입장을
견지했다.

그 결과 검·경수사권조정협의체는 이 안도 검·경수사권조정자
문위원회에 상정·검토키로 협의했다.

④ 사법경찰통합운용방안

검찰이 제안한 사항으로서 부정부패사범, 대형 경제범죄, 조직폭력, 마약, 주요 강력범죄, 컴퓨터범죄 등 주요범죄인지수사를 담당하는 사법경찰을 행정경찰과 분리한 후 검찰 일부 수사인력과 통합하여 법무부 소속 특별수사기구로 편입하자는 내용이다.

현재 검찰과 경찰이 중복적으로 수행하고 있는 주요범죄 인지수사 담당 수사인력과 기구를 통합하여 전문화함으로써 전통적 범죄의 효율적 진압 및 지능화·흉포화·광역화·컴퓨터화해 가는 현대 신종범죄에 신속대처를 가능하게 한다는 점, 경찰인사에 있어 사경의 특수성이 고려되지 않고 있어, 사법경찰이 정보분야 등 행정경찰에 비하여 상대적으로 받고 있던 불이익을 해소할 수 있다는 점, 사경의 수사과정에서 발생할 수 있는 행정경찰의 부당한 간섭을 배제하여 진정한 수사의 자율성을 회복함으로써 사경의 사기저하 문제를 해소시킬 수 있다는 점 및 검찰과 경찰의 이중적 수사구조를 근본적으로 해결하여, 수사권 문제를 둘러싼 갈등을 일거에 종식시킬 수 있다는 점 등을 그 논거로 든다.

하지만 이 문제는 단지 현행 검·경수사권 관련 형사절차법 손질 수준이 아니라, 정부조직법상의 권한재배분문제가 조정되어야 할 사항이다. 경찰은 이 같은 논의가 장시간의 검증과 토론을 필요로 할 사항이라는 점에서 수용불가의견을 내놓았다. 그 결과 이 논제도 제3의 검·경수사권조정자문위원회에 상정하여 논의하기로 협의하였다.

⑤ 형 집행상 집행관련 규정 개선 여부

현재 벌과금 징수와 관련하여 형사소송법 제475조는 형 집행상의 집행업무를 사법경찰이 담당하도록 하고 있다. 이에 대해 경찰은 형집행 업무가 검찰고유의 업무이므로 사경이 담당해야 할 이유가 없다는 점, 업무과중으로 경찰본연의 민생치안업무에 심각한 지장을 초래한다는 점을 들어, 위 형사소송법 규정을 폐지하여 사경의 벌과

금징수 관련 형 집행상 업무를 폐지해야 한다는 주장을 내놓았다.

검찰은 벌금형 집행장의 집행이 대부분 수배자 검거의 형태로 이루어지고 있으므로, 형사사건수배자와 벌금형수배자를 따로 관리하는 것은 비효율적이고 현실성이 없다는 점을 들어 경찰제안을 수용할 수 없다는 입장이었다. 단, 검찰의 인력과 예산확보를 전제로 긍정적으로 검토할 수 있음을 내비쳤다.

결국 이 문제는 검·경수사권조정자문위원회에 상정하여 검토키로 협의가 된 사항이다.

⑥ 수형자 등의 호송업무개선

현재 검찰에 송치된 피의자, 검찰이 체포한 피의자, 검찰수배자 등은 구치소 등 입감시까지 경찰이 호송을 담당하고 있으나, 수형자 등 호송규칙 제2조를 개정하여 검찰송치 이후의 수형자 호송업무는 검찰에서 담당하여야 한다는 요구를 경찰에서 내놓았다.

경찰 수사단계에 있는 피의자를 제외한 수형자 등의 호송업무는 경찰 고유의 업무가 아니라는 점, 경찰에 별도의 호송인력이 없음에도 검찰수사단계의 호송업무까지 담당함으로써 경찰 본연의 업무에 지장을 초래한다는 점 등이 그 논거이다. 이에 대해 검찰은 신원확인, 신병검거 및 호송 등의 업무는 본질적으로 경찰의 업무로서 경찰이 담당해야 마땅한 일이지만, 검찰의 인력과 예산확보를 전제로 긍정적으로 검토할 수 있음을 내비쳤다.

결국 이 문제도 검·경수사권조정자문위원회에 상정하여 검토키로 협의가 이루어진 사항이다.

■ 조정곤란 의제 중 미확정된 1건은 다음 사항이다.

① 중요 범죄발생보고·정보보고 등 폐지

사법경찰직무규칙 제11조에는 내란, 외환, 살인 등 중요범죄발생시 사경은 지방검찰청 검사장 또는 지청장에게 보고할 의무가 있고, 같은 규칙 제12조에는 소요의 발생 등 기타 사유로 사회적 불안을 조성할 우려가 있을 때, 정당·사회단체의 동향이 사회질서에 영향을 미칠 우려가 있을 때 사경은 지방검찰청 검사장 또는 지청장에게 보고하도록 되어 있으며, 같은 규칙 제13조에는 사건마다 범죄통계원표를 작성하여 지방검찰청 검사장 또는 지청장에게 제출하도록 되어 있다.

경찰은 이 같은 각종 보고의무를 폐지하여 사경의 수사편의와 절차의 간소화를 도모하도록 해야 하며, 사경을 검사와 대등한 수사주체로 인정해야 할 마당에, 검사에 대한 이 같은 각종 보고의무는 서로 양립하기 어렵다는 이유를 들어 폐지해야 한다는 제안을 내놓았다.

이에 대해 검찰은 중요범죄발생보고 및 정보보고는 국가·사회에 영향을 미칠 수 있는 중요사건의 실체규명 및 국가·사회의 안전보장을 위해 유지해야 할 필요가 있다는 점에서 반대의견을 폈다. 단, 현행규정은 다소 포괄적이므로 차제에 보고대상 및 그 범위를 축소하는 방안은 검토할 필요가 있다는 데 동감했다. 또한 범죄통계원표도 국가의 형사정책 기능수행에 필요하며, 수사업무 관련상 경찰에서 수행하는 것이 효율적이라는 점에서 현행제도가 유지돼야 한다는 입장이었다.

다만, 대검 공안부, 경찰청 정보과 등 현행 양 기관 주무부서의 실무의견을 수렴한 후 다시 논의하는 것이 좋겠다는 데 검경수사권조정협의체의 의견이 일치하여, 이 문제는 미확정인 채 차후과제로 돌려졌다.

■ 조정곤란의제 중 검경수사권조정자문위에 상정 않기로 한 9건은 다음과 같다.

① 출국금지·정지요청시 검사의 지휘폐지
경찰제안사항으로서 출국금지업무처리규칙 제5조 제2항, 외국인

출국정지업무처리규칙 제4조에 규정된 출국금지·정지요청시 검사의
지휘를 받기로 한 규정을 폐지하여 이를 없애기로 하자는 요청이었다.
　　검찰측은 법무부의견 조회 후, 앞으로 상설협의체에서 일부사항
을 개선해야 할지 논의하자고 하여 협의에 이르지 못했다.

　　② 긴급통신제한조치시 검사의 사전지휘 및 사후승인폐지
　　통신비밀보호법 제8조 제3항에 규정된 사항으로서 경찰이 그
폐지를 제안한 사항이다. 검찰로서는 인권옹호적 관점에서 그 폐지
를 동의할 수 없다고 반대하여 미상정의제로 남게 되었다.

　　③ 마약류 범죄혐의 외국인 입국·상륙허가 요청시 검사에 대한
　　　신청제도 폐지
　　마약류불법거래방지에 관한 특례법 제3조 제5항에 규정된 사항
으로서 경찰이 그 폐지를 제안한 사항이다. 사회 안전의 이익 때문
에 검찰이 동의할 수 없다고 반대하여 역시 미상정의제로 남게 되었
다. 추후에 재론이 불가피한 사항임은 두말 할 것도 없다.

　　④ 마약류의심화물의 세관특례조치 요청시 검사에 대한 신청제
　　　도 폐지
　　현행 마약류불법거래방지에 관한 특례법 제4조 제3항에 규정된
사항으로서 경찰이 그 폐지를 제안한 사항이다. 앞에서와 같은 이유에
서 검찰이 폐지에 동의할 수 없다고 하여 미상정의제로 남게 되었다.

　　⑤ 마약류특례법상 몰수·추징보전을 위한 처분명령제도 개선
　　현행 마약류불법거래방지에 관한 특례법 제76조 제3항에 규정된
사항으로 경찰이 그 개선을 건의한 사항이다. 중대 범죄에 관한 현행
의 법적 통제 방법의 변경은 별도의 심도 깊은 논의가 필요하다는 입
장에서 검찰이 동의하지 않아 역시 미상정의제로 남게 된 사항이다.

⑥ 경찰청장에 대한 특정금융거래정보제공방법의 개선

현행 특정금융거래정보의 보고 및 이용 등에 관한 법률 제7조의 규정사항이다. 이에 의하면 금융정보분석원장은 법률이 정한 특정금융거래정보를 검찰총장, 국세청장, 관세청장, 금감위에 제공하면서 경찰청장에게 제공하는 정보는 대통령령이 정한 범위로 제한하고 있어, 이를 검찰총장 등의 경우와 동일하게 해야 한다는 경찰측 제안이었다.

이 문제도 수사주체에 대한 현행법상의 위상을 반영한 것으로, 검찰은 현행 제도를 유지하는 것이 좋겠다는 입장이었다.

결국 검·경수사권조정협의체에서는 의견차이가 좁혀지지 않았고, 또한 검·경 양 기관을 넘어 협의해야 할 사항이라는 이유로 미상정의제로 남게 되었다.

⑦ 보안관찰법상 검·경 관련 규정의 전반 개선

검사가 보안관찰청구를 함에 있어서 조사가 필요한 경우 현행 보안관찰법 제9조에 의하면 사경은 검사의 지휘를 받아 조사할 수 있도록 규정하고 있고, 제17조도 검사가 집행을 지휘하도록 규정하고 있다. 따라서 경찰도 경찰관서장의 책임 하에 조사와 집행을 할 수 있도록 하고, 검·경이 조사·처분집행의 전 과정에서 상호협조·통보하도록 개선하자는 제안을 경찰이 내놓은 것이다.

검찰은 이 제도가 국가안위와 직결되는 특정중요범죄사항이어서 경찰의견을 수용할 수 없다는 입장이었다. 결국 이 문제도 검경수사권조정협의체의 조정곤란이라는 판단 아래 미상정 의제로 남게 되었다.

⑧ 형집행정지자 관찰·보고의무 등 개선

형집행정지자 관찰규정 제1조 및 제2조, 검찰집행사무규칙 제31조 및 제32조에 규정된 사항으로, 경찰은 이 규정상 관찰·보고의무를 검·경간 협조관계로 개선하자고 요구했다. 형의 집행에 관한 사항은 경찰 본연의 업무가 아니라는 점을 전제한 요구임은 두말 할 것도 없다.

이에 대해 검찰은 형사소송법상 형의 집행업무가 사경의 직무로 엄연히 규정되어 있다는 점과 국가 형사사법 실현의 최종단계인 형 집행에서 검사가 사경을 지휘하는 것은 반드시 필요하다는 점을 들어, 경찰의 요구를 수용하기 곤란하다는 입장을 보였다. 결국 이 문제도 미상정 의제로 남게 되었다.

⑨ 공소보류자 관련 검사의 감독·지시권 등 개선

공소보류자관찰규칙 제7조, 제8조, 제10조에 규정된 사항으로서 검사가 이 사항과 관련하여 경찰서장을 지휘·감독하도록 되어 있다. 이에 경찰은 공소보류 결정자에 대한 경찰의 시찰을 폐지하고, 보고 의무 및 지휘·감독권은 상호협력관계로 개정할 것을 요구했다. 상위법령에 명시적 근거 없이 국가기관간 의무를 부과하는 규정은 부당하다는 것이다.

이에 대해 검찰은 공소보류제도가 존치되는 한 공소보류자에 대한 감시 등 관찰장치를 폐지할 수 없고, 이는 수사의 일환이자 인권 침해적 요소가 내재되어 있어 반드시 검사의 지휘·감독이 필요한 사항이라는 점을 들어 경찰측 요구에 반대했다.

결국 이 사항은 더 이상 조정이 곤란한 주제로 판명되어 미상정의제로 남게 되었다.

이상이 지난 2004. 9. 10. 검찰의 제의로 발족된 「검·경수사권 조정협의체」에서 2004. 12. 초까지 16차례의 회의를 통해 논의한 검·경 수사권 조정의 현안들이다. 위에서 본 바와 같이 현행의 제도와 관행을 개선하여 경찰수사에 사실상 독자성을 부여키로 한 잠정합의사항도 19개 항에 이른다.

문제는 이 같은 사실상의 독자성 보장이라는 개선책에 경찰이 만족해하지 않는다는 점과 그렇다면 법적인 독자성 보장을 위해, 어느 정도까지 현행 형사사법체계, 특히 수사체계를 개혁할 수 있느냐는 점이다.

이 문제는 1954년 9월 23일 제정된 형사소송법과 그 후에 뒤이어 제정된 검찰청법과 경찰청법과 정부조직법 등 관련 조항들을 모순 없이 총체적으로 손질해야 할 대대적인 법개정작업을 수반한다. 반세기 이상 유지되어 온 형사사법 및 수사체계를 재조정·재정비하는 작업은 단순히 법률조항을 손질하는 데 그치지 않는다. 그에 앞서 그 동안의 사회변동과 법문화의 변천 그리고 국민의 법의식 변화 등에 대한 면밀한 분석과 검토작업이 선행되어야 할 것이다. 여기에서 우리는 현재 우리의 법문화 속에서 법규범과 법현실 내지 관행의 간극을 발견할 수 있는지를 검증해야 하며, 만약 그와 같은 간극을 발견하게 되었을 때, 그 간극을 메우기 위해, 소폭의 개정작업으로 나아갈지 아니면 대대적인 개정작업으로 나아가야 할지를 정책적으로 결정해야 할 것이다. 정상적인 법개정작업을 상정한다면 더더욱 그러하다. 그 밖에 비교법적 연구를 통해, 각 나라와 그 나라의 법문화 전통에서, 우리와 유사한 형사사법 및 수사체계가 어떻게 운영되고 있으며 또 어떻게 개선되고 있는지를 확인하는 작업이 선행되어야 한다. 비교법적 연구야말로 바람직한 법정책을 수행하는 데 전제되는 길라잡이로 기능할 수 있기 때문이다.

여기에 내놓을 내용은 이런 광범위한 선행조건 중 비교법적 연구작업의 일부에 해당한다. 이미 잘 알려진 바와 같이 우리나라의 형사소송법 중 특히 수사체계는 전통적인 유럽대륙법체계를 계수한 것이다. 그 원류에는 인권혁명을 통해 구체제를 벗어난 프랑스 형사소송법이 자리잡고 있고, 이른바 개혁된 형사소송법인 나폴레옹 법전을 모델로 삼아 새로운 형사소송법체계를 세운 독일형사소송법이 우리나라 형사소송법에 특히 중요한 의미를 던져주고 있다.

이 책에서는 독일어 언어권인 독일, 오스트리아, 스위스의 형사소송법 개정 추이 속에서 특히 검·경 수사권에 관한 법체계를 중점

적으로 다루기로 했다. 이들 세 나라가 전통적으로 대륙법계의 형사
소송법체계의 중심에 자리잡고 있으면서도, 각각 특이성을 지니고
있고, 더 나아가 이들 세 나라가 다같이 최근 들어 이 분야에서 괄
목할 만한 개정작업을 거쳤거나 진행 중에 있기 때문에 더욱 주목할
가치가 있어 보인다.

II 우리나라의 문제상황

1. 문제의 현실화

지난 2002년 제16대 대통령선거 당시, 민주당 대통령후보였던 노무현 후보 진영에서 내놓은 대선공약 중에는, 자치경찰제의 도입과 민생치안범죄에 대한 경찰수사의 독자성 보장이라는 주제가 들어 있었다. 2003년 2월 출범한 노무현대통령의 참여정부 국정과제 중에도 「실질적인 자치경찰제 도입을 통한 권한분산을 조건으로, 일부 민생치안범죄에 한해 검찰의 사법적 통제를 받는 전제 하에서 경찰수사의 독자성을 인정」한다는 내용이 포함되었다.

노무현 대통령의 대선공약 및 참여정부의 국정과제는 이처럼 검경수사권의 재조정이라는 난제를 떠안고 있는 셈이다. 그 요지를 한번 정리하자면 다음과 같다.

첫째, 자치경찰제 도입과 함께 민생치안범죄에 대한 경찰수사의 독자성 보장이다.

둘째, 경찰수사의 독자성은 준사법기관인 검사의 사법적 통제 하에 인정된다.

첫 번째 내용은 그 동안 민생치안범죄에 대하여 경찰수사가 독자적으로 광범위하게 행하여져 온 현실에 비추어, 법제도 속에 그 현실을 제대로 반영하여 규범과 현실의 괴리를 풀어보겠다는 법정책적 의지를 담고 있다. 하지만 경찰수사의 독자성 확대에 다른 부작용을 예상하여, 그에 따른 부작용을 최소화하기 위한 장치를 마련해야 한다는 점을 인식하고 있다. 그 제도적 장치로서 실질적인 자치경찰제 도입을 통한 경찰권력 집중화의 예방과 검사의 수사지휘를 통한 사법적 통제를 거론하고 있다. 이 같은 견제시스템은 국민의 인권보장과 독자적인 경찰수사에서 놓치기 쉬운 적법절차 확보를 위한 의도로 보인다.

그 후 참여정부는 이 같은 국정과제 실천의 일환으로 2004. 9. 2. 수사권 조정문제를 법무부장관에게 일임시켰고, 법무부의 요청으로 검경간 수사권조정을 위한 협의체를 구성하여 검·경이 이 문제를 둘러싼 현안들을 협의해 나갔다. 검경수사권협의체의 잠정적 합의 내용(19개항 잠정합의사항)은 민생치안범죄에 대해 사실상 경찰의 독자적 수사권을 부여한다는 것이었다. 또한 고소·고발사건도 독자적 수사권과 당사자 사이에 이의 없는 불기소사건은 간이 송치하도록 하여 사법경찰에 일부 준종결권을 부여한다는 것이었다. 그 밖에도 본질적으로 중요하지 않은 수사지휘관행을 대폭 폐지하거나 개선하여 경찰수사의 독자성을 높인다는 것이었다.

이 같은 잠정합의안을 포함한 수사권조정문제를 확정하기 위하여 2004년 12월 학계·실무계·언론계·시민단체대표 등 외부위원을 주축으로 한 「검경수사권조정자문위원회」가 발족하여 2005년 5월까지 현안들을 검토하여 의견서를 내놓았다. 하지만 경찰의 수사주체성을 인정하는 문제와 검찰의 수사지휘권을 배제하는 문제와 뒤얽혀 있는 형사소송법 제195조, 제196조의 개정문제에 있어서는 검찰·경찰간 견해 대립이 첨예하게 대립했고, 자문위원회 민간위원들 사이에서는 친검찰, 친경찰 쪽으로 견해가 양분되어, 합리적인 절충점을 찾기 어려웠다. 결국 현안은 입법기관인 국회의 손으로 넘어갔고, 여당과 정부 등에서 조정과 절충을 모색하고 있지만, 양 기관의 시각차가 워낙 첨예하게 대립하는 상황에서 그 돌파구를 찾기가 쉽지 않아 보인다.

　　문제가 여기까지 꼬이게 된 것은 검·경간 수사권 문제를 놓고 정책이 아닌 정치를 통해 해결하려는 전략이 그 원인의 하나였다고 생각한다. 참여정부의 국정과제 속에 포함된 경찰 수사권 문제는, 정책적으로 합리적인 방향과 내용을 담고 있는 것이 사실이다. 양 기관 협의의 초기단계에서 상황을 어렵게 만든 부분은 검찰이 경찰의 수사주체성을 법적으로 인정하지 않고, 단지 검찰의 수사지휘권행사 관행을 개선하고 자제하여, 사실상 경찰수사의 자율성을 제고해 주겠다는 전략이었다. 자문위원회의 논의과정 마지막 단계에서 검찰은 초기 국정과제의 가이드라인까지 후퇴하여, 경찰의 수사주체성을 법적으로 인정하는 데까지 나아가되, 경찰의 독자적인 수사권행사에 대해서는 상징적인 의미에서라도 수사지휘권을 법적으로 명시해야 한다는 입장이었다. 하지만, 최종단계에서 상황을 꼬이게 만든 부분은 경찰이 검찰의 이 같은 수사지휘권조차 배제한 실질적인 독자성을 확보하려고 한 전략이었다.

　　수사권의 주체성과 독자성 그리고 사법적 통제장치는 상호 함수관계에 놓여 있기 때문에, 어느 하나를 별개의 것으로 분리하여 고찰할 수 없는 주제이다. 궁극적으로 이 같은 권한재조정의 이해당사자가 검찰과 경찰이 아니라 국민이기 때문이다. 국민을 위한 헌법적 가치와 법이념을 실현하기 위해, 어떤 권한의 분배, 어떤 견제와 균형을 모색하는 것이 합리적일 것인가에 정책가들은 항시 자신의 시선을 집중해야 한다.

　　어쨌든 문제는 현실화되었고, 우리들은 이제 그 문제해결의 합리적 방안들을 모색하지 않으면 안 될 처지에 놓이게 되었다. 검찰과 경찰은 우선 서로 납득시킬 수 있는 절충점을 모색하여야 할 것이다. 그러나 검찰과 경찰은 외부로부터 납득을 당하기 전에 스스로 납득할 수 있는 긍정적인 노력을 기울이는 것이 중요하다.

　　개인과 인류전체의 삶에 있어서는 물론 제도화된 기구나 조직의 활동에 있어서도 단순히 현 상태를 유지·보존하는 것이 중요한 것이 아니라, 이를 발전시키는 것이 중요하다. 발전이란 우리가 아직 이루지 못한 바를 촉진시키는 것을 의미한다. 그것은 하나의 생산적 유토피아이다. 자유법치국가에서 이러한 생산적 유토피아는 법 유토피아라는 정책구상을 뜻한다. 이미 있는 제도의 유지를 넘어서 보다 더 나은 미래를 향해 개방된 제도까지를 구상의 목표로 삼는 유토피아이다.[1]

이 같은 법 유토피아에 이르자면 국민인 개인 및 사회의 자유와 안전, 복리를 위해 국민의 권한수임기관인 정책기구들은 그러한 목표를 지향하여 나아가는 목적합리적 사고뿐만 아니라 가치합리적 사고를 필요로 한다. 이 같은 정책적 발전에 장애가 되는 것이 기관이기주의와 기득권옹호론이다. 일종의 집단이기주의에 속하는 기관이기주의에 포로가 되면 개인적인 도덕적 판단과 양심이 제대로 작동하기 어렵다. 그러므로 기관간의 권한갈등 사항을 논의하여 해결점을 찾자면 당사자간의 견해차를 명확히 한 뒤, 상대방의 주장에 비추어 기존의 입장을 수정할 필요가 있는지를 상정할 수 있어야 한다. 이것이 실천적 이성의 과제이기도 하다. 상대방의 입장에 서서 반추해 봐도 서로 기존의 입장을 수정할 필요를 인식할 수 없을 때, 앞으로의 정책적 진행은 불가능하다. 이 경우 최선의 해결책은 양자의 입장 사이에서 발견될 수밖에 없다는 점이다. 결국 그렇게 상정된 중간지점을 향해 상호주관적인 인식의 지평을 넓혀 나가는 것이 합리적인 문제해결의 방식이 될 것이다. 여기에서 상호주관적인 인식의 촉매제는 바로 국민이라는 점을 잊어서는 안 될 것이다.

---

1) 이에 관하여는 베르너 마이호퍼, 『법치국가와 인간의 존엄』(심재우 역), 1994, 97면 이하 참조.

2. 검·경수사권조정자문위원회 활동 및 경과

(1) 개   관

수사권조정자문위원회는 「합리적인 수사제도와 관행을 정착시키는 방안에 대한 각계각층의 의견을 수렴하고 검찰총장과 경찰청장의 자문에 응하기 위하여」 대검찰청과 경찰청 훈령에 근거하여(대검찰청 훈령 제112호; 경찰청훈령 제436호) 2004. 12. 20. 설치되었다(동위원회 운영규정 제1조). 위 위원회는 대검찰청·경찰청 수사권조정협의와 관련하여 검찰총장과 경찰청장이 자문하는 안건을 심의하며, 위원장은 심의결과에 따른 의견을 검찰총장과 경찰청장에게 제시하도록 되어 있다(동위원회 운영규정 제2조).

이와 같은 목적을 실현하기 위해 위 위원회는 위원장 1인을 포함한 14인 이상 20인 이내의 위원으로 구성키로 하되, 위원은 사회적 덕망과 전문성을 갖춘 법조계, 학계, 시민단체, 언론계, 여성계 등 인사 중에서 검찰총장과 경찰청장이 공동으로 위촉하기로 했고, 대검찰청 수사정책기획단장과 경찰청혁신기획단장은 위 위원회의 당연직 위원이 되도록 했으며, 위원장은 위원 중에서 호선하기로 했다(동위원회 운영규정 제3조).

이 같은 구성 원칙에 따라 대검찰청 당연직 위원인 김회재 검사와 경찰청 당연직 위원인 홍영기 경무관(현 치안감)과 경찰청 인사이동으로 그의 후임인 김학배 경무관 외에, 검·경이 동수로 추천한 위원들로 위원회는 구성되었다. 먼저 검찰측에서 추천한 위원으로는 김일수(고려대 법대교수), 정웅석(서경대 법대교수), 김주덕(변호사), 서경석(기독교 사회책임 공동대표), 신성호(중앙일보 논설위원), 황덕남(변호사) 등 6인이었고, 경찰측에서 추천한 위원으로는 서보학(경희대 법대교

수), 조국(서울대 법대교수), 김희수(변호사), 오창익(인권실천시민연대사무국장), 성유보(방송위원회 상임위원), 최영희(청소년 위원회 위원장) 등 6인이었다. 위원장은 호선에 의해 김일수 위원이 맡게 되었다.

우선 검·경에서 동수로 추천한 위원들은 대체로 검·경의 다른 입장을 충분히 이해하고 또한 자신을 추천한 쪽 입장을 충실히 반영하고자 하는 경향을 보였지만, 수사권제도의 근본적인 변화를 논하는 주제가 아닌 데서는 국민의 자유와 인권 그리고 국민의 편익을 위한 관점에서 관행과 제도를 개선하는 독자적인 견해를 피력하기도 했고, 이를 관철시키기도 했다. 하지만 검·경 양 기관이 첨예하기 입장대립을 보인 수사권제도의 근본적인 변혁에 관해서는 다양한 견해제시에도 불구하고 접합점을 찾는 데는 한계가 있었다.

이 점은 위 위원회가 그 출발점에서부터 태생적 한계를 가졌었기 때문으로 보인다. 수사권 문제와 같이 이미 굳어버린 제도를 바꾸고 양 기관 간에 첨예하게 대립하는 견해 차이를 조정해 내려면 위원회를 자문기구가 아닌, 독립된 권한을 가진 법적 기구로 하지 않고는 힘들다는 점에 그리고, 전문가들로 구성된 전문가 그룹에서 우리 현실에 맞는 더 나은 제도가 무엇인가를 비교법적 관점에서 충분하고 세심한 연구·검토를 거친 토대 위에서만 시행착오를 최소화할 수 있는 합리적인 조정안이 도출될 수 있다는 점에 비추어 볼 때 더욱 그렇다.

제도는 문화의 산물이자 시대의 산물이기도 하다. 우리 사회와 우리 시대의 삶의 양식과 의식이 바뀌면 바뀐 만큼 전해 내려온 제도를 손질하는 것은 당연하다. 문제는 무엇을 어떻게 손질하는 것이 좋은지에 관한 합리적인 정책마인드가 있느냐하는 점이다.

수사권과 같은 법제도도 그 예외가 아니다. 현행 수사권제도를 개혁하고자 하는 시대적 요청이 있다면, 방법론적으로 적어도 다음과 같은 법 정책적 사유과정이 필요하다고 생각한다.

첫째, 현재의 수사제도를 둘러싼 우리의 현주소에 대한 객관적이고도 냉정한 분석과 검토가 선행되어야 한다. 우리나라의 수사제도의 뿌리는 어디에서 연유된 것이며, 또 법제화의 출발점에서 우리 입법의 아버지들이 무엇을, 어떻게 고민한 결과, 현행 제도가 산출되었는지를 법제사적 관점에서 충분히 관찰할 필요가 있다는 점이다.

그 기초 위에서 현행 수사제도의 실제가 어떠한지에 대한 객관적인 분석과 검토가 뒤따라야 한다. 구체적으로 말하자면 우리의 수사권제도는 검사가 수사권의 수재자로(형사소송법 제195조), 사법경찰관리가 수사권의 보조자로서 지위에 있다(형사소송법 제196조). 물론 사법경찰관도 검사와 마찬가지로 수사의무를 진다는 점에서 수사권의 한 주체임에는 틀림없다. 하지만 사법경찰관의 수사권은 검사의 지휘 하에 놓인다는 점에서(형사소송법 제196조 제1항), 수사권의 주재자는 검사라는 데 견해가 일치한다.

문제는 오늘날의 수사실무에서 검사의 수사지휘권 행사가 실제로 사법경찰관의 수사권행사에 대해 미치는 범위가 점점 축소되어가는 추세라는 점이다. 사법경찰관리가 검사의 연장된 팔에 불과하다는 법제도의 취지가 실제에서는 거꾸로 뒤바뀌어 검사가 사법경찰관의 연장된 팔 노릇을 하는 양상이 전개되기도 한다는 점이다. 그렇다면 법규범과 변화된 실제적 현실 사이의 간극을 어떻게 조정하고 그 가교를 놓을 것인가 하는 점이 바로 법정책의 공식적 대상(formal object), 즉 현안이 된다. 자문위는 이 공식적 대상에 대해 15차례의 논의와 한 번의 공청회를 거친 결과, 그 핵심영역에서는 조정을 끌어내지 못했지만, 국민적 시각에서 보아 그 중요성이 과소평가될 수 없는 주변영역에서는 일부 조정안을 도출하기도 했고, 수정된 권고안을 도출하기도 했다.

둘째, 현행 수사권제도의 개혁방향과 목표점을 신중하게 설정하는 일이다. 현행제도의 문제점이 무엇이며, 그 문제점이 국민의 자유와 인권, 국민의 편익 제고 차원에서 어디까지 개선되어야 합당한지를 가치합리적으로 판단하고 결정해야 하는 과제이다. 국가의 형법

실현이라는 중요한 권력 작용의 하나인 수사권을 현재의 이해관계 당사자인 두 권력기관간의 권한 분쟁과 땅따먹기식 논쟁의 대상으로만 삼는다면 그것은 이 같은 가치합리적 목표설정에서 빗나간 일탈이라 비난해도 좋을 것이다.

　여기에서 목표설정의 과제는 주로 수사권을 가치합리적으로 수행하기 위한 검·경의 관계설정이 되겠지만 보다 근본적으로는

　① 수사권을 전담하는 사법경찰관리들을 기존의 검·경과 분리된 독립된 국가기관으로 개편하는 문제

　② 사법경찰관리를 경찰권과 분리하여 검찰청산하에 두는 문제 (이상은 정부조직법상의 개편작업이 수반된 사항임)

　③ 경찰을 수사권의 주재자로 하고, 검찰은 공소권의 전담자로 하는 문제

　④ 검찰을 수사권의 주재자로 하되, 경찰을 제한된 영역에서 독자적 수사권자로 인정하는 문제

　⑤ 경찰을 제1차적 수사기관으로 삼고, 검찰을 제2차적·보충적 수사기관으로 삼는 문제

　⑥ 경찰과 검찰을 각각 독립된 수사기관으로 하되, 일반적으로 검찰수사권을 우위에 두고, 구체적으로 수사권 충돌이 일어나는 경우에도 검찰수사권의 우위를 인정하는 문제

등이 검토될 수 있을 것이다.

　이에 부수하여 수사권관련 헌법조항을 비롯한 현행 법규정들을 개정하는 문제도 이 목표설정 과제 속에 포함되어야 함은 두말 할 필요도 없을 것이다. 예컨대 경찰조서의 증거능력 평가절상 문제 같은 것이 그것이다(물론 현재 진행 중인 국민참여적 형사소송법개정논의에서는 거꾸로 검찰조서의 증거능력 평가절하 문제가 주류를 이루고 있지만).

　셋째, 현재의 제도에서 목표설정 방향을 향해 어느 정도의 보폭으로 발걸음을 내딛는 것이 목적합리적으로 타당할 것인가를 예측하는 일이다. 이것은 결과의 타당성(Folgengerechtigkeit)까지를 포함하여,

이른바 추상적 유토피아(Abstrakte Utopie)가 아닌 구체적 유토피아 (Konkrete Utopie)가 어떤 것인지를 가늠하는 작업에 해당한다.

일찍이 Hegel은 그의 법철학 서문에서 "미네르바의 부엉이는 저녁놀이 깃들기 시작할 무렵 비로소 날기 시작했다"고 노래했다. 추상적 몽상가들은 우리의 현실과 우리의 몸이 달릴 수 있는 최대 보폭을 고려하지 않은 채 10년 이후에 이루어질 일을 오늘 당장에 이룰 수 있다고 주장한다. 그들은 대낮에 날아오르는 부엉이처럼 저녁놀이 깃들기 전에 이미 지쳐 쓰러지고 말 것이라는 점을 예측하지 못한다.

이에 반해 구체적 이상론자들은 비록 어둠이 깃들기 이전이라도 저녁놀 속에 감지되는 밤의 무게를 예료하고 비로소 날기 시작하는 부엉이처럼, 수 년 후면 이루어질 수 있는 개혁을 오늘에 미리 앞당겨 실행하고자 한다. 그러므로 구체적 이상향은 실현 불가능한 꿈이 아니라 오늘 지금 여기에서 이미 실현가능한 꿈인 것이다.

문제는 수사권조정에서 이 구체적 이상향이 현재의 수사권제도를 기준으로 할 때 어느 단계까지를 의미하는가 하는 점이다. 여기에 시대정신과 역사성에 귀 기울이는 목적합리적 지혜가 필요해 보인다.

(2) 운영 경과

검찰과 경찰은 합리적인 수사제도와 관행을 정착시키는 방안을 강구하기 위해 2004. 9. 15. 양 기관 공동으로 「수사권조정 협의체」를 발족하여 수사권 조정을 협의해 오던 중, 사회 각계각층의 의견을 수렴하고 검찰총장과 경찰청장의 자문에 응하여 국민의 입장에서 보다 합리적인 수사권 조정안을 도출하고자, 2004. 12. 20. 검찰과 경찰 양 기관에서 동수로 추천한 학계·법조계·언론계·시민단체·여성계 등의 대표인사 14명(검찰과 경찰 양 기관 대표 2명 포함)으로 구성된 「검·경 수사권조정 자문위원회」를 설치하여 운영하기에 이르렀다.

동 위원회에서는 2005. 5. 2.까지 15차례 회의를 개최하여 검찰과 경찰 양 기관에서 상정한 26개의 안건을 논의하였다. 논의방식에 있어 경찰추천 자문위원들은 수사권 조정의 핵심의제인 형사소송법 제195조, 제196조 개정문제를 먼저 논의하여 조정의 준거를 정한 다음 개별의제들을 조정해 나가자고 주장하였으나, 검찰추천 자문위원들은 개별의제들을 먼저 논의한 이후 핵심의제를 논의하자고 주장하였다. 논란 끝에 자문위원 중에는 수사권 문제에 대해 비전문가도 있음을 감안하여 개별의제들을 먼저 논의해가면서 어떤 문제들이 있는가를 이해한 후에 핵심의제를 논의하기로 하였다.

이에 따라, 26개 논의의제를 "의안1호: <검찰 안건명> 민생범죄에 대한 경찰수사 자율성 보장방안, <경찰 안건명> 민생범죄 등 경찰수사 자율성 보장 / 의안2호: <검찰, 경찰 안건명 동일> 고소·고발사건 처리 혁신방안 / 의안3호: <검찰 안건명> 수사지휘제도의 합리적 개선, <경찰 안건명> 기타 검·경간 업무의 합리적 개선 / 의안4호: <검찰 안건명> 기타 쟁점사항, <경찰 안건명> 수사권 조정의 핵심 쟁점사항" 등 크게 4가지 틀로 나누어 논의하였다.

한편, 2005. 4. 11.에는 「검·경 수사권조정에 관한 공청회」를 개최하여 바람직한 수사권 조정방안에 대한 국민의 의견을 광범위하게 수렴하는 기회를 갖기도 했다.

여기서 논의된 내용을 개략적이지만 좀 더 구체적으로 언급하자면,

첫째, 민생범죄에 대한 경찰 수사자율성을 보장하는 방안과 관련하여서는, 일부 정형화된 불기소 의견 민생범죄에 대한 사실상의 종결권 부여, 긴급체포시 검사지휘 배제, 압수물 처리에 대한 검사지휘 배제, 관할 외 수사시 보고의무 폐지, 사법경찰의 독자적 변사자 검시권한 문제, 중요범죄 발생보고 범위 축소, 진정·내사중지 및 불

입건 지휘범위 문제, 사건이송지휘 폐지, 통신제한조치 집행통지 유예후 통지시 보고의무 폐지, 체포·구속 피의자 건강침해 염려시 보고의무 폐지, 신병지휘건의 폐지 등 11개 안건을 논의하여, 대부분의 안건에 대해 조정이 이루어졌다.

둘째, 고소·고발 사건 처리혁신 방안과 관련하여, 일부 정형화된 민사분쟁적 성격의 고소사건 중 당사자 이의가 없는 경우 경찰에 사실상의 종결권을 부여하는 문제, 고소·고발 사건의 경찰 수사기간 연장 문제, 고소·고발 사건 처리 수사경찰 인력 증원 방안 등 3개 안건을 논의하여, 역시 대부분의 안건에 대해 조정이 이루어졌다.

셋째, 기타 수사지휘제도의 합리적 개선방안과 관련하여서는, 검사의 체포·구속장소 감찰제도 폐지, 경찰 작성 피의자신문조서의 증거능력 강화, 사법경찰에 대한 징계소추권 등 문제, 사법경찰관리 검찰 파견 문제, 징수금 집행의 촉탁제도 개선, 범죄사건부 등 간인받을 의무 폐지, 형집행장 집행관련 규정의 개정, 수형자 등의 호송업무 개선 방안 등 8개 안건을 논의하여, 그 중 4개의 안건에 대하여는 조정이 이루어졌다.

넷째, 의견접근이 곤란한 쟁점사항(특히 형사소송법 제195조, 제196조)과 관련하여, 경찰의 수사주체성 인정, 검·경간 상호협력관계 설정, 지방경찰청장의 사법경찰 편입 문제, 사법경찰 통합 운영 방안 등 4개 안건을 논의하였으나, 양 기관의 입장차이로 조정이 이루어지지 않았다.

(3) 활동에 대한 총평

이번 수사권조정자문위의 핵심논제는 현행 수사구조를 결정짓고 있는 형사소송법 제195조(검사의 수사권 독점 규정)와 제196조(검사의 경찰에 대한 일반적·포괄적 수사지휘권 규정)의 개정여부와 개정이 가능하다면 어느 범위까지 개정하느냐에 초점이 맞추어져 있었던 것이 사실이다.

위원회는 이와 같은 인식에서 이 문제를 진지하고 심도 있게 논의하여 조정안 도출을 모색하기 위한 노력을 기울였다. 그 결과, 개별적인 수사절차에 관련된 의제들에 대해서는 일부 의견접근이 이루어졌으나, 핵심의제인 형사소송법 제195조, 제196조 개정문제(경찰의 수사주체성 인정, 검·경간 상호 협력관계 설정 의제)에 대해서는 의견조정이 이루어지지 못함으로써, 수사권조정문제는 기왕에 협의된 일부 개선안에 대해서까지도 그 평가가 상이하게 드러나는 국면에 도달했다. 경찰측에서는 개선합의안이 무의미해졌다는 주장을 제기하기도 했지만 검찰측으로서는 기존의 합의사항을 존중하여 개선에 즉각 반영하겠다는 의지를 보였다. 즉, 검사의 수사지휘 대상 76만 건을 5만 건으로 93퍼센트나 대폭 축소함으로써 종전 검사의 수사지휘로 국민들이 일부 불편을 겪는 점을 완전히 해소하였고, 경찰 수사의 자율성을 최대한 보장하겠다는 것이다.

또한, 민생치안범죄나 고소·고발 사건 등에 있어 경찰이 송치하기 전에는 검사는 강제처분, 법률의 규정이 있는 경우 등 외에는 원칙적으로 경찰 수사에 관여하지 아니하고, 일부 불기소 사건에 대하여는 간이 송치하도록 하겠다는 것이다. 더 나아가, 형사소송법 제196조를 개정하여 현재 경찰이 자율적으로 수사를 개시, 진행하는 부분에 대한 근거조항도 마련함으로써 경찰의 수사역량 강화를 통해 민생치안 범죄에 주력할 수 있도록 하겠다는 방안도 제시했다.

다만, 경찰에 독자적인 수사권을 인정하고 검사의 수사지휘를 배제하여 검사와 경찰 간에 대등협력관계를 설정하는 문제는, 수사권 이원화에 따른 수사영역 확대로 국민불편을 초래하고 인권침해 위험을 방치하게 될 뿐 아니라, 근본적으로 국가 권력 구조의 재편에 해당하는 문제이므로 검찰은 보다 장기적이고 신중한 논의가 필요하다는 입장을 제시했다.

이와 더불어, 경찰 수사 자율성 범위 확대에 따른 징계소추권 신설 방안, 사법경찰 통합 운영 방안, 지방경찰청장을 사법경찰로 편입하는 방안, 경찰의 내사종결철 등 감찰방안이 논의되었으나, 양 기관의 근본적인 입장차이로 조정에 이를 수 없었다.

(4) 의제별 논의결과

가. 조정이 이루어진 사항

① 일부 정형화된 불기소의견 민생범죄에 대한 사실상의 종결권 부여

경찰 인지사건 중 법률적 판단이 용이한 교통사고처리특례법위반, 도로교통법위반, 폭행, 협박, 폭력행위등처벌에관한법률위반(야간·공동폭행, 야간·공동협박) 사건에 대하여 피해자 처벌불원, 종합보험 가입을 이유로 공소권 없음 의견으로 검찰에 송치하는 경우에는, 간이송치하여 전담관이 신속히 종결·처리한다.

② 긴급체포시 검사지휘 배제

긴급체포시 검사의 사후승인 절차는 현행대로 존치하되, 석방시 사후보고 절차를 통해 통제가 가능하므로, 사전지휘 절차는 폐지한다(사법경찰관리집무규칙 제26조 제1항 개정).

③ 압수물 처리에 대한 검사지휘 배제

검사의 지휘 배제시 예상될 수 있는 부작용 방지를 위한 경찰 자체의 보완책 마련을 전제로, 사경에게 독자적인 압수물 처리권한을 부여한다(형사소송법 제219조 단서 삭제, 사법경찰관리집무규칙 제53조 개정).

④ 관할 외 수사시 보고의무 폐지

관할 외 수사의 필요성에 대한 근거자료를 수사기록 등에 반드

시 첨부하는 한편, 사법경찰관리집무규칙 제11조에 규정된 중요범죄
에 대하여는 현행 보고체계를 유지하는 등 경찰 자체의 보완책 마련
을 전제로, 관할 외 수사시 보고의무를 폐지한다(형사소송법 제210조
폐지).

⑤ 사경의 독자적 변사자 검시권한 문제

검·경 양 기관이 현행 제도를 유지하되, 변사사건 처리절차에
소요되는 시간을 최대한 단축할 수 있는 방안을 강구하고, 향후 전
문검시관 제도 도입 등 사인확인제도 전반에 대한 검토에 공동으로
참여하여 지속적으로 논의하기로 한다.

⑥ 중요범죄 발생보고 범위 축소

현행 수사사무보고 대상 22개 항목에서, i) 내란의 죄, ii) 외환의
죄, iii) 국기에 관한 죄, iv) 국교에 관한 죄, v) 공안을 해하는 죄, vi)
폭발물에 관한 죄, vii) 살인의 죄, viii) 국가보안법위반 범죄, ix) 각
종 선거법위반 범죄, x) 공무원에 관한 죄(검찰보고사무규칙 제3조의 공
무원에 국한), xi) 사회의 이목을 끌 만하거나 정부시책에 중요한 영향
을 미치는 범죄, xii) 지방검찰청 검사장 또는 지청장이 지시한 사항
등 12개 핵심적 항목만 존치한다(사법경찰관리집무규칙 제11조 개정).
다만, 제11호, 제12호 부분은 보고대상을 축소·조정하는 취지에 부
합하는 범위 내에서 그 대상이 무제한으로 확대되는 것을 방지하기
위하여 사전에 대검의 승인 또는 허가를 받는 방안을 강구한다.

⑦ 진정·내사중지 및 불입건 지휘범위 검토

경찰에서 명확하고 구체적인 진정·내사사건 처리지침을 마련하
고,2) 검·경 모두 내사사건에 있어 인권침해를 최소화하기 위하여

---

2) 피내사자를 소환하여 조사하는 경우에는 반드시 정식 내사사건으로 번호
　를 부여하여 관리한다. 공안사건, 집시법위반 등 공안관련 사건, 선거법위

내사기간을 제한하고, 내사종결시 피내사자에게 통지를 해주는 한편, 내사정보에 대한 접근권을 확보해 주는 방안을 강구하기로 한다.

⑧ 사건 이송 지휘 폐지

이송남용 방지를 위한 경찰 자체의 보완책 마련을 전제로 경찰의 사건이송에 대한 검사의 지휘를 폐지한다.

그리고, 이송주체의 특정 및 이송사유의 한정, 이송사유 등 판단시 피해자의 입장 고려, 공조수사 시스템의 적극적 활용, 이송의 경우에도 수사기간의 계산을 동일하게 하는 방안, 이송을 책임회피 수단으로 악용하는 데 대한 통제장치 마련 등 방안 등을 강구하기로 한다.

⑨ 통신제한 조치 집행통지 유예후 통지시 보고의무 폐지

통신제한조치 집행통지 유예후 해소사유가 발생하였을 때 신속한 집행통지가 이루어질 수 있도록 경찰 내부지침을 마련하는 것을 전제로, 집행통지 유예후 통지시 보고의무는 폐지한다(사법경찰관리집무규칙 제53조의3 폐지).

통지유예기간과 관련, '수사에 필요한 최단기간' 등 합리적인 제한을 가하는 방안을 모색하고, 통지의 주체와 관련, 현행 '수사기관'에서 '통신기관'으로 변경하는 방안을 검토하기로 한다.

⑩ 체포·구속 피의자 건강침해 염려시 보고의무 폐지

보고의무 폐지로 인하여 발생할 수 있는 부작용 방지장치를 경찰 내부지침으로 마련하는 것을 전제로, 체포·구속 피의자의 건강침해 염려시 보고의무는 폐지한다(사법경찰관리집무규칙 제24조 폐지).

반 사건, 노동관련 사건 등에 대하여는 불입건시 검사의 지휘를 받으며, 강제처분(통신사실 확인자료 요청은 제외)을 한 사건은 정식으로 인지한다.

⑪ 신병지휘건의 제도 폐지

사법경찰의 검사에 대한 신병지휘건의 제도를 폐지한다.

⑫ 고소·고발사건 처리절차 혁신 방안

○ 경찰접수 고소·고발사건에 대하여 송치전 검사의 수사지휘를 대폭 축소하여 경찰이 자율과 책임의 원리에 따라 수사하도록 보장함.

　－ 고소·고발사건 책임수사제(대검 예규 308호) 폐지

　－ 송치전 수사지휘는 중요사건, 강제처분 등 법률의 규정에 의한 경우, 검찰 직접 접수사건 등에 국한

　－ 송치후 필요한 경우 보완수사를 위하여 사경에 수사지휘

○ 사적 자치 및 경찰수사 자율성 존중을 통한 민사분쟁적 사건의 신속한 종결을 도모함.

　－ 경찰접수 고소·고발 사건 중 사기·횡령·배임 등 재산범죄 사건을 대상으로 함.

　－ 사경 수사결과 불기소의견(혐의 없음, 죄 안됨, 공소권 없음, 각하)인 경우 송치 전에 고소·고발인에게 처리의견 및 이유를 통지하여 이의 여부를 구체적으로 확인

　－ 이의제기 없는 사건은 검찰에 간이송치, 이의제기 있는 사건은 현행 방식대로 송치

　－ 송치후 이의제기 없는 사건은 검찰 전담관이 신속히 종결처리하여 국민들의 법적 불안정 상태를 조속히 해소함과 아울러 경찰수사의 자율성을 최대한 보장

○ '명백히 혐의가 인정되지 않는' 피고소인에 대한 인권보호 장치 마련.

　－ 피의자신문조서 대신 진술조서 작성, 피고소인 명칭 사용

　－ 혐의 유무에 관계없이 미리 피고소인의 지문을 채취하는 관행 폐지

- 조사 없이도 혐의 없음 처리가 가능한 경우에는 소환조사하
지 않고 불기소처리

⑬ 고소·고발사건 사법경찰관 수사기간 연장 방안
○ 경찰 접수 고소·고발사건에 대한 수사기간은 현행 2개월을
유지하기로 함.
- 형사소송법에 3개월 이내에 고소사건을 처리하도록 규정되어
있으므로 사건의 신속한 처리를 위해 경찰에서 2개월 이내에
사건을 조사하여 검찰에 송치함이 상당.
○ 검찰 접수 고소·고발사건에 대한 검사 수사지휘 기간은 현
행 1개월에서 2개월로 연장함(대검 지침 마련).

⑭ 고소·고발사건 처리 수사경찰 인력 운용 개선 방안
○ 수사경과제의 시행
○ 수사부서 직제 개선으로 사건처리의 효율성 강화
- 전담 전문수사팀 편성 운용, 팀별 책임수사제 시행
○ 수사인력의 증원으로 업무부담 경감
- 2005년에 수사경찰 870여 명 증원
○ 변호사 등 법률전문가를 지속적으로 채용하여 수사·형사과
장에 보임 대상으로 함
○ 경찰이 고소사건을 책임지고 수사하기 위하여는 수사인력의
증원이 필요하므로 이를 위해 우선적으로 노력하기로 함

⑮ 검사의 체포·구속장소 감찰권 폐지 문제
○ 감찰횟수는 3개월에 1회로 하되, 필요시 수시감찰이 가능하
도록 하고(형사소송법 제198조의2 개정),
○ 감찰범위는, '현재 체포·구속되어 있는 자와 그 관련된 서
류' 및 '불법 체포·구속의 합리적 의심이 있는 경우 그 확인에 필

요한 서류'로 한정하며,

○ 경찰 수사사무의 적정여부를 감찰하도록 규정하고 있는 검찰사건사무규칙 제34조를 형사소송법상 체포·구속장소 감찰의 취지에 맞도록 개정하되,

○ 체포·구속 장소 감찰제도 운영이 적정하게 활성화될 수 있도록 하기 위해서는,

– 검찰은 불법 체포·구속 신고센터 운영

– 경찰은 체포·구속된 자에 대해 유치장 감찰 제도의 취지와 내용 고지

– 시민과 함께 하는 감찰방안, 경찰뿐만 아니라 국정원 등 다른 체포·구속기관에 대한 감찰도 실효성 있게 하는 방안 강구

– 외국인 보호소를 감찰대상에 포함시키는 방안을 모색하고, 구치감의 시설 및 운영도 인권침해 소지를 제거하는 방향으로 개선할 필요가 있음.

○ 다만, '내사종결철, 변사사건철, 즉결심판부 등 감찰' 문제는 양 기관의 입장차이로 의견접근이 이루어지지 않았음.

⑯ 사법경찰관리 검찰 파견 문제

○ 구체적·개별적 사건 수사시에는 6개월 범위 내에서 파견근무할 수 있도록 하고, 필요한 경우에는 연장이 가능하도록 함.

⑰ 징수금 집행 촉탁제도 개선

○ 검찰에서 관계법령에 마련된 각종 징수절차를 우선적으로 활용하고 사경에 대한 촉탁제도는 보충적으로 운용되도록 담당직원을 상대로 정기적인 교양 등 실시하고, 이에 대한 중점적인 점검을 병행함.

⑱ 범죄사건부 등에 검사장(지청장)의 간인을 받을 의무 폐지

○ 범죄사건부 등에 검사장(지청장)의 간인을 받을 의무(사법경찰 관리집무규칙 제61조 제2항)는 폐지하되, 사건 전산화 등 경찰 내부 통제를 강화함.

나. 조정이 이루어지지 않은 사항

① 사법경찰의 독자적 수사주체성 인정 및 상호 대등협력관계 등 설정 문제

○ 경찰측 위원들은 대체로 사법경찰을 독자적 수사주체로 명문화하고, 비 중요범죄 수사에 대하여는 송치전 검사의 수사지휘를 배제하도록 형사소송법 제195조·제196조를 개정해야 한다는 입장인 반면,

○ 검찰측 위원들은 대체로 형사소송법 제196조 제1항 단서에 사경의 현실적 수사권 근거규정을 신설할 수는 있지만, 수사권을 이원화하고 송치전 검사지휘를 전면 배제하는 방안은 수사영역 확대로 인한 국민불편과 인권침해 방치의 위험성이 있어 수용하기 어렵다는 입장이어서,

○ 단일 조정안은 마련되지 않았음.

○ 위원들이 제시한 5개의 조정안은 다음과 같음.

□ 검찰측 위원 조정안

○ 제1안(김일수·서경석·김주덕·신성호·황덕남·정웅석 위원 안)

─ 「수사권조정 전문연구·검증 위원회」 설치

─ 검·경 수사실무 현장에 임하여 수사 및 수사지휘의 실상에 대한 실증적 경험 및 분석

○ 제2안(김일수·서경석·김주덕·신성호·황덕남·정웅석 위원 안)

─ 검사가 지정하는 민생치안범죄에 대해 지휘가 없는 경우에는 사경이 자율적으로 수사를 개시·진행하되, 검사가 구체적으로 지휘하는 경우에는 이에 따라야 함.

— 치안정감, 치안감을 사법경찰관에 편입(형사소송법 제196조 개정)

○ 제3안(서경석 위원 안)

— 제195조에서 검사의 수사주재자적 지위 및 수사지휘권 명시

— 대통령령이 정하는 범죄에 해당하지 않는 경우 사경은 검사 지휘 없이 수사가능

— 제196조에서 사경의 독자적 수사 개시·진행권 인정

□ 경찰측 위원 조정안

○ 제4안(성유보·최영희·김희수·서보학·조국·오창익 위원 안)

— 사경의 수사주체성을 형사소송법 제195조에서 명시

— 검사는 대통령령이 정하는 범죄에 한해 수사지휘권을 행사하도록 제196조 개정

○ 제5안(조국 위원 안)

— 형사소송법 제195조에서 검사의 수사주재자적 지위 명시, 검사 수사지휘의 대상과 방법을 대통령령으로 규정

— 제196조에서 사경의 독자적 수사 개시·진행권 인정

② 수사지휘 대상 인적 범위 확대 방안

○ 검찰은 지방경찰청장인 치안감과 치안정감이 실제 광역수사대를 설치하여 수사를 지시하고 있으므로, 이들도 사법경찰관에 포함시켜 검사의 수사지휘를 받도록 형사소송법 제196조를 개정하여야 한다는 입장인 반면,

○ 경찰은 지방경찰청장의 사경 편입은 검·경의 기능적·조직적 결합을 야기, 검찰권의 비대화와 남용 및 경찰의 검찰 예속화를 강화하는 결과를 초래하므로 수용불가하다는 입장이어서,

○ 조정이 이루어지지 않았음.

③ 사법경찰 통합 운영 방안

○ 검찰은 부정부패 사범, 대형경제 범죄, 조직폭력, 마약, 주요 강력범죄, 컴퓨터 범죄 등 주요 범죄 인지수사를 담당하는 사법경찰을 행정경찰과 분리후 검찰 일부 수사인력과 통합하여 법무부 소속 특별수사기구로 편입하는 방안을 제시하였으나,

○ 경찰은, 행정경찰과 사법경찰을 분리하는 것은 경찰 조직과 기능의 와해를 초래하고 국가 치안 역량을 훼손하는 결과를 초래하므로 수용불가하다는 입장이어서,

○ 조정이 이루어지지 않았음.

④ 사법경찰에 대한 징계소추권 등 문제

○ 검찰은 경찰 수사의 자율성 범위가 대폭 확대됨에 따라, 이에 상응하는 책임의 부여가 필요하므로, 형사소송법이나 검찰청법에 징계소추권 내지 징계요구권을 신설하는 방안을 제시하였으나,

○ 경찰은, 사경의 직무상 불법행위 등에 대하여는 형법상 공무원의 직무관련 범죄 등으로 처벌가능하고 자체 통제규범을 통해 수사의 적정성을 확보할 수 있으므로, 현행 검찰청법상의 체임요구권, 폭력행위등처벌에관한법률위반상의 징계요구권 등을 모두 폐지하여야 한다는 입장이어서,

○ 조정이 이루어지지 않았음.

다. 조정의견을 제시하지 않기로 한 사항

① 경찰작성 피의자신문조서의 증거능력 강화 문제

수사권 조정과 관련된 사항이 아니라 증거능력에 관한 문제이고, 현재 사법제도개혁추진위원회에서 전체 형사사법체계와 관련하여 논의 중에 있으므로, 수사권조정자문위원회에서는 조정의견을 제시하지 않기로 함.

② 벌과금 징수를 위한 형집행장 집행제도 개선

양 기관간 업무성격, 업무부담에 대한 시각차가 있는데다 인력,
예산 등 조정 문제와도 관련된 사항이므로 수사권조정자문위원회에
서 논의하는 데는 한계가 있어 조정의견을 제시하지 않기로 함.

③ 수형자 등 호송업무 개선

양 기관간 업무성격, 업무부담에 대한 시각차가 있는데다 인력,
예산 등 조정 문제와도 관련된 사항이므로 수사권조정자문위원회에
서 논의하는 데는 한계가 있어 조정의견을 제시하지 않기로 함.

(5) 실패로부터 얻은 교훈

모든 법 개정운동에는 앞의 서론에서 언급한 정책적 관점 외에
도 그 밖에 유념해야 할 몇 가지 방도들이 있다.

첫째, 수사권제도와 같은 뿌리 깊은 법제도를 개정하려면 이 제
도를 운용해 온 여러 나라의 다양한 법제도와 그 문제점 및 역사적
인 개정작업과 현재의 개정노력들을 비교법적으로 성찰하는 일이 필
수적으로 선행돼야 한다는 점이다.

둘째, 법 개정은 정도의 차이는 있지만 최종적으로는 타협의 산
물일 수밖에 없다는 점이다. 거기에는 이해의 갈등뿐만 아니라 이념
과 가치관의 대립, 권력의 충돌까지 내포할 수 있다. 그렇기 때문에
이러한 갈등의 정글 속에 자유로운 통행로를 설정하려면 대화와 이
성적인 논의를 통한 대타협에 기초할 수밖에 없다. 수사권조정에서
이 같은 타협에 이르기 위해서는 헌법규범이 제시한 국민다수의 이
익을 위한 자유민주적 이념의 틀 속에서 검·경의 권한 재분배와 조
정에 관한 새로운 인식의 전환이 필요하다.

검찰의 수사권에 오래도록 사용되지 않은 채 묵은 권한은 없는
지, 경찰의 독자적인 수사권 부여시에 발생할 수 있는 권력비대화와

국민에 대한 과잉감시체제화의 위험은 없는지 등에 대한 우선 검·경 양측의 자기성찰과 자기반성이 필요하다.

그리고 오늘 지금 여기에서 수사권 총량을 비대화하지 않는 선에서 검찰과 사법경찰관(전체 경찰기관을 뜻하는 것은 아니지만, 사경의 범위는 신축성 있게 새로 재조정할 필요 있음) 양자 사이의 수사권 재조정과 새로운 관계 정립을 모색하는 방안 등은 타협 가능한 대상이 될 수 있을 것으로 보인다.

셋째, 법 개정은 사회진보의 필연적인 소산이지만, 그것은 자동판매기에서 상품을 뽑아내듯한 기계주의적인 산출물은 아니라는 점이다. 진보를 확인하고 자리매김하는 합의에 도달하기까지에는 문화창조적인 대화노력과 정신적인 대결이 불가피하다.

팽팽한 접전에서 합리적인 결론이 도출되기 어려울 때는, 변화요구의 당위성에도 불구하고 "의심스러울 때는 기존의 법 상태에 유리하게"라는 최종 원칙이 통용된다. 수사권조정에 있어서도 양 기관의 견해 차이를 좁힐 수 있는 가교와 타협을 위한 접점 찾기가 불가능할 때에는 기존의 법 상태를 유지하는 선에서 비교적 장기적인 개선책을 모색할 미래의 지평을 향해 새로운 논의의 장을 마련하는 수밖에 없을 것이다.

검·경수사권조정자문위원회의 활동은 2005년 5월 2일자 제15차 회의를 끝으로 종결되었지만 기존의 물밑논의를 협상의 테이블 위로 끌고 나와 직접 현안으로서 논의하고 검토했다는 점 자체에 의미가 있다. 이 같은 논의는 애당초부터 기존의 수사권제도의 법상태를 근본적으로 변화시키려는 의도에서 비롯된 것은 아니었고 또한 그렇기 때문에 변화시킬 수도 없었다고 할지라도 마찬가지이다.

오늘 지금 여기에서 우리 법문화의 현주소와 의식수준을 점검하고 양 기관간의 가치관과 접근방법의 차이점을 확인하고 그 간극을 좁히기 위한 본격적인 논의를 전개한 점은 결코 헛수고가 아니라는 생각 때문에 더욱 그러하다.

수사권제도에 관한 미래의 이상적인 법상황이 어떤 모습일까를 당장 예측하기는 어렵지만, 이 같은 점검과 논의를 통하지 않고는 접근할 수 없으리라는 점만은 분명해 보인다.

본 위원회 활동을 마감하면서 반성적인 차원에서 다음 몇 가지 문제점을 명기하는 것은 후일을 위해 교훈적인 의미가 있으리라 생각한다.

첫째, 검·경 수사권 조정 문제는 헌법의 테두리 안에서 법적·제도적 차원의 개정문제인데, 마치 대통령의 정치적 결단의 일환으로 접근하는 시각이 있었다는 점이다. 이 문제는 냉철한 현실직관과 전문가들의 제도개선 논의에 따라 점진적으로 풀어가는 것이 합리적이라고 생각한다. 역사적으로 뿌리 깊은 수사권 문제의 재편은 한 정권의 정치적 공약으로써 재단할 사항이 아니다. 거기에는 권력에 민감한 국민의 자유영역이 중심에 위치하고 있기 때문이다. 국민의 자유에 돌이킬 수 없는 과도한 희생을 초래할 수 있는 제도의 개선에서 시행착오를 최소화하려면 위로부터의 정치적 논리를 버리고, 밑에서부터의 정의로운 법 논리와 합리적인 제도개선 논리를 우선시해야 한다는 점을 지적하고 싶다.

둘째, 검·경 수사권 조정문제를 양 기관의 파워게임의 대상으로 삼으려는 시도는 경계해야 한다는 점이다. 언론과 인터넷에서 자기의 주장을 일방적으로 변호하고, 타 기관의 입장을 일방적으로 폄훼하는 식의 공방은 이성적이지 못할 뿐만 아니라 대화와 타협의 가능성을 저해하는 요소로 작용할 수 있을 터이기 때문이다. 자신을 성찰할 수 있는 양심을 버리고 외부의 비판에 귀를 막고 자신의 논리만이 옳다고 내세우는 방식은 대화의 원리와 거리가 먼 독단이며 바리새인 같은 독선일 수 있다는 점이다. 뿐만 아니라 국민적 시각에서 볼 때 그런 독선에 빠진 기관에게는 수사권과 같은 중요한 문제를 제어장치 없이 일임하기 어렵다는 결론에 이르지 않을 수 없다.

셋째, 검·경 수사권조정문제를 둘러싸고 검찰과 경찰이 상호불

신과 반목대립의 양상을 국민들에게 보여주는 것은 옳지 않다는 점
이다. 수사기관으로서 검찰과 사법경찰은 국가의 범죄통제 기능에서
일사불란한 연대감과 일체감을 견지해야 옳다. 수사권 쟁탈과 방어
가 마치 절대선과 지고의 목표인 것처럼 국민의 눈에 비춰진다면,
양 기관은 국민에 의해, 국민을 위해 위임받은 막중한 권력 작용을
마치 자신들의 전유물인 양 가볍게 여기는 경솔함에 빠져 있다는 인
상을 줄 수 있음을 유념해야 할 것이다. 경솔한 권력기관은 그 권력
을 방자하게 행사하거나 정로에서 일탈하기 쉽다는 점을 국민들은
역사를 통해 체험했기 때문이다.

검·경 수사권 조정위원회의 논의결과 수사권조정에 관해 검·
경 양 기관의 뚜렷한 그리고 폭넓은 견해 차이에도 불구하고 타협과
절충의 가능성이 확인되었다는 점은 본 위원회 활동의 소득이라고
평가할 수 있다.

첫째, 검찰은 현재의 수사권제도의 기본 틀을 존속하는 한에서,
사경의 독자적인 수사 활동을 보장하는 몇 가지 부수적인 사항들을
개선하는 입장으로부터 출발했다.

둘째, 경찰은 검사를 수사의 주재자로, 사경을 그 보조자로 하
는 현재의 수사권제도의 기본 틀을 획기적으로 바꾸어 검·경이 다
같이 원칙적으로 동등한 수사권의 주체이며, 양자는 대등협력관계라
는 입장에서 출발했다.

셋째, 검찰은 일정범위 내의 범죄에 한해(주로 민생치안범죄) 경찰
의 독자적 수사권을 인정하되 이 경우에도 검찰의 잠재적인 수사지
휘가능성을 법적으로 열어 놓아야 국민의 인권과 자유이익을 위해
안전하다는 수정안까지는 받아들일 용의가 있음을 밝혔다.

넷째, 경찰은 사경의 수사주체성(수사개시·진행권의 의미에서)을
명문화하고, 검사의 사경에 대한 수사지휘는 대통령령이 정하는 중
요범죄에 한정하자는 수정안까지는 용인하겠다는 입장을 취했다.

양 기관의 애당초 기본입장과 그 수정안 사이에서 절충가능성이

높아 보이는 근접점은 양 기관이 용인한 수정안임이 분명하다. 그런데 만약 일반범죄수사에서 경찰의 독자적 범죄수사권을 인정하고 이를 명문화하면 이 영역에 대해서는 검·경 양 기관이 법률상 동등한 수사주체가 된다.

여기에서 유의해야 할 점은

첫째, 양 기관이 경쟁적인 수사활동을 벌이게 되면 국민생활의 평온이 수사권에 저인망식으로 몰릴 위험이 현재보다 훨씬 높아질 것이라는 점,

둘째, 양 수사기관 간에 수사권충돌과 경합이 일어날 때, 그것을 질서 있게 조절할 법적 장치가 없다는 점이다.

우리의 현실에서 수용 가능한 합리적인 수사권조정을 위해서라면 이 같은 문제점을 분명히 짚고 넘어가야 한다는 점은 아무리 강조해도 지나침이 없을 것이다.

3. 실무계의 동향

(1) 경찰의 입장

가. 수사권 조정의 필요성

경찰은 지난 50년간 유지되어 온 현행 형사소송법 제195조와 제196조는 구시대의 유물로 독점의 폐해가 극심하게 나타났으므로 이제 국민의식의 성장, 경찰의 성숙, 시대환경의 변화에 발맞추어 현행 수사구조는 마땅히 폐기되어야 한다고 주장한다.

수사절차상 경찰은 미성년자적 지위에 머물러 있고, 검찰은 지배자의 지위에 서있는 독점체제가 고착되었다는 것이다. 또 과거 '경찰파쇼'의 논리를 가지고 현행 불합리한 수사구조를 유지해야 한다는 주장은 시대착오적이라고 한다. 즉 민주·법치주의의 성숙, 인권

의식·제도의 정착, 시민사회의 감시 확충 등으로 과거 경찰에 대해 국민이 우려했던 문제점이 해소되었다고 주장한다.

나. 현 수사구조의 실태와 문제점

형사소송법(제195조3)와 제196조4))상 검사만이 수사의 주체이고, 경찰수사에 대한 일반적 근거조항이 마련되어 있지 않다고 보고 있다. 법적으로 경찰은 검사의 지휘가 없이는 수사개시·진행이 불가능하다는 것이다. 경찰은 검사의 지휘를 받아 수사하여야 하므로 검사의 보조자에 불과하며, 경찰의 검사에의 복종의무(검찰청법 제53조5)), 검사의 징계·해임·체임 요구권 등의 통제장치(검찰청법 제54조,6) 폭력행위등처벌에관한법률 제10조)로 인하여 경찰은 검찰에 예속되어 있는 상태라고 한다.

미군정기에는 경찰에 독자적인 수사권이 부여되기도 하였으나 검찰 등의 반발로 인해 일제시대의 수사구조로 회귀하고 말았으며, 권위주의 시대를 거치면서 검사지배적 수사구조가 더욱 확대·강화되어 오늘날까지도 변함없이 유지되고 있는 실정이라고 한다.

우리나라의 검찰은 수사와 수사지휘권 모두를 독점적으로 보유

---

3) 형사소송법 제195조(검사의 수사) 검사는 범죄의 혐의가 있다고 사료하는 때에는 범인, 범죄사실과 증거를 수집하여야 한다.
4) 형사소송법 제196조(사법경찰관리) ① 경무관, 총경, 경정, 경감, 경위는 사법경찰관으로서 검사의 지휘를 받아 수사를 하여야 한다. ② 경사, 순경은 사법경찰리로서 검사 또는 사법경찰관의 지휘를 받아 수사의 보조를 하여야 한다. ③ 전2항에 규정한 자 이외에 법률로써 사법경찰관리를 정할 수 있다.
5) 검찰청법 제53조(사법경찰관리의 의무) 사법경찰관리는 범죄수사에 있어서 소관 검사가 직무상 발한 명령에 복종하여야 한다.
6) 검찰청법 제54조(교체임용의 요구) ① 서장이 아닌 경정 이하의 사법경찰관리가 직무수행에 관하여 부당한 행위를 하는 경우에는 지방검찰청검사장은 당해 사건의 수사중지를 명하고, 임용권자에게 그 교체임용을 요구할 수 있다. ② 제1항의 요구가 있는 때에 임용권자는 정당한 이유를 제시하지 아니하는 한 교체임용의 요구에 응하여야 한다.

하고 있어 수사구조에서 견제와 균형이 실종되어 있다고 하면서, 이처럼 검찰에게 막강한 권한이 집중된 형태는 세계적으로 유례가 없다고 한다. 즉 우리나라만 검찰은 비대화되어 있고 경찰은 위축되어 있어서 국민이 불편을 겪고 있는 비정상적인 수사구조를 갖고 있다는 것이다.

경찰은 검사지배적 수사구조가 수사상 독점의 폐해를 양산하고 있다고 주장한다. 수사상 견제와 균형의 원리가 작동하지 않아 국민 권익보호가 저해되고 있다고 한다. 검사가 직접 수사하거나 경찰수사를 사전 지휘하는 관계로는 검사제도의 본질인 객관적 제3자로서의 통제자 역할을 할 수 없다고 주장한다. 검사가 직접수사를 담당하는 한 유죄의 예단을 피할 수 없어 객관적이고 중립적인 공소유지가 불가능하다는 것이다. 검사가 수사에 주력하게 되면 그만큼 공소기관의 역할에는 소홀하게 된다는 것이다. 또한 검찰의 수사상 과오를 시정하고 견제할 방법이 없어 국가적·사회적으로 부정적 영향을 초래하고 있다고 본다. 국민들이 객관적이고 공정한 형사사법서비스를 받기 위해서는 수사기관과 소추기관이 분리되어야 한다고 주장한다. 검사가 기소재량을 활용하여 참고인이나 공범자 등을 회유·협박하여 허위의 진술을 유도하여 무고한 시민을 형사처벌한 사례가 빈발하는 등 검사의 수사 주도가 수사권 남용을 야기하고 있다고 한다.

특정금융거래정보의 보고 및 이용에 관한 법률, 마약류 불법거래 방지에 관한 법률 등 형사특별법의 입법시 경찰은 검사를 통해서만 권한을 행사하도록 차별되어 경찰의 검찰에 대한 예속상태가 심화되고 있다고 한다. 또한 검사의 수사지휘에 따르기만 하면 된다는 의식이 형성되어 부실수사를 초래하고, 검사의 수사지휘로 현장상황에 정통한 경찰지휘관의 판단이 무시되기도 하는 등 경찰의 수사의지가 무기력해지고 경찰이 스스로 책임지는 수사풍토가 조성되지 못함으로써 수사의 공정성과 효율성이 저해되고 있다고 주장한다.

경찰은 검사의존적으로 수사하고, 검사는 경찰에 책임을 전가하는 현상이 빚어져, 결국 정부에 대한 국민불신을 초래하고 있다고 한다. 무엇보다 경찰에는 수사권이 없다는 인식이 일반화되어 경찰수사에 대한 사건관계자들의 무시와 저항이 빈발하고 있는 실정이어서 치안력 누수현상이 심화되고 있다는 점을 지적하고 있다.

수사절차상 경찰의 판단은 인정되지 않고 검사의 판단에만 의존해야 하는 관계로 사건관계자들이 불필요하게 장시간 대기하거나 사건처리가 지연되는 등 국민의 불편과 경제적 손실이 발생하고 있다고 한다. 경찰작성의 피의자신문조서의 증거능력을 검사작성 조서와 차등·제한함으로써 경찰수사를 받은 피의자·참고인 등이 검찰에서 다시 이중조사를 받게 된다는 점을 국민불편 사례로 들고 있다.

수사상 법과 현실, 권한과 책임의 불일치로 법치주의를 훼손하고 있다고 주장한다. 경찰이 검사의 지휘 없이 수사를 개시·진행하는 현실은 대부분 위법인 실정이고, 법률상 수사에 대한 책임은 검사에게 귀속되어야 할 것이나 수사현실에서는 권한 없는 경찰이 책임지는 모순이 있다는 것이다. 또 정부조직상 독립기관인 검찰과 경찰이 명령복종관계로 되어 있어 헌법상 민주적 정부조직원리에도 위배된다는 것이다.

경찰의 발전을 가로막고 경찰의 사기를 저하시켜 검·경간 갈등을 야기하고 있다고 주장한다. 경찰의 수사제도개선 시책도 대부분 검찰의 승인이 필요한 관계로 경찰 자체 노력만으로는 한계에 봉착하여 합리적인 개선이 곤란하다는 것이다. 또한 벌과금 징수지휘 등 검찰업무를 전가하는 등 사건수사와 무관한 영역까지 지휘권을 남용하여 마찰을 일으키고 있다고 지적한다. 즉 경찰을 검찰의 하부조직으로 여기는 풍토가 조성되어 경찰의 자긍심과 이미지를 해치고, 상호 반목과 마찰이 유발되고 있다는 것이다.

다. 경찰의 수사권 조정방안의 방향

1) 형사소송법 제195조를 개정하여 경찰수사의 일반적 근거조항

을 마련하여 경찰의 수사주체성을 인정하여야 한다.

2) 형사소송법 제196조와 검찰청법 제53조를 개정하여 검찰과 경찰의 명령복종관계를 협력관계로 개선하여야 한다.

3) 경찰수사에 대한 검찰의 통제장치를 확보하여 인권보호 및 수사적정성을 보장한다. 그 세부방안으로 첫째, 검사에게 수사상 일반적 기준 제정권을 부여하여 법집행의 통일성과 형평성을 확보한다. 둘째, 송치 후 공소유지에 필요한 보완수사 요구권을 부여하여 검사의 원활한 공소권 행사 보장 및 수사와 공소의 연계성을 유지하게 한다. 셋째, 각종 영장청구권, 체포·구속장소 감찰권, 긴급체포 사후승인권 등에 의한 검사의 인권보호기능을 보장한다. 넷째, 경찰 수사 사건 전체를 송치하고 검사에게 수사종결권을 부여하여 수사상 적법절차, 법률적용의 적정성 확보를 위한 통제기능을 보장한다.

4) 경찰과 검찰의 수사권 경합문제를 해결하기 위한 조정장치를 마련하여 경찰의 수사권과 검사의 수사통제권의 합리적인 조화를 도모한다.

라. 경찰이 제시하는 형사소송법 제195조와 제196조의 개정안 예시[7]

1) 현행 형사소송법 규정

제195조(검사의 수사) 검사는 범죄의 혐의가 있다고 사료하는 때에는 범인, 범죄사실과 증거를 수집하여야 한다.

제196조(사법경찰관리) ① 경무관, 총경, 경정, 경감, 경위는 사법경찰 관으로서 검사의 지휘를 받아 수사를 하여야 한다.

② 경사, 순경은 사법경찰리로서 검사 또는 사법경찰관의 지휘를 받아 수사의 보조를 하여야 한다.

③ 전2항에 규정한 자 이외에 법률로써 사법경찰관리를 정할 수 있다.

---

7) 김학배(경찰청 기획수사심의관), "합리적인 수사권 조정방향," 검·경 수사 권조정에 관한 공청회(수사권조정자문위원회, 2005.4.11), 22면.

2) 경찰 측 개정안 예시

제195조(검사와 사법경찰관리 등의 수사) ① 검사와 사법경찰관은 범죄의 혐의가 있다고 사료하는 때에는 범인, 범죄사실과 증거를 수집하여야 한다.

② 경무관, 총경, 경정, 경감, 경위는 사법경찰관으로, 경사, 경장, 순경은 사법경찰리로 한다. 사법경찰리는 사법경찰관의 지휘를 받아 수사를 하여야 한다.

③ 제2항에 규정한 자 이외에 법률로써 사법경찰관리를 정할 수 있다.

제196조(검사와 사법경찰관의 관계) ① 검사와 사법경찰관은 수사에 관하여 서로 협력하여야 한다.

② 검사는 공소유지에 필요한 사항에 관하여 수사에 대한 일반적인 기준을 정할 수 있다.

③ 사법경찰관은 범죄를 수사한 때에는 신속히 서류 및 증거물과 함께 사건을 검사에게 송치하여야 한다. 다만, 대통령령이 정하는 일부 사건에 대하여는 그러하지 아니하다.

④ 전항의 경우에 검사는 사법경찰관에게 공소유지에 필요한 보완수사를 요구할 수 있다. 이 경우 사법경찰관은 정당한 이유가 없는 한 이에 응하여야 한다.

마. 경찰의견의 핵심

형사소송법 제195조와 제196조를 그대로 유지한 채 다른 해법을 찾는 것은 미봉책에 불과하여 근원적인 해결책을 회피하려는 것이라고 한다. 따라서 형사소송법 제195조와 제196조를 개정하여, 경찰의 수사주체성을 인정하고, 검찰과 경찰의 명령복종관계를 대등·협력관계로 규정하여야 한다고 주장한다.

수사구조가 구시대적인 가치와 이념의 틀에 얽매여 있는 한 수사에 있어 '견제와 균형'을 통한 인권보호라는 헌법적 가치와 '분권과 자율'을 통한 발전이라는 시대적 가치의 구현은 요원하다고 한다.

(2) 검찰의 입장

가. 검사의 수사지휘의 의의

법원과 경찰 사이에서 견제와 균형을 통해 국민의 자유와 인권을 보장하도록 하기 위한 검사제도의 도입은 대륙법계 형사구조의 역사적 발전과정 중 가장 중요한 핵심이다. 우리나라는 대륙법계 제도를 도입하여 건국 이후 50년 이상의 운영을 통해 현실에 맞는 수사관행을 정착시켜 왔다고 본다.

검사의 수사지휘는 인권보호 및 법치주의 구현이라는 형사사법의 중대한 이념과 가치실현을 위해 가장 효율적이고 안정적으로 검증되고 정착된 제도적 장치이다. 경찰의 위법·부당한 수사를 즉시 시정하고 통제해 오던 가장 확실한 제도적 장치인 검사의 수사지휘를 배제함으로 인하여 초래되는 폐해는 고스란히 국민에게 돌아가게 될 것이라고 본다.

헌법이 수사의 주재자로서 검사만을 명시하고 있는 점을 들어 이는 검사로 하여금 수사를 주재하도록 한 국민의 헌법적 결단이라고 주장한다.

나. 사법경찰관의 수사에 대한 검찰의 견해

법률상·사실상 경찰에는 이미 수사의 개시·진행 권한이 부여되어 있고 수사주체성 인정에도 아무런 문제가 없기 때문에, 검사의 지휘를 완전히 배제하거나, 검사의 지휘는 유지하더라도 경찰의 독립적인 수사주체성 규정이 명시되어야만 비로소 경찰 수사권이 인정될 수 있다는 주장은 잘못된 것이라고 주장한다.

검사와 사법경찰은 각각 수사상 책임에 상응하는 수사권을 부여받고 있는 것이므로, 사법경찰은 수사상 책임만 지고 권한은 없다는 주장은 전혀 근거가 없는 것이다. 이는 검사의 수사지휘를 배제하려는 의도에서 비롯된 현실왜곡이라고 볼 수밖에 없다. 사법경찰관은 이미 수사권과 수사주체성을 보유하고 있다는 것이다.

경찰에 독자적 수사권을 부여한다면 치안, 정보, 사정의 경찰 집중을 초래하여 국가기관간 견제와 균형이 무너지게 될 것이다. 인권침해의 소지가 상존하는 경찰의 수사활동을 자율과 책임원리에만 맡겨둘 수 없는 것이므로, 검사의 수사지휘를 통한 통제와 감독이 반드시 필요하다고 주장한다.

다. 수사권조정 방향의 기준

수사권조정 문제는 국민의 인권보호 및 편의 제고 차원의 국민의 시각에서 그 해결방안을 모색하여야 한다고 본다. 국가의 수사권체계는 국가 형사사법체계의 근간에 해당되고, 국민의 인권보장과 적법절차 준수, 그리고 실체적 진실발견이라는 형사소송의 기본이념과 가치에 직결되는 본질적 문제라는 것이다. 만약 수사주체성에 관한 현행 규정을 경찰 주장대로 변경할 경우 수사의 본질과 주재성이 훼손되고 검찰과 경찰간 수사권의 충돌, 검사의 수사지휘권의 형해화 등이 초래되어 국가 수사체계의 총체적 난맥상으로 이어질 우려가 높다고 본다. 경찰의 수사편의나 권한확대 차원이 아닌 국민의 인권보호, 편의의 제고, 사법개혁의 방향, 국민여론 등을 종합적으로 고려하여 합리적인 해결방안을 모색하는 것이 필요하다고 한다.

라. 형사소송법 제195조와 제196조를 유지[8]

검찰의 기본 입장은 수사의 근간 규정인 형사소송법 제195조와 제196조를 유지하는 것이다. 국민의 인권보장, 적법절차의 준수, 실체적 진실의 효율적 발견이라는 형사사법의 기본이념의 실현이 그

---

8) 김회재(대검찰청 수사정책기획단장), "바람직한 수사권조정 방안," 검·경 수사권조정에 관한 공청회(수사권조정자문위원회, 2005. 4. 11), 183면.

이유라고 한다. 사법경찰에 대한 사법적 통제를 전제로 탄생된 검사 제도의 연원, 강제수사는 검사의 신청에 의해 법관이 발부한 영장에 의하도록 한 헌법정신 등을 고려하여야 한다는 것이다.

마. 기타 수사지휘 제도의 합리적 조정의 모색

검사의 사법적 통제를 전제로 경찰수사의 자율성을 최대한 보장하는 방안을 제시하고 있다. 먼저 강제처분 등 법률의 규정이 있는 경우를 제외하고는 원칙적으로 사건송치 전에는 경찰수사에 관여하지 않겠다는 것이다. 긴급체포시 검사의 사후승인제도는 유지하되 긴급체포된 피의자 석방시 검사의 사전지휘를 폐지하겠다고 한다. 압수물 처리에 대한 보완책 마련을 전제로 사법경찰에 독자적 권한을 부여하여 압수물 처리에 대한 검사지휘를 배제하겠다고 한다. 관할외 수사필요성에 대한 근거자료 첨부 및 중요범죄에 대한 현행보고 체계 유지를 전제로 관할외 수사시 보고의무를 폐지하겠다고 한다. 변사자검시에 관하여 현행제도를 유지하되 변사사건 처리절차 단축방안을 강구하고 전문검시관 제도 도입 등을 논의하자고 한다. 현행 수사사무보고 대상 22개 항목을 12개 항목으로 지정하여 중요 범죄 발생보고를 축소하겠다고 한다. 이송남용 방지를 위한 보완책 마련을 전제로 사건이송지휘를 폐지할 수 있다고 한다. 고소·고발 사건의 경우, 경찰 접수사건은 현행 2개월에서 3개월로 연장하고, 검사 지휘사건은 현행 1개월에서 2개월로 연장하겠다고 한다. 신속한 통지를 위한 경찰 내부지침 마련을 전제로 통신제한조치 집행통지 유예후 통지시 보고의무를 폐지할 수 있다고 한다. 부작용 방지를 위한 경찰 내부지침 마련을 전제로 체포·구속 피의자 건강침해 염려시 보고의무를 폐지할 수 있다고 한다.

검사가 지정하는 일부 불기소사건에 대한 사실상의 수사종결권을 부여하겠다고 한다. 교통사고처리특례법, 도로교통법, 폭행·협박 등 공소권 없는 사건 등 일부 정형화된 불기소의견 민생범죄는 경찰

에서 간이송치후 전담관이 종결처리할 수 있는 권한을 부여한다는
것이다. 사기·횡령·배임 등 사건 중 당사자 이의 없는 불기소의견
사건도 간이송치후 전담관이 종결처리할 수 있는 권한을 부여한다는
것이다. 물론 사건관계인의 이의제기가 있는 경우에는 재기하여 처
리하겠다는 것이다.

그리고 검사의 체포·구속장소 감찰제도를 조정하고, 경찰작성
피의자신문조서의 증거능력 강화문제를 신중히 검토하겠다고 한다.
사법경찰관리의 검찰 파견 문제에 있어서는 구체적 개별사건 수사시
6개월내 파견, 필요시 연장 가능하도록 하겠다고 한다. 경찰에 대한
징수금집행 촉탁제도가 보충적으로만 운용되도록 개선하겠다고 한다.
사건관리 전산화 등 경찰 자체통제장치 마련을 전제로 범죄사건부
등 간인받을 의무를 폐지하겠다고 한다.

이처럼 사법경찰의 자율성이 확대된다면 그에 상응하는 책임을
부여하여야 하므로, 사법경찰에 대한 징계·해임·체임 요구권을 신
설하고, 지방경찰청장(치안정감·치안감)을 사법경찰관으로 규정하여
지방경찰청장의 수사지휘 근거규정을 마련하는 동시에 검사의 지휘
대상으로 규정하여야 한다고 주장한다. 고소·고발사건 처리를 위해
수사인력을 증원하여야 할 것이라고 한다.

    바. 검찰의견의 요약
    1) 결론적으로 검찰의 입장은 형사소송법 제195조와 제196조를
한 글자도 고칠 수 없다는 것이다. 수사권은 검사가 행사하는 권한
이자 의무이며, 따라서 검사의 수사지휘권은 결코 포기할 수 없다는
점에서 있어서는 매우 단호한 입장이다.
    2) 수사권조정 논의와 더불어 경찰개혁이 이루어져야 한다. 즉
자치경찰제 시행, 수사경찰과 행정경찰의 분리, 공정·투명하고 객관
적인 인사제도 확립, 경찰대학의 존치 검토 등 수사권조정에 꼭 필
요한 경찰개혁을 더 이상 미루어서는 안 된다는 것이다.

3) 경찰을 견제할 제도적 장치가 마련되지 않은 상황에서는 검사가 사법경찰의 수사활동을 지도·감독할 수 있어야만 국민이 안심할 수 있다. 거대한 경찰권력 앞에 홀로 선 국민들이 억울한 일을 당할 때 검사의 도움마저도 받지 못하도록 하는 것은 특히 변호사를 선임할 수 없는 경제적 약자인 서민들에게는 국가 형사사법서비스의 심각한 후퇴이다.

4) 경찰은 물론 860여 개 국가기관에 산재되어 있는 12,000여 명의 특별사법경찰관들도 독자적인 수사권을 가지게 되어 수사권이 난립되고, 그로 인한 수사기관 간의 무분별한 경쟁과 충돌을 검사가 지휘·조정할 수 없게 된다면 국민의 자유와 인권이 심각하게 위협받게 될 것이다.

5) 검찰은 이미 경찰과 수사권조정 방안을 논의하여 검사의 수사권을 대폭 축소하였고(연간 76만 건의 수사지휘 대상 중에서 71만 건을 지휘하지 않기로 조정하여 93% 축소), 경찰에게 상당부분 실질적 종결권을 부여하는 등 수사과정에서 국민들이 겪을 수 있는 불편을 해소하였다.

(3) 법조실무가들의 견해

가. 경찰의 독자적 수사권을 인정하자는 견해
1) 검·경 수사권 조정 더 이상 지연되어서는 안 된다.

수사권조정문제는 권력통제방안의 하나로 간주해야 한다. 지금처럼 검찰이 모든 권한을 갖고 경찰을 통제하고 지휘복종관계로 군림하고, 기소독점주의와 기소편의주의 등 제왕적 수사주재자의 지위로 계속 남아 있는 한 권력 상호간의 효율적인 견제와 균형이 이루어 질 수 없다. 권력 분점과 균형의 제동장치가 마련되어야 한다. 수사분권화를 시기상조라는 이유로 회피해서는 안 되며, 양 기관의 위상을 재정립하는 수사권조정이 이루어져야 한다.[9]

2) 책임 있는 기관이 조속히 수사권조정 작업을 마무리하여야 한다.

수사권조정 작업의 핵심은 형사소송법 제195조와 제196조의 개정문제이다. 이와 관련하여 검찰과 경찰이 갈등하고, 양 기관 소속 공무원들이 갈등을 보이는 것은 바람직하지 않다. 수사권조정 작업은 대통령 등 책임 있는 기관이 나서서 마무리하고, 검찰과 경찰 양 기관은 기관 이기주의적 입장에서 벗어나 조정을 받아들임으로써 문제를 매듭지어야 한다.[10]

3) 현재의 검찰과 경찰의 관계는 잘못되었다.

현재의 검찰과 경찰의 관계는 잘못되었다. 수사에 대한 일반적 근거도 없이 지휘에 따라서만 수사를 하도록 되어 있는 경찰에게서는 제대로 된 치안서비스를 기대할 수 없다. 형사소송법 제195조와 제196조를 개정하자는 경찰측의 수사권조정 방안은 결코 무리한 요구가 아니다.[11]

나. 경찰의 독자적 수사권에 대해 부정적인 견해

1) 실증적 검토를 위해 전문기구의 발족을 권고한다.

형사소송법 제195조와 제196조에 규정된 수사의 근간규정은 비단 검찰과 경찰의 상호관계만을 규정하고 있는 것이 아니라 국가의 대표적 사법작용으로 형사소송절차 전반과 유기적으로 결합되어 있

---

9) 김희수(변호사·인권연대 운영위원), 검·경 수사권조정자문회 활동경과에 대한 보고 및 의견서 중 위원별 개인 의견서(수사권조정자문위원회, 2005. 5. 31), 17면.
10) 오창익(인권실천시민연대 사무국장), 검·경 수사권조정자문회 활동경과에 대한 보고 및 의견서 중 위원별 개인 의견서(수사권조정자문위원회, 2005. 5. 31), 15면.
11) 최영희(청소년위원장), 검·경 수사권조정자문회 활동경과에 대한 보고 및 의견서 중 위원별 개인 의견서(수사권조정자문위원회, 2005. 5. 31), 23면.

는 '수사'의 본질과 기본구조, 그리고 국가 권력구조 전반에 걸친 문제이기 때문에 현 단계에서 그 개정을 논의해서는 안 된다고 주장한다.[12] 경찰의 궁극적인 희망사항은 개별 수사행위의 주체성 인정이 아니라 포괄적 권한으로서의 수사권을 인정받고자 하는 것으로, 이는 검사의 수사지휘를 배제한 경찰조직 내에서의 지휘명령에 따른 수사권을 행사하겠다는 것으로 이해하고 있다. 그런데 법리상 이러한 의미의 권한은 권한의 주체성을 가진 행정기관에게 부여되어야 할 것이므로 사법경찰관에게는 수사행위의 주체성은 별론으로 하고, 수사권이 인정될 수 없다고 한다.

결국 이러한 의미의 수사권은 전체 경찰에게 귀속시켜 수사권을 이원화할 것이냐(특별사법경찰관을 고려한다면 수사권의 다원화)의 문제로 귀착되며, 검사의 수사권을 배제하는 한 사법경찰관에게 수사주체성을 인정한다고 하더라도 궁극적인 결론은 동일하다고 보고 있다. 따라서 수사권의 이원화(또는 다원화)를 수용할 것이냐, 수용한다면 수사권의 충돌 또는 중복을 방지하기 위한 제도적 장치를 어떻게 마련할 것이며, 전체적인 수사권이 확대될 터인데 이에 대한 국민의 방어권 문제와 수사권의 구체적 내용의 조절이 반드시 선행되어야 할 것이라고 한다. 단지 기존 사법경찰관이 행사하여 오던 사실상의 수사행위에 대하여 법률적으로 근거조문을 만든다고 생각한다면 결과적으로 초래될 수사권 다원화로 인한 충돌 또는 중복, 국민의 부담에 대한 아무런 대책이 없게 될 것이라고 보기 때문이다.

2) 검사의 수사지휘는 유지되어야 한다

수사권조정 문제는 국민이 어떤 절차에 따라 수사를 받게 되는가 하는 중요한 문제이다. 따라서 수사과정에서의 법치주의 구현과 인권보장, 그리고 실체적 진실발견이라는 형사소송법의 기본이념에

---

12) 황덕남(변호사), 검·경 수사권조정에 관한 공청회(수사권조정자문위원회, 2005. 4. 11), 265면 이하.

부합하는 방향으로 논의되어야 한다. 검사의 수사지휘 제도가 반드시 필요한 것인지는 철저히 국민의 입장에서 판단하여야 한다. 경찰이 자의적으로 권한을 행사하고 그 권한이 남용될 수 있는 위험한 상황에서 검사의 적절한 수사지휘는 유일하고도 가장 효과적인 견제 장치이므로, 검사의 수사지휘권은 철저히 보장되고 행사되어야 할 것이다. 결국 검사의 수사지휘를 배제하자는 주장은 국민의 입장에서 깊이 생각하지 않고 수사의 편의만을 생각하거나 검찰에 대한 경찰의 자존심을 세우려는 기관 이기주의적 발상이라고 볼 수 있다.

경찰이 무고한 사람을 구속하려 하였다가 검사의 지휘로 석방되고 진범이 잡힌 사례, 수사미진 상태로 무혐의 종결 건의하였다가 검사의 지휘로 진상을 밝혀 구속한 사례, 경찰이 고의적으로 사건을 축소 · 조작하였다가 검사가 실체적 진실을 밝혀낸 사례, 억울한 죽음으로 암장될 뻔하다가 검사의 지휘로 타살임이 확인된 사례 등을 통해 경찰수사의 문제점을 지적하고 있다.[13]

수사권독립 논쟁의 본질은 검사가 수사권 귀속주체(수사의 주재자)로서 경찰수사를 지휘하는 현행 수사구조를 변경할 것인지의 문제로 귀착된다. 이것은 전체 국가권력구조 재편의 문제이다. 수사권조정은 단순히 검찰과 사법경찰관의 문제가 아니라 국가 수사권력의 귀속 및 행사방법에 관한 구조조정의 문제이므로, 전체 국가권력구조의 틀 속에서 권력의 상호관계, 수사권의 성격과 그 내용, 권한 부여를 위한 제반 여건, 구조조정의 필요성 및 그 요건의 구비 여부가 철저하게 검토되고 실증되어야 한다. 따라서 가칭 '수사권조정에 관한 전문연구 · 검증 위원회' 같은 기구를 발족하여, 수사실무 현장에 임하여 검찰과 경찰의 수사 및 수사지휘의 실상을 경험하고 검증 · 분석하는 등 실증적으로 고찰할 것을 권고한다.

---

13) 김주덕(변호사), 검 · 경 수사권조정에 관한 공청회(수사권조정자문위원회, 2005. 4. 11), 315면 이하.

3) 검·경이 아닌 국민을 위한 수사권조정이 되어야 한다.

검찰이나 경찰이 아닌 국민을 위한 수사권조정이 되어야 한다. 수사권조정의 핵심쟁점은 검사를 수사의 주재자로 명시하여 사법경찰관에 대한 수사지휘권을 규정한 형사소송법 제195조와 제196조의 개정 여부이다. 수사권조정은 인권보호와 국민편의 증진이 그 기준이다. 그런 점에서 통제와 자율이 조화를 이뤄야 한다. 검사의 수사지휘권을 인정하면서도 경찰의 수사자율권을 확대하는 방안을 찾아야 한다. 여기서 먼저 합의가 이뤄진 사항들부터 시행해 본 뒤 문제점을 점검해 단계적으로 경찰의 자율성을 넓혀나가는 것도 한 방법일 것이다. 형사소송법 제195조와 제196조의 개정 문제는 좀 더 시간을 갖고 논의해도 늦지 않다.[14]

4. 학계의 입장

(1) 경찰수사권독립 긍정론

사법경찰관의 독자적 수사권을 부여하자는 주장을 펴는 학자들의 견해를[15] 종합적으로 살펴보면 다음과 같다. 수사기관인 검찰과 경찰의 관계는 범죄수사에 있어서 상호 협조하면서도 서로의 탈법을 감시하고 견제하는 관계로 재정립되어야 한다고 주장한다. 이를 위

---

14) 신성호(중앙일보 논설위원), 검·경 수사권조정자문회 활동경과에 대한 보고 및 의견서 중 위원별 개인 의견서(수사권조정자문위원회, 2005. 5. 31), 5면.

15) 김기두, 『형사소송법』, 박영사, 1985, 56면; 송광섭, 『형사소송법원론』, 대왕사, 1994, 345면; 서보학, 검·경 수사권조정에 관한 공청회(수사권조정자문위원회, 2005. 4. 11), 201면 이하; 서보학, 『형사법연구』 제12집(1999), 414면 이하; 손동권, "수사권독립, 경찰에 보장하여야 한다," 시민과 변호사, 1994. 11, 207면 이하; 조국, 검·경 수사권조정에 관한 공청회(수사권조정자문위원회, 2005. 4. 11), 243면 이하.

해서는 반드시 형사소송법의 개정이 이루어져야 하고 그 핵심은 형사소송법 제195조에 '사법경찰관의 수사주체성'을 인정하는 것과 동법 제196조의 지휘관계를 '협력관계'로 개정하여야 한다는 것이다.[16) 즉 형사소송법 제195조를 "검사와 사법경찰관은 범죄의 혐의가 있다고 사료하는 때에는 범인, 범죄사실과 증거를 수집하여야 한다"고 개정하여 경찰수사의 일반적 근거조항을 마련함으로써 경찰의 수사주체성을 인정할 것을 주장한다.[17) 또 동법 제196조 제1항을 "검사와 사법경찰관은 수사에 관하여 서로 협력하여야 한다"고 개정하여 검찰과 사법경찰의 관계를 현재의 상명하복관계에서 상호 대등·협력관계로 규정하자는 것이다. 이러한 주장에 대한 논거를 살펴보면 다음과 같다.

가. 수사현실과 법규범의 괴리 제거

현행 형사소송법 제195조 및 제196조, 검찰청법 제53조 등에서 검사를 '수사의 주재자'로, 사법경찰관은 검사의 수사지휘를 받는 '수사의 보조적 주체'로 규정하고 있다는 것이다. 따라서 수사권의 주체는 검사만이고 사법경찰관리는 수사의 보조자에 불과하다는 것이다. 검사의 수사권은 사법경찰관의 수사권에 비하여 그 양적·질적 제한이 없는 우월한 수사권이다. 검사는 수사의 개시·진행·종결권을 가지며, 검사는 직접수사를 하거나, 사법경찰관의 수사를 지휘하거나, 또는 사법경찰관이 수사하고 있는 사건에 대하여 송치지휘를 하는 방식으로 수사권을 행사한다. 이에 비하여 사법경찰관은 피의자신문, 체포, 긴급통신제한조치 등 형사소송법상 여러 수사를 개시·진행할 수 있으나, 그 활동은 원칙적으로 '검사의 지휘' 아래

16) 서보학, 검·경 수사권조정자문회 활동경과에 대한 보고 및 의견서 중 위원별 개인 의견서(수사권조정자문위원회, 2005. 5. 31), 26면.
17) 서보학, 검·경 수사권조정에 관한 공청회(수사권조정자문위원회, 2005. 4. 11), 201면.

놓여야 한다는 점에서, 그리고 수사종결권이 없다는 점에서 열위의 수사권을 보유하고 있다(물론 이러한 검사의 우위성은 사법경찰관리의 범죄수사에 한정되는 것이지, 경찰 전체에 대한 검찰의 우위성을 인정하는 것은 아니다). 이러한 수사에 있어서 검사의 우월적 지위는 비법률가인 경찰이 수사의 합목적성을 추구하는 과정에서 발생할 수 있는 각종의 불법, 탈법행위를 법률가이자 '준사법기관'인 검사가 감독·통제하고 법률적용의 정확성을 담보하라는 법치국가적 요청의 산물이며, 이러한 요청의 정당성은 현 시기에도 여전히 정당하다고 본다.

그러나 문제가 되는 것은 현행 형사소송법은 사법경찰관리가 수사를 개시·진행할 수 있는 일반적 법적 근거를 제공하지 못하고 있다는 점이다. 그런데 현재 사법경찰관리는 대부분의 사건에 대하여 검사에 대한 보고나 검사로부터의 지시 없이 사건을 인지하고, 고소·고발을 접수하여 수사하고 있으며, 이러한 현실에 대해서는 검·경 모두가 인정하고 있다. 즉 수사실무에서는 특히 중대하고 이례적인 범죄사건이 아닌 한 대부분 경찰이 독자적으로 수사를 개시하여 완료하고 검사는 송부된 수사기록만을 토대로 기소여부를 결정하는 것이 일반적이다. 그렇다면 전체 형사사건의 97%를 사실상 독자적으로 수사하고 있는 수사현실에 맞도록 경찰에게도 수사의 주체성과 독자성을 인정하는 것이 규범과 현실의 괴리를 막기 위한 마땅한 조치라고 한다. 국가권력의 발동인 수사개시는 분명 기본권을 침해하거나 침해할 우려가 있는 것으로 반드시 법적인 근거를 필요로 함에도 불구하고, 수사에 관한 기본법인 형사소송법상 일반적 법적 근거 없이 사법경찰관리가 범죄를 인지하여 수사하고 있다는 사실은 바람직하지 않다는 점을 지적하고 있다.[18]

---

18) 이러한 이유에서 사법경찰관리의 수사개시·진행권을 확인하는 일반적 법적 근거를 마련할 필요가 있다고 주장하는 학자 중에는 동시에 검사의 수사지휘권은 유지되어야 한다고 주장하는 경우도 있다[조국, 검·경 수사권조정에 관한 공청회(수사권조정자문위원회, 2005.4.11), 252면]. 그 논거의

나. 수사의 실효성

대량의 범죄를 소수의 검찰인력으로 수사하는 것은 현실적으로 불가능하다. 나아가 검사는 법률전문가일 뿐이고 수사전문가는 아니다. 범죄수사를 위한 과학적 장비와 전문지식의 확보는 방대한 경찰조직을 통해서만 가능하다. 따라서 수사의 효율화를 위하여는 공소권행사와 범죄수사의 기능을 분리하는 것이 필수적이라고 주장한다.

다. 공소권행사에 있어서 예단의 방지

검사가 수사단계에서부터 사건에 관여하게 되면, 그 사건에 대한 예단으로 인하여, 합법성의 원리가 지배해야 할 공소권행사에 수사과정에서의 예단과 수사상의 합목적성이 작용할 위험이 크다. 한편 현재 검찰의 기능은 수사와 수사지휘, 기소 그리고 공소유지이지만, 그 본질적 기능은 기소와 공소유지에 있다고 본다. 이제 검찰은 과도하게 수사에 집중되어 있는 인력을 검찰 본래의 기능인 공소유지에 돌리고 법정에서 제대로 된 재판이 이루어질 수 있도록 검찰기능과 내부체계의 구조조정을 할 때이다. 그러기 위해서 직접수사의 많은 부분을 경찰에 넘기고 경찰수사의 인권침해 감시와 송치된 수사결과의 사후통제에 힘써야 한다고 주장한다.

하나로 우리나라 사법경찰관은 10일간의 피의자구속권, 피의자신문권, 구속영장신청권 등 다른 현대 민주주의 국가의 경찰이 갖지 못한 권한을 보유하고 있다는 점을 들면서, 이러한 현실에서 경찰수사에 대한 검사의 지휘권은 폐지될 수 없다고 한다. 검사가 경찰수사를 지휘하는 장치를 유지하는 것은 경찰의 법률적용 오류의 교정, 수사절차에서의 불법·탈법행위를 방지하는 등 실체적 진실발견과 피의자의 인권보호에 유리한 제도인 점을 인정하고 있다. 결국 검사의 수사지휘권을 배제하고 수사에 있어서 검찰과 경찰의 관계를 '대등·협력관계'로 구성하는 것은 가능한 주장이지만, 이것이 실현되는 시기는 전체 형사구조의 변화가 제도적으로 안착되고, 진정한 의미의 지방분권적 자치경찰제가 실현되고, 또한 경찰수사가 그 능력과 도덕성에 있어서 국민적 신뢰를 지금보다 훨씬 더 많이 받고 난 후라고 밝히고 있다.

라. 범죄예방과 범죄수사의 관련성

범죄예방과 범죄수사는 서로 밀접하게 연관된 기능이며 따라서 범죄예방에 종사하는 경찰이 수사를 담당하는 것이 경제적이고 효과적이라고 주장한다. 또 범죄의 예방과 진압을 경찰의 임무로, 발생된 범죄의 수사를 검찰의 임무로 나누는 것은 19세기의 사고에 입각한 것으로 현대사회에는 맞지 않는다는 것이다. 따라서 진행상황이 급박하고 피해확산이 광범위한 현대형 범죄에 효율적으로 대처하려면 범죄의 예방과 수사가 일원적인 체제로 진행되는 것이 바람직하다고 한다.

마. 권력의 분산과 견제의 필요성

한국 검찰은 수사권, 수사지휘권, 독점적 기소권과 기소재량권 그리고 진행 중인 형사재판까지 중단시킬 수 있는 공소취소권을 갖고 있다. 사법처리의 대상과 범위 그리고 기소 여부 등을 독자적·독점적으로 결정할 수 있는 막강한 권한을 갖고 있다는 것이다. 이러한 무소불위의 권력을 가지고 있는 검찰을 견제하기 위해서는 권력의 분산을 통한 '견제와 균형'의 체제를 갖추어야 한다. 이러한 측면에서 검·경간의 수사권 조정은 검찰권력의 분산과 견제를 위해서도 필요하다. 궁극적으로 수사는 경찰에, 사건종결과 기소는 검찰에 중점이 두어질 때 바람직한 힘의 균형이 이루어질 수 있다는 것이다.

바. 실체적 진실발견과 사법정의의 실현

검찰이 수사권과 기소재량권의 독점적 지위를 이용하여 편파수사, 축소수사, 은폐수사, 빗겨가기식 수사 등을 행하여 실체적 진실을 은폐하고 사법정의의 실현을 방해하였던 경험에 비추어 볼 때, 이를 막을 수 있는 제도적 장치가 마련되어야 한다. 여기서 경찰수사의 독자성 확보도 그 한 방안이 될 수 있을 것으로 본다. 검찰이 독점하고 있는 수사권을 경찰과 분점시켜 한 기관에 의한 수사권 독점과 부당한 수사간섭에 의한 왜곡가능성을 방지하고 경쟁체제를 도입하자는 것이다.

사. 인권보장의 강화에 기여

검사의 수사지휘권 아래 경찰의 수사가 진행되고 피의자에 대한 가혹행위가 있더라도 검사가 묵인하면 아무 문제되지 않는 현재의 구조에서는 피의자의 인권이 침해될 가능성이 크다. 경찰의 수사권을 독립시켜 경찰의 책임하에 수사가 진행·완결되도록 하고, 만약 경찰수사과정 중 가혹행위가 있었다는 의혹이 불거져 나온 경우에는 이 부분을 검찰이 철저하게 수사하여 엄중한 책임을 묻는 체제가 정착된다면 경찰도 함부로 피의자에 대한 인권을 유린하는 행위를 하지 않을 것이다.

아. 경찰수사의 책임성 제고로 국민편익 증대

현재 경찰이 '권한과 책임 없이' 수사를 하다보니 수사경찰관이 대강 수사하여 조서와 함께 사건을 송치하면 사실상 책임이 끝나기 때문에 수사의 최종책임을 검찰에 떠넘기는 무책임한 수사행태가 나타나고 있다. 이런 수사행태로 인해 많은 사례에서 국민들은 경찰수사를 불신하게 되어 다시 검찰에 나아가 하소연을 해야 하는 불편을 겪고 있다. 또한 일선 수사경찰은 검사와 경찰간부로부터 이중의 수사지휘를 받다보니 수사현장에서 지휘체계의 혼란이 야기되고 있다. 사법경찰간부의 지휘에 의한 책임수사체제가 구축되어 범죄수사는 가능한 경찰의 일차수사로 끝나고 이를 국민이 신뢰하고 검찰이 존중할 수 있는 체제가 마련될 때 국민의 편익도 증대될 것이다.

자. 경찰의 사기진작과 구성원의 자질향상

경찰의 독자적 수사권 확보로 경찰에 우수인력이 유입되고 전체 조직의 수준과 대국민서비스도 향상되어 결국 그 수혜자는 국민이 될 것이라고 주장한다. 경찰이 독자적인 판단과 책임하에 소신껏 일할 수 있는 환경이 마련되었을 때, 구성원의 사기가 진작되며 많은 인재들이 경찰에 몸을 담게 되어 결국 경찰구성원 전체의 자질도 향상되는 결과를 가져올 것이라는 것이다. 한편 그 동안 경찰이 우수인재들의 양성과 유치를 위해 꾸준히 노력한 결과 이미 상당한 성과를 거두었기 때문에 2005년 현재 한국경찰의 수준이 미덥지 못하여 자질문제를 거론하는 것은 지나친 기우라고 말한다.

차. 경찰수사의 독자성 확보는 검찰통제로부터의 독립을 의미하는 것이 아니다

경찰에게 송치전 수사의 독자성을 부여한다는 것은 검찰통제로부터의 독립을 의미하는 것이 아니라고 한다. 범죄수사는 반드시 검찰에 송치되어 통제를 받아야 하고, 검찰은 영장청구권과 긴급체포의 사후승인권을 행사하여 검찰의 수사개입도 보장된다고 한다. 경찰수사의 검찰통제로부터의 독립은 불가능하고 또한 바람직하지도 않다고 한다. 따라서 송치전 경찰의 독자적 수사권을 부여함으로써 경찰이 완전히 독립된다거나 경찰권력이 비대해진다는 우려는 근거 없는 것이라고 한다.

(2) 경찰수사권독립 부정론

경찰의 수사권 독립론에 관하여 반대하는 학자들의 견해를[19] 살펴보면 다음과 같다.

가. 검사의 수사지휘는 인권보호와 법치주의 구현을 위한 장치

검사는 원래 수사에 있어서 인권침해의 위험을 제거하고 수사에

---

19) 이재상, 『형사소송법』, 박영사, 2002, 93면; 정웅석, 『형사소송법』, 대명출판사, 2005, 96면; 하태훈, "수사지휘권의 정당성과 필요성," 민주사회를 위한 변론, 2003.1/2, 29면 이하.

대한 법적 근거를 제공하기 위하여 탄생된 제도이므로 검사의 수사지휘권의 부정은 검사제도 자체를 무의미하게 만든다고 한다. 경찰수사는 범죄에 대한 투쟁, 특히 범죄예방에 중점이 있는 반면에 검사의 수사지휘권은 범죄수사 자체뿐만 아니라 피의자의 이익과 수사의 법적 한계를 보장하는 기능을 갖고 있다. 이러한 의미에서 검사의 수사지휘권은 수사에 있어서의 인권보장과 적정절차를 실현하기 위한 법치국가원리의 불가결한 요소라고 한다. 즉 적법절차를 준수하여 국민의 인권을 보장하기 위해서 검사의 수사지휘는 반드시 필요하다고 주장한다.

나. 경찰의 권한남용 및 비대화 방지

경찰권력은 대민접촉의 면이 가장 넓은 대표적 공권력이다. 대다수 국민의 입장에서 경찰은 매우 두려운 존재인 것이 사실이다. 우리나라의 경찰은 15만의 인력에 제한 없는 정보수집력과 무장장비를 갖추고 매일 국민의 일상생활 현장에서 강제력을 행사하고 있다. 게다가 독자적으로 구속영장을 신청할 수 있고, 10일간이나 피의자를 구속하여, 피해자와 참고인 등과 아무런 제약 없이 대질조사를 벌일 수 있는 등 세계적으로 유례가 없는 막강한 권한을 행사하고 있다. 국민 누구나 억울하게 범인으로 지목되거나 경찰에 체포되어 조사를 받을 수 있다는 사실을 상기할 때 경찰의 자의적인 수사를 걸러주고 통제하여 국민이 억울함을 호소할 수 있는 장치를 제도적으로 마련해두어야 한다. 검사의 수사지휘가 경찰의 입장에서는 불편하고 거추장스러운 제도일지 모르나, 국민의 입장에서는 반드시 필요한 것이라고 주장한다. 만약 경찰의 수사권에 대한 유일한 통제장치인 검사의 수사지휘제도를 아무런 검증도 거치지 아니한 채 없애버린다면 그 어느 누구도 경찰을 견제할 방법이 없어지며, 이러한 경찰권력의 비대화는 국가기관 간의 견제와 균형의 원칙에 위배되고, 국민들로서는 자신의 인권이 심각하게 침해될 수 있다는 불안감을 항상 느끼게 될 것이라고 한다.

다. 수사의 공정성 담보

법관과 같은 자격을 가지고 신분이 보장된 검사의 수사지휘권을 인정함으로써 수사의 공정성이 담보될 수 있다고 주장한다. 검사와 달리 경찰의 경우 공정한 사법적 결정을 담보할 만한 제도적 장치가 마련되어 있지 않다. 만약 사법경찰의 수사에 대해 검사의 수사지휘를 배제해 버린다면 경찰조직 내에서 강력한 인사권과 지휘·감독권을 가진 행정경찰 간부들의 영향력이나 정치권의 외압으로부터 수사의 공정성을 지켜낼 방법이 없게 될 것이라고 한다.

라. 수사와 공소제기의 통일성

범죄수사는 공소권 행사를 위한 준비행위로서 수사와 공소는 불가분의 관계에 있으므로 수사권과 공소권의 분리는 합리적이지 않으며, 실무적으로도 형사절차의 기초단계인 수사절차에서 애당초 올바른 수사방향을 설정하지 못하고 수사과정을 통제하지 못함으로써 공판절차에서 공소유지상 지장을 초래할 수 있다. 따라서 공소제기여부의 결정으로 종결되는 수사의 전체 절차를 이의 종결로써 책임지는 검사의 지휘 하에 두어야 수사가 법적으로 문제됨이 없이 사리에 맞게 진행될 수 있고 문제점을 사전에 통제조정할 수 있으며 수사와 공소제기의 통일성을 기할 수 있게 된다고 주장한다.

마. 효율적인 수사와 국민권익 증진

수사는 최초의 사실관계에 접근할수록 진실을 더 잘 규명할 수 있다는 점에서 초동단계의 수사가 중요하다. 만약 경찰의 독단적인 1차 수사과정에서 사실관계가 왜곡되어 버린다면 시간이 한참 흐른 뒤인 검찰의 2차 수사과정에서 이를 바로잡기는 힘들다는 것이다. 이런 관점에서 검사의 수사지휘가 배제되더라도 경찰이 1차 수사권을 갖고 사후에 검찰이 2차 수사권으로 통제하면 충분하다는 주장은 문제가 있으며, 경찰에서 사실상 결론을 내려 수사를 마친 상태에서 피의자나 피해자의 이의신청에 따라 검찰에서 다시 수사를 하여 이를 시정하기는 어려운 일이라는 것이다. 또한 검사의 수사지휘를 배제하는 것은 오히려 국민의 불편을 가중시킬 우려가 있다고 한다. 경찰수사 진행과정에서 검사지휘가 불가능하므로 검찰에서 모든 사건을 재수사하게 된다면 사건관계인은 상당한 기간이 경과한 후 다시 수사받게 되는 등 수사구조가 비효율적으로 변하고 이에 따른 국민적 비용과 불편이 대폭 증가할 것이기 때문이다. 따라서 이중 수사로 인한 수사력의 낭비를 막고 국민의 권익 증진을 위해서라도 검사의 수사지휘는 반드시 필요하다는 주장이다.

바. 경찰의 독자적 수사는 헌법정신 위배

우리 헌법 제12조와 제16조가 모든 영장청구권을 검사에게만 부여하고 있는 것은 수사에 있어 그 주재자가 검사이어야 한다는 점을 천명하고 있는 것이고, 수사지휘는 검사의 수사주재성을 구현하기 위한 핵심장치인 것이다. 그런데 만약 경찰의 주장대로 검사의 수사지휘를 배제하게 된다면 헌법이 명시하는 검사의 영장청구권과 수사주재성이 완전히 훼손되는 것이므로 국민의 헌법적 결단에 반하는 결과를 초래할 것이다. 마찬가지로 형사소송법에 사법경찰을 독자적 수사주체로 규정하고 검사의 수사지휘를 사후적으로 행사하도록 할 경우에도 검사의 지휘 없는 경찰의 독자적 수사가 원칙이 되어 결국 헌법의 기본정신에 반하게 될 것이다. 또한 형사소송법 제195조에서 검사의 수사권과 사법경찰의 수사권을 나란히 규정할 경우, 동일한 범죄에 대한 검사의 수사권과 경찰의 수사권이 동시에 발동될 수 있어 수사권이 충돌하는 결과를 빚게 된다. 이렇게 되면 조사를 받는 국민의 인권을 심각하게 침해할 수 있고, 수사권의 양립 내지는 이원화에 따른 국가 형사사법체계 전반에 걸친 부작용은 고스란히 국민에게 돌아가는 폐해를 초래할 것이다. 경찰에서는 사법경찰이 실제 수사의 95% 이상을 담당하고 있는 현실에 비추어, 형사소송법 제195조를 개정하여 검사와 함께 사법경찰관도 독자적 수사주체로 규정하는 것은 경찰이 실제 수사주체라는 점을 확인하는 것에 불과하다고 주장하고 있으나, 경찰의 독자적 수사주체성 인정은 검사의 수사지휘권 및 수사주재자적 지위를 훼손하여 결국 수사지휘의 배제라는 결과를 낳게 된다는 점을 간과한 것이다.

사. 수사기관의 통일적인 운용

경찰 이외에도 다양한 특별사법경찰관이 존재하는바 일반사법경찰관과 다양하게 존재하는 특별사법경찰관 조직이 통일적인 기준에 의하여 수사할 수 있도록 하여야 한다. 따라서 수사의 적정한 운용을 위하여 이들을 전체적으로 수사지휘하는 검사의 수사지휘권이 필요하다는 주장이다.

(3) 경찰수사권독립 時機尙早論

현재로서는 경찰의 수사권독립에 관해 시기상조론이[20] 우세인 듯하다. 시기상조론이란 경찰의 수사권독립을 위하여는 일정한 조건이 갖추어져야 하는데 그런 전제조건이 충족되지 않은 현실에서 수사권독립은 곤란하다는 주장이다. 다시 말해 범죄수사와 공소제기·유지의 기능을 분리·독립시키는 것이 합리적이며 기능적이라는 주장은 그 자체로서는 상당한 설득력이 있지만, 경찰수사권을 독립시키기 위해서는 일정한 제도적 보장이 전제되어야 한다는 것이다. 그 논거를 살펴보면 다음과 같다.

---

20) 배종대·이상돈,『형사소송법』, 홍문사, 2004, 178면; 백형구,『형사소송법강의』, 박영사, 2001, 368면; 신동운,『형사소송법』, 법문사, 1993, 36면; 신현주,『형사소송법』, 박영사, 2002, 111면.

가. 경찰권의 과대집중과 비대화의 대처방안 수립

현행법상 한편으로 경찰조직은 전국적으로 일원화된 방대한 조직을 가지고 있으며, 다른 한편으로는 경찰공무원의 직무상 독립성을 보장하는 특별한 장치가 제도상 없다. 이러한 여건 하에서 아무런 견제장치 없이 수사의 전권을 경찰에게 맡기는 것은 경찰권의 과대집중과 비대화의 위험이 명백하다. 미국의 경우 권력집중의 위험이 제도상 근본적으로 방지되어 있으며 경찰조직 밖에서의 수사절차도 확립되어 있기 때문에 수사권 전횡의 위험이 희석되어 있다는 사실에 주목하여야 한다.

따라서 수사권독립을 위해서는 경찰권력의 집중화정도와 그 견제방안을 먼저 검토하여야 하며, 미국이나 일본과 달리 경찰의 지방분권화가 이루어지지 않은 우리나라에서 전국에 걸쳐 일원화된 경찰조직이 상명하복의 지휘체계에 따라 수사를 행하게 될 경우 수사가 법률외적인 영향에 좌우될 여지가 없지 않으므로, 말하자면 경찰의 지방분권화의 논의와 병행하여 행하여져야 한다는 주장이다.

나. 즉결심판청구권의 폐지

우리나라 경찰은 미국, 독일 등에서 찾아볼 수 없는 즉결심판청구권을 가지고 있다. 특히 즉결심판에 의하여 구류형의 선고도 가능하다는 점에 비추어 볼 때 경찰의 독자적 수사권 인정은 기존 경찰권력의 확대라고 본다. 따라서 경찰의 수사권독립논의는 경찰권력의 거시적인 재편성작업과 함께 진행되어야 한다는 것이다.

다. 수사과정에서 합법성을 보장하는 장치의 확립

수사를 경찰이 전담하기 위해서는 수사절차에 있어서의 합법성준수와 인권옹호의 관행이 적정수준에 도달하여야 한다. 현행법상 영장주의, 묵비권고지제도, 변호사 선임권, 구속적부심사제도 등 여러 제도가 설정되어 있다. 그러나 실무상 과정에 있어서도 영장주의의 불법한 구금에 대한 통제장치로서의 역할이 완전히 정착되고, 묵비권행사가 범죄혐의의 묵시적 시인으로 간주될 위험이 없어야 하고, 보석이나 구속적부심사가 유무죄의 사전심사가 아닌 명실상부한 적부심사 또는 보석이 가능하게 되는 등 피의자 인권의 사법적 보장이 실무상 현실화되는 것이 경찰의 수사권독립의 선행조건이라고 한다.

라. 우리나라 경찰문화의 특수성

우리나라 경찰이 범죄뿐만 아니라 시민의 각종 분쟁(예컨대 단순 채무불이행)에도 개입하는 문화적 특수성은 경찰이 법관과 유사한 역할을 하게 될 것이라는 우려를 낳기도 한다. 이러한 현상은 경찰의 열악한 법지식을 고려할 때 위험할 뿐만 아니라 경찰국가화의 위험도 안고 있다고 할 수 있다고 한다.

마. 수사구조의 전환 등

피의자에 대한 구속으로서 피의자신문이 종료되고 바로 법원의 관할로 이전되는 것(피의자는 피고인의 신분을 갖게 되는 것)으로의 수사구조의 전환도 중요한 전제라고 한다. 그 밖에 행정경찰과 사법경찰의 분리, 경찰의 자질향상, 경찰의 정치적 중립을 위한 제도적 보장 등을 제시하는 견해도 있다.

(4) 경찰수사권독립 절충론

경찰의 완전한 수사권독립은 인정하기 어려우나 일부의 수사권독립은 인정하자는 견해를 절충론이라 부른다. 그 주장내용을 개략적으로 살펴보면 다음과 같다.

가. 초동수사단계에서 독자적 수사권 인정하자는 견해[21]

수사권독립에 관한 논의는 찬성론과 반대론 모두 어느 정도 설득력을 가지고 있으나, 중요한 것은 외국의 입법례를 들어 어느 한 편에 유리한 결론을 도출하는 것이 아니라 우리나라의 수사현실에서 어떤 방향이 인권보장과 적정절차의 실현에 더 바람직한가 하는 차원에서 검토해야 할 문제라고 본다. 현재로는 수사업무와 관련한 검사의 지휘권이 절차에 대한 감시라는 차원에서 여전히 필요하다. 그러나 수사의 효율성 확보라는 관점에서 초동수사단계에 있어서 경찰의 독자적 수사권을 제한적으로 인정하고 검사의 사후통제를 엄격히 하는 방안을 검토해볼 필요가 있다고 주장한다.

나. 법정형을 기준으로 일정한 경우 독자적 수사권을 인정하자는 견해[22]

수사의 사실적·물리적 측면에서 볼 때 신속성·기동성·탄력성을 기하도록 하여 수사의 능률을 높인다는 점에서, 또 수사권을 부분적이나마 기관 사이에 분립함으로써 권력억제를 기한다는 점에서도 경찰의 수사권독립이 바람직한 방향이라고 본다. 그러나 현재 독립적이지 못한 경찰의 위상이나 제도적 여건 아래에서는 완전한 독립수사권을 경찰에게 부여할 수는 없을 것이다. 따라서 처음에는 법정형을 기준으로 일정한 형벌 이하에 해당하는 범죄라든가 범죄의 성질에 따라서 일정한 범죄에 대하여 독립수사권을 부여하자고 주장한다. 물론 검찰에게는 사법경찰관리에 대한 일반적 지휘감독권을 부여하여 수사와 공소제기의 통일을 기하여야 한다는 점도 지적하고 있다. 아울러 경찰의 독립수사권을 인정하기 위해서는 경찰의 부패방지장치 강화와 적법절차에 따른 수사관행의 확립, 경찰내부의 법률전문가의 확충, 수사과정에서 변호권의 절대적 보장, 피의자신문에 변호인참여권 보장, 수사단계에서의 보석권의 보장 등의 전제조건이 실현되어야 한다는 점도 밝히고 있다.

---

21) 신양균,『형사소송법』, 법문사, 2000, 74면.
22) 차용석,『형사소송법』, 세영사, 1997, 232면.

다. 제한된 범위 내에서 독자적 수사권을 부여하자는 견해[23]

강력범죄나 검찰이 특히 필요하다고 인정하는 사안에 한정하여 검찰이 사법경찰을 지휘할 수 있도록 하고 나머지 범죄사건에 대해서는 경찰에 1차적인 독자적 수사권을 부여하자는 견해이다. 다만 경찰의 중립성이 확보되기 전까지는 경찰청 내에 상설 법률자문위원회 설치, 경찰에 의한 피의자신문시 변호인 참여권 보장 등 위법한 경찰수사에 대한 규제장치의 제도화를 그 전제로 주장하고 있다.

---

23) 허일태, "제한된 범위 내에서 독자적 수사권 주어야," 수사연구 1992. 7, 29면.

III 한국 검찰사적 관점에서 본 검찰권 행사의 역사

1. 여명기의 근대법제와 검찰제도

널리 알려진 바대로 근대적 의미의 사법제도가 우리 역사 속에 편입된 것은 1894년 갑오개혁에서부터 비롯된다. 조선왕조는 그 이전의 왕조역사에 비해 통일된 법전체계를 갖추었고,[1] 제도적으로 형정과 형치가 작동되긴 했으나, 갑오개혁 이전에는 행정과 사법이 분립되지 못하였고, 죄를 다스림에 있어서도 범죄인의 체포 및 수사·소추권과 이에 대한 심리·재판권이 분화되지 않고 한 기관에 의해 행사되었다. 서양의 형사제도에 비교하자면, 프랑스혁명 이전 구체제 하의 규문주의가 우리 역사에서는 갑오개혁 이전까지 작동했다고 말

---

1) 조선왕조는 개혁초기부터 사대부들의 유교적인 관인지배체제 실현을 위해 법제의 정비에 착수하여, 전래적인 「원육전」과 「속육전」을 수정·보완한 「경국대전」을 성종 조에 완성, 이를 조선조의 기본 통치규범으로 삼았다. 조선조 말엽에 이르러, 고종 2년 1865년 시대의 조류를 반영한 「대전회통」을 편찬하여, 형정·형치의 준거로 삼았다. 광무 9년(1905년) 대한제국 법률 제2호로 제정·공포된 것이 조선왕조 마지막 형법전이요, 우리나라 최초 형법전이라고 할 수 있는 「형법대전」이었다. 이 법전은 국한문 혼용에 전문 총 680개 조이며, 전래적인 대전회통의 대명률과 갑오경장 이후 제정된 형률명례 등을 모두 폐지하고, 형사관계법률을 일원화한 것이었다. 그러나 이것은 대명률과 대전회통 등의 통합물이지, 개인주의·자유주의에 입각한 근대 서구 형사법원리의 구현은 아니었다. 이에 관하여는 김병화, 『근대한국재판사』, 한국사법행정학회, 1974, 257면 이하 참조.

할 수 있을 것이다.

   갑오개혁은 비록 근대적 제도에로의 개혁이긴 하지만 우리의 자
생력에 의한 개혁이 아니었다. 조선조 말기 왕권은 이 같은 제도적
개혁을 추진할 능력도 없었고, 방법도 알지 못했다. 근대화적 시각에
서 국가 여명기의 이 땅은 외세의 압력과 특히 일본의 내정간섭에
의해 비로소 전통적인 신분과 사대부 지배계급의 폐쇄성 및 봉건성
으로부터 결별을 체험할 수 있었다. 그렇기 때문에 근대화를 위한
개혁은 당대 제국주의 침략세력의 팽창과 지배욕의 일환이었다. 어
쨌거나 이렇게 시작된 갑오개혁은 이 땅을 다시 되돌아갈 수 없는
근대화의 강줄기 이편으로 밀어 넣었다. 근대화의 세례를 우리는 그
렇게 받고, 변화의 길로 밀려가기 시작했던 것이다.

   청·일전쟁 승리후 일본의 우리나라에 대한 식민지화의 야욕은
거세어졌고, 1894년 6월 25일 일본의 강압에 못 이겨 고종은 국정개
혁의 중추기관으로 오늘날 입법기관에 해당하는 군국기무처를 설치
하여 개혁의 주도적 역할을 담당하게 하였다. 군국기무처는 새로운
국가통치체제로 근대국가적 행정기구를 답습하여, 의정부 산하에 내
무, 외무, 재무, 군무, 법무, 학무, 공무 및 농상 아문의 각 부서를
두고, 각 아문 하에 국을 설치하여 의정부를 8아문 56국의 행정기구
로 만들었다. 그리고 치안과 경찰업무 및 감옥사무를 전담할 경무국
을 내무아문 산하에 배속시켰고,[2] 종전의 형조가 개칭된 법무아문에
는 사법, 검찰, 사유(사면) 등을 관장시켰으며, 고등법원 이하 지방재
판소를 감독하게 되어 있었고, 종래 대역죄와 강상범죄를 다루었던
의금부를 의금사로 개칭하여 관공리의 공죄에 대한 재판권을 행사하
게 하고 이를 법무아문에 예속시켰다.[3]

   이 같은 행정개편은 애당초 현실적인 무경험과 인재빈곤 및 국
가재정 빈약으로 그 실효를 거두기 어려웠고, 관직명칭의 개명에 그

---

   2) 이선근, 『한국사(현대편)』, 진단학회, 1963, 229면.
   3) 대검찰청, 『한국검찰사』, 1976, 26면.

친 도상개혁의 범주에 머물 수밖에 없었다. 하지만 갑오개혁의 조치 중 조선왕조사회의 신분질서를 붕괴시키는 서정쇄신은 괄목할 만한 성과를 거두었다. 사대부의 관직취임권, 특별형사재판권과 면세, 병역 및 부역면제 등 신분적 특권이 철폐되고, 적서·노비·천업자에 대한 신분적 차별은 폐지되었으며, 형사책임 개별화라는 근대형법의 원리에 상응할 만한 연좌제 폐지 및 자의적인 체포·구금·과형 금지 등이 가능해졌다.[4]

갑오개혁의 일환으로 1895년 3월 25일 법률 제1호로 제정된 재판소구성법이 우리나라에서 근대적 사법제도의 효시가 되었다. 그리고 이 법률에서 검사라는 제도도 처음으로 등장하게 된다. 이 법률의 제정으로 말미암아 제도사적으로 사법권을 행정권으로부터 분리·독립시킴과 동시에, 재판을 전담하는 판사와 범죄수사 및 소추를 담당하는 검사의 역할을 분리시킴으로써 근대 서구의 개혁된 형사소송법에 등장한 탄핵제도가 우리나라에도 도입된 셈이다. 이것은 당시 서구의 개혁된 형사소송법제를 도입한 일본의 재판소구성법을 본뜬 것으로 1895년 4월 1일부터 시행에 들어갔다.

여기에서 검사는 비록 독자적인 직무권한을 갖고 있었지만, 조직상으로는 각급재판소의 직원에 불과했다. 따라서 판사와 검사의 자격·임명절차·대우 등도 차별이 없었다. 이 법률은 1899년 5월 30일 전면개정시까지 우리나라 근대사법의 여명기를 장식했지만, 실제 1876년 체결된 불평등한 병자수호조약에서 명백히 드러난 바와 같이 서구법 개념으로 위장된 법률적 침략도구로서, 조선왕조의 제도와 전통을 해체시키기 위한 전략적인 식민지책략으로서의 성격이 강했다.[5] 행정기구 개편의 실패에서 보듯 당시 파탄난 국가재정으로 인해 재판소 청사를 세울 재원도 없었고, 새로운 제도에 임할 교육

---

4) 조규창, "서구법 수용에 있어서 법학교육의 역사적 의의,"『근대서구학문의 수용과 보전(普專)』, 1986, 고려대출판부 편, 138면.
5) 조규창, 앞의 글, 144면.

받은 법관도 양성되지 않았고, 형사재판의 전제되는 형사실체법이나 절차법이 제정된 것도 아니었다. 그래서 행정관리가 그의 관아에서 종전대로 재판업무를 계속 관장·처리할 수밖에 없었다.[6] 실제 개설된 재판소는 평리원(고등법원)과 한성지방재판소 두 곳뿐이었다. 결과적으로 재판소구성법은 과거출신의 관찰사나 부윤, 군수에게 판사라는 새로운 직명을 첨가시킨 데 불과했다.[7]

　1895년 재판소구성법의 공포와 함께 칙령 제49호 「법관양성소 규정」이 제정·공포되어, 법조인 양성교육이 시작되었으나 제도가 미비한 불안정한 미래전망 때문에 설립된 지 1년 만에 2회 졸업생을 배출하고 폐소되었고, 그 후 7년이 지난 1903년에 이르러 3개월 속성과정으로 법관양성이 재개되었고, 수업일수도 6개월로 연장되는 등 난맥을 거듭했다. 이것은 아직 전통적 법제와 제도가 실효성을 지닌 현실에서 아직 실체법·절차법 등 근대적 법제 없이 새로운 사법제도의 틀만 그림의 떡처럼 진상해놓은 데 불과했기 때문이었을 것으로 짐작된다.

　여기에서 우리는 불행하게도 이미 근대법의 여명기, 즉 강제이식기에 법과 현실은 그렇게 어그러져 돌아갈 수밖에 없는 것이라는 나쁜 선례로서 법문화의 터를 닦은 셈이다. 현실과 맞지 않는 법체계 및 법제도의 틈새에서는 대부분의 사람들이 법을 어길 수밖에 없고, 법을 다루는 사람들의 자의와 일탈 그리고 편법이 개입할 가능성도 높고, 권력이 폭력으로 둔갑하기도 십상이다. 그래서 권력은 법을 무기삼아 언제나 미운 털이 박힌 특정인을 찍어내릴 수 있으며, 누구나 권력 앞에 서면 눈치를 보거나 알아서 기어가게 마련이다. 어그러진 나쁜 법체계와 비현실적인 법제도 때문에 범법이 일상화되고, 준법이 예외가 되면, 국민은 예측할 수 없는 권력의 자의적인 법집행과 마주칠세라 두려움과 불안 속에 위축되어 살아가야만 한다.

---

　6) 박병호, "개화기의 법제," 정범석박사 화갑기념논문집, 1977, 202면.
　7) 조규창, 앞의 글, 140면.

적어도 근대법의 여명기에 이 땅의 백성들이 처음 마주할 수밖에 없었던 근대법적 제도의 인상은 정도의 차이는 있었을지라도 이런 류의 것이었으리라 짐작된다. 이것이 한국 법치주의의 쓴 뿌리, 나쁜 풍토로서 작용할 수밖에 없었다는 것을 우리는 건국 후 반세기가 넘도록 우리네 법생활의 과거와 현재의 이중성, 왜곡・파편화의 현상에서 어렵지 않게 확인할 수 있을 것이다.[8]

    1895년 3월 관제개혁에 따라 종전의 법무아문이 법부로 개칭되었다. 법부대신은 사법행정, 은사・복권에 관한 사무, 검찰사무를 지휘하며, 특별법원・고등재판소 이하 각 지방재판소를 감독하고 고등재판소의 재판장과 특별법원의 재판장이 되며, 법부 산하에 있는 법관양성소에 대한 감독권도 갖게 되었다.

    검사의 일반적인 직무권한에 대해서는 재판소구성법 제38조의 규정이 있었다. 이에 따르면 검사는 영장발부・증거수집・재판집행・기타 검찰사무를 행하고, 감옥에 임검하여 감찰업무를 행하고 필요한 때에는 그 직무를 사법경찰관에게 명할 수 있었다. 더 나아가 1895년 4월 법부령 제2호「검사직제」에서는 다음과 같은 사항들을 구체적으로 열거하고 있다:[9]

    ① 범죄의 수사, 공소제기 및 공소 부제기
    ② 형사상 법률의 정당한 적용의 감사
    ③ 형벌과 부가형의 집행청구, 그 집행에 임검 감시
    ④ 법부대신의 지휘를 받아 사형집행
    ⑤ 범죄의 고소・고발의 수리
    ⑥ 판사에 의한 피고사건의 수사청구
    ⑦ 피고사건의 취조를 위한 피고인의 인치 및 구류
    ⑧ 범죄에 관한 증거수집과 증인신문
    ⑨ 범행현장에 임하여 관계인 및 현장에 있는 자의 신문

---

8) 허승호, 머나먼 법집행 선진화, 동아일보 시론, 2009. 11. 25.
9) 대검찰청, 앞의 책, 34면.

⑩ 피고인 및 관계인의 가택 수색, 증거물건의 압수

⑪ 범죄수사, 영장집행, 피고인 인치 등에 관련한 사법경찰관 지휘 등등.

1895년 4월 29일 법부령 제3호로「민·형소송규정」을 공포하였다. 비록 동일한 법규정 안에 민소·형소를 함께 포괄하였지만, 제1장 민사, 제2장 형사로 나누어 총 44개조에 걸쳐 각 소송절차를 체계적으로 설시한 최초의 절차법인 셈이다. 형사절차 중 검사의 직무에 관하여는 다음과 같은 사항들이 열거되어 있다.[10)]

① 검사는 고소·고발을 수리하여 공소제기할 수 있다.

② 공소장은 서식에 따라 검사가 작성한다.

③ 검사는 고소·고발을 받아 수사를 전개하고, 유죄로 인정될 때는 공소장을 작성하여 증거물과 함께 재판소에 심판·청구한다.

④ 검사는 공판장에서 피고사건에 관하여 진술하고 증거를 제출하며 또한 법률적용에 관한 의견을 진술할 수 있다.

⑤ 상소는 검사·피고인·피해자가 이를 할 수 있는데, 제기기간은 3일 내로 한다.

⑥ 검사는 사형을 제외하고는 상소기간이 경과한 후 곧 형벌의 집행을 명하고 이에 입회해야 한다.

수년간의 편법과 시행착오를 거치면서 1899년 5월 30일에 법률 제3호「재판소구성법 개정법률」이 제정·공포되었고, 이에 따라 재판소 조직이 통일되고, 종류도 지방재판소, 한성부 및 각 개항시장재판소·순회재판소·평리원(고등재판소의 개칭)·특별법원의 5종으로 하였다. 하지만 당분간 지방재판소는 각도의 관찰부에 설치하고, 개항시장재판소는 각 개항시장에 겸설하고, 순회재판소는 유예하도록 하였으며, 관아의 지방행정관이 판·검사를 겸할 수밖에 없는 상황에서 사법행정 및 검찰업무에 대한 감독체계도 사법행정과 검찰사무

---

10) 대검찰청, 앞의 책, 35, 37면.

에 관한 최고의 감독권은 법부대신이 가지게 하여 행정감독체계의 일환이 될 수밖에 없었다.[11] 동법 제42조에는 검사의 직무에 관한 사항을 두었는데, 종전의 검사직무와 대동소이했다. 또한 동법 제43조에서는 검사가 사법경찰관에 대해 지휘권을 행사할 수 있다고 규정했다. 이 같은 법상태는 이 땅에 일제의 통감부가 설치되기까지 유지되었다.

1905년 11월 17일 을사보호조약의 체결로 1905년 12월에 통감부 관제가 공포되고, 1906년 2월에 서울에 통감부가 설치되었고, 그 하부기관으로 서울·인천·부산 등지에 이사청이 설치되었다. 1907년 1월부터 대한제국 정부의 자진청빙 형식으로 각급재판소에 일본인 법무보좌관을 두게 했고, 대한제국의 각부 차관을 일본인으로 임명하는 한편, 일본인 차관으로 하여금 통감부 참사관을 겸하게 하였다. 이로써 일제는 자문·조언 등의 보좌가 아니라 재판사무와 검사사무를 지령·감시·간섭하기 시작했다. 1909년 7월 12일 을유각서, 즉「대한제국의 사법 및 감옥사무를 일본정부에 위탁함에 관한 각서」체결로 그해 10월 31일자로 대한제국의 각종 사법기관과 감옥을 폐지하고, 그해 11월 1일에 통감부 재판소를 설치하여, 국권찬탈 전에 일제는 먼저 우리나라의 사법권을 탈취하였다.

통감부 통치시대의 검찰권을 살펴보면, 1906년의 신재판소구성법 개정에서도 검사의 일반적 직무권한은 1899년의 재판소구성법 개정법률 제42조, 제43조 등의 규정을 손질하지 않은 채 그래도 유지되었음을 알 수 있다. 그 후 1909년 1월 법부령 제1호「지방재판소처무세칙」과 같은 해 4월 법부령 제4호「신소사건처리규칙」을 제정·공포하여 검찰사무처리세칙을 마련했다. 그 중 검찰권과 관련된 내용은 다음과 같다.[12]

---

11) 대검찰청, 앞의 책, 44, 55면
12) 대검찰청, 앞의 책, 67면 이하.

① 정소(呈訴: 고소·고발 등의 제기)가 없는 때에는 검사는 사건을 심리할 수 없음. 다만 현행범인 경우에는 즉석에서 수사신문함.

② 공소제기 후의 형사사건의 심리판결은 모두 판사가 전담하고, 형사사건의 수사와 공소제기 전의 심문은 검사가 전담함.

③ 증인은 신분의 여하를 불문하고 초치할 수 있음.

④ 검사는 체포인치한 피고인을 심사하여 무죄로 사료하는 때는 즉시 방면해야 함.

⑤ 사법경찰관이 재판소의 명령을 위반한 때에는 검사가 법무대신에게 보고함 등등.

또한 1908년 8월 1일자 법률 제13호 「민·형소송규칙」은 총 177개조로 종전의 「민·형소송규칙」에 비해 훨씬 상세한 내용을 담아 정비된 법률이었다. 그 중 검사의 직무와 관련된 사항은 다음과 같다.[13]

① 재판소의 심문과 판결선고에는 검사가 입회해야 함.

② 형사사건에 검사는 부대상고할 수 있음.

③ 검사는 범죄가 있다고 사료하는 때 그 수사를 해야 하고, 사법경찰관리를 지휘하여 범죄수사에 당하며, 사법경찰관은 사법경찰사무에 관하여 검사의 명령에 복종해야 함.

④ 검사는 수사함에 있어, 피고의 신문·체포·나인·구류·감정·검증·수색·압수·사체해부·분묘발굴을 할 수 있고, 다만 사법경찰관은 검사의 허가 없이는 10일 이상 피고를 구류할 수 없음. 검사는 나인이나 구류를 할 때 영장을 발부해야 하고, 순사에게 집행을 지휘하여 이를 집행하게 함.

⑤ 검사는 보증을 세우거나 혹은 세우지 아니하고 구류당한 피고의 가석방을 명할 수 있음.

⑥ 판결의 집행은 그 판결을 선고한 재판소 검사의 지휘에 의

---

13) 대검찰청, 앞의 책, 93면.

함. 판결의 집행을 위해 검사는 체포장을 발부할 수 있음.

⑦ 상고재판소의 검사는 법령에서 처벌하지 아니하는 행위에 대해 형이 선고되었거나, 상당한 형보다 중한 형이 선고된 경우에 상고하는 자가 없이 그 판결이 확정된 때에는 비상상고를 할 수 있음.

오늘날 우리 형사소송법과 검찰청법에 규정된 대로 검사가 공익의 대표자로서 범죄수사의 주체이며, 사법경찰관을 지휘하고, 기소를 독점하며, 공판과정에서 원고관으로 역할하며, 판결확정후 재판집행 기능을 담당하는 것은 통감부 시대의 법제유산임을 알 수 있다. 그러나 당대의 통용되었던 피의자의 구속·구류를 위한 영장발부권 및 사법경찰에 대한 일정기간 피의자 구류허가권 등은 오늘날 법관의 권한으로 넘어갔다. 당시 검사의 강력한 권한은 법부 산하의 법관양성소에서 판·검사의 교육이 함께 실시되었고, 판·검사의 임용자격이 동일했고, 검사가 의연히 재판소구성원이었으며 그리하여 판·검사의 재판정에서의 위치까지 나란히 배치되었던 사정에서 비롯된 것으로 보인다. 하지만 거기에는 프랑스 혁명 후 유럽대륙 여러 나라의 개혁된 형사소송에서 채택된 예심판사의 역할 일부가 판·검사의 역할분담이 아직 확립되지 못했던 당시의 검찰권에 혼재한 데 그 원인이 있었던 것으로 미루어 짐작할 수 있을 것이다.

또한 오늘날 뜨거운 논쟁거리인 검·경 수사권의 연원도 통감부 시대의 법제의 유산임을 알 수 있다. 통감부 시대의 신재판구성법은 경찰관과 기타 행정관리는 검사의 요구에 따라 그 직무를 방조해야 한다고 규정하여 검사의 경찰관에 대한 요구 또는 명령의 준거점을 마련했고, 더 나아가 1909년 4월 시행된 법부령 제2호「사법경찰관직무규정」은 사법경찰의 범죄수사나 사건처리 등에 대한 세부준칙 외에 검사의 사법경찰에 대한 지휘·명령·감독에 관한 준거규정을 두었다. 중요한 사항을 열거하자면 다음과 같다:

① 사법경찰관은 검사의 지휘를 받아 범죄를 수사한다.

② 사법경찰관은 순사를 지휘하여 그 직무를 보조하게 하며, 필요한 때에는 순사를 경부대리로 명하여 사법경찰사무를 집행하게 할 수 있다. 이때에는 소관 경찰서장은 신속히 그 명단을 소관 지방재판소 검사장 및 구재판소 검사에게 보고해야 한다.

③ 사법경찰관은 다음과 같은 범죄가 발생하였을 때에는 신속히 이를 소관 지방재판소 검사장 및 사건 소관청의 검사에게 보고해야 한다.

- 관리, 4등 이상 대훈자, 2품 이상의 유위자, 변호사의 금옥 이상에 해당하는 범죄
- 형법대전 제4편 제1장 반란에 대한 범죄
- 인명에 관한 범죄
- 화폐위조에 관한 범죄(경미범죄 제외)
- 신문지법에 관한 범죄(경미범죄 제외)
- 보안법에 관한 범죄(경미범죄 제외)
- 위 이외에 공안에 중대한 관계가 있는 범죄

④ 사법경찰관은 매월 처리한 범죄건수와 범죄원인에 관한 월표를 작성하여 다음달 10일 이내에 소관 지방재판소 검사장에게 제출한다.

⑤ 사법경찰관이 피고인을 구금한 후 검사에게 송치함이 없이 9일을 경과하면 이를 석방해야 하나, 사건 소관청 검사의 허가를 얻은 때에는 석방하지 않고 계속 수사할 수 있다.

⑥ 친임관이나 칙임관을 체포·인치 또는 구류하고자 할 때에는 사건 소관청의 검사에게 이를 보고하여 지휘를 받아야 하고, 주임관을 체포·인치 또는 구류한 때는 신속히 사건 소관청의 검사에게 그 뜻을 보고해야 한다.

⑦ 사법경찰관이 피고사건에 대한 수사를 종결한 때에는 원칙적으로 그 사건을 검사에게 송치해야 하나, 고소나 관청으로부터 고발받은 사건을 제외하고 피고사건이 경미하여 처벌할 실익이 없다고

사료하는 때에는 피고인에게 훈계를 가한 후, 사건을 검사에게 송치하지 않을 수 있다. 그러나 그 사실을 사건 소관청 검사에게 보고해야 한다.

⑧ 영장의 집행에 있어 재판소나 판사가 발부한 영장을 검사가 집행지휘서나 검인을 찍어 사법경찰관에게 집행지휘를 한다. 사법경찰관은 구인장이나 체포장을 집행했을 때 영장과 함께 그 지휘를 한 검사에게 압송하고, 구류장을 집행했을 때는 지정한 감옥이나 유치장에 압송한 후, 그 영장은 집행지휘한 검사에게 제출한다 등등.

그 밖에도 이미 언급한 바대로 통감부 재판소의 등장으로 일본인 통감이 대한제국의 사법권을 탈취하면서 식민지경영에 앞서 법을 통한 강제지배의 기반을 다져나갔다.[14] 그때까지 각급재판소와 검사국이 대한제국 법부에 속해 법부대신의 감독 하에 있었으나, 그 후 일본인 통감의 지휘·감독 하에 놓이게 되고, 대한제국 법부는 아예 폐지되었다. 통감부는 예심제를 창설하고, 통감은 지방재판소 또는 그 지부의 관할에 속하는 형사사건의 예심을 명할 수 있고, 고등법원장도 일정한 경우 예심을 명할 수 있게 했다. 또한 한국인 출신의 판·검사에 대하여는 그 권한을 제한하여, 일본인 판·검사에 대해 차별대우를 명문화했다. 다만 아직 일본법의 직접 적용이 불가능한 상황에서 법적용의 혼란을 피하기 위해 형사사건에 관한 한 통감부 재판소는 동령 기타 법령에 특별한 규정이 없으면 한국인에게 한국법규를 적용하고, 검사 또는 사법경찰관은 통감의 사전허가를 받아야 한국의 친임관 또는 칙임관을 체포할 수 있고, 가출옥에 관한 규정은 한국법규에 의해 처형된 자에게도 적용토록 했다.[15]

이로써 이 땅에서 일본을 통한 근대법제의 강제이식은 싹부터 괴물과도 같은 공포와 위압의 도구로 변질된 것이었음을 미루어 짐

---

14) 스즈키 케이후, "법을 통한 조선식민지지배," 고려대 박사학위논문, 1988, 30면 이하.
15) 대검찰청, 앞의 책, 104면 이하.

작할 수 있다. 서구의 자유주의·개인주의적인 법치주의가 왜 이 땅에서는 권위주의적 지배도구로 오도되고, 진정한 의미에서 '인간을 위해 존재하는 법'이라는 관념이 그토록 착근하기 힘든 일이었는지에 관한 단서를 이러한 역사적 맥락으로부터 어렵지 않게 추론해 낼수 있을 것이다.

문제는 1910년 경술국치 후 국권이 찬탈되고, 이 땅이 일본의 식민지로 전락한 뒤 35년간 조선총독부 통치시대를 거치면서 누적된 법의 이중성, 모순된 두 얼굴이 그렇지 않아도 예와 덕치를 법치보다 동경해 온 우리네 정서 속에16) 법을 완전히 일그러진 체념과 환멸의 대상으로 전락시켜 버렸다는 점이다. 또한 장기간의 식민지정책은 그 출발에서부터 채찍에 의한 정치·경제적 식민지화뿐만 아니라, 당근에 의한 문화의식·규범의식·사회의식의 식민지화를 간교히 도모해나갈 심산이었다:

"조선민중은 모두 제국의 신민이 되고, 천황폐하의 성은을 입어 영구히 깊은 자애와 두터운 성덕을 입게 될 것이다. 특히 충성과 순종으로 신정(新政)을 지지하는 현명하고 덕망 있는 자는 그 공로에 따라 작위와 은급을 받게 될 것이며 또는 그 재능에 따라 제국의 관리로서 혹은 중추원 의관이 되거나 중앙 또는 지방관청의 직원으로 등용될 것이다. …

종전에 지방관리의 직에 있으면서 국세를 결손포탈한 행위를 한 자는 그 책임을 해제하며 특히 미수금의 완납을 면제받게 될 것이다. 또한 이전에 법률을 위반한 자로서 그 범죄의 정상이 극히 민량한 자에 대하여는 일률적으로 대사(大赦)의 특전이 베풀어질 것이다. …

함부로 망상에 사로잡혀 감히 시정을 방해하는 자가 있을 때는 결코 용납하지 않을 것이다. 만약 충성을 다하여 몸을 유지하고 근

---

16) 이에 관하여는 이재룡, 『조선 — 예의사상에서 법의 통치까지』, 예문서원, 1995, 특히 137면 이하 참조.

신함으로써 법을 지키는 선량순종의 인사가 있으면 반드시 천황폐하의 거룩하신 성은을 입을 것이며 그 자손 역시 오래도록 성은을 받게 될 것이다."[17]

이로부터 한국인 법률가나 식민지관리로 등용되어 살아가는 길은 천황과 일본제국에 대한 무조건적인 충성심이 전제되어야만 했음을 엿볼 수 있다. 충성과 의리, 정의와 양심, 죄와 벌, 규범적 정당성의 방향이 식민지시대의 도래로 180도 뒤바뀌는 일대 착란을 당대의 조선민중은 경험해야 했고, 그것은 선악, 의(義)와 불의, 진리와 허위, 죄와 덕행 등을 둘러싼 전래적 가치관의 혼란을 점증시킬 수밖에 없었다.

일본은 국치일에 일본국 칙령 제324호 「조선에 시행할 법령에 관한 건」을 공포하여 일본법률의 전부 또는 일부를 조선에 시행하려 할 때에는 칙령으로 정하도록 하여 일본국 법률의 효력이 조선에 미칠 수 있게 하고, 조선에서 법률로 정해야 할 입법사항은 조선총독의 명령으로 정할 수 있게 했는데, 이를 제령(制令)이라 칭했다. 그 후 1911년에는 이 칙령을 일본국 법률 제30호로 격상시켰다. 형사사법과 관련해서는 1910. 10. 1. 제령 제5호 조선총독부재판소령, 동일자 제령 제6호 조선총독부판사 및 검사의 임용에 관한 건, 1912. 3. 18. 제령 제1호 조선형사령이 기본이 되었고, 조선형사령에 의해 시행된 일본법률로 형법, 형법시행령, 형사소송법 등이 있었고, 기타 법령으로 1910. 12. 15. 제령 제10호 범죄즉결례, 1912. 3. 18. 제령 제13호로 공포된 조선태형령, 1912. 7. 11. 제령 제26호 사법경찰사무 및 영장집행에 관한 건, 1912. 3. 25. 부령 제40호 경찰범처벌규칙 등이 있었다.

검찰권 행사를 포함한 사법의 최고감독권은 통감부시대의 마감과 총독부시대의 등장으로써 총독에게 돌아갔다. 1910. 10. 1. 「조선

---

17) 경술국치(한일합병)에 즈음한 1910년 8월 29일자 조선통감 유고의 일부.

총독부관제」는 총독부 내에 사법부를 설치하고, 사법부장관으로 그 감독사무를 집행케 하다가, 1919. 8. 20. 사법부가 법무국으로 개편된 뒤, 1945년 해방기까지 유지되었다. 특히 검사의 직무권한 등에 관하여는 이미 본 바와 같이 일제가 국권찬탈 전 통감부 통치시절에 이미 사법권 전반을 찬탈하여 법을 통한 식민지 지배의 발판을 다져온 터라, 총독부 통치시기가 도래했어도 별반 달라진 것이 없다. 의연히 검사는 공익의 대표자로서 비상상고와 재심청구권이 있으며, 범죄수사의 주체로서 검사내부의 상명하복관계 외에 사법경찰관에 대한 지휘·감독권이 있었고, 사법경찰은 범죄수사에 관련된 검사의 일반적인 지휘·감독을 받아야 할 뿐 아니라 검사의 구체적인 사건 수사에 대한 직무상 명령에 복종해야 했다. 1924년 부령 제33호 「사법경찰관리의 직무를 행할 자 및 직무의 범위」에 관한 규정과 1923년 훈령 제52호 「사법경찰관리 집무규정」이 이에 관한 상세한 준거 규정인 셈이지만,[18] 그 본질적인 내용은 1909년 4월 법부령 제2호 「사법경찰관 직무규정」의 정신을 그대로 답습한 것이라고 할 수 있다. 그 밖에도 검사가 국가형벌청구권과 집행권의 담지자로서 공소제기 및 그 유지와 재판의 집행지휘권을 독점적으로 갖고 있는 점은 전례와 비교하여 볼 때 달라진 것이 아니다.

위에서 본 바와 같이 검찰제도와 검사라는 이름은 근대적인 사법제도와 법치주의 실현의 근간으로서 이 땅에 이식되어 들어왔지만, 민족이 억압받고 수탈되던 암흑기에 식민통치의 법적 탄압장치의 선봉장으로서 각인될 수밖에 없었다는 점은 불행이다. 특히 이 같은 역사적 배경에서 법·법치·사법·검찰·경찰이란 이름은 이 땅의 거류민들의 마음속에 그 후 오래도록 따뜻하게 자리잡을 수 있는 친근한 이름이 될 수 없었다. 본디 국민의 마음으로부터 나와 정당한 제도와 권력으로서 신뢰를 얻고, 국민 곁으로 돌아가 그들의

---

18) 그 상세한 내용은 대검찰청, 앞의 책, 170면 이하 참조.

삶의 자리를 섬겨야 할 이들 제도가 국민들을 소외시키는 타율적인 그 무엇, 억압과 두려움의 잔재를 풍기는 그 무엇으로 오래도록 인상지어져 왔다는 사실은 선진법치사회를 지향하는 오늘 여기의 우리들에게 새삼스러운 과제로 떠오르는 대목이기도 한 것이다.

2. 미군정기의 검찰제도와 검찰권 행사

1945년 8월 15일 일제의 패망으로 이 땅에 해방은 찾아왔지만 1945년 9월 9일 조선총독·재조선일본군이 태평양지구 미육군 총사령관 맥아더 대장을 대리한 미육군 제24군단 사령관 하지 중장 앞에서 항복문서에 조인함으로써 35년에 걸친 일본의 조선통치권은 종식됨과 동시에 미군에게 이양되었다. 그러나 한반도 경영에 관한 정치적 청사진이 준비되지 않았던 미군정은 총독부 통치기구를 그대로 둔 채, 우선 일본인 통치만을 종식시키고자 했다. 1945년 9월 15일 조선총독부 법무국장 와세다(早田)가 해임되고, 동월 28일 군정장관 아놀드 소장은 우들(Woodall) 소령을 군정청 법무국장으로 임명하여 조선총독부 법무국장의 직권을 행사하게 했다. 같은 해 10월 9일 미군정장관은 임명사령 제9호로써 우들 법무국장 밑에 한국인 보좌관들을 임명하거나 임시채용하고, 일본인 직원은 면직할 것을 명령하였다. 이 지시에 따라 같은 해 10월 11일 38선 이남의 모든 일본인 판사 및 검사에 대한 면직발령이 있었다.

미 군정청 법무국장 산하 사법기관인 법원·검찰제도는 1945. 11. 2. 군정법령 제21호 제1조에 의거, 조선재판소령이 1948. 5. 4. 군정법령 제192호 법원조직법과 동년 8. 2.자 군정법령 제213호 검찰청법이 제정공포될 때까지 그대로 효력을 유지하게 되어, 검찰제도의 근본적인 변화는 미군정 초기에 없었다. 다만 1948. 8. 2. 검찰청법이 공포될 때까지 검사에 대한 신분보장은 법률상 전무한 상태였다.

미군정 당국이 법무국 소관업무 수행을 위해 미군사령부 법무감 「푸레시컷트」 대령 등의 조언을 받았고, 그들은 영미법적인 선이해를 바탕으로 총독부 치하의 형사법제가 비민주적이고 인권침해적 소지가 많은 것으로 단정하여, 검찰제도와 검사의 기능에 관하여 독자적인 법무시책을 입안한 흔적이 엿보인다.[19] 그 단적인 예가 1945. 12. 28.자 법무국장 명의의 「검사에 대한 훈령 제3호」이다. 위 훈령 제1항에 「검사의 선결직무는 관할법원에 사건을 공소함에 있음, 세밀한 수사는 검사의 책무가 아님, …」, 제2항 나에 「검사는 경찰국이 수행해야 할 수사사항을 경무국에 의뢰할 것, 이는 경찰관의 직무요 검사의 직무가 아님」, 제2항 바에 「검사는 수사에 수반되는 사건에 관하여 경찰서장과 연락할 것, 사법재판소에서 공소수행 중 필요한 증거에 관한 사항은 특히 연락을 취할 것」 등이 일본총독부 통치하에서 형성된 대륙법계의 검·경간 역할·기능에 관한 전통들과 다른 착상임을 보여준다. 이 훈령은 1948. 8. 2.자 검찰청법 제32조 가항의 규정에 의해 폐지될 때까지 유효하게 통용되었던 것이다.[20]

1946. 3. 29.자 법령 제64호에 따라 38선 이남의 조선을 통치하는 입법·사법·행정 부문 등 재조선 미군정청 조선인기관은 남조선과도정부로 불리고, 군정청 법무국은 사법부로 개명되었다. 따라서 검사의 명명권자도 사법부장으로 바뀌었다. 사법부장은 군정장관의 동의를 얻어 변호사회 중앙협의회가 추천한 자 중 대법원 공소원 이외의 재판소의 판·검사를 임명할 수 있게 했기 때문이다(1946. 4. 2.자 법령 제67호 제2조). 이 과도기에 검찰운영방침도 공포되었는데 1946. 1. 19.자 법무국장대리 김영휘는 "공평무사하고 불편부당하되 최후까지 치밀무루하고 용단불굴한 검사도를 확립할 것"을 지시했고, 1946. 5. 대법원 검사총장 이인은 취임 직후 검찰운영방침으로 i) 검찰의 분리화를 강조하며 민중을 지도·계몽하여 민중생활을 명랑윤

---

19) 대검찰청, 앞의 책, 220면 이하 참조.
20) 대검찰청, 앞의 책, 221면.

택하게 할 것, ii) 검찰이 국가기관인 이상 초연할 수 없으므로 오직
국시국책에 순응 충실할 것, iii) 불편부당한 태도로 엄정공명을 기하
여 오직 신국가건설과 민중의 권익을 보호할 것, iv) 검찰·사법경찰
은 건국정신에 비추어 확립일치하여 긴밀한 연락·지도를 하여 마찰
상충을 피할 것, v) 현재까지 일제의 잔재법이 있으나 우리 법전편성
까지 건국정신에 합치되도록 해석·적용할 것 등이다.[21]

　　법원·검찰을 합한 사법기관의 운영은 일찍 한국인의 손에 넘
어왔으나, 입법기관인 남조선과도정부 입법의원이 1946. 12. 12. 개원
되었고, 1947. 2. 5. 군정청 한국인 각부처장을 통할하는 민정장관으
로 안재홍이 임명됨으로써 미군정 하에서도 입법·사법·행정의 통
치기구가 한국인 중심으로 그 틀을 형성했다. 1948. 5. 10. 유엔감시
하에 38선 이남에서만 총선거가 실시되었고, 같은 해 5. 30. 제헌의
회가 개원하였다. 1948. 5. 4. 법령 제192호 법원조직법이 공포된 후
약 3개월 만에 1948. 8. 2. 법령 제213호 검찰청법이 공포되고, 검찰
인의 오랜 숙원이던 검찰제도가 법원과 분립되어 탄생함으로써 검찰
사의 새로운 전기를 맞이하게 되었다. 검찰청법 제정의 발판은 1947.
6. 23자 러취 군정장관에게 제출된 재경 3검찰청장관 공동명의로 사
법제도 재편성에 관한 건의서였다. 여기에는 검찰청 분리독립, 사법
경찰관의 검찰청 배속, 재판의 배심제도 도입, 심판관의 구속기간 제
한 등이 포함되어 있고, 근본적으로는 독일법계의 전통을 기초로 삼
았다고 한다. 이 법령은 정부수립 후 1949. 12. 20. 법률 제81호 검찰
청법이 공포되어 폐지될 때까지 1년여 기간 효력을 지녔던 군정법령
의 백미 중 하나라고 할 수 있고, 이것이 우리 검찰제도 창설의 모
태가 되었다고 해도 과언이 아니다. 그 중요한 내용은 다음과 같은
것들이다:

　　① 검찰관의 직무와 권한(제6조)

---

21) 대검찰청, 앞의 책, 229면 이하.

- 범죄수사, 공소제기 및 유지에 필요한 행위
- 사법경찰관에 대한 수사지휘와 감독권
- 법원에 대하여 법령의 정당한 적용청구
- 재판의 집행 지휘감독
- 다른 법령에 의해 검찰관의 권한에 속한 사무처리

② 검찰관의 신분보장(제18조, 제19조, 제22조)

③ 검찰관의 상명하복과 검사동일체의 원칙(제12조)

④ 부장의 검찰사무의 일반적 지휘감독권과 개별사건에 관한 한 검찰총장에게 그 조사와 처분지휘(제14조).

　1948. 3. 20. 법률 제176호로 형사소송법의 개정이 공포되어 같은 해 4. 1.자로 시행에 들어갔다. 조선형사령에 따라 우리에게 적용된 일제의 형사소송법 중 피의자・피고인의 구속에 관한 부분이 대폭 수정된 것이다. 동 개정령 제1조 "본령은 불법구속에 대한 인민의 자유권을 충분히 보장하기 위하여 형사소송법을 개정함을 목적으로 한다"가 그 점을 분명히 하고 있다. 이 개정령의 시행으로 이 땅에 처음으로 법관영장제가 도입되었다. 법관의 영장 없이도 인신을 구속할 수 있고, 부당구속된 자를 구제하는 절차도 없었던 일제 형사소송제도가 미군정 당국자의 눈에 반인권적으로 보였기 때문이다. 그리하여 검찰과 검사의 체포영장 발부제도는 식민지 형사제도의 유산으로서 뒤안길로 사라지게 되었다. 그 대신 법관에 의한 구속영장 발부, 구속기간의 제한, 신체구속의 적법여부 심사절차, 필요적 보석의 확대, 검찰관의 유치장 감찰권, 피고인과의 접견교통권 보장 등 인권보장장치가 이 개정령에 대폭 수용되었다. 물론 이것들은 영미법제도의 산물로서 1954. 9. 23.자 법률 제341호 형사소송법 규정 속에 그대로 반영되었다.[22]

　이와 관련하여 사법경찰이 구속영장을 신청함에 있어 검찰관을

---

22) 대검찰청, 앞의 책, 248면.

경유하느냐 법원에 바로 신청하느냐의 문제로 검찰과 경찰 간에 논란이 야기되기도 했다. 검찰에서는 개정형사소송법 제8조에서 사법경찰이 구속기간 연장결정 신청시 검찰관을 경유토록 한 취지로 보아 구속영장 신청 역시 검찰관 경유가 순리라고 본 대신, 경찰은 명문규정이 없음을 이유로 이와 다른 입장을 취했다. 그리하여 1948. 3. 31. 법령 제180호(법령 제176호의 보충) 제5조 구속영장 신청절차에서 "사법경찰 및 기타 관헌은 소관 검찰청에 청구하며, 검찰관은 이를 재판소에 신청한다"고 명시함으로써 이 문제는 일단락되었다.[23]

　　미군정의 통치기간은 해방공간의 혼란기를 거치는 짧은 기간이었음에도 불구하고, 군국주의적 식민지통치의 지배도구로 작동해 온 형사법제, 형사재판제도 및 검찰제도 등에 인권이라는 인류보편적 사상재들의 새로운 한 줄기 빛을 비춰줌으로써 이 땅에 법치주의의 기본정신과 그 방향을 제시해주었다는 점을 간과해서는 안 될 것이다. 하지만 해방공간의 사법과 검찰 그리고 법집행 등은 총독부통치기구를 그대로 둔 채, 일본인 관료와 법률가를 배제하고 그 자리에 일제통치하에 왜곡된 정의관, 가치관에 길들여진 한국인 관료와 법률가들을 배치하는 데 그침으로 말미암아, 자유와 인권, 인간의 존엄성에 기초한 새로운 법질서의 물꼬를 트는 데는 역부족이었다고 말할 수 있다.

3. 대한민국 정부수립과 제1공화국의 검찰제도와 검찰권

　　대한민국 정부수립은 유엔의 발의와 미군정의 협력, 국민적 참여로 이루어진 합작품이었다. 1947. 11. 14. 유엔총회는 남북한 총선거안을 채택했고, 이에 따라 1948. 1. 8. 유엔임시한국위원단이 서울

---

23) 대검찰청, 앞의 책, 250면.

에 도착, 활동을 개시했으나 38선 이북에 주둔한 소련군사령관의 방해로 북한에서의 활동은 봉쇄되었다. 1948. 1. 24.부터 3일간 개최된 유엔임시총회는 "한국의 가능한 지역에서 유엔감시하의 선거실시"를 거듭 결의하고, 1948. 3. 1. 유엔임시한국위원단은 위원단이 들어갈 수 있는 한국의 일부지역에서 늦어도 같은 해 5. 10.까지 선거를 실시한다고 발표함에 따라, 1948. 3. 17. 미군정 법령 제175호 국회의원 선거법이 공포되고, 1948. 5. 10. 역사적인 총선거가 실시되었다. 이어서 1948. 5. 31. 제헌국회가 개원되었고, 같은 해 7. 12. 대한민국헌법이 국회를 통과했고, 같은 해 7. 16. 정부조직법이 제정되어, 헌법과 정부조직법이 1948. 7. 17. 공포되었다. 같은 해 7. 20. 국회에서 이승만이 초대대통령으로 선출되고 1948. 8. 15. 대한민국 정부수립이 대내외에 공표되었다.

이에 따라 1948. 8. 16. 정권이양에 관한 한미회담이 시작되었고, 같은 해 9. 13. 대통령령 제3호 남조선과도정부기구의 인수에 관한 건이 공포됨으로써 과도정부 각 부처기구가 신생 대한민국정부 해당 각 부처로 인수되었다. 이승만 대통령은 1948. 8. 2. 과도정부 대검총장인 이인을 초대 법무부장관에, 같은 해 8. 7. 과도정부 사법부차장이던 권승렬을 초대 법무부차관에 각각 임명한 바 있었다.

신생 대한민국 정부는 정부조직법과 국회법 그리고 법원조직법의 제정에 뒤이어 검찰청법(1949. 12. 20. 법률 제81호)을 제정·공포하였다. 이것은 우리나라 검찰제도의 근간을 담은 것으로서 전문 44개조에 달했다. 이미 언급한 바와 같이 당초 미군정 말기인 1948. 8. 2. 법령 제213호로 검찰청법이 제정·공포되어, 검찰조직이 처음으로 법원에서 분리되긴 했으나, 이는 미군정 하의 과도기적 입법이었으므로, 정부수립 후 민선 입법기관에서 새로 이를 제정할 필요성이 컸음은 두말 할 필요가 없다.

10여 개월 차이를 두고 제정된 두 검찰청법 사이에는 다른 부분도 많지만, 가장 중요한 검찰조직의 기본성격과 검찰의 기능·역할에 관한 기본골격은 그대로 유지되었다. 즉, 검사를 공익의 대표자로 명시한 뒤 그 직무와 권한으로 범죄수사, 공소제기와 그 유지에 필요한 행위, 범죄수사에 관한 사법경찰관리의 지휘감독 등은 신·구 검찰청법상 차이가 없다. 더 나아가 검사의 신분보장도 검사의 정년이 구법보다 인하된 것 외에는 별 차이가 없다. 다만 검찰기구에서 검사를 보좌하며 그 지휘를 받아 범죄수사를 하는 수사관제도가 새로 신설된 것은 외국의 법제에서도 유례가 드문 특기사항이라 할 것이다. 그리고 구검찰청법상 제도인 간이검찰청이 폐지됨에 따라 그와 연계되었던 검사보제도도 폐지되었다. 그 밖에도 법무부장관의 지휘감독권과 검사동일체의 원칙도 구법의 규정내용과 같다. 다만 검사의 불기소처분에 대한 항고제도(제12조)와 사법경찰관에 대한 체임요구권(제36조)은 새롭게 규정된 것이다. 항고제도는 고소인의 권익을 보호하려는 제도로서, 일본은 검찰기관 아닌 외부인에 의한 검찰심사회를 두어, 검사의 불기소처분의 당부를 심사하게 하지만, 여기에서는 그 심사를 상급청 검사장에게 맡긴 것이 특색이다. 그리고 사법경찰의 검사수사지휘에 대한 복종의무(제35조)와 체임요구권은 미군정시절 경찰이 수사에 관한 검사의 정당한 명령에 순응하지 않은 사례가 빈발했던 전례에 비추어 이를 제어하기 위한 것이었다.

　　이상에서 우리는 신·구 검찰청법의 주된 흐름은 규문주의에서 탄핵주의에로 형사소송구조의 전환을 전제하고 있음을 알 수 있다. 또한 일제의 검찰제도 하에서 우리는 아직도 유럽대륙의 전통 깊은 예심제도적 잔재를 엿볼 수 있었으나 검찰청법의 새로운 기본 틀은 재판권과 수사·공소권의 엄격한 기관분리에 의해, 보다 민주적인 검찰권행사의 지평을 지향하고자 한 입법자의 의도를 읽을 수 있다. 또한 이미 1948. 3. 20.자 법률 제176호 개정 형사소송법상 법관의 영장에 의한 인신구속제도는 검·경 모두의 민주적인 수사체제 확립을 위한 인권보장적 제도였지만, 구체제하 식민지적 사법·검찰·경찰 관행에 젖어 있던 요원들의 인권의식을 근본적으로 새롭게 하는 데 한계가 있었다. 신생국가건설에 즈음하여, 우리는 법정책적으로 법체계와 법질서를 근본적으로 새롭게 거듭나게 하는 법갱신운동이 일어나지 않았고, 현실적으로 준비 없이 맞이한 해방공간에서 이 운동을 주도할 새로운 법률가계층이 전혀 형성되어 있지 않았기 때문이다. 2차대전 종료 직후 독일은 연합국 관리체제 하에서도 나치의 법질서로부터 독일법의 새로운 질서를 창출하기 위한 법갱신(Rechtserneuerung)운동이 활발했던 데 비하면 더욱 그러하다.

　　설상가상으로 해방공간에서부터 정부수립을 전후하여 좌익계열의 국가변란 기도들이 가열되면서, 이에 맞서 신생 자유대한민국체제 수호를 위한 국가보안(1948. 12. 1. 법률 제10호)의 제정과 그 위반범죄 척결을 위한 대공사찰 → 수사 → 기소 → 재판 → 처벌 등 일련의 과정에서 민주적·인권우선적 수사체제와 적법절차 이념은 뒷전으로 밀려날 수밖에 없었다. 일종의 반공이데올로기에 이끌린 검·경 수사권 및 사법권은 공동의 적에 대한 공동전선을 구축한 채, 민주적인 견제와 균형을 통해 피의자·피고인의 인권을 배려하는 법의 본래 취지를 돌아볼 틈이 없었다. 일제치하에서 독립운동가나 불령선인들을 가혹하게 폭압하던 법치의 시각이 신생 자유대한민국의 체계하에서 공산주의자나 좌경인사들에 대한 사법처리에 고스란히 전수된 실정이었기 때문이다.

　　이 같은 사정과 이를 묵인하는 일종의 사회분위기 속에서 우리의 입법 그리고 경찰·검찰·사법의 왜곡과 일탈은 특정범죄자들을 사회의 변두리로 추방·고립시키고, 법치의 가면 뒤에서 구체제의 가혹한 식민통치적 수법인 고문과 폭압까지도 되살아나게 만든 셈이다. 1958. 12. 26. 법률 제500호 신국가보안법이 제정되었다. 1948. 12. 1. 시행된 국가보안법과 1949. 12. 19. 공포된 국가보안법 개정법률은 6.25 사변 이후의 북한정권에 의한 위장평화, 통일전선, 간첩활동, 국헌문란 행위 등에 대처하기에 불충분하다는 인식하에 새 법안이 준비되었던 것이다. 이 법은 대공용의자 등 공안사범에 대한 형사소송

절차의 특례를 규정하였다. 즉, 보석허가결정에 대한 즉시항고, 구속
적부심에 대한 즉시항고, 수사단계에서의 증인의 구속유치, 사법경찰
의 신청에 의한 구속기간 연장허가, 형사소송법 제312조 단서의 적
용배제 등이다. 또한 검사에 의한 공소보류제도가 신설되어 공소권
행사에 보다 신축성을 기할 수 있게 했다.[24)

　　사실 3년여에 걸친 한국전쟁과 대량의 실향민 유입 등 인구사
회학적 변동은 35년간 일제의 잔혹한 식민통치 하에서도 굳게 간직
되어 왔던 우리의 미풍양속, 상부상조와 공동체적 협동정신, 숭례숭
덕의 의식과 문화의 뿌리까지 황폐화시켰다고 해도 과언이 아닐 것
이다. 이 같은 대혼란으로부터의 탈출과 안정의 희구가 강력한 정치
적 리더십과 안정적인 국가운영을 요구했다. 그 일환으로 2년의 각
고 끝에 1953. 9. 18. 새로운 형법이 공포되어 같은 해 10. 1.부터 시
행되기 시작했고, 그것은 다분히 국가적 법익과 사회적 법익을 개인
적 법익보다 우선시하는 법익질서관을 암묵리에 내포한 것이기도 했
다. 또한 1954. 9. 23. 새로운 형사소송법도 제정·공포되었고, 1948.
1. 24.자 군정법령 제166호 검찰관징계령을 대신하는 검사징계법이
1957. 2. 15. 법률 제438호로 공포되었다. 1956년부터 1960년까지 자
유당 말기의 검찰사무 운영방향은 매 선거기에 공정선거의 원활을
돕는 업무지침 하달 외에 대공사찰 강화, 경제사범 엄단, 강력범의
철저한 단속, 공무원범죄의 단속 등이 주류를 이루었다.[25) 그 밖에도
1959. 12. 31. 법무부령 제24호 사법경찰관리집무규정이 공포되어
1960. 1. 1.부터 시행됨으로써 조선총독부 훈령 제52호 사법경찰관집
무규정은 폐지되었다.

　　강력한 정치적 리더십과 정권안정에 대한 국민적 욕구는 한편으
로 12년간에 걸친 이승만 독재와 자유당 폭주를 가능케 하는 측면이
되었으나, 다른 한편 정권안보에 장애가 되는 개인과 단체들을 용공

---

24) 대검찰청, 앞의 책, 296면 이하.
25) 대검찰청, 앞의 책, 293면.

좌경세력으로 몰아 가차없이 처단하는 사법적 공권력과 합작된 공포
정치가 그와 같은 독재권력의 장기화를 가능케 했다. 어쨌거나 이
같은 독재체제가 구축되고 나면, 법과 정의는 왜곡되고 변질될 수밖
에 없고, 법생활의 전영역에 걸쳐, 법과 불법, 정의와 불의의 갈등과
긴장관계가 표출될 수밖에 없었다. 여기에서 법과 질서와 안정을 노
래하는 입은 독재권력을 항구화하려는 신민들의 노래가 될 수밖에
없었으며, 정의와 인권 등 법가치들의 전도가 법생활의 실제에서 일
상화될 수밖에 없었다.

　　독재권력이 스치고 지나간 자리는 마치 홍수가 휩쓸고 지나간
들판처럼, 물길이 혼잡해지고, 아예 길이 보이지 않게 마련이다. 법
은 진정성과 내용을 잃고 형해화하거나 단순한 지배장치로서 도구화
하고 만다. 따라서 민중의 법의식도 타락하고, 민중은 아예 법을 경
멸하거나 법률가들에게 환멸하기 시작한다. 법이 시민생활의 일부가
아니라 시민생활의 경계가 되고, 법률가는 시민생활영역을 가로질러
가며, 자유의 공기를 혼탁케 하던 그 일제총독부의 전례처럼 시민들
의 의식 속에 각인되기 십상이다. 일제의 왜곡된 법문화와 변질된
법치주의로부터 새로운 민주적 법문화와 진정한 법치주의의 초석을
놓아야 할 건국초기의 12년간은 그것을 열어가기에는 너무나 난제가
산적한 척박한 풍토였다고 말할 수밖에 없다.

4. 제2공화국의 검찰제도와 검찰권

　　1960년 4.19혁명으로 이승만 정권은 무너지고, 허정 과도정부를
지나, 내각책임제로의 개헌과 함께 민주당정권이 수립되었다. 장면
내각은 이승만 독재체제의 사슬을 끊고 일어선 국민의 자유와 민주
주의에 대한 열망에 부응하기 위해 새로운 민주질서의 틀을 짜지 않
으면 안 될 중대한 과제를 안고 출범했다. 건국 후 이승만정권은 냉

전체제가 만들어낸 분단상황에서 북한공산세력과의 대치, 6.25동란 등 국가적 위기상황을 뚫고 일어서야 했기에, 무엇보다 대내외적인 안전을 중요시했다. 안전을 우선시하는만큼 자유는 위축될 수밖에 없었고, 안전위주의 정책은 국가안보의 차원을 넘어 정권안보에 집착하게 되었고, 그것이 자유당 독재와 민주주의를 본질적으로 부끄럽게 만든 3.15. 정부통령 선거에서 경찰력과 관권을 동원한 부정선거라는 결과를 낳았다. 청년학생들의 봉기로 시작된 독재타도는 드디어 민주혁명의 승리로 대단원을 이루었다.

학생혁명의 기치는 자유였다. 불의와 압제로부터 해방된 민주광장은 온갖 자유의 구호들로 넘쳐흘렀다. 민주당 정부와 내각은 계파 간 정쟁으로 이같이 넘쳐나는 자유의 홍수를 조절할 만한 안정적 정치권력을 형성하지 못했다. 집권 9개월여 동안 4차에 걸친 개각단행에서 미루어 짐작할 수 있듯이, 우리 헌정사상 최초의 내각책임제는 우선 정치적 불안정으로 인해 밀어닥치는 민주혁명의 이념을 수용하여 발전시켜 나갈 정치적 역량을 상실하고 있었다. 거기다가 자유당 독재권력의 부정과 불의에 주구노릇을 한 경찰권력도 이 같은 혼란 속에서 치안질서를 유지할 만한 정당성과 권위를 잃고 있었다.

반공의식은 해이되고, 건국 후 그때까지 금기시되었던 중립통일론, 남북협상론이 난무했고, 혁신정당도 난립했다. 사회적 혼란은 우후죽순처럼 생겨난 언론기관들의 무분별한 정부시책 공격 때문에 가중되었다. 이 같은 혼란을 틈타 밀수·폭력·독직·무허가건축 등 넘쳐나는 불법으로 사회는 아노미상태에 빠져들었다고 해도 과언이 아닐 정도였다.[26] 이 같은 혼란을 수습할 검찰권력도 전반적으로 공권력의 권위가 약화된 상황에서는 역부족일 수밖에 없었다. 비이성

---

26) 1960. 7. 4. 제12회 전국검찰감독관 회의에서 이태희 검찰총장은 "법을 도외시하는 방종의 난무로 사회질서는 마치 8.15해방이나 6.25 직후의 그것과 방불한 실정"이라고 토로하고 있다(대검찰청, 앞의 책, 303면에서 재인용).

적인 자유의 남용과 과잉으로 인해 피해를 보는 일상생활 속의 민중
들은 다시금 안전의 중요성을 떠올리며 안정을 희구하기 시작했다.
이것이 1961. 5. 16. 군사쿠데타의 발발 후 '올 것이 오고야 말았다'
는 당대 인구에 회자된 유행어 속에 함축된 시대의 정서적 상황이었
던 것이다.

　　과도정부와 제2공화국 1년간 검찰제도에는 대검찰청 중앙수사국
의 발족이 주목할 만한 사항이다. 1959. 12. 20. 공포된 검찰청법에
대검찰청기구로 중앙수사국 설치가 규정되었고, 1951년 법무부령 제
6호 대검중앙수사국사무규정이 공포되었으나 예산상 이유를 들어 그
설치가 보류 중에 있었다. 당초 법무부와 검찰은 미국의 연방수사국
을 모델로 중수국을 발족시킬 예정이었으나 내무부와 치안국의 사법
경찰에 대한 수사지휘권까지 중수국으로 이관된다는 이유로 견제를
받아, 시행에 차질이 생겼던 것이다. 결국 양측의 절충 끝에 치안국
의 수사지도권과 상충되지 않는 범위, 즉 국내 대공정보 수사업무의
통합기구로 이 기관을 설치한다는 원칙에 합의를 본 상황에서 4:19
혁명기를 맞이한 것이었다.

　　민주당 정권 출범 후 대공사찰활동이 느슨해진 틈을 타서 좌
경·혁신세력이 준동하자, 정부도 중수국 설치의 시급성을 인식하여
1961. 4. 9. 정식발족을 보게 된 것이다. 이 기구 아래 수사과, 사찰
과, 특무과를 두고, 이런 수용에 따라 검사정원도 30명 증원되었다.
제2공화국의 짧은 헌정질서 하에서 검찰은 강력한 대공사찰, 강력사
범 근절, 밀수사범 척결, 병역사범 철저단속, 공무원 독직행위 엄단
등 강력한 시책이 하달되었으나, 4.19 이후 좌절과 자괴감으로 동네
북이 된 경찰력의 약화로 이 같은 형사정책은 겉돌 수밖에 없었다.
우리나라와 같은 수사구조 하에서 형사정책의 효과적인 수행은 검·
경의 두 제도가 정상적으로 돌아갈 때 가능하다는 사실을 우리는 여
기에서 깨달을 수 있는 것이다. 검·경은 순망치한의 관계라고 해도
지나침은 없을 것이다.

4.19혁명은 민주혁명이었고, 그래서 과도정부의 허정수반은 "혁명적 정치개혁을 비혁명적 수법으로 단행하겠다"는 공언을 했음에도 불구하고, 구체제의 청산을 위한 혁명입법을 불가피하게 만든 상황은 실제 온건한 사법재판의 결과에서 발발했다. 검찰은 4.19의 도화선이 된 부정선거관계자를 선거법위반으로, 시위군중에 대한 발포책임자를 형법상 살인죄로 기소하는 등 혁명적 상황의 종료와 법적 안정을 꾀했으나, 법원에서는 내각제로 개정된 헌법에서 근거를 상실한 대통령선거법 등을 적용하여 처단할 수 없다는 이유 등으로 대부분 기소된 관련피고인들에게 경미한 징역형과 집행유예·공소기각·형면제·무죄 등의 판결을 내렸다. 이에 혁명입법을 요구하는 국민 여론이 뜨겁게 달아오르자, 장면 정부와 민의원에서는 특별법 제정근거를 위한 헌법개정을 서둘러, 부정선거관련자 및 1960. 4. 26. 이전에 특정지위에 있음을 이용하여 현저한 반민주행위를 한 자, 부정축재를 한 자 등을 처벌하거나 공민권을 제한할 수 있도록 하는 법률제정근거를 마련했다.

이에 따라 1960. 10. 13. 법률 제562호로 공포된 「민주반역자에 대한 형사사건 임시처리법」, 1960. 12. 31. 법률 제586호로 공포된 「부정선거관련자 처벌법」, 1960. 12. 19. 법률 제567호로 「특별재판소 및 특별검찰부 조직법」, 1960. 12. 31. 법률 제587호로 공포된 「반민주행위자 공민권제한법」이 시행에 들어갔다.[27] 이 같은 혁명입법들은 다분히 소급입법의 색채가 짙은 것으로서, 정의와 민주의 이름으로 죄형법정원칙 및 적법절차에 의한 범죄인의 인권보장에 대한 신뢰를 깨뜨리는 결과를 낳았다.

반면 1960. 6. 10. 법률 제54호로 공포된 국가보안법 중 개정법률은 1958. 12. 24. 자유당 지배하의 국회에서 제정된 종전 국가보안법 중 언론조항 등 국민의 기본권을 침해할 우려가 있는 여러 규정

---

27) 대검찰청, 앞의 책, 306면 이하.

들을 삭제하고 순전히 용공분자의 파괴활동 규제에 중점을 둔 것이었다. 구법과 마찬가지로 특별형사소송규정을 두었지만, 보석허가결정과 구속적부심사에 의한 석방명령 결정에 대한 검사의 즉시항고권 및 형사소송법상 증거능력제한규정 배제규정도 삭제했다.[28]

과도정부 하에서 내각제 개헌작업의 결과 1960. 6. 15. 국회를 통과한 헌법 제75조는 "행정 각부의 조직과 직권범위는 법률로써 정한다. 전항의 법률에는 경찰의 중립을 보장하기에 필요한 규정을 두어야 한다"고 명시했다. 이에 따라 1960. 7. 1. 정부조직법 개정법률 제13조 ① 경찰의 중립성을 보장하기 위하여 공안위원회를 둔다. ② 공안위원회의 조직과 경찰행정에 관하여 필요한 사항은 법률로써 정한다고 규정했다.

그 구체적인 쟁점 중에는 경찰의 조직 외에 범죄수사의 주체 문제도 들어 있었다. 혁명적 열기가 채 가라앉기 전에 경찰이 집권세력의 사병화했던 자유당 치하의 병폐를 반복하지 않도록 제도적인 개선책들이 나왔고, 그 중에는 중립화의 일환으로 검찰의 수사지휘권으로부터의 독립 주장도 있었다. 즉, 1960. 7. 1. 내무부의 경찰행정개혁심의회에서 성안한 「경찰법안」에는 사법경찰관을 제1차적인 수사기관으로 하고, 검사에게는 사법경찰에 대한 일반적인 수사지휘권만 인정토록 한 것이었다. 그 이유는 검사동일체의 원칙 하에 있는 검사가 전국적으로 사법경찰을 지휘명령할 수 있는 제도를 그대로 유지한다면 행정기조상 개혁만으로 경찰중립화를 도모하려는 의도는 무의미해지며, 정치적 성향의 검찰에 의해 경찰중립화가 유명무실화할 위험이 있다는 것이다. 하지만 구체적인 입법단계에도 이르기 전에 5.16 군사쿠데타로 이 같은 논의들은 종식될 수밖에 없었다.

---

28) 이 법률 개정 후 학생들의 남북협상론, 혁신정당들의 극한 투쟁이 과열되자 민주당 내각은 이를 규제하기 위해 「데모규제법」, 「반공법」 등을 성안했으나, 재야세력의 강력한 저지로 제정에 이르지는 못했다고 한다(대검찰청, 앞의 책, 309면).

5. 군사독재와 권위주의 시대의 검찰제도와 검찰권

4.19혁명으로 터진 민주와 자유의 물길은 무절제한 방종과 일탈로 걷잡을 수 없는 사회적 무질서와 국가존립위기로까지 치달았다. 1961. 5. 16. 군사혁명위원회는 i) 국가기강과 사회질서 확립, ii) 민주주의체제 확립을 위한 법률제도의 정비, iii) 자립경제 재건을 위한 경제계획의 수립, iv) 능률적인 국가행정체제로의 준비 등을 혁명과업의 지표로 삼았다. 1961. 5. 19. 군사혁명위원회를 국가재건최고회의로 개칭하였고, 같은 해 6. 5. 국가재건비상조치법을 공포함으로써 국가재건최고회의가 최고통치기구임을 확증하였고, 이 법률에 저촉되는 헌법의 효력은 정지되었다.

최고회의는 유일한 입법기관이었고, 헌법재판소의 기능은 정지되어 최고회의가 정한 법률은 가히 절대효를 지녔다. 최고회의는 내각에 대한 통제 외에 사법부에 대한 통제권도 확보하여 군사독재의 틀을 잡아나갔다. 물론 재판은 최고회의의 지시통제에서 제외시켰지만, 법무장관과 검찰총장에 군인을 임명함으로써 법무행정과 검찰업무를 군의 혁명과업수행이라는 관점에서 통할·감독케 하였다.

군사혁명정부는 구정권 하에서와 같은 무기력한 검찰기풍을 쇄신하기 위해 혁명 직후 검찰기강을 다잡아 나갔다. 우선 검찰사무를 쇄신하여 검사의 수사사건처리 및 공소권의 적정행사의 기강을 확립하여 사건의 신속처리, 기소중지사건의 누적 방지, 사회질서확립을 위한 종합대책 수립(예컨대 무고사건 단속, 경제사범 엄단, 폭력사범 단속, 기타 풍기단속 및 사회악 일소 등)에 검찰권이 전면에 발 벗고 나서게 함으로써 국정쇄신 및 사회기강확립의 기틀을 잡아나갔다. 이와 동시에 검찰업무를 합리적으로 개선하기 위해 검찰사무규정의 개정(1963. 11. 2. 공포), 검사근무평정제 실시(1961. 10. 1.부터), 검찰감찰부를 대검찰청에 설치(1962. 2. 9.)하는 외에 대법원과 법무부 공동주관으로 판·검사 특별교육을 실시하여 혁명과업의 방향인식과 새로운 군사 문화적 공복의식을 주입시켰다.

1961. 9. 1. 법률 제705호 형사소송법 중 개정 법률이 공포되었다. 그 중요 내용은 다음과 같다:

- 검사의 유치장 감찰: 군정법령으로 개정형사소송법에 신설했으나 정부수립 후 신형사소송법에서 미채택했던 것을 다시 신설
- 사법경찰의 구속영장청구: 이론의 여지를 없애기 위해 검사를 통하여 청구토록 명시
- 공소시효의 정지 및 완성규정 신설
- 증인신문방식, 피고인 신문방식 규정 신설

1961. 7. 3. 법률 제644호 인신구속 등에 관한 임시특례법이 공포·실시되어 1963. 9. 30.까지 존속되었는데, ⅰ) 특수범죄에 관한 특별법 제4조 내지 제7조의 죄와 ⅱ) 국가보안법 및 반공법에 규정된 죄를 범한 자에 대해서는 영장 없이 구속·압수·수색할 수 있고, 구속된 피의자에 대한 접견은 제한되어, 변호인이라도 구속기관의 허가 없이는 이들을 접견할 수 없었다. 더 나아가 정상적인 법치국가의 기본원칙과 충돌하는 특별법이 혁명정부에 의해 양산되었는데, 부정축재처벌법(1961. 6. 14), 농어촌고리채정리법(1961. 6. 10), 폭력행위 등 처벌에 관한 법률(1961. 6. 20), 특수범죄처벌에 관한 특별법(1961. 6. 22), 특정범죄처벌에 관한 임시특례법(1961. 7. 1), 반공법(1961. 7. 3), 법률사무취급단속법(1961. 10. 17), 윤락행위등 방지법(1961. 11. 9), 부정수표단속법(1961. 7. 3) 등등이다. 그 밖에도 1961. 6. 10. 법률 제619호 중앙정보부법이 공포되어 국가재건최고회의 직속기관으로 활동하게 되었는데, 수사권에 관하여 특례를 두었다. 즉, 중앙정보부장·지부장 및 수사관은 소관업무에 관련된 범죄에 관하여 수사권을 가지며 검사의 지휘를 받지 아니하고, 경찰관직무집행법 제7조의 규정은 부

장이 인가한 수사관에 이를 준용토록 한 것이다.

　1963. 12. 17. 신헌법의 발효와 박정희 대통령의 취임과 동시에 제3공화국이 출범했다. 1972년 10월 유신이 있기까지 검찰청법의 개정이 한 번 있었으나, 검찰제도와 검찰권의 기본골격에는 아무 변화가 없었다. 이 기간 동안 검찰사무의 효율적인 개선, 검사 정원의 증가, 검찰시설(청사·통신시설 등)의 개선, 특정범죄의 가중처벌(1966. 2. 23. 법률 제174호 특정범죄가중처벌등에 관한 법률 공포)과 밀수합동수사반의 설치, 검찰지의 발간(1965. 5. 창간), 법률구조사업(1972. 6. 14. 법률구조협회 설립), 준법정신 앙양을 위한 법의 생활화 운동 전개(1967년부터) 등이 눈에 띈다.

　하지만 이 시기에 접어들면서 오히려 권위주의 정권의 기반이 견고해짐에 따라 검찰의 군사문화화도 서서히 순치단계에 접어들었다고 해도 과언이 아닐 것이다. 검찰권의 정치편향성은 이미 돌이킬 수 없는 심화단계에 접어들었다. 이승만 독재 치하에서 경찰권이 권력의 시녀노릇을 했던 것처럼, 박정희 독재체제가 공고해지면서 검찰이 이를 답습하는 데 어떤 저항도 기대하기 어려웠다. 법과 양심, 법과 정의와 같은 가치가 검찰문화 내부의 저항력과 자정력으로 용출되기를 기대하기에는 군사혁명의 발길이 사법과 검찰을 깊이 휩쓸고 지나간 상황에서는 이미 때가 늦었다는 느낌이 들 뿐이다. 검찰의 권력지향성과 군사정치의 적절한 공존관계의 틀이 이미 형성되고 학습된 지 꽤 오랜 시간이 흘렀기 때문이다.

　1972. 10. 17. 박정희 대통령의 특별선언으로 10월 유신의 막이 올랐고, 국회는 해산되었고, 헌법도 그 일부조항의 기능이 정지되었다. 유신과업의 효과적인 수행을 위해 비상계엄이 전국에 선포되었다. 같은 해 11. 22. 유신헌법이 국민투표에 의해 확정되고, 새 헌법에 따른 통일주체국민회의는 임기 6년의 제4공화국 대통령을 선출함으로써 1972. 12. 17. 제4공화국이 등장했다. 10월 유신은 평화통일지향과 이른바 한국적 민주주의제도의 토착화를 양대지주로 삼았지만,

기실 박정희 독재체제의 영구화를 획책하고 있음은 불문가지의 사실
이었다.

　군사정부의 종식과 민주주의의 재도약을 꿈꾸던 많은 양심적 지
식인·정치인·종교인·청년대학생들의 조직적인 저항이 일어났고,
이를 억압하기 위해 유신정권은 비상조치법을 연속적으로 남발하며,
그 탄압의 도를 높여갈 수밖에 없었다. 비상조치 제9호에 이르러서
는 법의 형식, 즉 법률과 법의 진정한 이념적 가치내용은 괴리되어,
법률은 이제 2차대전 후 새로운 신생 민주국가들이 가장 혐오해 마
지않았던 법률실증주의의 이념도구로 전락하는 운명에 처해버렸다.

　1973. 1. 25. 법률 제2450호 형사소송법 중 개정법률이 공포되었
고, 같은 해 12. 20. 법률 제2653호로 형사소송법의 개정이 또 이어
졌다. 제1차 개정법률에서는 법원과 군법회의, 검찰청과 군검찰부간
의 사건이송에 관한 규정신설, 구속취소와 구속의 집행정지결정을
할 때도 보석결정과 같이 검사의 의견을 물어야 하고, 이들 결정에
대해 검사의 즉시항고 규정 신설, 구속적부심사신청제도의 폐지, 제1
회 공판기일전 판사에게 증인신문을 청구할 수 있는 규정 및 감정유
치제도 규정 신설, 검사의 불기소처분에 대한 재정신청은 수사공무
원의 가혹행위에 관한 사건에 한하도록 수정, 법원이 상당하다고 인
정할 때 공소장변경을 요구하도록 한 규정 신설, 간이공판절차에 관
한 규정 신설 등이다.

　1973. 2. 24 법률 제2549호 형사소송에 관한 특별조치법이 공포
되었는데, 이는 특히 형사소송의 지연을 방지함으로써 피고인의 신
속한 재판을 받을 권리를 보장함을 목적으로 한다고 되어 있다. 하
지만 재판장의 소송지연사유서 제출의무, 검사 또는 변호인의 심리
지체시 법원의 설명요구와 검사의 소속장과 변호사회에 통지하여 필
요한 조치를 요구할 수 있는 권한 등은 시국사범이나 양심수 등에
대한 재판지연을 막기 위한 통제수단으로 악용될 소지도 있었다. 신
속재판·신속집행의 실익이 어느 쪽에 있는지가 인혁당 사건 등에서

극명하게 드러났기 때문이다.

유신기간을 거치면서 사법의 검찰화 경향, 검찰의 경찰화 경향, 경찰의 무장군인화 경향이 심대하게 드러나기 시작했고, 이 같은 경향은 신군부의 출현과 제5공화국 전두환정권 8년 동안 우리 사회의 법치주의 대의를 근본적으로 망가뜨리는 데 일조했다고 본다.[29]

1979. 10. 26. 박정희 대통령이 시해되고 같은 해 12. 21. 제10대 최규하 대통령이 취임했으나 그 동안 쌓였던 민주화요구는 봇물처럼 터져 나와 이른바 1980년 서울의 봄을 지나면서 또다시 사회적 혼란상황이 조성되었다. 1979. 12. 12.로 실질적인 세력을 획득한 신군부는 1980. 5. 17. 비상계엄을 전국으로 확대하고 그 달 31일 국가보위비상대책위원회를 설치하였다.

1980. 9. 1. 제11대 대통령으로 취임한 전두환 대통령은 신헌법제정작업에 착수하여 그 해 10. 27. 제5공화국 헌법을 확정공포하고, 이에 따라 1981. 3. 3. 그가 제12대 대통령으로 취임함으로써 제5공화국이 출범하게 되었다.

법적 측면에서 5공이 지니는 상징성은 너무나 뚜렷하다. 권위주의적 군인통치의 심화와 싹을 틔우던 자유민주주의의 질식 그리고 법치주의 정신의 실종이다.[30] 삼청교육대와 광주학살, 체육관선거, 그리고 각종 고문과 최루탄으로 상징되는 5공이야말로 헌법과 법규범을 명목상의 껍데기로 만든 뒤, 법의 지배가 아닌 적나라한 사람의 지배를 보여주었던 반민주적 독재통치의 기간이었다. 통치권이 그 한계를 알지 못했던 기간, 정치가 법보다 우위를 점했던 기간, 고문과 인권탄압 속에서 권력이 폭력으로 전락했던 기간, 반민주적 악법의 양산과 실정법을 통한 공포정치를 연출했던 기간이 5공의 7년간이었다.[31]

---

29) 김일수, 『법 · 인간 · 인권』, 박영사, 1996, 212면 참조.
30) 민주사회를 위한 변호사모임, 반민주악법개폐에 관한 의견서, 1989, 11면.
31) 김일수, 앞의 책, 54면.

이 5공은 그런 의미에서 3, 4공화국의 연장선상에 놓여 있다고 말할 수밖에 없다. 1980년 짧았던 서울의 봄, 그 민주화의 기대와 소망에서 본다면 5공은 분명 반동성을 지니고 있다.32) 그래서 혹자는 5공을 "유신체제의 군사적 권위주의의 유산을 이어받은 유복자적 후계체제"라고도 칭한다.33) 여기에 5공의 비정통성이 들어 있다. 권인숙 성고문사건, 박종철 고문치사사건, 이한열 최루탄사망사건 등은 전두환 정권의 폭력성을 적나라하게 보여주는 대표적인 사건들이며, 보안사・안기부・검찰・경찰・법원이 억압성을 법률로써 엮어내야만 하는 전담기구들이었다고 해도 과언이 아닐 것이다.

제5공화국 헌법의 발효와 동시에 구헌법에 의한 국회와 통일주체국민회의는 해산되었다. 새로운 국회가 구성될 때까지 국회권한을 대행할 국가보위입법회의가 1980. 10. 29. 전두환 대통령이 임명한 81명의 위원으로 구성되어 1981. 3. 31.까지 존속하였다. 여기에서 5공의 정치적 성격을 특징지울 만한 각종 정치입법이 양산되었다. 즉, 국민의 정치적 자유를 박탈하거나 제한하고 더 나아가 인신구속을 양산하는 등 열악한 인권상황을 연출하게 된 악법들의 양산이었다. 예컨대, 정치풍토쇄신을 위한 특별조치법, 대통령선거법・정당법・국회의원선거법・국회법 등 정치관계법, 반공법을 흡수한 국가보안법 개정법률, 집시법 개정법, 사회보호법, 특정범죄가중처벌등에 관한 법 개정법률, 안기부법, 독점규제 및 공정거래에 관한 법률, 언론기본법, 노사협의회법 등 노동관계법률, 평화통일정책자문회의법 등이 그것이다.

이들은 대부분 개인의 공민권, 재산권, 자유권의 제한과 박탈을 그 내용으로 하고 있어 자유민주주의와 실질적 법치국가이념과 충돌

---

32) 한배호, "5공의 민주화이행과정의 특징과 문제점," 동아일보사, 5공평가 대토론, 1994, 484면 이하.
33) 김호진, "제5공화국의 정권적 성격," 동아일보사, 5공평가 대토론, 94면 이하.

할 뿐만 아니라 법제정권한과 공식적인 법제정절차를 무시한 비상입
법에 해당하는 것들이었다. 이른바 개혁입법이라는 미명 아래 구정
치인들을 배제시키고 새로운 정치판도를 짜기 위한 조치들이었다.
신군부의 계획된 정치일정에 따라 경쟁이 될 만한 거성 정치인들을
배제시킨 채 급조된 민정당과 들러리를 위해 만들어진 이른바 제도
권야당(민한당, 국민당)으로 구색만 갖춘 정국은 비록 선거를 치렀어
도 통치권의 민주적 정당성과 정통성을 얻기에 역부족이었다.[34] 게
다가 5.18 광주민주화운동에 대한 과잉진압과 각본화된 재판이었던
김대중 내란음모사건 등이 국민들에게는 폭력성으로 비춰졌고, 전두
환정권에 대한 국민적 저항은 정권출범 초기부터 예상된 일이었다.

　　이처럼 국민적 지지 위에 서지 못한 정권의 열악한 통치기반을
메울 수 있는 당장 손쉬운 방편은 마키아벨리즘에 근접하는 힘의 통
치일 수밖에 없었고, 이 같은 폭력적 통치는 그 정도를 더해 갈 수
밖에 없었다. 여기에 명목상 자유민주주의의 너울을 쓴 권위주의적
군사통치가 국민 위에 군림하게 되었고, 권력은 집중되어 경찰력·
검찰력을 비롯한 의회·사법부까지도 정권안보를 위한 하수인으로
전락했다. 언론은 통제되고, 대학의 비판세력을 무력화시키기 위한
해직과 징계의 고삐는 강화되었고, 이데올로기교육과 군사교육이 투
입되었다.

　　그 후 1985. 2. 12. 국회의원 총선을 계기로 우리나라의 인권상황
은 새로운 전기를 맞게 되었다. 5.17 이후 정치활동규제에 관한 임
시조치법에 의해 수년간 정치활동이 금지되어왔던 인사들 중 김대
중, 김영삼 씨 등 몇 명을 제외한 다수 정치인이 총선 이전 제1차로
해금되었다. 해금자들을 주축으로 결성된 신민당이 대통령직선제 개
헌, 광주사태 해명 등의 공약을 내걸고 총선에 임한 결과 도시지역
에서 압승을 거두고 제1야당으로 진출하게 되었고 3개 야당(신한당,

---

34) 허영, 『한국헌법론』(제11판), 박영사, 1999, 126면.

민한당, 국민당)의 득표율(58.10%)이 여당(민정당)의 득표율(32.25%)을 훨씬 능가했을 뿐만 아니라 신민당이 102석을 차지함으로써 146석의 여당을 견제할 수 있는 강력한 힘으로 등장했다.

그 결과 제5공 출범 이후 근 5년간 터부시되어왔던 광주사태진상규명 요청, 제5공의 합법성과 정통성 문제, 대통령 직선제 개헌요구 등이 의회와 언론 및 재야민주단체 등을 통해 본격적으로 제기되기 시작했다. 이에 대해 권위주의정권은 국민의 비판을 겸허히 수용하는 자세를 취하다가도 공안통치로 회귀하는 등 일관성을 유지하지 못했다.

각계각층의 집단적 의사표현과 권익주장에 대한 제약의 완화·강화가 수시로 반복되는 가운데 정치권력과 국민들 사이의 긴장은 점차 고조되어갔고 1985년 하반기부터 해빙분위기는 사라지고 정치권력과 비판세력 간의 강경한 대치와 충돌의 국면이 일상화하기 시작했다. 학원의 자율화는 후퇴했고 대학구내에 경찰력투입과 학원사찰은 강화되었고, 시위학생들에 대한 대량구속은 빈도를 더해갔다. 출판물에 대한 대량압수·수색·출판사등록취소, 재야인사들 및 언론에 대한 국가보안법 적용의 증대, 가두검문·검색 강화, 고문·가혹행위의 증대, 노조간부에 대한 투옥·해고와 일부 노동단체의 해산 등 노동운동에 대한 규제강화 등이 나타났던 것이다.[35]

이미 큰 물줄기가 된 국민의 민주화열망은 강압통치수단으로써도 막을 수 없었다. 1987년에 접어들면서 정부는 개헌불가론, 개헌논의 엄단책, 의원내각제 개헌안, 개헌논의 연기를 위한 4.13 담화 등 개헌저지정책을 밀고 나가 민중을 분노케 했고, 거기다가 박종철군 고문치사, 권인숙양 성폭행, 이한열군 최루탄 치사사건 등 정권의 부도덕성과 폭력성을 극명하게 보여주는 일련의 사건들이 민중들로 하여금 민주화의 새로운 지평을 향해 봉기하게 만들었다. 1987년 시

---

35) 김일수, "5공의 인권과 사법부," 동아일보사, 5공평가 대토론, 1994, 256면 이하; 김일수, "제5공화국이 남긴 법의 과제,"『법·인간·인권』, 55면.

민의 6월항쟁은 위기에 처한 전두환정권으로 하여금 노태우 민정당 대통령 후보의 6.29선언과 전두환대통령의 대통령직선제 개헌 및 민주화조치약속을 내용으로 하는 7.1담화를 끌어내었다.[36) 제5공은 시민의 민주항쟁에 굴복하고 이렇게 서서히 역사의 뒤안길로 물러서게 된 것이다.

   장기간의 군사독재체제를 거치면서 비민주적·권위주의적 통치구조는 경찰·검찰과 사법부마저도 비민주적·권위주의적 국가권력으로 변질시켜 버렸다. 물론 이들 법적용·법집행 기관들이 그 본래의 자리에 바로 서서 국민 개개인의 자유와 안전 그리고 인권을 지키는 수호자 역할을 하려면 먼저 정의롭고 정당한 법률만이 제정되어 있어야 한다. 그러나 3공과 유신체제를 거치면서는 말할 것도 없고 5공의 권위주의 통치시기에서도 정당한 절차에 의한 정의로운 법률보다는 국민의 자유와 인권을 과도하게 제약하는 반민주 악법들이 양산되었다. 국회의 입법기능을 박탈하고 국가재건최고회의, 국가보위입법회의와 같은 헌법질서를 무너뜨린 기구들이 정권안보를 위해 편의대로 법률을 양산해냈다. 예컨대 유신치하의 대통령 긴급조치 9호, 5공출범과 관련된 국가보위입법회의에서 만들어진 국가보안법 개정법률, 사회보호법, 집시법 개정법률, 언론기본법, 정치풍토쇄신법, 안기부법 등은 비록 형식적으로 법률의 형식을 취한 것이었더라도 대부분 i) 입법과정의 절차적 정당성 결여, ii) 기본권의 본질적인 내용까지 침해하는 과도한 기본권 제약, iii) 집권세력과 집권추종세력의 기득권 강화, iv) 비판가능성의 봉쇄와 처벌규정의 강화, v) 자의적 법적용과 남용의 가능성 확대 등 집권세력의 유지·강화를 목표로 한 반민주적·반법치국가적 법률에 해당하는 것들이었다.[37)

   정당한 법적용의 청구자인 검찰이나 법적용자인 사법부가 국민

---

36) 대한변호사협회, 1985 인권보고서, 8면 이하 참조.
37) 백승헌, "악법개폐의 제문제," 대한변호사협회, 1987/1988 인권보고서, 409면 이하 참조.

인권의 수호자 내지 최후보루로서 국민에게 봉사하자면 먼저 이러한 실정법적 불법(악법)에 저항하는 양심과 용기를 필요로 하는데, 폭력적인 권력에 이들은 순치된 일종의 도구로서의 성격이 짙었다.38) 권위주의 통치의 실세그룹과 검찰과 사법부의 엘리트 법률가 층이 지연 또는 학연을 매개로 하여 정권안보의 친위대로 친화·결속함으로써 법을 통한 권위주의 통치의 대로가 열렸으며, 검찰과 사법부가 권위주의 통치에 장악된 채 휘둘러지게 되었던 것이다. 그 결과 그들은 법과 양심에 충실하기보다는 불법한 통치권에 충성하는 것을 시대적 요청과 사명으로 알았던 것이다. 그들은 권력의 시녀가 되어 실정법적 불법이 법으로 통용되도록 적용했고, 통치권의 정권안보논리에 맞도록 법률을 편의·편파적으로 왜곡적용함으로써 법의 이름을 빌린 제도적 폭력을 사법처리란 요식을 통해 합리화·공식화시키는 변질된 역할에 이용되었던 것이다.39)

실로 권위주의 통치하에서 개혁입법이란 미명 아래 양산된 실정화된 불법(악법)은 실정법의 형식을 빌려 법집행기관인 검찰과 사법부의 긴밀한 공조체제 하에서 국민에게 공포를 주고 공동묘지의 고요와 같은 침묵을 강요하는 합법적 독재의 실효성 있는 수단이었다.40) 이 같은 악법의 부도덕한 힘으로 5공은 그 말기에 이르기까지 실정법위반이란 명목으로 시민의 자유와 권리를 빼앗고, 양심의 부름에 따라 저항하는 용기 있는 시민·학생들을 범법자로 낙인찍어 대량의 양심수를 양산해 냈던 것이다.

마치 나치 12년간의 독재처럼 5공하에서도 검찰 및 사법종사자

---

38) 동아일보사, 5공평가 대토론, 1994, 143면 참조.
39) 조준희, "사법부의 개혁," 대한변호사협회, 인권과 정의(1993. 8), 29면 참조.
40) 이 같은 공조체제의 실력은 6공에 들어와서도 불식되지 않았다. 1990. 10. 노태우 정부가 범죄와의 전쟁을 선포한 직후 법무부장관이 대법원장을 방문하여 해당범죄에 대한 신속한 재판, 중형선고를 요청했고, 대법원장은 즉시 전국 하급법원에 그 요지를 하달했다.

들이 '악법도 법'이라는 그릇된 법실증주의 논리를 철저히 답습했다고 말할 수 있다.[41] 제6공에 들어와 헌법재판소가 문을 열기 무섭게 짓눌렸던 인권을 되찾으려는 헌법소원이 줄을 이었고, 사회보호법의 일부조항, 집시법의 일부조항 등이 위헌결정을 받았고, 언론기본법, 정치풍토쇄신을 위한 특별조치법이 폐지된 것은 실정법적 불법의 실체를 보여준 사례라고 할 것이다.

이와 같은 권위주의 통치시대를 거치면서 검찰·사법의 일꾼들은 시민들의 눈에 법의 수호자·봉사자라기보다는 악법의 맹신자·권력의 시녀로 인상지어졌을 뿐만 아니라 피고인들의 고문 등 가혹행위 주장을 외면하고, 고문에 의한 자백을 근거로 유죄를 인정함으로써 사실상 고문을 방조했다. 또한 대량구속을 뒷받침하는 영장청구 및 영장남발로 검찰·사법종사자들이 법률가계층으로서 국민 위에 군림하는 정권의 하수인 내지는 인권탄압기구라는 인상을 심어주었다. 그 같은 인상은 단적으로 김근태씨 사건, 서울노동운동 연합사건, 부천서 성고문 사건, 민정당 정치연수원 농성사건, 서울대 직선제개헌 서명운동 추진본부위원회 결성식 사건, 건국대사태 등에서 형성되었다.[42]

고문·폭행의 혐의 있는 사건에서 사법부는 피해자들의 고문 등 가혹행위에 대한 주장을 외면하고, 그에 대한 증거보전신청마저도 거절한 채, 고문에 의한 자백을 근거로 유죄판결을 했는가 하면, 성고문 가해자를 무혐의처리한 검찰의 수사종결처분에 대한 피해자와 166명의 변호인단이 제출한 재정신청에 대해서도 사법부는 가혹한 성고문사실의 대부분을 인정하면서도 이를 기각함으로써 인권옹호의 사명을 스스로 저버렸던 것이다.[43] 또한 1985. 11. 18. 민정당

---

41) 김일수, "제5공화국이 남긴 법의 과제,"『법·인간·인권』, 57면.
42) 김일수, "도덕성을 잃은 공권력은 폭력이다,"『법·인간·인권』, 207면 이하 참조.
43) 대한변호사협회, 1986 인권보고서, 21면.

정치연수원 농성사건에 관하여 검찰이 농성자 191명을 잡아 구속영장을 청구했을 때 법원은 한 명도 빠짐없이 전원에게 영장을 발부했고, 1986. 2. 4. 서울대 직선제개헌 서명운동 추진본부위원회 결성식에 참가한 대학생 189명이 한꺼번에 구속되었으며, 1986. 10. 말경 건국대사건에서 법원이 무려 1,284명에게 구속영장을 발부했으나, 구속자 중 70%가 검찰의 손에 대해 기소단계에서 석방된 사실을 볼 때 사법부가 검찰의 구속남용을 막기 위해 사법적 통제와 감시를 하는 인권수호자가 아니라 검찰의 영장담당부서로 전락했다는 비판을 받기에 충분한 일들이었다.44)

결국 검찰과 사법부 종사자들의 이 같은 행태는 시민들로부터 법 및 법치에 대한 불신과 재판거부와 같은 양심의 저항을 불러일으켰다. 재판거부와 법정소란의 연속은 법질서의 권위와 재판의 공정성, 법의 가치인 진정한 정의의 힘을 무너뜨렸다. 그리하여 급기야는 사회적 규범이완과 사회해체현상을 낳고 경찰에 의한 검거와 검찰에 의한 구속기소, 법원에 의한 유죄판결을 받는 것이 오히려 명예스럽고, 석방된다는 것이 오히려 불명예스러운 일처럼 느껴지는 가치허무주의 현상까지 낳았다. 결과적으로는 민생전반에 걸친 안전이 실종되고 범죄가 급증하는 현상에 우리사회가 직면하게 되었다.

5공하에서도 검찰청직제는 끊임없이 개편·강화되는 경향으로 나아갔다. 1981. 4. 13. 법률 제3430호로 검찰청법 개정이 있었으며, 그 요지는 검사의 직급제와 직급정년제 도입, 검찰인사위원회의 설치, 명예퇴직제와 청원휴직제의 실시 및 대검검찰연구관제도의 도입이었다. 특히 검찰연구관제는 대검검찰연구관으로 하여금 검찰총장을 보좌하고 기획·조사·연구에 종사하게 함으로써 대검찰청의 역량을 강화하는 것이었다. 또한 재경지청에 지청차장검사제 및 사무국을 신설하여 업무가 비대해진 지청의 원활한 운영을 도모케 하였

---

44) 김일수, "5공의 인권과 사법부," 5공평가 대토론, 266면.

다. 1981. 12. 31. 법률 제3491호로 다시 검찰청법을 개정하여 지방검
찰청 및 지청의 부장이 아닌 검사도 고등검찰관으로 보임할 수 있는
비부장고등검찰관제도를 신설하고, 법관과 동등한 승진 및 처우를
도모하여 일선 검사의 사기를 진작시키고 그 기능을 강화토록 했다.
1983. 12. 30. 법률 제3683호로 검찰청법을 다시 개정하여 대검 차장
검사 또는 부장 밑에 그를 직접 보좌하는 담당관을 두기로 하고, 그
를 3급 또는 4급 상당의 별정직공무원으로 보하되, 특히 필요한 경
우 고등검찰관으로 보할 수 있게 했다. 1986. 12. 31. 법률 제3882호
로 검찰청법 전문개정이 있었고, 조문배열순서, 용어정비 및 사법경
찰에 대한 지휘·감독 등에 관한 용어순화 차원의 폭넓은 손질이 있
었으나, 기존의 검찰제도와 검사의 기능에 관한 내용변경은 없었
다.[45]

　　또한 늘어나는 공안소요사태에 대한 강벌주의적 형사정책수행에
많은 검찰인력이 소용되었으므로 1981년부터 검사 150인을 5년 동
안 매년 30인씩 증원키로 하고 1980. 12. 18. 법률 제3284호로 검사
정원법을 개정하여 1985. 1. 1.까지 검사정원이 587인에 이르도록 대
폭 증원하였다. 5개년 증원계획이 끝난 1986. 12. 23. 법률 제3855호
로 검사정원법을 다시 개정하여 1987년부터 4년에 걸쳐 검사 200인
을 증원키로 하고 첫 해인 1987년에 80인, 1988년부터 1990년까지
매 해 40인씩 증원토록 했다.[46] 이것은 계속적인 범죄증가율에 터잡
은 것이지만, 권위주의 통치 하에서 법치주의의 정신에 입각한 이성
적이고 합리적인 형사정책이 발붙일 여지가 없이 엄단 강벌주의의
기조가 유지되면서 건국대사건 등에서 볼 수 있듯이 대량검거, 대량
구속, 대량기소가 일선 검찰의 일상사가 되었기 때문이다. 바로 이

---

45) 법무부 검찰국, 검찰국지, 1987, 230면 이하.
46) 앞의 책, 241면: 물론 이 기간 검사증원과 비례하여 전국 검찰공무원의 증
　　원도 뒤따라 1980년 2,161명이던 검찰공무원 수가 1986년 12월 말에는
　　3,647명에 달했다.

같은 검찰조직의 비대화는 사회정책의 최후수단으로서의 형사정책, 형사정책의 최후수단으로서의 형법이라는 리스트(von Liszt) 이래의 법치국가적 형법이념을 고민해 볼 겨를도 없이, 부지불식간에 검찰공화국이라는 오명을 남기는 결과에 이르렀다.47)

　　권위주의 통치는 공안업무에 비중을 둘 수밖에 없는 노릇이어서 검·경, 안기부 등 권력기관의 공안기능이 강화될 수밖에 없었다. 1980년대의 주요 공안사건은 크고 작건 간에 국민의 주목을 끌 만한 의미를 지닌 사건들이었다. 1980. 4. 8. 평화시장 노사분규사건, 1980. 4. 17. 강원 사북탄광 폭력사태, 1980. 5. 18. 광주민주화운동, 1981. 9. 8. 전민학련사건, 1981. 10. 5. 전민노련사건, 1982. 3. 18. 부산 미문화원 방화사건, 1982. 11. 9. 광주 미문화원 방화사건, 1983. 9. 22. 대구 미문화원 폭발사건, 1983. 10. 9. 미얀마 아웅산묘지 참사사건, 1984. 5. 25. 대구 택시운전사 집단시위사건, 1984. 9. 17. 서울대 프락치 사건, 1983. 11. 14. 대학생 민정당사 점거농성사건, 1985. 4. 17. 전학련 삼민투위 관련사건, 1985. 5. 23. 서울 미문화원 점거농성사건, 1985. 5. 24. 대우자동차 근로자 농성사건, 1985. 11. 4. 미상공회의소 점거사건, 1985. 11. 18. 민정당 중앙정치연수원 점거방화사건, 1986. 2. 4. 서울대 연합시위사건, 1986. 5. 3. 인천소요사건, 1986. 6. 6. 부천 경찰서 성고문사건, 1986. 10. 15. ML당 결성기도사건, 1986. 10. 28. 건국대 점거농성사건 등 외에도 대학생·근로자들의 분신자살사건 등이 모두 공안통치를 불안하게 만드는 정권안보의 위험요인들이었다.

　　이에 대응하기 위해 1981. 2. 21. 대통령훈령 제45호로 공안사범 자료관리규정을 제정하고, 그 해 6. 1.부터 시행에 들어가 공안자료의 전산화에 착수, 치안본부 전산소에 설치된 주컴퓨터에 입력하는 등 체계적 관리에 들어갔다. 또한 공안사건의 예방을 위해 검찰관내 동

---

47) 김일수, "도덕성을 잃은 공권력은 폭력이다,"『법·인간·인권』, 208면 이하.

향보고제를 1982. 2. 1.부터 실시하여 서울, 부산, 대구, 수원 검찰청은 대검찰청에 1일 보고, 인천과 재경지역 검찰지청은 수시보고체계를 갖추었다. 1986. 2.부터 학생공안사범 특별순화 교육계획을 실시했다.[48] 그들의 그릇된 안보관을 바로잡아주고 정상적인 사회복귀를 도모하고자 하는 계획의 일환이었지만 사회불안의 근원이 도덕성과 역사성을 잃은 권위주의 통치 그 자체에 있었다는 점을 염두에 둔다면 그와 같은 교육프로그램은 외식적인 바리새적 정의관의 범주를 벗어날 수 없었을 것으로 짐작된다. 그 밖에도 학원, 언론기관, 중앙정부와 지방정부의 각급 행정기관, 각 사회단체 등에 안기부와 보안사 요원이 상주했고, 주요 대학의 경우에는 상주하는 사복경찰의 수가 대대병력 수준을 상회할 정도였다.[49]

5공의 통치기간 동안 형사관계법령 정비도 활발했다. 1980. 12. 18. 법률 제3281호로 형의 실효 등에 관한 법률을 제정하여 전과기록을 수형인 명부, 수형인 명표 및 수사자료표로 구분하고, 그 관리청을 검찰청 또는 군검찰부, 본적지 시·구·읍·면 사무소, 내무부 치안본부 등으로 정했다. 1983. 7. 30. 법률 제3726호로 이 법률을 개정하여, 종래 벌금형 수형인에 대해서도 수형인 명부에 기재해 오던 것을 자격정지형 이상으로 상향조정했다. 1985. 12. 31. 동법 규정에 의한 수사자료표 작성에 있어서 지문을 채취할 피의자의 범위를 정하기 위해 법무부령 제280호로 규칙을 새로 정해, 국내 형사피의자를 상대로 죄명 내지 신원불명 여부를 가리지 않고 광범위하게 지문을 채취하던 것을 형법위반 피의자 등 45개 법률위반 피의자에 국한하여 지문을 채취토록 하였다.

1980. 12. 18. 법률 제3282호로 형사소송법을 개정하여 5공헌법에서 부활한 구속적부심사제도에 관한 절차를 다시 규정했고, 무죄추정규정과 궐석재판규정도 새로 두었다. 1981. 12. 31. 법률 제3490

---

48) 법무부 검찰국, 검찰국지, 281면 이하.
49) 김호진, "제5공화국의 정권적 성격," 5공평가 대토론, 104면.

호로 교통사고처리특례법을 제정하여 신호위반, 중앙선침범 등 8가지 예외사유에 해당하지 않는 한, 사고차량이 공제조합 또는 종합보험에 가입한 경우 또는 피해자가 운전자의 처벌을 원하지 않을 경우 공소를 제기하지 못하도록 했다. 이 법률은 당시 자동차산업의 성장단계에서 도로교통분야의 새로운 활성화를 위한 형사정책을 채택한 것으로 오늘날까지 시행되고 있지만, 개인의 생명 및 건강과 직결된 도로교통에서 피해자 경시의 폐해를 간과한 채 법적 포퓰리즘에 경도된 것이었다는 비판의 목소리도 없지 않다. 그 밖에도 1983. 12. 31. 법률 제3693호로 특정경제범죄가중처벌등에 관한 법률을 제정하였는데, 이는 속칭 이철희·장영자 사건을 비롯한 거액 경제사범이 빈발하여 사회경제적 피해가 막심한 반면, 기존의 처벌기준이 낮아 비등하는 사회적 공분을 유발할 요인이 된다는 점에서 극형에까지 처할 수 있도록 한 대증요법적인 법률의 본보기였다.

1980. 12. 18. 법률 제3286호 사회보호법은 우리나라 형사법제상 최초의 본격적인 보안처분법이었다. 1980년 봄부터 신군부가 사회기강을 바로잡는다는 명분으로 우범자·범법자를 군부대로 보내 순화교육을 강요했던 이른바 삼청교육대의 해소과정에서 드러난 사회유해성이 높은 부류로 분류된 특정 범법자군을 법적으로 처리하기 위한 임시방편이 이 법률이었다. 형사정책적으로 불가피한 제도이지만 합리적인 형사정책이 확립되지 않은 한국의 현실에서 이 법률은 청송감호소와 더불어 반인권적인 제도로 지탄을 받아오다가 참여정부에 들어와 폐기의 운명을 맞이했다. 5공의 폭력성을 떠올리는 제도라는 점이 아마도 폐기의 주된 동인이었을 것으로 짐작된다.

억압과 물리적 강제력에 기반을 둔 권위주의 통치체제 하에서는 법치주의가 발붙일 곳을 찾기란 실로 쉬운 일이 아니다. 인간의 존엄성과 가치를 법과 국가작용에서 최상위의 목표로 삼고, 이를 보호하고 발전시키는 일이 그 정당성과 도덕성을 발견할 법치국가적 이념과 질서라면 권위주의질서는 이를 무시하고 짓밟으며, 인간을 능멸하는 데서 나아가 결국은 법과 국가의 정당한 권위까지도 실추시키는 결과를 낳는다. 후자의 상황에서 정상적인 사법의 정의관념이나 시민들의 건전한 법준수 의식이 형성될 리 만무하다. 이러한 사정은 일제의 식민통치기를 통해 심화되었고 자유당과 이승만 독재시기를 거치면서 고착되었다가 장기간의 군사독재기에 접어들면서 그 강도를 더해 오다가 1987. 6. 29.를 기점으로 변화의 길로 들어서게 되었다.[50]

6. 탈권위주의 시대의 검찰제도와 검찰권 행사

1987년 명예로운 6월항쟁은 노태우 민정당 대통령후보의 「6.29선언」과 전두환 대통령의 대통령직선제 개헌 및 민주화조치를 약속한 「7.1담화」를 이끌어내면서 민주화 대장정의 전기를 마련했다. 그 후 여야 8인 정치협상이 급속히 진행되어 1987. 8. 31. 여야합의에 의한 개헌준비를 마치고, 9. 18. 여야공동으로 헌법개정안을 국회에 발의했으며, 9. 21. 개헌안 공고절차를 거쳐 10. 12. 개헌안이 국회를 통과했다. 이 개헌안은 10. 27. 국민투표에 붙여져 압도적인 찬성으로 헌정사상 제9차 헌법개정안이 확정되었고 10. 29. 공포되었다. 이 개정헌법 부칙 규정에 따라 1987. 12. 16. 대통령선거가 실시되었다. 6.29선언의 중심에 서 있었던 노태우 민정당후보가 대통령에 당선되어 1988. 2. 25. 제13대 대통령으로 취임했다. 뒤이어 1988. 4. 26. 제13대 국회의원 총선거가 실시되었는데, 헌정사상 처음으로 여소야대 현상이 나타났다. 그 해 5월에 대법원장을 비롯한 대법원 인사개혁이 단행되었고, 9.1. 헌정사상 의미 있는 헌법기관인 헌법재판소가 문을 열었다.

---

50) 김일수, "5공의 인권과 사법부," 5공평가 대토론, 253면.

　　제9차 헌법개정작업을 주도한 중심세력은 여전히 구헌법상의 국
회였고, 민정당 중심의 여당세력이었던 점 등에 비추어, 새헌법질서
를 제6공화국으로 지칭하는 데 대한 이견도 만만치 않지만,[51] 그럼
에도 불구하고 제9차 개헌은 전두환정권의 통치구조와 역사적으로
차별성을 갖고 있을 뿐만 아니라 5공과의 단절, 그리고 그 후에 진
행될 체제불법에 대한 역사청산과제 등을 감안하여 의식적으로 제6
공화국으로 널리 불리어진 것이 사실이다. 물론 정치적으로 1990. 1.
22. 3당통합 이후 실제 달라진 정치상황을 고려하여 이때부터 제6공
화국으로 불러야 한다는 견해도 일리가 전혀 없는 것은 아니다.[52]
하지만 3, 4, 5공화국의 군사적 권위주의 통치시대는 경제발전과 안
보논리가 민주세력을 압도했던 시기였고, 5공은 민주세력의 장도를
가로막는 마지막 안간힘이었기 때문에 그 성격도 유신보다 더 폭력
적이었던 사실을 부인할 수 없다.[53] 따라서 6.29선언으로 물꼬를 튼
새 헌법질서는 6월 민주항쟁의 세례를 받고 홍해를 가로질러 탈권위
주의적 엑소더스(exodus)로서의 성격을 내포하고 있으며, 그런 의미에
서 6공화국의 출범에 대한 시비는 그 역사적 의미보다 헌법이론학적
천착에 경도된 현학적 소양으로 보인다.

　　노태우 정권은 전두환 정권과 그 태생적 뿌리가 같음에도 불구
하고, 민주항쟁의 광장을 거쳐온 국민들의 5공청산 요구를 외면할
수 없었다. 여소야대 국회에서의 5공청문회와 전두환씨의 2년여에
걸친 백담사 칩거는 과격한 5공청산 요구의 목소리를 보듬기 위해
자청한 위리안치의 성격이 컸다. 이와 같은 분위기 속에서 제13대
국회는 개원 직후 악법개폐특별위원회를 설치하여, 5공에서 양산된
각종 악법들을 폐기·개선하기 위한 노력을 기울이기도 했다. 그럼
에도 불구하고 1990. 1. 22. 민정·민주·공화 3당통합선언이 나오고

　51) 허영, 『한국헌법론(11판)』, 1999, 126면.
　52) 허영, 앞의 책, 127면.
　53) 서진영, 동아일보사, 5공평가 대토론, 121면.

2. 15. 새로운 거대여당 민주자유당이 탄생한 직후부터 당내계파간 정치적 주도권 싸움에 휘말려, 시대적 요청이었던 5공청산과 민주화·자유화 조치를 일관성 있게 추진해 나가는 작업은 흐지부지될 수밖에 없었다.

　이 같은 정치적 분위기 속에서 법과 법질서를 법실증주의적 도그마로부터 근본적으로 갱신시켜 자연법적 정의이념과 인간 및 인권이념을 가치핵심으로 삼는 실질적 법치주의를 확립하는 일은 사실상 기대하기 어려운 일이 되어버렸다. 정치·사회적으로 권위주의 풍토의 해체작업은 비교적 신속히 진행되어 갔지만, 법치주의 실현기관 내부에 잔존해 온 권위주의 풍토는 일소되기 무척 어려웠다. 그 첫 번째 이유는 법 왜곡에 대한 책임을 묻고, 법 갱신의 새 지평을 열기 위한 과감한 인적 청산작업이 경찰·검찰·사법부 내에서 전혀 거론조차 되지 않았기 때문이다. 법의 적용·집행기관들의 의식은 자유와 민주화라는 새로운 시대정신으로부터 멀리 뒤처진 채, 과거의 구습처럼 새로운 권력과의 동거·공생관계에 골몰했던 것이다.

　상황이 이러하다보니 권위주의 통치의 유산이던 불법·탈법·편법적인 법운용 관행이 그대로 명맥을 유지할 수 있었다. 불법체포, 불법감금, 고문, 밀실수사, 용공조작, 도청과 검열에 의한 불법감시, 각종 정치공작 등은 장기간 독재체제 유지·강화를 위한 특단의 조치였던 것처럼, 노태우 정권에 들어와서도 정권유지를 위한 특권처럼 인식되기에 이르렀다. 권력의 하수인 역할을 해왔던 상층부의 쓴 뿌리와 썩은 정신이 청산되지 못한 채 그대로 고여 있었기 때문이다. 주로 공안·시국 사건에서 문제되어 왔던 인권침해와 적법절차 무시가 이제는 형사사법 전반에 걸쳐 타성으로 길들여져 있었던 것이다.

　물론 민주화조치 이후 많은 시국사범의 석방과 사면·복권이 있었던 것은 사실이다. 그러나 문익환 목사의 무단 방북사건을 계기로 법률의 근거가 없는 공안합수부가 창설되어 1989. 6. 19. 해체될 때까지 88일간 317명을 구속하는 등 1988. 12. 21. 이후 조성된 새로

운 공안한파 속에서 시국과 관련하여 구속된 사람은 무려 900여 명
에 육박했다.54) 이 같은 추세는 5공의 범죄인 낙인화과정보다 두 배
나 빠른 속도인 셈이다.

1989년 여름 대한변호사협회 주최 제1회 「법의 지배를 위한 법
률가대회」에서 행한 필자의 기조강연문 중 다음과 같은 대목도 이
같은 사정을 고발하고 있다:

"백주에 각목을 휘두르며 방화를 서슴지 않고 야당의 활동을 방
해하던 정치깡패들을 방임하고, 교회 안에서 열린 시국을 위한 성직
자들의 경건한 기도모임이 경찰폭력에 짓밟히는가 하면, 합법적인
제1야당의 당수가 창당대회에서 정부의 부도덕성과 비민주성을 비난
한 것을 가지고 법무부는 국가모독죄를 당장 적용할 기세였다. 공권
력의 성폭행 앞에 고립무원·저항불능상태에 빠졌던 희생자를 성을
도구화한 빨갱이 수법 정도로 각색하려던 것이 5공의 지배논리였다.
6공의 1년 반이 지난 지금 5공의 불법관행과 크게 달라진 것이 무
엇인가? 성고문의 가해자가 법의 이름으로 단죄되고, 거론조차 금기
시되던 김근태씨 고문사건이 법정에 서게 되었다. 그러나 이른바 5
공비리의 주범들에 대한 역사적 심판은 법의 우스꽝스러운 광대극
때문에 일그러진 느낌이다.55) 공직자의 책임과 직무의 공정성 때문
에 처벌되어야 할 직권남용이 사욕이 아닌 웃어른에 대한 충성심 때
문이라는 이유만으로 관대한 처벌을 받게 됨으로써 일반인의 법감정
과 정의감은 심각하게 훼손되었기 때문이다. 어디 그뿐이랴. 고문기
술자 이 아무개는 오리무중이고 정치폭력의 배후거물은 거리를 활보
하는데 인륜에 반하는 국가보안법 불고지죄 하나로 언론사 편집실과

---

54) 김한주, "안기부법의 문제점과 바람직한 개정방향," 씨올의 소리, 1989. 7,
   48면.
55) 당시 검찰은 군내부의 하극상과 광주사태에 책임 있는 신군부에 대한 사
   법처리요구를 '성공한 쿠데타는 처벌할 수 없다'는 해괴한 일성으로 종지부
   를 찍으려 했다.

사회단체의 집무실과 교회와 성직자, 당직자들의 명예가 여론재판의
조직기술에 난도질당하고 있는 실정이다."

　　3당통합으로 대권의 발판을 다진 김영삼 민자당대표가 마침내
민자당 대통령후보로 확정되어 1992. 12. 18. 대통령선거에서 총유효
표 42%의 지지를 얻어 대통령에 당선되었으며, 1993. 2. 25. 제14대
대통령에 취임함으로써 6공 제2기 정부가 출범한 셈이다. 실로 헌정
사상 32년 만에 진정한 의미에서 새로운 문민정치시대를 연 역사적
인 사건이라 할 수 있다. 군사적 권위주의 통치의 잔재를 걷어내고,
밑으로부터의 민주질서를 확립해야 할 과제를 역사적 과업으로 떠안
았음을 스스로 인식한 김영삼 정부는 탈권위주의를 통한 문민정치의
지표로 '변화와 개혁'을 내세워, 32년간 누적된 권위주의적 군사독재
체제의 유산을 척결하기 위한 과감한 조치에 착수했다. 앞선 군사정
권들과의 차별성을 강조하기 위해 스스로를 문민정부라 표방한 김영
삼정부는 신군부세력이 저지른 부정과 부패를 척결하기 위해 우선
1993. 8. 12. 긴급재정경제명령을 발동해 금융실명제를 전격 실시했
다. 이는 명목상 금융거래의 실명화에 있었으나 지하에 사장되어 흘
러다니는 부정한 자금을 색출·응징하는 데 더 큰 위력을 발휘했다.
그 과정에서 전두환·노태우 두 전직대통령이 관리해오던 정치자금
명목의 천문학적인 부정축재자금이 드러나 다시 한번 국민의 공분을
불러일으켰다.

　　이 상황에서 김영삼 정부는 과거청산이라는 무거운 주제를 국정
의 중심으로 끌어들였다. 그리하여 신군부세력이 저지른 제5공 탄생
초기의 헌정문란에 대한 사법적 단죄를 밀어붙였다. 이 과정에서 군
부 내의 사조직인 하나회를 전격 해체시키고 12.12 군사반란 및
5.18 광주학살 사건을 주도한 전두환·노태우 두 전직대통령과 그
추종세력들을 단죄하는 데 법리적인 걸림돌로 작용한 공소시효문제
를 특별법제정으로 극복했다. 헌법재판소가 법리적인 근거를 들어
과거청산작업의 발목을 잡자, 김영삼 정부는 1995. 12. 「5.18 민주화

운동 등에 관한 특별법」과 「헌정질서 파괴범죄의 공소시효 등에 관한 특례법」을 제정해, 12.12 군사반란에서부터 5.18사건으로 이어진 단계적인 군사쿠데타의 가담자들에 대한 공소시효를 국가의 소추권 행사에 장애사유가 존재한 기간 동안(즉 1993. 2. 24. 노태우 대통령의 임기말까지) 정지한다고 규정함으로써, 전·노 두 전직대통령과 그 추종자들을 형사처벌하는 데 법적 장애물을 제거해 버렸다.56) 그리하여 노태우 정부 시절 '성공한 쿠데타는 처벌할 수 없다'고 공언했던 검찰은 김영삼 정부 들어와 회오리친 과거청산작업 및 역사 바로세우기의 소용돌이 속에서, 비록 일관성 없는 노릇이긴 했지만 이들에 대한 구속기소를 단행했고, 사법부도 전두환 피고인에게 무기징역과 추징금 2,205억 원, 노태우 피고인에게 징역 17년과 추징금 2,628억 여 원의 판결을 내렸다. 대법원 확정판결 후 이들은 복역하다가 1997. 12. 18. 제15대 대통령선거 직후 김영삼 대통령과 김대중 대통령당선자의 합의로 전격 사면·복권되어 석방되었다.

　　이 같은 과거청산작업은 역사의 물길을 바로 잡고, 정의관념과 법치주의 정신의 회복을 위해서 중요한 의미를 지닌 국민적 과제였음에 틀림없다. 그래서 과거청산과 역사 바로세우기 작업은 애초부터 법치주의 확립을 위해 정당한 법적 절차에 따라 이루어져야 했고, 법적 정의의 관점에서 마무리되었어야 했다. 결코 정치적 이해관계에 따라 좌지우지되어서는 안 될 사안이었다. 하지만 전·노 두 전직대통령의 사면·복권에 대한 김영삼·김대중 대통령의 합의는 최소한 국민의 법감정과 정의의 요구를 충족시키기에 부족한 정치적 고려의 전격적인 산물임이 분명했다. 이로써 우리의 법치주의 이념은 정치논리에 종속되는 하부구조물에 불과한 것이라는 나쁜 인상을 더욱 공고히 각인시켜 준 또 하나의 계기가 된 셈이다.57)

---

56) 김일수, "역사 바로세우기, 어디로 어떻게 가야 하나,"『법은 강물처럼』, 박영사, 2002, 335면 이하.
57) 김일수, "전·노 사면 국민이 원하던가,"『법은 강물처럼』, 353면 이하.

그 밖에도 김영삼 정부는 1995. 6. 27. 지방선거를 통해 지방의회 의원과 지방자치단체장을 주민의 직접 선거로 선출케 함으로써 명실 공히 지방화 시대의 문을 열었다. 1996. 4. 11. 제15대 국회의원 총선 에서는 여당인 신한국당이 원내다수당의 자리를 지켰지만 과반수 의 석 획득에는 실패했다. 그래서 총선 후 야당과 무소속의원을 빼가는 정치적 입양으로 여당의 원내과반수를 사후적으로 확보하는 변칙을 쓰지 않을 수 없었다. 이 과정에서 검찰권의 직접·간접적인 손이 작용했다는 비판을 받았다. 선거법위반혐의나 기타 범죄혐의를 받는 야당·무소속 의원들이 정치적 입양에 응하였던 점을 미루어 볼 때, 검찰의 사정권이 모종의 압력수단으로 작용했으리라는 의구심은 전 혀 근거 없는 것으로 보이지는 않는다. 그럼에도 김영삼 정부에 들 어와 법조인력의 정권유착은 불식되지 않았으나 정치권의 탈권위주 의에 비례하여 사법·검찰의 탈권위화가 진전된 것만은 사실이다.

김영삼 정부는 집권 초기 과거청산과 역사 바로세우기, 금융실 명제, 지방자치 전면실시 등 민주적 치적에도 불구하고, 일관성 없는 개혁정책, 공정성을 결여한 지연·학연 중심의 인사정책, 대통령 차 남을 포함한 측근들의 대형부정·비리 연루사건, 육·해·공에서 연 속적으로 발생한 대형 인명사고, 집권초 사정처벌인사들에 대한 임 기내 사면·복권조치, IMF구제금융을 초래한 경제정책 실패 등으로 권력이 사상 처음 야당으로 넘어가는 결과를 초래했다.

1992년 제14대 대통령선거 패배 직후 정계은퇴를 선언했던 김 대중씨는 1995. 6. 27. 지방선거에서 야당이 압승한 데 고무되어 1995 년 정계복귀를 선언하고 1995. 9. 11. 추종세력과 함께 새정치국민회 의를 창당했다. 1996. 4. 11. 총선에서 원내 제1야당으로 진출한 뒤 원내 제2야당이던 자유민주연합 김종필 총재와 잦은 정책 및 선거공 조를 통해 우호적인 관계를 형성해 나갔다. 1997. 12. 18. 대통령선거 에서 김대중 후보는 1999년 말까지 의원내각제로 개헌할 약속을 내 걸고 자민련 대통령 후보 김종필 씨와 이른바 'DJP연합'을 성사시켜 여당의 이회창 후보를 누르고 대통령에 당선되었다. 1998. 2. 25. 제 15대 대통령에 취임하면서 스스로 자신의 정부를 '국민의 정부'라 지칭하고, 발등의 현안이 된 경제위기극복과 민주화 작업의 더 높은 도약수준으로 화해와 용서를 통한 사회통합, 사회적 약자들을 위한 과감한 복지정책, 평화통일을 준비하는 남북협력시대를 표방했다.

하지만 자신의 권력기반인 지역한계를 극복하지 못한 채 권력의 축은 영남에서 호남으로 급격한 변동을 가져왔고, 검찰·경찰·국정원·사법부 등 권력기관에도 인사편중이 두드러지게 나타났다. 법무부와 검찰인사도 그 동안 구축되어온 영남에서 호남으로의 변화가 뚜렷해졌다. 이 같은 지역연고권에 의한 새로운 인맥구축은 법치주의의 정신에서 법을 왜곡한 법률가들을 인적으로 청산할 수 있는 도덕적 대의명분을 애당초 무색케 만들었고, 특유의 지역정서와 친화력으로 인하여 검찰권의 공정한 행사가 처음부터 어렵게 만들었다. 권력의 도덕적인 정당성에 기초하여 김대중 정부는 역대 어느 정권보다 차분히 민주주의와 법치주의의 꽃을 피울 수 있는 경지에 있었으나 지역적 법조인력과 정치권력의 결속친화관계로 그 가능성을 출범 초기부터 상실하고 말았다. 뿌리 깊은 검찰과 사법의 정치권 유착은 여전했을지라도 정치지도자와 정권의 탈권위주의의 추세에 발맞추어 검찰, 경찰, 국정원 등의 탈권위주의와 문민화는 비록 급격해 보이지는 않았을지라도 계속 진보에 진보를 거듭해 온 것만은 부인할 수 없다. 그 단적인 실례가 대통령 직속 사법개혁추진위원회, 민주사회를 위한 사법개혁 프로그램이었다. 탈권위주의와 민주화는 이미 우리의 인식에서 돌이킬 수 없는 역사의 흐름이 되었기 때문이다.

2002. 12. 18. 대통령선거에서 민주당후보로 나선 노무현씨가 한나라당 이회창후보를 누르고 제15대 대통령에 극적으로 당선되었다. 2003. 2. 25. 제15대 대통령에 취임한 노무현 대통령은 자신의 정부를 참여정부로 지칭한 후 과감한 민주화와 권위주의의 잔재 해체, 지역구도타파, 진실과 화해를 통한 과거사 바로잡기, 권력기관의 의식개

혁 등 국민참여와 디지털 정보화시대에 걸맞은 새로운 정치사회질서
를 표방했다. 노무현 대통령은 정권 출범 초부터 검찰개혁에 대한
강한 의지를 표명했고, 법무부장관에 판사출신의 강금실씨를 파격적
으로 발탁한 뒤, TV로 중계된 검사와의 대화를 통해 임기제 검찰총
장에 대한 노골적인 불신을 표명하고, 검찰조직 내에 잔존해 있는
잘못된 관행을 바로잡겠다는 의지를 거침없이 토로해 검찰조직뿐만
아니라 일반국민들에게도 적지 않은 충격을 주었다. 이 같은 사건
직후 임기제 검찰총장의 사퇴가 있었고, 후임 총장으로 송광수 검찰
총장이 임명되었다. 그는 특유의 뚝심으로 흔들리는 검찰조직을 내
부적으로 추스르고, 정치권과의 거리두기에도 성과를 올렸다. 당시의
불편부당한 선거사범수사가 오히려 여권 정치인들에게 불리하게 돌
아간다는 것이 여권 정치인들의 적잖은 불만사항이었다. 그러나 그
와 같은 뚝심 앞에 최고통치자의 검찰개혁의지는 속수무책일 수밖에
없었다. 그의 2년 임기 후 노무현 대통령은 김종빈 검찰총장을 임명했
으나 천정배 법무장관의 수사권지휘파동으로 그가 중도하차하자 기수
를 파격적으로 뛰어넘어 정상명 검찰총장을 발탁·임명했고, 이로써
검찰상층부의 광범위한 교체가 자연스럽게 이루어질 수 있었다.

　　강금실, 김승규 법무장관에 뒤이어 천정배 법무장관의 취임 후
2006년 법무부의 체계적인 변화전략계획이 새로 수립되었다. '희망
을 여는 약속'이라는 모토 아래 6대 변화전략으로 i) 엄정하고 투명
한 법집행, ii) 범죄로부터 안전한 사회기반 구축, iii) 인권보장의 실
질적 구현, iv) 자율과 참여의 법문화 정착, v) 민생안정을 실현하는
법무정책 추진, vi) 국가경쟁력을 높이는 법무서비스를 채택했고,[58]
정의와 인권을 수호하는 국민의 검찰이란 표어 아래 검찰국은 그 세
부추진계획으로 i) 엄정하고 투명한 검찰업무 수행, ii) 인권을 존중하
는 형사사법 체계 확립, iii) 국민으로부터 신뢰받는 검찰, iv) 공정한

---

58) 법무부, 희망을 여는 약속, 2006, 20면 이하.

인사와 엄정한 감찰을 통한 깨끗한 검찰상 구현을 내세웠다.[59)]

　노무현 정부 출범 초기 검찰개혁을 향한 대통령의 저돌적인 행태를 목격한 최종영 대법원장은 그 화살이 사법부에 돌아올 것을 예감하고, 그를 피하기 위한 전략으로 YS정권 때부터 추진해 온 Law School제도 도입에 대하여 자신이 법원행정처장으로 재임하던 시절 결사반대했던 입장을 바꾸기 위해 1주일간의 일본시찰을 마치고 돌아와서 기자회견을 통해 법학전문대학원제 도입추진을 포함한 사법제도 개혁 전반을 청와대와 공동추진하기로 하겠다는 의견을 공포했다. 이에 노무현정부 들어 대법원과 공조로 Law School제도 도입, 국민참여재판제도의 시험실시, 공판중심주의 재판제도 확립과 검찰의 신문조서 증거능력 손보기 등 과감한 조치들이 새롭게 도입되었다. 이는 재판제도에서 피고인의 소송주체로서의 지위를 강화한 측면이 있지만, 형사사법의 주도권을 법원에게 강화해 준 결과에 이르렀다. 이 같은 제도상의 변화 속에서 검찰의 본래적인 자리매김과 새로운 자리찾기 그리고 검찰의 사명·역할·가치관 등에 관한 논의가 필요한 상황이 되었다. 행정복합도시 추진계획처럼 노무현 정부가 추진해 온 사법개혁안도 정략적 이해관계와 포퓰리즘이 작용한 결과 시행착오의 여지를 충분히 줄이려는 합리적인 노력을 다했는지는 면밀한 재검토가 필요한 대목이다. 특히 법학교육의 근간을 허문 Law School제도의 변형도입은 법학교육을 통한 법의식 확산과 법문화 발전의 전통을 뿌리째 뒤흔든 경거망동이 아닌지 염려를 자아내는 부분이다.

　그 밖에도 노무현 정부에서 검·경수사권 조정문제가 현안으로 떠올랐다. 이 문제는 2003년 참여정부의 출범과 함께 본격화하기 시작했다. 노무현 대통령의 대선공약 중 하나가 자치경찰제 도입과 민생범죄에 대한 경찰수사권 독립이었고, 그것은 또한 대통령 인수위원회가 채택한 국정의제 중 하나가 되었기 때문이었다. 이를 계기로

---

59) 앞의 책, 106면 이하.

경찰은 민생범죄를 표방한 모든 범죄에 대해 원칙적으로 검찰과 동일한 수사주체가 되어야 한다는 주장을 폈다. 이 같은 흐름에 따라 김종빈 검찰총장과 최기문 경찰청장(후에 허준영 경찰청장)은 합리적인 방안을 강구하기 위해 2004. 9. 15. 양 기관 공동으로「수사권조정협의체」를 발족하여 수사권조정 협의를 시작했고, 그 결과 현행수사권 중 조정가능한 의제 19건을 합의하고, 조정곤란의제 16건을 확인했다.

이 같은 잠정합의안을 포함한 수사권조정문제를 확정하기 위해 2004년 12월 학계・실무계・언론계・시민단체대표 등 외부위원을 주축으로 한「검・경수사권조정 자문위원회」가 발족하여 2005년 5월까지 현안검토에 들어갔다. 하지만 경찰의 수사주체성을 인정하는 문제와 검찰의 수사지휘권을 배제하는 문제와 뒤얽혀 있는 형사소송법 제195조, 제196조의 개정문제에 대한 검・경간의 견해대립이 첨예했고, 자문위원들 사이에도 친검찰, 친경찰 쪽으로 견해가 양분되어 합리적인 절충점을 찾지 못한 채, 원점으로 되돌아가 버리고 말았다.[60]

어쨌거나 노무현정부는 우리 사회의 오랜 권위주의의 신화와 권력의 우상을 과감하게 스스로 깨뜨렸다는 점에서 우리 사회가 탈권위주의의 고점을 지나는 데 일조한 것만은 부인할 수 없는 사실이다. 인간 노무현의 진솔함과 파격성이 때로는 예상치 못한 정치적 소용돌이와 혼란을 가져올 때도 있었지만, 질서는 위에서부터, 권력으로부터 내려오는 것이 아니라, 더디더라도 밑에서부터, 국민의 참여로부터 창출된다는 중요한 대의를 그의 정치실험기간에 우리들은 확실히 학습한 셈이다. 문제는 법의 세계에서 법치질서에까지도 이 같은 대의가 확실히 섰느냐 하는 점이다. 선진법치사회에 진입하기 위해 우리는 다음으로 과거 우리 검찰의 문화와 가치관 그들의 사명의식과 역할의 문제점들을 성찰해봄으로써 이 문제에 대한 해답을 찾아 한 걸음 더 나갈 수 있으리라 기대한다.

---

60) 이에 관한 상세한 보고는, 김일수, 독일・오스트리아・스위스의 형사법 개정추이 연구(법무부 용역과제), 법무부, 2005, 17면 이하.

IV 비교법적 관점에서 본 검찰권의 위상

1. 비교법적 연구의 의의

비교법도 법학의 일 분과학이며, 따라서 현실관련성을 지닌 규범학, 더 정확히 말하자면, 규범적 정신과학으로서의 성격을 띤다. 이것이 현실세계에서 한 특수한 목적, 예컨대 법제정이나 법개정의 기초를 제공하는 데 기여해야 한다면, 거기에 하나의 독자적인 연구방법을 필요로 한다는 사실을 유의해야 한다.[1]

비교법은 외국법이 그 나라에 특정된 사회문제를 어떻게 해결하고 있는가를 검토한 뒤, 이를 자국의 법질서와 비교하여 비판과 수정 또는 수용을 통해 생산적인 결론을 얻어내는 분과학이다. 그러므로 그것은 외국의 법제도나 문물을 진열장에 나열이나 하는 형식을 말하는 것이 결코 아니다. 각각 다른 법영역과 법현실 및 불법현실 그리고 학설과 판례의 입장 등을 종합고찰하면서, 연구자 자신의 이론학적·형사정책적 관점으로부터 '보다 좋은 법'의 탐구를 위해 개방적이고도 변증론적인 발전을 의미한다.

물론 이 경우 외국법을 자기주견의 고정된 개념세계와 체계로 얽어매고자 하는 위험에 빠지지 않도록 주의해야 한다. 또한 외국법의 비교연구에서 그 나라의 역사적 배경이나 그 법질서의 사회적 심

---

[1] 김일수, 『한국형법 I (총론上)』, 제2판(박영사, 1996), 76면.

층에 대한 고려도 중요한 의미를 지닌다. 특별히 형사법분야에서는 정신사, 법제사와 법사, 범죄학과 범죄통계 등은 좋은 보조자료가 될 수 있다. 더 나아가 이러한 비교연구의 자료들을 체계적으로 정리하고 설명해야 한다. 마지막으로 본래의 법비교를 넘어서 이제까지 발견된 문제해결방식들을 법정책적으로 평가하여, 입법론적인 제안을 하는 일이다. 왜냐하면 정의, 형사정책적 합목적성, 개인의 인권과 자유 및 안전, 실용성, 전통과 국민의 법적 확신 등의 가치개념이 여기에서 문제되므로 순수한 이론적인 법비교의 결과만 가지고서는 애당초 목표했던 '보다 나은 법'의 지평에 도달할 수 없기 때문이다.

이렇게 하여 얻은 비교법의 결론들은 '세계에로의 징검다리요, 최선의 가장 인도주의적인 법을 쟁취하기 위한 민족간의 평화로운 전투장이며, 위대한 법문화의 전통을 주고받는 교환장소'2)로서의 역할을 담당할 수 있다. 비교형사법은 여기에서 더 나아가 우리나라의 형사법처럼, 외국법에 뿌리를 두고 있거나 외국법과 같은 문제상황에 처하여 있는 경우에는 자국법의 법정책적 방향과 개정작업, 해석론 등에도 건설적인 기여를 할 수 있다. 또한 이념적으로 통일된 세계법(Weltrechtswissenschaft)의 발전에도 기여할 수 있음은 물론이다.

바야흐로 세계는 이제 하나의 인간가족으로 엮어져 가고 있다. 먼 국경과 언어를 초월하여 세계시민들을 하나의 가족으로 엮어가고 있다. 먼 나라의 생활세계와 그 암흑면이 우리들의 현실생활의 이야기꺼리로 실시간 등장하고 있다. 정보의 광역화와 공유로 인해 세계시민들의 의식과 행동은 과거보다 훨씬 더 친화성과 유사성을 더해가고 있다. 이러한 상황은 세계화시대의 법의 난제를 해결하는 데 있어서 하나의 기회일 수도 있고, 하나의 가능성일 수도 있다. 체계는 침윤하고 혼동하지만 문화적 상호교류와 의사소통·이해의 지평은 넓어지고 있기 때문이다.

---

2) Jescheck, Entwicklung, Aufgaben und Methoden der Strafrechtsvergleichung, 1955, S.44.

이 같은 현상에 비추어, 우리는 잠정적으로 다음과 같은 사실을 확인할 수 있다. 즉, 정보교환의 신속성과 광역화로 이제 법문화는 단지 한 국가의 국내법차원에만 머물 수 없게 되었다는 점이다. 우리나라를 비롯한 여러 나라의 형사법제도와 이념이 전 세계적 학문시장과 법률시장에서 공통적인 문화적 상품으로서 그 성과를 주고받을 수 있게 되었으며, 긴밀한 영향권을 형성해 갈 수 있게 되었다는 점이다.

그리하여 오늘날 형사법은 국내법이라는 국지적인 한계를 벗어나 질에 있어서 '보다 나은 법', '보다 옳은 법'의 탐구를 내용으로 하는 세계형법학에로의 발전도상에 있다고 할 수 있다.[3] 이러한 현상은 1990년대 이후 구소련의 해체, 동구공산진영의 퇴조, 유럽연합의 강화, 세계화정책의 진전 등으로 더욱 뚜렷해졌다.

2. 비교법연구의 필요성

법제도는 한편으로 한 나라와 민족의 문화적 특수성의 반영인 반면, 다른 한편으로 보편성의 측면을 갖고 있기도 하다. 한국사회에서는 A라는 행태의 생활습관이나 범죄현상이 뚜렷한 반면, 다른 민족이나 다른 사회에서는 B라는 행태의 생활습관이나 범죄현상이 특징적으로 나타날 수 있다. 한 나라에서는 낙태와 폭행이 빈번한 반면, 다른 나라에서는 절도와 사기가 빈번하게 발생하기도 한다.

그 배후에는 독특한 경제·사회·정치·문화적 배경이나 전통·풍속에 따라 나타나는 사고방식과 생활유형의 차이가 작용할 수 있다. 평화를 구가하는 유럽 국가들의 생활세계와 전쟁 중에 있는 아프가니스탄인들의 생활세계는 다를 수밖에 없고, 그 반영으로 나

---

3) Claus Roxin/김일수(역), 『형사정책과 형법체계』(박영사, 1996), 9면 참조.

타나는 삶의 양태나 범죄현상도 다를 수밖에 없을 것이다.

　이 같은 법문화의 특수성에도 불구하고 법제도는 보편성의 측면을 갖고 있다. 각 나라마다 인종과 언어와 풍습이 다르고 역사와 전통이 다르더라도 신뢰와 공정성에 바탕한 거래생활과 타인의 실존조건을 함부로 해하지 말아야 한다는 원칙, 서로간 권리와 의무를 주고받는다는 원칙은 세계 어느 곳에서나 보편적인 이성의 원리에 속한다. 비록 세부적인 구성은 다양할지라도 사람을 고의로 쳐죽인 자를 중한 범죄로 인식하지 않는 나라와 민족은 없다.[4] 누가 가르쳐 주거나 일깨워 준 적이 없을지라도 기본적인 윤리성의 범주 안에서 사람들은 이 같은 생활질서의 기본 틀에 대한 인식을 공유하고 있는 셈이다. 한반도에 등장했던 5000년 전 고조선의 8조금법이나 함무라비법전이나 모세5경에 나오는 십계명 등을 보더라도 고대사회를 살았던 민족들이 비록 어떤 직접적인 문화적 교류가 없었음에도 불구하고 규범사유능력에 의거하여 유사한 생활질서를 형성해 왔던 것은 우연이 아니다.[5]

　법문화가 갖는 이 같은 특수성과 보편성의 복합적 성격 때문에 법학과 법실무에서도 비교법적 연구의 필요성이 생기며, 통일법 내지 세계법의 지평도 생겨난다. 법제도와 법현상을 비교연구하는 주된 목적은 어느 나라가 특정한 사회문제를 어떻게 해결하고 있는가를 검토한 뒤 이를 한 나라의 사회문제 해결방안과 비교하여 건설적인 결론을 이끌어 내는 노력이다. 그것은 단지 다른 나라의 법률정보와 지식을 수입하여 진열장에 나열하는 형식과는 차원이 다르다. 더군다나 한 나라의 법제도를 그 오랜 법문화적 배경과 관련 없이 손쉽게 또는 임기응변의 수단으로 들어 쓰는 아전인수격의 형식과는

---

4) Höffe, "통합문화적 형법은 가능한가," 고대법학논집 제35집, 1999, 321면 이하 참조.
5) 김일수, "세계화시대의 법과 한국법의 발전방향," 세계화시대의 법과 한국법의 발전(고려대 개교 백주년 기념 국제학술대회, 2005), 14면 이하.

거리가 먼 것이다. 그것은 각각의 차이와 특수성을 분석하고 종합하면서 보다 합리적이고 인간다운 문제해결방안을 찾기 위해 평화적으로 파괴하고 건설하는 토론의 장이며, 각 나라의 훌륭한 법문화적 전통과 경험을 주고받는 교환장소와 같다.[6]

인간은 항상 미래의 불확실성과 대결하고 있기 때문에 자신을 넘어선 보편적 진리에 대한 믿음을 필요로 하듯이, 인간은 항상 사회적 갈등이나 불안과 대면하고 있기 때문에 법적 평화와 보다 좋은 법에 대한 기대를 갖는다. 법이 문제해결의 준거로서 준수되자면 법공동체 구성원들의 그 법제도의 구성과 운영에 대한 믿음을 전제한다. 그런 의미에서 헤롤드 버만(Harold Joseph Berman) 교수가 일찍이 말한 것처럼 법은 율법주의나 교조주의 또는 기계적 legalism으로 퇴화해서는 안 되고 끊임없이 변화하여 보다 인간답게 되도록 진화해야 한다.[7]

파편화된 후기현대사회에서 역설적으로 우리는 법을 제자리에 위치시키고 그로부터 법의 임무들을 새롭게 찾아 나갈 수 있으려면 무엇보다도 법의 척도가 되는 인격적 존재로서의 인간에 대한 총체적 통찰과 그에 대한 관심과 배려, 보다 인간다운 삶의 조건으로서 사회의 변혁으로 나아가야 할 것이다.[8]

3. 서구 형사법 사상의 변천

서구 법학, 특히 형사법은 19세기 말 포이어바흐(von Feuerbach)와

---

6) Markesinis, Foreign Law and comparative Methodology, 1997, p.36(The destructive and constructive Role of the comparative Lawyer).

7) 헤롤드 버만/김철(역), 『종교와 제도』(민영사, 1992), 22면.

8) 김일수, "전환기의 법학 및 형법학의 과제," 『법 · 인간 · 인권』 제3판, 522면 이하 참조.

빈딩(Binding)에 의해 순수형사법의 모습을 띠었었다. 이것은 형사법의 실현에서 법적용자의 자의성을 배제하고 개인의 자유를 보장하기 위해 형평하고 공정한 형사사법을 꾀하는 데 그 주안점이 있었기 때문에, 법의 정치적·사회적 차원은 관심 밖에 있었다. 빈딩은 형법은 순전히 형식적으로 '국가형벌권 담당자와 형벌수인의무를 진 범죄자 사이의 관계'라고 간명하게 표현했다.[9] 형법학의 성격이 이렇다보니 국가형벌도 일체의 예방목적과는 절연된 순수한 응보형에 머물러야 한다는 결론에 이르렀다. 이렇게 출발하고 있는 빈딩의 절대적 정의의 요구는 마치 칸트(Kant)처럼, 비록 자유주의적이긴 하지만 동시에 권위주의적인 사고가 밑바탕에 깔려 있는 형사법을 추구하게 되었다.

빈딩의 이 순수형사법 사상은 그 후 리스트(von Liszt)의 새로운 자유주의적·사회적 법사상에 의해 도전받게 된다. 리스트는 범죄투쟁이라는 실천적 요구에 직면하여 사회적 현실을 법의 세계에 끌어들여 생각했고, 이러한 관점에서 이른바 '총체적 형법학'을 창안했다.

리스트의 총체적 형법학은 첫째, 형법과 형사소송법에서 형사실무가들을 논리적·법실증주의적으로 교시하는 것과 관련된 이른바 교육학적 임무와, 둘째, 범죄학과 형벌학에서 범죄와 형벌의 인과적 관련성을 해명하기 위한 과학적 임무와, 셋째, 형사정책으로서 입법의 발전을 꾀하는 정책적 임무를 그 중심내용으로 삼고 있다. 그런데 이 총체적 형법학에서 이러한 임무들은 사회국가적 원리로서만 취급되었고, 형사정책과 분리된 형법은 여전히 범죄인의 마그나카르타(Magna Carta)로서 법치국가적 통제기구로 남게 되었다. 총체적 형법학 내부의 내재적인 결합은 이루어지지 않은 채, 사회국가적 형사정책의 원리들은 역시 권위주의적인 사고를 그 밑바탕에 깔고 있었다.

20세기에 들어와, 특히 군국주의와 전체주의가 쇠퇴한 제2차 세

---

9) Binding, Die Normen und ihre Übertretungen, Bd. I., 1920, S.20.

계대전 이후, 서방 자본주의 사회진영에서 국가질서는 자유적·사회적·민주적 법치국가 원리 하에서 하나의 통일된 체계기능을 담당한다. 형사법분야에서 자유주의와 사회국가원리는 그 사이 많은 논의가 있었으나 아직까지도 미진한 중요한 부분은 민주주의 원리에 의한 형사법의 재구성이다.

앞에서 본 바와 같이 포이어바흐(von Feuerbach)와 빈딩에게서 법치국가적·권위주의적 형법사상을 보고, 리스트에게서 사회국가적·권위주의적 형법사상을 파악할 수 있었다면, 그 후 민주적 법치국가시대에서는 바로 이 민주주의원리와 상용할 수 없는 권위주의적 요소를 형법학적 사상 속에서 불식시키는 일이 급선무일 것이다. 민주사회에서 통용될 수 있는 사회체계는 그 구성원들간의 상호작용과 상호교류적 의사소통에의 참여기회 극대화 및 그 확대를 통해 시민 각자의 자유활동의 신장을 위한 조정과 규율을 그 구조적 특징으로 삼는다. 여기에서 나타나는 새로운 형사법체계의 특성은 자유적·사회적·민주적 요소들을 법치국가 이념하에 통합한 '사회체계에 관한 구조학으로서의 형사법'이라고 할 수 있다.10)

이제 형사법도 사회적 의사소통과 상호교류의 복잡성과 혼란을 해소시키면서 각자가 사회생활 속에서 대등한 시민으로서 상호교류와 상호작용을 보다 원활하게 할 수 있도록 조종·촉진·규율하는 기능을 갖는다는 것이다.

또한 여기에서 인접분과학의 지식도 변형을 거쳐 수용할 수 있고, 형사법적 의사소통의 기제로 재구성할 수 있다. 그 결과 진정한 의미에서 하나의 통합된 총체적 형법학의 지평을 내다볼 수 있게 되었다.

전후 세계질서의 재편에서 중심적인 역할을 한 최상위적 가치이념은 인간의 존엄과 가치이며, 이에 따라 새로운 형사법질서의 재편

---

10) Calliess, Theorie der Strafe im demokratischen und sozialen Rechtsstaat, 1974, S.62f.

이 이루어질 수 있었던 것도 사실이다. 전후 20여 년간 형사법개정 작업을 추진해 온 독일이 1975. 1. 1.자로 전면적인 개정형법을 발효시켰다. 이와 때를 같이하여 오스트리아에서도 1975. 1. 1.자로 개정형법이 발효되었다. 이러한 1970년대 개정작업의 방향은 스웨덴을 중심으로 한 북구의 재사회화형법의 이념을 좇아 탈윤리화의 방향에서 사회복귀·자유화·합리화·인간존중화의 정책을 강화하는 것이었다. 이에 따라 책임원칙의 고수, 형벌과 보안처분의 이원주의, 사형의 폐지, 단기자유형의 폐지 내지 대체, 자유박탈을 수반하지 않는 형사처분의 가능성 확대, 벌금형의 주형화(主刑化), 정액벌금제에서 일수벌금제로의 전환, 자유형 및 벌금형에 대한 선고 내지 집행유예부 판결선고의 가능성 확대, 사소한 경미범죄의 비범죄화, 풍속범죄의 과감한 자유화 등의 길을 걷게 되었다. 이러한 개정작업의 결과들은 그 후 핀란드, 노르웨이, 미주 여러 나라, 우리나라와 일본 등의 법개정 작업에도 문화적인 도전과 영향을 준 것이 사실이다.[11]

4. 21세기 유럽대륙 형사법의 시대상황

1970년대 후반 이래로 유럽대륙 형사법은 비교적 오랜 지속성의 전통을 깨고 꾸준히 변화해 오고 있다. 특히 프랑스, 독일과 오스트리아가 그 경우이다. 이러한 변화의 배경에는 사회안전을 위협하는 새로운 형태의 범죄가 발생하거나 점증하고 있다는 사실이 깔려 있다.

실체형법의 영역에서는 환경형법이나 경제형법 분야에서 새로운 범죄구성요건의 신설 도입, 마약범죄와 기업범죄에 대한 형벌가중 등이 주목할 만하다.

---

11) 김일수, "서구제국의 형법개정작업에 관한 고찰," 법무부 형법개정자료집 (I), (형사법개정특별심의위원회, 1985), 73면.

형사절차법영역에서도 이러한 변화는 뚜렷하다. 첫째, 피의자, 피고인의 소송법상 권리를 축소·희생시키면서 피해자의 참여를 더욱 강화한다는 점이다. 둘째, 특히 수사절차와 수사절차에 뒤이은 후속절차에서 전자감식자료 및 유전학적 자료의 저장과 같은 통제기구의 강화이다. 여기에서 특히 언급하고자 하는 것은 수사절차에서 드러나고 있는 형사소송법 개정 노력들이다.

1970년대 이후 형사소송법의 개정은 수사절차에 집중되었다고 해도 과언은 아니다. 피의자·피고인의 인권을 위한 공판절차, 미결구금, 변호인 제도의 개선보다 더 눈에 띄는 개정은 테러리즘과 세계화라는 강력한 토픽에 부딪쳐 극히 위험한 범죄자들에 대한 형사소송법적인 통제요구가 지속적으로 강화되었고, 그것이 입법적으로 반영되었다는 사실이다.

전통적으로 범죄인의 마그나카르타로 본 자유법치국가적 형법과 형사소송법은 새로운 종류의 중대한 위협에 직면하자, 스스로 자신의 체제를 방어해야 하고, 범죄자가 사용할 수 있는 수단을 압도할 수 있는 자기방어 수단을 투입할 수 있어야 한다는 인식이 공감대를 얻었기 때문이다. 이러한 분위기 하에서 수사기관들은 이제 내부적으로는 법치국가적 경계를 넘나드는 협동작업 및 위험방지와 범죄수사를 위한 기술적 수단의 투입을 고려하게 되었다. 이러한 협동작업 간에는 한 나라의 수사기관들 사이의 경계뿐만 아니라 여러 나라의 수사기관들 간의 경계를 넘나드는 작업이 포함된다. 예컨대 유럽헌법 초안은 "전 유럽에 유효한 체포명령" 및 범죄대처에 기능할 유럽 통일기구의 설립을 예정하고 있다. 더 나아가 이 같은 추세는 비밀정보기관과 수사기관이 각각 알고 있는 정보를 공유하고 결합시키는 작업에까지 미치고 있다.[12]

그 결과 전통적 법치국가 형사소송에서 국가형벌권 실현의 한계

---

12) Hassemer, Strafrecht angesichts neuer Formen von Kriminalität, in; 세계화시대의 법과 한국법의 발전, 24면 참조.

설정 기준으로 작동해 온 수사의 전제조건이던 혐의점과 또한 혐의자에 대한 수사개시절차가 훨씬 전단계로 넓혀졌고, 이 같은 개방성은 종전의 적법절차적 엄격성을 유연성 있게 피해갈 수 있는 문호로 작동할 수 있게 되었다. 내사의 광역체계화, 전화감청, 카메라 탐색, 인터넷 검색, 장기적·체계적인 경찰정보망의 감시, 첩보근무체제, 그 밖의 정보기술적 수법들에 의해 이미 일반시민들은 압수·수색 및 신체수색과 같은 고전적인 수사제도를 넘어서 은밀하게 작동하는 기구들에 의해 감시당하는 경우가 허다하다. 이 은밀한 감시망은 혐의자가 인식하지 못하기 때문에 제때 방어할 수 없고, 보통 세인의 주목거리가 되는 수사종료 후에야 그와 같은 진행상황이나 침해사실을 알게 된다.

수사의 전단계화 역시 실체형법의 전단계화(Vorverlagerung)처럼 위험이 현실화되기 전에, 그 잠재적 위험의 영역으로 수사절차가 개입해 들어가는 것을 말한다. 개인적으로 전혀 혐의가 없는 가족·친지·회사의 동료 등 일상적인 삶의 대화상대자들이나 동반자들까지 불가피하게 전화감청, 카메라 탐색, 인터넷탐색 망에 걸려들게 된다. 결국 형사소송에서 통제망은 점점 더 넓어지고 정밀해진다.

오늘의 시대상황은 사회학자 울리히 벡(U. Beck)이 위험사회에서 분석한 것처럼 국가적·법적 통제기구의 출현요청, 예방의 강조 등으로 요약할 수 있다. 하지만 우리는 시민사회가 오랫동안 투쟁과 피의 대가를 지급하고 쟁취한 민주주의와 법치국가적 이념에 대해 너무 일찍 신뢰와 인내심을 잃어버려서는 안 된다는 점이다. 위기상황일수록 막무가내식으로 문제를 해결하려 한다거나 정치적 수사학의 속임수로 국민의 법의식과 법문화를 왜곡하거나 오도하는 위험에 대해서는 경각심을 늦춰서는 안 된다.

법의 희망은 강한 자의 팔에 힘을 더하여 주는 것이 아니라 법의 목적인 개인의 존엄과 자유 그리고 안전을 위해 강한 자의 팔을 법적 통제와 견제 아래 두는 데 있기 때문이다. 시대의 정치적 상황이 급변하더라도 민주주의와 법치국가 이념은 투명성과 명료성 그리고 법정책에서의 향도성과 규범성을 잃어서는 안 된다는 점이다. 그것은 우리들의 법문화가 저초하고 있는 헌법체계의 본질적 내용이기 때문이다.

V 독일의 수사체계와 검찰문화

1. 독일 형사소송법의 제정과 개정 역사

　법학에서 현실과 규범의 일치는 가장 중요한 실천적 과제 중 하나이다. 일단 법전화한 규범은 법적 안정성의 이념에 따라 비교적 영속성을 유지하려는 경향을 띠는 반면, 현실은 시대와 사회 그리고 문화와 의식의 변화에 비교적 민감하게 대응하여 가변성을 띠는 경향이 있다. 법규범의 지속성 때문에 가변적인 현실을 따라가지 못할 때에는 규범과 현실 사이의 괴리는 불가피하다. 규범의 적용과 해석 작용을 통해 어느 정도까지의 괴리는 극복이 가능하지만, 그 괴리가 넓고 깊어 양자의 가교가 어려울 때에는 결국 법개정작업을 통해, 이 괴리를 좁히는 수밖에 없다.

　법사적인 관점에서 볼 때, 형사실체법은 비교적 이런 변화를 그때그때 수용하는 경향을 나타냈지만, 형사절차법은 변화의 뒤안길에 남아 비교적 완만한 변화만을 나타냈다고 할 수 있다. 18세기는 혁명의 세기였으며, 이러한 와중에서 형사절차법도 대전환의 시기를 맞이했던 것이 사실이다. 하지만 그 후로도 형사절차법은 시대적인 변화를 나타내는 데 민감하게 반응하지 않는 측면을 갖고 있었다. 범죄와 범죄통제는 그 종류와 질에 있어서 내용적인 변화를 나타내고 있지만, 그것을 하나의 절차에 담아 수사하고 소추하며, 재판하고 형을 확정·집행하는 일련의 과정은 시대의 변화를 그대로 반영하지 않고서도 기능할 수 있다는 데서 그 원인을 찾을 수 있다.

　독일 형사소송법의 최초는 1532년 카를 5세(Karl Ⅴ) 황제에 의해 제정된 형사재판규정(Die peinliche Gerichtsordnung)이었다. 물론 이 법률에는 형사실체법의 내용도 함께 들어 있었기 때문에 이를 카롤리나 형법전(Constitute Criminalis Carolina)이라고도 부른다. 이 법전의 제정으로 당시 유행하던 私訴가 폐지되었다. 자유도시와 公國들이 범죄자 소추를 국가적인 임무로 인정했기 때문이다. 하지만 규문절차를 규정하고 있었기 때문에 판사는 고소가 있거나 혐의가 있는 경우 혐의자를 구속하여, 스스로 조사하여, 판결을 내리는 형식이었다. 유죄판결에는 자백과 두 사람 이상의 증인이 있어야 했지만, 중요한 것은 자백이었다. 자백은 증거의 왕이라는 법언이 통용된 시기였다. 자백을 얻기 위한 고문이 허용되었고 이런 절차는 서면으로 행해졌고 또한 밀행주의였다. 판사의 심문에 일종의 판사의 증인으로 사인의 참여가 필수적이었지만, 절차의 최종일에야 공개적이고 구두적인 변론이 허용되었다.[1]

　이 카롤리나 형법전의 토대 위에서 독일보통법시대의 형사소송이 생성되었다. 형사소추는 국가의 전유물이 되었고, 그 절차는 역시 규문주의였다. 17세기 절대국가시대에는 국민참여적 소송의 여지는 왕에 의해 임명된 법관의 손으로 전부 이양되었다. 이른바 관방사법(Kabinetsjustiz)이 그것이었다. 황제는 민사재판에서는 관방사법을 포기했지만 19세기까지도 형사재판에서만은 최고의 재판권을 보유했다. 그는 법관의 판결을 정지시키거나 가중·감경시킬 수 있는 전권을 가졌다.[2] 이러한 규문주의와 관방사법은 계몽주의의 등장으로 드디어 변화를 겪게 되었다. 독일에서 계몽주의의 선구자로 활동한 법학자는 토마시오(Thomasius, 1655-1728)였다. 그는 당대에 풍미했던 미신적 마녀재판과 고문에 반대하고 나섰다. 프랑스 계몽사상가들도 이

---

1) Roxin, Strafverfahrensrecht, 20. Aufl., S.412.
2) Roxin, a.a.O., S.413.

성과 인간성 그리고 개인의 인격성 존중 요구를 들어 규문재판과 고문의 철폐를 주장했다. 볼테르(Voltaire, 1694-1778)가 대표적 인물이었다. 이태리 계몽사상가 베카리아(Beccaria, 1738-1794)도 1764년 익명으로 출판된 『범죄와 형벌』에서 사형과 고문폐지를 주장했다. 이런 영향으로 독일에서는 프로이센의 프리드리히 대제(Friedrich Ⅱ The Great) 즉위 초기인 1740년에 고문이 폐지되었다. 하지만 실무에서는 그 후로도 정신적인 고통에 의한 신문, 장기적이고 고통스러운 구속에 의해 고문의 잔재는 지속되었다.

계몽기 프랑스에서도 프랑스혁명 전까지는 독일과 마찬가지로 밀행주의와 서면주의에 의한 규문절차가 지배적이었다. 몽테스키외(Montesquieu)가 형사소송과 재판소법에 있어서 영국의 제도를 당대의 모범이라고 찬양한 데 힘입어, 영국의 형사사법제도가 혁명기에 계속되었고, 특히 공중소추를 포함한 탄핵주의, 당사자주의에 입각한 증거법원칙, 구두주의와 공개주의 재판, 23명의 배심원으로 구성된 기소배심(대배심)과 12명의 배심원으로 구성된 배심재판(소배심)을 내용으로 하는 배심제의 도입이 그것이다.

그 이후 1808년 제정된 프랑스의 나폴레옹 형사소송법전, 즉 치죄법(治罪法, Code d'instruction criminelle)은 검찰(procureur d'état)에게 형사소송절차에서 주도적인 역할을 담당하도록 했고, 영국식 공중소추주의는 수용하지 않았으며, 기소배심도 수용하지 않았다. 기소여부에 관한 결정은 법제정 당시 특별기소재판부의 손에 맡겨졌었으나, 그 후 기소절차는 국가소추기관인 검찰에 의해 제기되도록 하였다. 그러나 기소절차에 앞서 진행될 수사절차는 독립된 법관인 예심판사(juge d'instruction)가 수행토록 하였다. 제1심 재판은 범죄의 경중에 따라 세 가지 종류의 재판기관에서 담당했다. 즉 경찰법원, 형사법원, 배심법원 등이었다. 이 배심재판은 배심원들 앞에서 변론절차가 진행되게 했으며, 공개주의, 구두변론주의, 직접주의와 자유심증주의가 지배했고, 증거법정주의는 폐지되었다.

이 같은 내용의 나폴레옹 형사소송법전은 독일 라인강 좌안의 여러 공국에 도입되었고, 특히 프로이센령 라인란트(Rheinland)는 나폴레옹이 실각한 후 1849년까지도 이 법률의 효력을 유지했다. 그것은 서면주의와 밀행주의적인 규문절차를 규정한 옛 프로이센의 1805년 형사소송절차규정에 비해 프랑스형사소송법이 시민적 자유와 인권이익에 훨씬 유리한 것이었기 때문이었다. 프랑스혁명 이후 불어 닥친 자유주의사조는 독일령에서도 재판의 독립성, 관방사법의 전면적 폐지, 배심재판의 도입 외에 탄핵주의와 검찰제도를 포함한 형사소송절차를 요구했다. 이 요구가 독일 땅에서는 유일한 자유혁명적 사건이 된 1848. 12. 27.자 프랑크푸르트암마인 성 파울 교회(Paulskirche)에서 열린 집회의 기본권 속에 수용되었고, 뒤이어 1849. 3. 28.자 프랑크푸르트 제국헌법 속에도 반영되었다. 그 속에는 배심재판 외에 탄핵절차와 이를 수행할 검찰제도가 확정되어 있다(§179). 그 밖에도 혁명기 직후 반동시기에 겪었던 선동재판의 쓰라린 경험을 거울삼아, 자유주의적 소송원칙의 예외를 인정한 재판의 금지, 체포에 대한 법관의 영장제도와 경찰의 자의적 수사에 대한 보호장치 등이 명문화되었다.[3]

1848년 후부터 독일령 내의 개별 공국(公國)들이 새로운 형사소송법을 제정하기 시작했다.[4] 이들 새로운 형사소송법은 한결같이 평민의 재판에의 참여가 허용된 배심 또는 참심재판제도, 검찰제도, 공개재판주의, 구두변론주의, 자유심증주의 등을 수행했고, 부분적으로는 예심판사에 의한 수사절차의 진행을 내용으로 한 것도 있다. 이 같이 아직 단편적이긴 하지만, 그럼에도 불구하고 근대적인 형사소송을 그 후 "개혁된 독일 형사소송"이라고 지칭하게 되었다. 1873년의 오스트리아 형사소송법과 1877년의 독일제국 형사소송법은 다같

---

3) Roxin, a.a.O., S.416.
4) 1848년과 1861년의 Bayern형사절차법, 1849년의 Preußen형사절차법, 1864년의 Baden형사절차법, 1868년의 Württemberg형사절차법 등이 그것이다.

이 이러한 개혁된 형사소송을 그 토대로 삼는 것이었다.[5]

통일된 독일제국 형사소송법은 1877년에 제정되었다. 1871년 독일제국헌법이 독일제국에 형법과 형사소송법의 입법권한을 부여했기 때문에 이에 따라 1873년부터 1877년 사이에 독일제국법무성과 제국연방 참의원의 협의, 제국의회의 심의와 제국법무성 특별위원회의 심의절차에서 형법과 형사소송법, 그 밖에 제국사법 관련법률이 검토되고 의결되었다. 그 과정에서 특히 형사소송절차에 평민이 참여하는 문제와 항소심에 관하여 자유주의를 추종하는 제국의회 내의 다수파와 Bismarck재상이 이끄는 보수주의적인 국가관을 지닌 세력 간에 견해차가 컸다. 제국정부는 1848년에 처음으로 도입된 배심재판을 폐지하고, 모든 형사재판에 참심재판구조를 적용하도록 하는 안을 관철시키려 했던 반면, 제국의회는 배심재판제도의 존속을 주장했다. 결국 양 진영 사이에 절충안이 마련됐다. 그리하여 비교적 경한 형사사건에는 참심재판이, 중간정도의 무거운 형사사건에는 오직 직업법관들이 전담하는 형사합의부가, 가장 무거운 형사사건에 대해서는 3명의 직업법관과 12명의 배심원이 참여하는 배심재판이 적용되게 하였다. 그리고 항소절차는 단지 참심재판에 대해서만 적용되게 했다. 이 같은 내용의 법원조직법이 드디어 1877년 1월 27일, 형사소송법은 1877년 2월 1일에 제정되었고, 1879. 10. 1.부터 발효하여 시행되었다. 이 같은 제국법은 통일독일제국의 통일법의 중요한 일부분을 차지했고, 그 내용은 독일 자유주의가 투쟁을 통해 부분적으로 쟁취했던 목표에 상응하는 것이었다.

이 제국 형사소송법은 1924. 1. 4. 당시 바이마르공화국 법무대신이었던 에밍거(Emminger)의 이름을 따서 이른바 에밍거 개정안이라는 이름 아래 본질적으로 중요한 변화를 겪었다. 에밍거 개정안에 따라 순수한 배심재판은 폐지되었고, 큰 틀의 참심재판이 전면으로 부상

---

5) Roxin, a.a.O., S.416; I. Müller, Rechtsstaat und Strafverfahren, 1980, S.64ff.

했다. 그때까지의 형사합의부 재판도 지방법원의 권한으로 이양됨으로써, 이에 대해서도 항소절차가 가능해졌다.[6]

그 후 1926. 12. 27. 이른바 회플레 법(lex Höfle)에 의해 구속에 관하여 구두변론을 거치도록 하고, 구금에 대하여 법관이 의무적으로 심사하도록 하는 내용의 인권우호적 조치들이 도입되었다.

1933년부터 1945년까지 나치집권시절에는 나치의 정치적 이데올로기에 따른 형사법 개정이 대대적으로 일어났고, 그 내용은 대부분 반인권적인 권위주의적 요소를 강화하는 내용이었다. 1945년 Nazi패망직후 미·영·불·소 4대 전승국이 독일을 분할통치했기 때문에, 각각 점령지에 적용되는 법절차가 상이했다. 1950년 9월 12일에 이르러 이른바 통일화법률(Vereinheitlichungsgesetz)에 의해 독일연방공화국에 비로소 법통일이 이루어졌다. 여기에서는 형사소송법 속의 나치잔재를 일소하고 독일형사소송법 §136a, 즉 형사소송절차에서 인간의 존엄성을 존중하고 보장해야 한다는 규정을 신설하여, 법치국가이념을 새롭게 구현할 수 있는 방향을 제시했다.

그 후 1964년 독일 형사소송법의 소폭개정이 있었다.[7] 중요한 개정내용은 다음 몇 가지를 들 수 있다.[8] 첫째, 구속을 제한하기 위해 수사기관과 법원의 구속권을 손질하여 비례성의 원칙에 따르도록 했고, 구속의 새로운 근거들을 도입했다(§§112Ⅲ, 112a). 둘째, 법관의 면전에서 행해지는 법적 청문권(Das rechtliche Gehör)이 강화되었다. 셋째, 필요적 변호(§140f.)의 확대, 변호인의 서류열람권과 접견권의 확장을 통해 변호인의 지위가 개선되었다. 넷째, 피의자의 진술거부권

---

6) 물론 형사합의부 제도는 1931년과 1932년 형사소송법 개정에서 다시 부활했다.

7) 이것을 독일에서는 Die sog. Kleine Strafprozeβreform이라 부른다. 즉 1964. 12. 19.자 형사소송법개정법률(Das Strafprozeβänderungsgesetz 1964)을 지칭하는 것이다.

8) Rieβ, Das Strafprozeβänderungsgesetz 1964, Kleinknecht-Festschrift, 1985, S.355f.

등을 포함한 피의자의 인권보장 조치에 대한 사전고지의무가 모든 심문기관에 확대되었다. 다섯째, 재심절차에서 전심절차의 판결에 가담했던 법관의 참여가능성을 배제했다. 여섯째, 충분한 혐의점이 밝혀졌을 때 공판개시절차를 결정하도록 했던 종전의 공판개시절차가 공소허용결정으로 대체되었다(§207).

1975년에는 독일 형법전의 대개정이 있었을 뿐만 아니라 형사소송법의 대개정도 있었다. 물론 1968. 6. 25.자 제8차 형법개정법률에서 국사범에 대한 기소법정주의를 차단시키는 새로운 제도가 도입되었고, 1968. 8. 13.자 소위 도청법률은 그때까지 불법화되었던 전화도청을 합법감청제도로 법제화하는 등 형사소송절차의 개정이 없었던 것은 아니었다(§§100a, 100b). 하지만 1974년과 1975년 사이에는 형사소송법의 중요한 대개정이 있었다. 즉 1974. 12. 9.자 제1형사소송법개정법률, 1974. 12. 20.자 제1형사소송법 개정법률의 보충법률 등이 형법개정법률과 함께 1975. 1. 1.자로 발효되었다.

제1형사소송법 개정법률은 절차의 신속성을 목표로 삼은 것이었다. 이를 위하여 법원의 사전신문제도폐지와 검찰의 절차종료신문제도의 폐지를 비롯하여 피의자, 증인, 감정인에게 검찰의 소환에 응하도록 의무지우는 규정의 신설 등, 개별규정 속에 절차의 신속성을 촉진시키는 여러 규정들을 손질하였다. 또한 종전에 판결 후 판결문 작성완료까지 1주일 기간을 두었음에도 불구하고, 실무에서는 종종 1개월 이상 기간이 소요되는 현상을 바로 잡기 위해, 5주(중요사건은 더 연장할 수 있음) 안에 판결문을 완성토록 했으며(§275), 이 기간을 도과할 시에는 절대적 상고이유가 되게 했다(§338 Nr.7). 또한 지방법원의 형사재판에 참여하는 참심원의 수를 종전 6명에서 2명으로 축소했다(§76 GVG).

제1형사소송법 개정법률의 보충법률은 독일 적군파 바데어-마인호프(Baader-Meinhof) 수사절차의 영향 하에 급조된 법률이었다. 이 법률은 변호인의 배제를 입법화한 최초의 법적 조치였다. 또한 한 사람의 변호인이 다수 피의자를 공동변호하는 것을 완전히 차단시켰고, 한 피의자에 대한 변호인의 수도 3인 이내로 축소했다. 그 밖에도 피고인이 고의로 자신을 변론무능력상태에 빠뜨린 경우, 피고인 없이 공판절차를 진행시킬 수 있는 가능성을 열어놓았다. 더 나아가 재판정의 질서유지를 위한 재판장의 권한강화 및 일정한 조건하에서 비공개재판을 고지할 수 있는 권한을 부여했다.

1975년 대개정 이후에도 소송법의 개정은 간단 없이 계속되었다. 1976. 8. 18.자 형법 및 형사소송법 개정에서 새로 신설된 테러조직결성 및 후원회(§129a StGB)에 대한 형사소송절차에서는 구속, 변호인과 피의자 사이의 문서교신 등을 법관의 통제 하에 두었고, 테러절차에 가담한 변호인은 구속된 피의자를 변호할 수 없도록 변호인을 배제시키는 규정을 두었다. 1977. 9. 30.자 소위 접촉금지법률은 주정부 또는 연방법무부장관에게 테러활동이 진행되는 동안 변호사와 그 수임인 사이의 접촉을 금지시킬 수 있는 권한을 부여했다.

1978. 4. 14.자 형사소송법 개정법률은 테러행위 조사를 위해 가택수색의 범위를 대폭 확장했을 뿐만 아니라(§103), 도로나 공공장소에 통제소를 설치할 수 있도록 했다(§111). 또한 형사소추기관원의 불심검문과 일시적인 체포권에 대한 새로운 법률적 토대를 마련했다(§163b, §163c). 그 밖에도 교정시설에는 테러리스트로 추정되는 인물과 그의 변호인들간의 접견 대화시 차단막을 설치하도록 했고, 형사소송절차에서 테러리스트 활동에 동조적인 변호인을 배제할 수 있는 가능성을 확대하였다(§138a ff.).

1978. 10. 5.자 제정되어 1979. 1. 1.자 발효된 1979년 형사소송절차 개정법률은 다시 소송절차를 신속화하기 위한 내용을 담은 것이었다. 즉 법관의 제척, 기피 사유를 축소했고 상고심에서 법관의 구성을 이유로 상고제기하는 것을 제한하기 위해 지방법원 또는 고등법원 제1심 재판의 변론절차에서 법관의 구성을 심사하도록 했다. 또한 검사의 불기소처분, 즉 절차정지범위를 확대했으며 공판절차

밖에서 일시적으로 행해지는 녹취서류를 허용했다.

1984년부터 1987년 사이에 비교적 광범위한 소송법개정이 또다시 있었다. 첫째, 1986. 4. 19.자로 개정되어 1987. 4. 1.자로 발효된 형사소송법 개정법률은 형법상 테러범죄 및 테러범죄조직의 혐의자들에 대한 예인 방식 검거를 가능케 하는 법적 근거를 소송법 §163 d에 규정했다. 둘째, 1986. 12. 18. 제정되어 1987. 4. 1.자로 발효된 이른바 범죄피해자 보호법률은 소송절차에서 피해자의 지위를 개선하기 위한 첫 번째 법률이었다. 이에 따라 종래 형사소송법에 규정되었던 부대소송의 규정들이 본질적인 몇 가지 점에서 수정되었고, 피해자의 소송법상의 권한이 강화되었다(§406d ff.). 셋째, 1986. 12. 19.자로 제정되어 1987. 1. 1.자로 발효된 테러리즘 진압법률(Das Gesetz zur Bekämpfung des Terrorismus)은 주(州)고등법원 제1심 관할권과 연방검찰의 관할권을 새로 손질된 법원조직법 §120 Ⅱ에서 테러행위의 모든 영역까지로 확장했고, 이 범죄에 대한 형사소추를 주(州)고등법원과 연방검찰에 집중시켰다. 넷째, 1987. 1. 27.에 개정되고, 1987. 4. 1.자로 발효된 형사소송법 개정법률은 실효성을 강화하는 몇 가지 조치들을 추가했고, 형사소송절차의 실효성을 강화하는 한편 기판력에 대해서도 새로운 법적 토대를 제공하는 조치들을 취했다.[9]

1991년 독일 통일 이후 서독 법체계에 편입된 동독지역에 통용될 형사소송법과 법원조직법의 적용범위 확대에 관한 손질이 불가피했다. 통일협약에 규정된 특별한 조치들을 구현하기 위해 기존 형사소송법과 법원조직법의 법률문언의 직후에 개별적인 조치를 삽입하기도 했고, 어떤 부분은 분리하여 독립된 법률형식으로 규정하기도 했다. 이 과정에서 부수적으로 생겨난 법률이 1990. 6. 29.자 동독형사법 변경법률이었다.

1992년부터 1997년 사이에 많은 중요한 법률변경이 있었다.

---

9) Rieß/Hilger, Das neue Strafverfahrensrecht, NStZ, 1987, S.145.

첫째, 1992. 6. 26.자 편입지역에서 사법적용에 관한 법률이 제정되었다. 여기에는 1974. 3. 2.자 새로운 형법총칙 적용법률 속에 포함되어 있던 내용들이 들어 있다. 몰수대상의 새로운 규율, 경미범죄에 대한 절차정지가능성의 본질적인 확장, 벌금형 집행기관으로서 검찰을 전속관할 기관으로 한 것 등이 그것이다.

둘째, 불법적인 마약거래와 조직범죄에 대한 투쟁법률(1992. 7. 15. 자 법률)이 제정되었다. 이 법률로 인하여 신변위험을 느끼는 증인들의 보호(§68)의 투입(§98a, §98b), 범죄정보자료의 수평적 교환(§98c), 함정수사의 투입(§§110a-e), 형사소추에서 첨단과학 기술 기재의 투입(§§100c, f) 및 경찰감시의 부과(§163e) 등의 규정이 신설되었다.

셋째, 1992. 7. 23.자로 향정신성 의약품 중독자들의 사건에서 상담자들의 증언거부권 도입에 관한 법률이 제정되었다. 이로 인하여 국가적으로 공인된 마약상담자들은 증언거부권을 행사할 수 있게 되었다(§53 Abs. 1. Nr. 3b).

넷째, 1993. 1. 11.자로 사법조치의 방면에 관한 법률이 제정되었다. 이 법률은 검찰의 불기소처분 등 절차중단의 가능성을 확대하고(§§153. Abs. 1, S.2; 153a Abs. 1, S.1), 소액의 벌금형 유죄판결을 받은 자들에게 항소기회를 제한하고(§313), 자유형의 유죄판결을 하는 경우 1년 이내의 보호관찰 처분을 과할 수 있게 하고(§407 Abs. 2), 지방법원의 관할을 4년 이하의 자유형까지 그리고 형사판사의 관할은 2년 이하의 자유형까지 확대하고(§§23, 25 GVG), 지방단독판사의 판결에 대한 항소는 작은 형사부의 전속관할로 하며, 큰 형사부에서는 2인의 직업법관으로 결정할 수 있는 가능성을 열어 놓았다.

다섯째, 1994. 10. 28.자 범죄투쟁법률은 범행의 경중에 따른 구속의 근거를 고의적인 중상해죄(§226, StGB)와 특별히 중한 방화죄(§§306b,c StGB)에까지 확대했고, 간편한 입증절차에 의한 신속절차와 형벌부과절차를 새로 규정했고 형사소송법에 규정되어 있는바(§§474 ff.) 각 주들을 포괄하는 검찰의 소송절차 등록권을 확대하여 전국적인 형사소추를 용이하게 하였다. 또한 법원조직법 개정으로 고등법원 형사부는 사정에 따라 고등법원이 제1심으로 재판할 사건에 종전 5인의 법관이 참여하던 데서 3인의 법관이 참여하여 재판할 수 있게 되었다.

1997년과 1998년에도 활발한 입법활동이 있었다.

첫째, 1997. 3. 17.자로 개정되어 1997. 3. 22.자로 발효된 형사소송법개정법률은 범인과 그 혈통을 확인하기 위한 DNA검사를 허용하는 전제조건 하에서 시행되어야 하는 일이지만, 이 규정에 따라 확보된 지문이나 압수된 증거물에 대해서도 DNA분석이 가능하게 되었다.

둘째, 1997. 7. 17.자로 개정되어 1997. 7. 24.자로 발효된 형사소송법 개정법률은 공판절차에서의 구속에 관한 규정을 도입하였다(§127b). 이 규정은 체포권과 구속의 근거 그리고 신속한 절차의 시행을 용이하게 하는 목표를 담고 있다.

셋째, 1997. 11. 14.자로 제정되어 1998. 12. 1.자로 발효된 증인보호법률은 신변위협을 받는 청소년 증인들을 심문할 때, 공판절차 밖에서 심문하고 그 심문도 Video 촬영 중계를 통해 공판절차에 중계되도록 함으로써 이들을 보호받을 수 있게 했다(§§58a, 168e, 247a, 225a). 그 밖에도 이 증인보호법률은 특정한 경우에 국가의 비용으로 증인들이 변호인의 조력을 받을 수 있는 길을 마련했다(§§68b, 397a, 406g).

넷째, 1998. 5. 4.자로 제정되고 1998. 5. 9.자로 발효된 조직범죄투쟁강화를 위한 법률은 광범위하게 사생활영역을 파고 들어가 비밀을 탐지할 수 있는 매우 염려스러운 제도를 마련했다. 물론 국가적 법익을 침해하는 국사범사건을 전담하는 특별 형사부(Sonder-Strafkammer)의 영장이 있을 때에만 허용될 수 있는 일이지만, 이 규정에 따라 특정 중대범죄의 혐의가 있을 경우 가정 내의 대화를 몰래 도청할 수 있도록 허용하는 조치가 가능해졌다(§100c Ⅰ Nr. 3).

1999년에는 2개의 의미 있는 법률변경이 있었다.

첫째, 1999. 12. 20.자 범인과 피해자 조정에 관한 형사소송법상의 근거마련을 위한 법률에 의해 검찰과 법원은 범인과 피해자 사이의 화해조정(Täter-Opfer Ausgleich) 또는 가해자의 피해자에 대한 원상회복조치(Schadenswiedergutmachung)의 가능성이 현저하게 확대되었다(§§155a, b StPO).

둘째, 1999. 12. 22.자 법관과 법원의 독립성 강화를 위한 법률은 법원조직법상 관련조항들(§§21a-21g)을 새로 고쳤고, 법원장 및 상급법관, 법관의 선출 그리고 업무분배에 관하여 종전보다 훨씬 개선된 규정들을 마련했다.

2000년에 들어와서는 실제 1999년도 형사소송법 개정법률의 시행일자가 일부는 2000. 8. 3., 다른 일부는 2000. 11. 1.로 되어 있으므로 해서 주목해야 할 몇 가지 사항들이 등장하게 되었다.

첫째, 종래의 영장제도가 그 전제조건들이 완화된 체포장 제도(Ausschreibung zur Festnahme)와 공개수배의 다른 조치들로 대체되었다(§§131-131c).

둘째, 서류열람권의 개선조치가 도입되었다(§147 Abs. 5, 7).

셋째, 경찰의 임무에 관하여 장기적인 관찰의 결과가 최초로 입법으로 명문화되었다. 종전 독일형사소송법 제163조 제1항은 경찰의 수사의무라는 표제 아래 경찰관청과 경찰공무원은 범죄를 조사해야 하며 사건의 은폐를 예방하기 위한 신속한 모든 조치를 취해야 한다고 규정했었다. 그러나 2000년도에 발효된 개정조항은 제163조 제1항 제2문장에 "이 같은 목적을 위해 경찰관청과 경찰공무원에게 모든 관청의 정보를 요청하고, 지체의 위험이 있는 경우에도 정보를 요구할 권한이 부여되며, 그 권한이 법률에 특별히 달리 규정되어 있지 않는 한 모든 종류의 수사를 할 권한이 부여된다"고 규정하였다.[10]

넷째, 형사소송법 제8편에 새로운 장·절이 부가되어 소송절차에 개입 목적으로 정보를 사용하는 데 관한 규정(§§474~482)을 두었고, 수많은 정보자료 규율에 관한 규정을 마련했다.

2001년과 2002년에도 크고 작은 형사소송법 개정이 있었다.

첫째, 2001. 2. 16.자 생활반려자 법률은 형사소송법상 증언거부권 등에 산재해 있는 배우자와 이 생활반려자를 동일하게 취급하게 했다.

둘째, 2001. 12. 20.자 형사소송법 개정법률은 2002년부터 2004년까지 한시적으로 전화통화자료의 지득을 가능하게 하는 규정을 두었다(§§100g, 100k).

셋째, 2002. 2. 15.자 형사소송법 개정법률은 언론의 증언거부권과 압수로부터의 자유를 확대했고, 또 가능한 한 더 명료하게 규정했다(§§53 I , II , 97 V).

넷째, 2002. 6. 26.자 국제형법 도입법률은 형사소송법상의 규정이 국제형법과 연계를 갖도록 규정했고, 새로운 규정(§153f)으로서 국제형법상 범죄에 대해 소추하지 않을 수 있는 경우를 신설했다.

다섯째, 2002. 8. 6.자 법률에 의해 중대한 범죄에 대해 전화감청을 준비하거나 범인 검거에 필요할 경우 전화기 사용장소를 기술적 방법으로 탐지해내는 것이 허용되게 되었다(§100i).

여섯째, 2002. 8. 21.자 법률에 의해 유보된 보호감호처분제의 도입에 의해 필요해진 형사소송법상의 보완규정들이 마련되었다(§275a).

일곱째, 2002. 10. 5.자 법률에 의해 소송법 §100a 1 Nr. 2에 의한 전화감청영장은 어린이에 대한 중한 성추행·성범죄의 혐의가 있을 때에도 통용이 가능하게 되었다.

2003년의 개정법률에서도 형사소송법 제81조 이하에 규정된 범인 식별용 DNA조사기법을 장차 성별확정을 위해서도 활용할 수 있게 했다. 형사소송법 제88조에 따라 시체부검에 앞서 신상자 확정과

---

10) 이 독일형사소송법 제163조 제1항의 개정이 현재 우리나라 검·경수사권 조정논의에서 중요한 논거로서 활용되고 있음은 주의를 요할 사항이다.

성별의 확정을 위해 체세포를 채취하여 DNA조사를 할 수 있게 되었다.

2004년에 이르러 독일 헌법재판소가 2004. 3. 3.자 판결에서 이른바 가정 내에서 사적 대화내용을 도청할 수 있게 했던 형사소송법 규정이 독일헌법 제13조 제3항과 불합치한다고 판단한 데 따른 개정이 불가피해졌다. 이 판결에서 헌법재판소는 2005. 6. 30까지 이 규정을 헌법에 합치하게끔 개정하도록 입법자에게 짐을 맡겼다. 따라서 늦어도 2005. 6. 30까지 이른바 "대(大) 도청수사(Großer Lauschangriff)" 규정은 폐지되게 되었다.

독일 형사소송법 개정노력에서 특징적인 노력은 개별개정의 중점논제별로 학계와 전문가계층의 참여가 활발하다는 점과 이들 중 대부분에는 택일안(Alternativ-Entwurf)이 공표되었다는 점이다. 특히 공판절차의 개정을 위해 1985년도에 공표된 택일안은 영미의 상호신문 제도를 도입하고, 공판절차를 유무죄판단절차와 양형절차로 이분화하는 제도를 도입하는 내용을 담고 있다. 1980년에도 형사소송법 개정법률에 대한 택일안은 경미범죄에 대해 공판절차 없이 하는 소송절차를 도입할 것을 건의하기도 했다. 2001년에는 수사절차의 개정을 위한 택일안이 공표되었다. 여기에는 수사절차에서 피의자의 방어권과 변호권의 신장, 검찰의 법적 지위에 관한 새로운 제안들이 담겨있다.

이 같은 택일안에 참여한 학자들과 형사법률가들의 문제제기와 비판에도 불구하고, 독일 형사소송법은 내적 안정을 도모하기 위한 광범위한 국민적 합의와 동의에 근거하여 안전을 위한 예방적 조치들을 도입하는 방향으로 변화해 나갔다.

특히 1970년대 이후 형사소송법 개정은 수사절차에 집중되었다. 피의자의 자유와 인권을 위한 미결구금이나 변호권강화에 중점을 두기보다는 테러리즘과 세계화 추세에 대응하기 위해 형사소송법적 통제장치는 지속적으로 촉진되었다. 민주주의는 자신의 체제를 방어하기 위해 자신의 체제에 대한 위협과 대면하여서는 자신의 통제력의 효율성을 입증해 보여야 할 필요가 있고, 따라서 범죄적 공격자들이 사용할 수 있는 수단을 국가공권력 차원에서도 사용할 수 있어야 한다는 관념이 지배적이 되었기 때문이다. 이를 위해 수사기관들이 서로 경계를 넘나드는 협동작업이 필요하게 되었고, 그것은 자국 내에서뿐만 아니라 국제적인 협력관계를 지칭하기도 한다. 오늘날 시청각적 공간감시, 전화통화 통제, 장기적이고 체계적인 경찰의 감시, 첩보근무원 또는 카메라 탐색이 가능한 기술들이 수사기법으로 법제화되었다.

　이렇게 된 데에는 오늘날 고전적인 법치국가관의 변화에서 그 원인을 찾을 수도 있다. 오늘날의 법치국가는 시민위에 군림하는 레비아탄(Leviathan)이 아니며, 인권을 위협하는 폭군적인 태도를 취하지 않는다. 오히려 국가는 시민의 입장에서 행동하고 시민의 안전을 보장하는 기관으로서의 태도를 견지하는 것이 일반적인 경향이다. 국가는 자유를 위협하던 존재에서 안전을 보장하는 존재로 바뀌었다.[11] 오늘날 국가생활에서 시민들은 국가권력과의 사이에 자유와 안전을 놓고 대립하던 고전적인 긴장관계를 느끼지 못한다. 이러한 믿음 위에서 국가는 시민의 동의하에 시민생활을 위협하는 새로운 위기상황에 대항하기 위해 더 강력한 대항도구를 내놓게 되었고 이것이 형사소송법에 등장한 현대의 효율적이고 중요한 정보기술적 탐지도구들의 투입으로 나타났다.

2. 독일 형사소송법상 검찰제도

근대 독일 검찰제도에 직접 영향을 끼친 것은 프랑스 검찰제도

---

11) Hassemer, Strafrecht angesichts neuer Formen von Kriminalität, in: 세계화시대의 법과 한국법의 발전, 26면.

이다. 프랑스혁명기 이전 구체제 하에서 프랑스 형사소송은 규문주의였고, 형사재판의 주도권은 법관에게 있었다. 여기에서 피해자의 소추가 없는 경우에도 공적 소추를 할 수 있는 지위에 있는 것이 왕의 대관(Procureurs du Roi)이었다. 하지만 왕의 대관은 법원과 독립된 소추관이 아니라 법원에 대한 보조기관에 불과했다.

혁명 후 법원의 구성에 관한 입법과정에서 왕의 대리인(commissaires du roi)제도가 등장했다. 왕의 대리인 제도는 각 법원에 대응하는 행정권의 일부로서 국왕이 위임한 일정한 권한을 국왕을 대리하여 행하게 한다는 데서 비롯되었다. 그에게 부여된 권한은 독립된 공소권은 아니었고 소추절차에 임하여 모든 심문에 재정하여 법에 정한 형식과 법적용이 지켜지도록 감독하는 것이었다.

그 후 1791. 9. 16.-29.자 법률에서 배심법원에 한하여 공소관(Accusateur public)제도가 도입되었다. 이것은 형사법원에 속하는 관직이지만 법관은 아니었다. 또한 관할주민에 의해 선출되는 4년 임기제의 선출직이었다. 공소관은 기소 이후의 공판절차에서 공소의 담당자로 참가하여 역할을 수행하였다. 그는 지방형사법원의 공판전 준비절차와 수탁판사에 의한 최초의 신문절차에도 재정해야 했다. 더 나아가 공판절차에서 법률의 적정한 적용을 위해 필요한 신청을 한다거나 배심의 유죄판결 후 형벌을 청구하는 등 감독기능도 수행하였다.

왕의 대리인과 공소관 시기에 공판전 수사절차는 수사경찰기관의 일원인 치안판사 및 그와 경합 관계에 있는 국가헌병관에 의해 수행되었고, 이에 대한 감독관 역할을 공소관이 담당했다. 이 수사경찰기관은 수사 종료 후 사건을 배심지도관에게 회부해야 했고, 이때에 비로소 사건은 형사사법사건이 되었다. 이 시기 치안판사를 공소관의 감독 하에 둔 것은 공판전 치안판사의 조사활동을 경찰활동의 일환으로 보았기 때문이다. 하지만 치안판사, 왕의 대리인, 배심지도관, 기소배심, 공소관 등 다양한 기구의 혼재는 범죄의 투쟁에 있어

비효율적인 것으로 판명나 단일화를 모색하기에 이르렀다.

1808년 나폴레옹의 치죄법은 검사를 형사소송절차의 중추로 만들었다. 혁명직후의 법의 감시자였던 왕의 대리인 제도와 공소관 제도가 수사와 공소를 담당하는 근대적 의미의 검찰(Ministere public)제도로 바뀌었다. 따라서 프랑스 고유의 왕의 대관제도가 왕의 대리인과 공소관 제도를 거쳐 진정한 의미에서 공화국의 대관으로 의미가 형성되었다. 이에 따라 공화국 검사는 수사기관으로서 스스로 범죄에 대한 고소, 고발을 접수하여 직권으로 수사절차를 개시할 수 있게 되었다. 그러나 치죄법에서는 또한 예심제도가 함께 규정되어 있어 예심판사의 역할이 그대로 전승되었다. 그리하여 사법경찰관은 공화국 검사와 예심판사의 지휘를 받아야 했다. 즉 경찰은 초동수사를 한 후 즉시 공화국 검사에게 그 결과를 송치하여 공화국 검사가 이후의 절차를 담당하게 해야만 했다. 여기에서 중요한 점은 예심판사를 제외한 나머지 사법경찰관들도 모두 검사의 보조 공무원의 지위에 있었다는 점이다. 예심판사는 사법경찰관의 지위를 갖는 한편 판사의 지위도 갖고 있으므로 판사의 자격으로 명령형식의 법원의 결정을 내릴 수 있었다.

근대 독일의 검찰제도는 바로 프랑스 치죄법상의 검사제도를 계수한 것이지만 당시 독일의 법문화상황에 맞추어 변용이 불가피했던게 사실이다. 독일에서 검찰제도가 최초로 입법화된 것은 1831. 12. 28.자 바덴 대공국에서였다. 그 후 하노버 공국의 입법에서도 검찰제도의 부분적인 도입이 있었다. 독일에서 수사활동의 주체로서 검찰제도가 부상한 것은 특별법률「베를린 항소법원 및 형사법원 관내에서 진행되는 조사절차에 관한 법률」에서였다. 프로이센의 주도로 독일제국이 성립되면서 이 검찰제도가 독일제국 형사소송법의 골격으로 전수되었다.

프로이센 검찰제도의 수립과정에 대해서는 자유주의적 개혁의 일환이라는 견해, 국수주의적 국가권력 강화의 일환이라는 견해차가 있으나 사법정의의 실현에 있어 검사를 법의 수호자(Wächter des Rechts)로 특징지움으로써 실질적으로는 법치국가적 임무를 담당하는 기관으로 바라보았다는 점을 유의할 필요가 있다. 록신(Roxin) 교수도 1987년 베를린 검찰 탄생 150주년 기념강연에서 "프로이센 법무성의 개혁의지의 결과로 독일 최초의 근대적 검찰제도가 탄생한 것이며 그것이 독일 형사소송법의 새로운 형성에 결정적으로 기여했고, 현행법에서도 그 근간이 되고 있음을 알 수 있다"고 지적했다.[12] 검찰에 법의 수호자로서의 지위를 부여한 것은 법원에 대해서뿐만 아니라 경찰에 대하여서도, 그리고 피고인에게 불리하게뿐만 아니라 피고인에게 유리하게도 하는 객관적 임무를 수행하게 하기 위함이었다. 이 같은 법의 수호자로서의 검찰의 법적 지위 때문에 검사는 수사절차에서 적법절차 준수를 감시할 권한을 가지며, 경찰에 대해서도 실질적인 지휘권을 갖는다.

  하지만 당시 내무성 측에서는 경찰이 검사의 지휘를 받는 하위 기관으로 하면 검사의 법률가적 관점에서의 개입이 경찰의 원활한 범죄수사를 방해할 수 있어 효율적이고 합목적적인 수사활동에 장애가 된다는 반론도 있었다. 하지만 당시 법무장관이었던 사비니(von Savigny)도 경찰국가시대의 나쁜 경험에 근거하여 검찰의 객관적 관청으로서의 법의 수호자적 임무를 강조하며 수사절차에서 검찰의 활동을 지지했다. 즉 이미 경찰단계의 수사에서도 법률가적인 기반을 부여하는 것이 검찰의 고유한 임무가 되어야 할 것이라는 점이다. 경찰은 객관의무가 없고, 그는 사실조사와 탐지·수사에 있어 항시 신속하고 순발력 있는 개입을 할 수밖에 없고, 그 때문에 많은 점에서 오류를 범하거나 적법절차를 넘어 인권침해의 경향을 띠기 쉽다. 하지만 검사는 법을 추구하며 그렇기 때문에 피고인의 무죄를 위해서도 활동한다. 검사의 경찰활동에 대한 통제를 통해, 국민의 경찰권력

---

12) Roxin, Zur Rechtsstellung der Staatsanwaltschaft damals und heute, DRiZ 1997, S.109ff.

에 대한 불신과 반발을 감소시키고 형사사법 전반을 신뢰 위에 구축할 수 있다는 것이 당시에는 특히 강조되었던 것이다.[13]

이런 맥락에서 1846. 7. 17.자 베를린 특별법 제2조는 경죄를 제외한 모든 범죄에 대해 검사에게 범죄자를 수사하고 법원에서 그를 소추할 임무를 진다고 규정했다. 하지만 검찰의 수사권과 예심제적 수사판사의 수사활동 그리고 경찰의 수사활동 사이의 영역분할은 불분명한 것이었다. 또한 독일제국형사소송법에는 이에서 한 걸음 더 나아가 검찰에 직접 수사를 할 수 있는 권한을 부여하며 특별히 법률상 예외로 규정한 것 외의 모든 수사활동을 직접하거나 경찰에 위임하여 할 수 있게 하였다. 하지만 중죄사건에 대해서는 아직 예심제도가 유지되었으므로 검사가 직접 수사할 수 있는 영역은 상대적으로 좁았다. 이 같은 불완전성은 1974년 형사소송법 대개정시 예심제도의 폐지와 함께 해소되었다고 할 수 있다.[14]

문제는 경찰수사와의 관계이다. 경찰수사에 대한 검사의 수사지휘권을 법의 수호자 관점에서 강조한 이론가는 1845년 당시 프로이센의 베를린 법무대신이었던 유덴(Uhden)의 자문관 하인리히 프리드버그(Heinrich Friedberg)였다. 검사를 수사의 주재자로 하여 경찰을 통

---

13) Eb. Schmidt, Die Rechtsstellung der Staatsanwälte im Rahmen der rechtsprechenden Gewalt und ihre Einbeziehung in das Richtergesetz, DRiZ 1957, S.276ff.

14) 예심제도하에서는 특히 중한 범죄사건은 수사판사에 의한 예심을 반드시 거치도록 했고, 나머지 사건은 검사가 필요하다고 판단하는 경우에만 예심을 신청할 수 있게 하였다. 그 결과 수사절차는 예심을 거치는 경우와 예심 없이 하는 두 가지 절차로 나뉘게 마련이다. 일단 예심이 시작되면 수사의 주도권은 예심판사의 수중에 넘어간다. 예심판사는 예심을 종결하면 기록을 검찰에 송부하고 검사는 이를 검토한 후 피의자의 소추가 부적절하다고 판단한 경우 기록을 보관하고 구속된 피의자의 경우에는 그를 석방한다. 공판을 개시할 만한 이유가 있을 때에는 공소장을 작성하여 법원에 기소한다. 이 점은 공판회부여부를 예심판사가 정하는 프랑스 예심제도와 다른 점이다. 이에 관한 상세한 연구는 이완규, 『검찰제도와 검사의 지위』, 2005, 167면 참조.

제하고, 수사절차에서 적법성과 사법형식성을 확보하고자 했던 프리
드버그(Friedberg)의 착상은 관방내의 심의 과정에서 내무성 등의 강력
한 반대에 부딪혔다.

　이것은 당시의 권력구조에서 볼 때, 기득권 수호적인 반발이었
다고 할 수 있다. 당시 지배적이었던 절대주의 권력의 유산인 경찰
국가에서 경찰은 현실적으로 통제되지 않는 수사활동을 하고 있었기
때문이다. 이 같은 상황 하에서 법무성의 개혁방향은 먼저 경찰에
대해 이전처럼 초동수사권을 인정하되, 경찰수사권을 이 초동수사에
한정하자는 것이었다. 초동수사가 끝난 즉시 경찰은 검사에게 사건
을 송치해야 했다. 더 나아가 인신구속의 경우 24시간 이내에 검찰
에 보고하여 검사가 이를 통제할 수 있게 하였다.[15] 물론 이 같은
새로운 법제도의 도입에도 불구하고 당시 조직과 자원에서 우세했던
경찰이 검찰의 지휘에 반발함으로써 경찰에 대한 통제권은 실질적으
로 확보되었다고 단정하기에는 어려운 점이 있다. 그 후 지휘권 논
쟁은 현실적인 법해석론에까지 비화되었다.

　특히 1849. 9. 24.자로 제정된 인신자유보호법률 제6조에서 일정
한 소송법상 강제조치를 할 수 있는 권한을 사법경찰에 부여하고 사
법경찰이 없는 경우에는 행정경찰이 하도록 규정했는데 그 규정의
해석을 둘러싼 논쟁이 그것이었다. 당시 내무대신은 경찰에 대해 이
법률상의 사법경찰의 지위를 요구하면서 경찰이 사실상 사법경찰기
관이라고 단정하고 경찰이 검사의 지휘를 받는 기관이라는 전제에
대해 반대했다. 프로이센에서는 경찰의 독립성이 인정되므로 경찰이

---

15) 베를린 특별법 제4조   경찰청 및 그 소속공무원은 이전과 같이 모든 종
　류의 범죄를 수사하고, 사안의 규명과 행위자의 체포를 위하여 지체할 수
　없는 예비적 조치들을 할 의무가 있다. 그러나 행해진 조치들을 관할 검사
　에게 송부하여 검사가 이후의 조치를 취할 수 있도록 해야 하며 이러한 경
　찰의 수사활동 개시나 그 종료를 위하거나 또는 혐의자의 소추나 구속으로
　인한 검사의 요청에 응해야 한다. 범죄를 원인으로 행해진 구속에 대하여
　는 어떤 경우라도 관할 검사에게 24시간 내에 보고할 의무가 있다.

다른 기관의 지시를 받는 것을 인정할 수 없다는 것이었다. 이에 대해 법무대신은 이 법률상 사법경찰은 프랑스의 개혁된 소송법의 영향을 받은 라인강 좌안지역의 사법경찰을 모델로 한 것이지 프로이센 경찰과는 다른 개념이라는 견해를 제시했으나 내무대신은 행정경찰까지 사법경찰로 정의하면서 소송법상 강제처분 권한을 부여해야 할 것이라고 했다.[16]

1849. 1. 3.자 프로이센 개정법에서 경찰은 검사의 요청에 응해야 한다는 규정을 놓고도 내무성과 법무성의 견해가 갈렸다. 우선 이 요청이 기속력 있는 명령인가 아니면 응·불응이 경찰재량으로 돌아갈 청원 정도의 의미인가 하는 점이었다. 경찰은 이를 청원의 의미로 보고 이에 응하는 것은 호의 정도로 이해했으며, 이 청원도 사건을 담당하는 개개 경찰에 대하여 할 것이 아니라 경찰관서를 통해서만 하도록 요구했다. 그 결과 검찰의 경찰에 대한 지휘는 사실상 불가능해진 상태였다. 당시 경찰은 검찰을 단지 자신들이 수사한 사건을 법원에 소추하는 정도의 소추기관으로 몰고 갈 의도였다.

그러나 그 후 자유주의의 신장과 더불어 제국주의 형사소송법 제정에 이르러 경찰의 초동수사권만은 종전처럼 그대로 인정하되 즉시 그 수사결과를 검찰에 송치하도록 하였다. 그 결과 초동단계의 경찰수사가 초래할 수 있는 권한 남용을 사후적으로 통제할 수 있게 했다. 또한 검사는 선서 하에 하는 신문을 제외하고는 모든 종류의 수사활동을 직접 하거나 경찰관청 또는 경찰공무원으로 하여금 하게 할 수 있는데 이때 검사는 수사와 관련하여 경찰에 의뢰나 요청을 하면 경찰이 이에 응할 의무를 지게 하여 검사의 수사활동이 원활해지도록 배려했다.[17] 초동수사를 넘는 경찰의 수사활동에 대해서는 경찰의 일부를 검찰의 보조공무원(Hilfsbeamte)으로 규정하여 검사의

---

16) 이에 관한 상세한 연구는 이완규, 『검찰제도와 검사의 지위』, 2005, 169면 이하.
17) 독일제국형사소송법 제159조.

지시에 따라 검사의 수사를 위임받아 하게 하는 방식을 취했다.[18] 이렇게 하여 현재까지 독일에서 검사와 사법경찰의 관계는 검사의 사후적 또는 위임에 의한 간접적 지휘 아래 경찰의 수사가 실질적으로 행해지는 구도라고 할 수 있다.[19]

물론 강제처분권은 검찰의 보조자로서 사법경찰만이 할 수 있다. 이것을 규정하고 있는 독일형사소송법 제105조 제1항 및 제2항은 2000년도 개정시 보조공무원이라는 용어 대신 수사요원(Ermittlungspersonen)이란 용어로 바꾸었다. 그것은 법원조직법 제152조가 검사의 보조공무원(Hilfsbeamte der Staatsanwaltschaft)이라는 표제는 그대로 둔 채 종전과 달리 그 제1항 본문에서 검사의 수사요원(Die Ermittlungspersonen der Staatsanwaltschaft)이라고 수정한 것과 궤를 같이하는 것이다. 즉 수색의 명령은 법관이 하며 지체의 위험이 있는 때에는 검찰 및 검찰의 보조공무원으로서 검찰의 지시를 따라야 하는 경찰공무원도 명할 수 있다는 것이다.[20] 이와 같은 법상태는 그 후 독일 형사소송법과 법원조직법에 더욱 명료하게 규정되어 갔다. 종전 프로이센 검찰시대와는 달리 검사가 직접 수사활동의 중심에 서게 된 것, 법원조직법상 사법경찰관은 검사의 지시에 대한 복종의무가 있음을 명시한 것 등이 그것이다.

1974년 예심제도 폐지 후 검사의 직접조사범위가 확대된 것이 사실이다. 이를 위해 검사의 직접 조사시 검사의 피의자 신문조서 작성규정을 도입하고, 검사의 피의자 및 참고인 구인권 등도 신설하였다. 현재 독일 형사소송법 하에서 검찰의 경찰에 관한 수사지휘권은 현실에서는 잠복적인 성격을 띠고 있어 보이지만 필요한 경우에

---

18) 독일제국형사소송법 제161조.
19) 독일제국형사소송법 제163조.
20) 여기에서 검사의 보조공무원을 검찰의 수사요원으로 바꾼 것은 의례적인 용어순화의 차원에서 된 것일 뿐 내용상의 차이가 있는 것은 아니다. 이것을 들어 경찰수사권을 확대, 강화한 것으로 오해해서는 안 될 것이다.

는 언제라도 현실화될 수 있다. 경찰수사가 법적으로는 검찰의 지휘
통제망 아래서, 현실적으로 광범위하게 수행되고 있는 실정이다. 일
반형사사건의 경우 검사는 사법경찰을 지휘하여 수사하는 방식을 취
하고, 주요형사범(살인 등), 공직비리 등 부패사범과 경제 및 노동사
범 등 중요사안에 대해서는 검찰이 직접수사에 임하고 있는 것이 현
재 독일의 수사관행이다.

3. 검사의 수사와 사법경찰과의 관계

(1) 수사의 주재자로서 검찰

독일 형사소송법체계에서 수사절차(Vorverfahren)는 사법적 성격을
띠고 있다. 사법적 요식성(Justizförmigkeit)이 수사절차에서뿐만 아니라
재판절차에서도 무엇보다 중요시되고 있기 때문이다. 그래서 검사는
판사와 동일한 자격을 갖춘 완전한 법률가 신분을 갖고 있다.

검찰권은 본래 행정권의 일종으로 사법권과 구별되지만, 범죄수
사, 공소의 제기와 수행, 재판의 집행 등을 내용으로 하고 있기 때문
에, 사법권과 밀접한 관련을 맺고 있다. 검찰권의 사법적 속성 때문
에 그 공정성을 담보하기 위해 검사의 자격요건에 법관과 같은 수준
의 엄격한 요건을 필요로 하고, 그 신분도 일반 행정공무원에 비해
강력하게 보장하는 등의 조치를 취하고 있다. 이런 점 때문에 흔히
검사를 준사법관(Quasi-Richter)이라 칭한다. 준사법관이라 칭하는 이유
는 검찰권이 그 공정성이라는 측면에서 사법권에 준하는 성격을 갖
고 있지만, 검사동일체의 원칙에 따른 직무이전권(Substitutionsrecht)와
직무승계권(Devolutionsrecht)이 주어져 있고, 헌법상 법관과 같은 신분
보장이 결하여 있어, 법관의 신분상 독립성과 다른 제도적 특성을
갖고 있기 때문이다.[21]

　　이처럼 검사는 비록 헌법에서 보장하는 신분보장이나 사법권의 독립과 같은 보장은 받지 못하고 있지만, 수사의 주재자로서 또는 공소관으로서의 활동을 포함한 검찰사무의 집행을 통하여 독자적으로 법을 실현하고 구체화한다는 점에서 정의실현을 목적으로 삼는 사법사무의 범주를 벗어날 수 없다. 바로 검사가 법의 수호자라는 공익적 지위에서 피의자·피고인의 정당한 이익을 옹호해야 하며, 이를 통하여 실질적 변호를 해야 할 의무가 있다는 점, 수사종결에 즈음하여 기소여부에 관하여는 법관에 앞서 법관과 유사한 성격의 사법적 판단을 내려야 한다는 점, 그리고 법원에 대하여 법령의 정당한 적용을 청구할 수 있는 권한을 갖는다는 점에서 검찰도 독자적인 사법기관(selbständiges Organ der Rechtspflege)의 일종으로 보아야 한다.[22]

　　검사가 법질서의 적정한 유지와 회복을 꾀하는 공익대표자로서 '국가적 변호사'(Staatsanwalt)라면, 변호인은 피의자·피고인을 국가형벌권의 오용과 남용가능성으로부터 보호해 주는 '사회적 변호사'로서 공익적 지위를 갖고 있다. 다만 전자가 국가기관이기 때문에 그 공익성도 포괄적 성격을 갖는 데 비해, 후자의 공익적 지위는 피의자·피고인의 인권이익의 대변에 국한된다는 점에서 차이가 있을 뿐이다. 어쨌든 법원·검사·변호사 모두가 사법기관성을 지녔으므로, 이들은 동일한 형사소송절차 내에서 동등한 지위에서, 다만 그 역할과 기능의 구별에 따라 형사소송절차의 법치국가성과 자유화를 확보해야 할 공적 임무를 함께 부담한다.

　　이렇게 본다면 검찰도 법의 적정한 운용과 실현에 관여한다는

---

21) 김일수, 『법·인간·인권』, 239면.

22) 물론 여기에서 말하는 사법기관이란 재판권의 담당기관인 사법부의 일부라는 말이 아니다. 사법(Rechtspflege)은 법질서에서 정의와 법적 안정성 그리고 인간존엄성의 보장요구를 진실발견의 절차를 통해 실현하는 영역이며, 이런 의미의 사법영역, 특히 형사사법에서 활동하는 기관으로는 법원은 물론 검찰과 변호인도 포함된다.

점에서 일종의 사법기관이며, 검사가 공익대표자로서의 지위, 인권옹호기관으로서의 지위, 그리고 법령의 정당한 적용을 청구하는 청구권자의 지위를 갖는다는 종래의 단편적 성격규정들은 독자적인 사법기관이라는 포괄적인 용어의 구체적인 내용들인 셈이다.[23]

사법기관으로서 검사는 객관적으로 정의와 진실이라는 법가치실현에 봉사해야 할 임무를 맡고 있기 때문에, 먼저 문제된 사안을 정의에 합당하게 객관적으로 평가하지 않으면 안 된다. 이를 위하여 검사는 피의자·피고인에게 불리한 사정만 조사할 것이 아니라, 그에게 이익이 되는 사정도 조사해야 한다. 그렇게 하여야 공정하게 혐의점의 진위를 가릴 수 있기 때문이다. 또한 피고인에게 유리한 증거신청이나 공판심리 도중이라도 피고인의 무죄가 확실히 번복되기 어려운 객관적 사정이 발견된다면 그의 무죄를 위한 변론도 행하여야 하며, 피고인의 이익을 위한 상소제기와 재심의 청구도 해야 한다. 이런 의미에서 검사는 객관적 지위에 있으며, 검사의 이러한 지위를 객관의무라고도 부른다.

검사는 국가의 형사사법기관으로서 범죄수사와 형사소추라고 하는 법의 요구를 객관적으로 정당하게 수행할 임무는 있지만, 민사소송의 대립당사자처럼 자기의 주관적 이익이나 목적을 추구하는 것이 아니다. 형사소송절차에서 범인과 공소사실이 특정되어 있지만 그것은 어디까지나 단지 소송의 대상(Prozeßgegenstand)에 불과할 뿐 계쟁물(Streitsache)이 아니다. 형사소송에는 민사소송에서와 같은 계쟁물이 없으며, 계쟁물을 둘러싼 대립당사자도 없다. 이 점 때문에 독일의 형사소송법이론의 통설은 검사가 소송주체(Prozeßsubjekt)이긴 하지만 소송당사자(Prozeßpartei)는 아니라는 데 일치하고 있다.[24]

---

23) 김일수, 『법·인간·인권』, 241면; Roxin, Strafverfahrensrecht, a.a.O., S.48.

24) Peters, Strafprozeßrecht, 4.Aufl, 1985, S.122f.; Roxin, Strafverfahrensrecht, a.a.O., S.48; 물론 독일에서도 초기에는 당사자개념을 인정한 학자들이 있었으나(Beling, Binding, zu Dohna, von Hippel, Sauer 등), 오늘날 이 같은

우리나라에서는 당사자주의적 소송구조를 기본으로 하고 있으므로 검사와 피고인은 소송당사자라고 하는 견해가 우세하나, 피고인과 검사가 소송당사자인가라는 문제는 사실상 소송구조 여하에 달려 있는 것이 아니다. 직권주의 또는 당사자주의는 소송주체 간의 소송상의 역할분배에 관한 원칙일 뿐이기 때문이다.[25]

독일 형사소송법상 강제수사 및 강제처분은 피의자 개인의 자유 제한과 인권침해적 요소가 크기 때문에 그 절차과정을 법률로 정하여 놓았을 뿐만 아니라, 그 절차의 중요한 부분은 법관 또는 검사의 법률적 판단을 거치도록 되어 있다. 특히 강제처분에서 법관의 명령을 기다릴 시간적 여유가 없는 긴급한 상황 하에서는 검사가 우선 그것을 대신할 수 있다는 규정이 산재해 있는 실정이다. 검사의 이러한 법률가로서의 기능을 고려하여 독일에서는 흔히 검사를 '법관 배후에 있는 법관'(Richter hinter dem Richter)이라고 칭하기도 한다.[26]

사법적 요식성이 중요시되는 수사절차에서 준사법기관으로서 검찰의 역할이 강조되는 것은 검사의 법률가신분성에 대한 시민적인 신뢰와 이를 뒷받침하는 법문화적인 배경이 깔려 있기 때문이다. 특히 중죄사건에 대해 원칙적으로 예심제도를 통용했던 독일형사소송법이 1974년의 대개정시 이를 폐지하면서 중죄사건 수사담당자였던 예심판사(Untersuchungsrichter; juge d'instruction)의 역할은 대부분 검찰의 몫이 되었다. 이처럼 법규범적으로 검사가 수사절차의 주재자(Herrin des Ermittlungsverfahrens)지위를 갖고 있다는 데 의문의 여지가 없지만, 수사의 현실에서의 양상은 다소 복잡하다.

검찰이 경찰수사의 방향을 점검하고 법치국가적으로 지휘통제하여야 한다는 점은 법규범적으로 독일검찰의 오랜 전통 가운데 하나

이론을 지지하는 학자는 거의 없다.
25) 김일수, 『법·인간·인권』, 242면, 이완규, 『검찰제도와 검사의 지위』, 2005, 47면 이하.
26) 김일수, 『법·인간·인권』, 245면.

이지만 기동성과 광역성을 필요로 하며, 현대적 수사장비와 정보망의 활용을 필요로 하는 현대 형사과학적 수사현실에 있어서 검찰이 가진 인력과 장비는 경찰의 그것과 비교할 때 턱없이 빈약한 것이 사실이다. 검찰의 두뇌작용은 뛰어나지만, 그것을 수행할 수 있는 수족이 부족한 형편이다. 일찍이 Kern은 이 같은 검찰의 처지를 비유하여 '손 없는 머리'(Kopf ohne Hände)에 불과하다고 지칭한 적이 있다.[27]

법규범의 당위적 요청과 현실 사이의 간극을 메우기 위해 독일 검찰은 모살(Mord)이나 고살(Totschlag) 같은 중대사건이나 법률적·사실적으로 복잡하여 사법경찰이 수사하기에 심히 곤란한 사건 등은 검찰이 직접 맡아서 수사하고, 나머지 형사사건들은 사법경찰에 맡겨 수사를 진행시키는 방식을 써오고 있다. 검찰이 사법경찰을 통하여 수행하는 일반적인 수사는 오늘날 비례적으로 검찰이 직접 수사에 나서는 경우보다 훨씬 광범위하다.

현실에서는 그리 빈번한 경우는 아니지만, 사법경찰이 수사하여 송치한 사건의 경우라도, 그것만으로 공소제기여부를 결정하는 데 어려움이 있거나 피의자의 관점에서 볼 때 유리한 사정들이 간과되어 있는 경우, 피의자에 대한 신문조서의 형성과정이나 피의자의 자백 등에 의문의 여지가 있다고 판단될 경우에는 사법경찰관에게 검사가 보완을 지시하거나 그것이 적당하지 않을 경우라도 검사가 직접보완조사를 할 수도 있다.

그럼에도 불구하고 오늘날 법규범과 법현실 사이의 괴리가 가장 두드러지면서도, 그것이 묵인되고 있는 분야가 바로 독일법에 있어서는 검찰의 수사주재자로서의 지위와 역할이라 할 수 있다. 현실적으로 사법경찰이 자기책임 하에서 수행하고 있는 수사가 압도적으로 많고, 검찰은 그 수사를 넘겨받아 공소제기 여부를 판단하는 일에

---

27) Kern, Gerichtsverfassungsrecht, 4. Aufl., S.227.

골몰하다보니, 법규범적인 측면에서 검사의 연장된 팔인 사법경찰의 지위가 어느새 뒤바뀌어, 현실적인 측면에서 오히려 검사가 사법경찰의 연장된 팔처럼 기능하는 경향이 두드러지게 나타나고 있다. 검찰이 법의 수호자적 지위에서 경찰활동까지 감시하도록 도입된 제도가 검찰제도의 정신이었지만, 오늘날 수사절차의 주재자는 더 이상 검찰이라고 말하기 힘들 정도로, 경찰이 형사소송법 제163조 제2항의 법취지를 무시하고 거의 독자적으로 수사활동을 수행하고 있는 것이 일반적으로 용인된 현실이라는 비탄의 목소리도 있다. 검찰의 경찰에 대한 수사지휘권은 현실적으로 산적한 범죄통제의 높은 파고에 떠밀려가는 배 밑창에서 아직도 곤하게 잠들어 있는 형국이라 할 것이다.

록신(Roxin) 교수는 1997년 베를린 검찰탄생 150주년 기념논문에서 이렇게 된 연유를 다음과 같이 열거하고 있다.[28]

첫째, 경찰이 인적, 수사과학적, 기술적으로 우위성을 점하고 있다는 점이다.

둘째, 대부분의 범죄신고가 경찰에 접수될 뿐만 아니라 경찰이 범죄사건발생 상황에 더 가까이에서 일한다는 점이다.

셋째, 경찰이 범죄예방활동영역에서 행하는 상시적인 내사활동이 범죄수사에 직접 연계적으로 영향을 미친다는 점이다.

넷째, 경찰은 범죄수사에 직면하여 그 풍부한 자원을 어느 부분에 투입할 것인지, 어느 부분에 집중할 것인지를 스스로 결정할 수 있다는 점이다.

다섯째, 오늘날 널리 통용되는 전자정보처리체계에 의해 뒷받침되는 수사방식과 관련해서는 경찰이 정보자료를 지배하고 있다는 점이다.

여섯째, 인터폴이나 유로폴 체계 등에 의한 경찰활동의 국제화

---

28) Roxin, Zur Rechtsstellung der Staatsanwaltschaft damals und heute, DRiZ 1997, S.109f.

가 경찰에게 검찰보다 월등한 정보우위성을 확보해 준다는 점이다.

일곱째, 경찰은 검찰이 통제할 수 없는 비밀수사요원이나 정보원들을 독자적으로 사용할 수 있다는 점이다.[29]

여덟째, 경찰은 비밀수사요원투입 등의 상황판단에서 경찰고유의 축적된 지식으로 판단할 수 있고, 승인이나 지시권, 명령권을 보유하고 있는 검찰 또는 법원도 상황 자체는 경찰을 통해서만 알 수 있기 때문에, 경찰의 힘을 크게 제한할 수 없다는 점이다.

그 밖에도 경찰에 대한 검찰의 지시권은 검찰이 이미 발생한 범죄의 수사를 통한 진압적 기능(repressive Funktion)에 국한되기 때문에 진압적·예방적 기능을 동시에 추구하는 경찰의 기능보다 좁을 수밖에 없다는 점을 들 수 있다. 예컨대 인질 테러범을 현장에서 사살하느냐 아니면 자수를 권하느냐 또는 생포작전을 벌일 것인가에 관하여 검찰의 지시권과 경찰의 작전계획이 서로 충돌할 때, 의심스러울 때에는 치안과 예방목적을 함께 고려하는 경찰의 판단이 우선될 수밖에 없다는 경우를 상정할 수 있을 것이다.[30]

하지만 수사절차에서 검찰이 수사지휘권한을 포기했다거나 상실했다고 말하는 것은 옳지 않다. 물론 독일에서도 주 경찰과 검찰과의 관계에 있어서 갈등의 소지가 전혀 없는 것은 아니다. 비교적 보수적인 Bayern주의 경우는 양자의 규범적 상하관계의 틀을 무시하지 않는 범위 내에서 현실적으로 협조관계와 상호존중의 관계가 잘 확립된 케이스로 볼 수 있다. 그러나 Berlin 자유도시나 헤센 주(州)의 경우는 사정이 다르다. 1984년 베를린 경찰청장이 어떤 기념강연에서 "이제 노예의 신발을 벗어 던지자"라고 하며, "검찰로부터 경찰

---

29) 독일 형사소송법 제110조의a 이하의 비밀수사관의 투입에 경찰의 주도권이 명시되어 있을 뿐만 아니라 긴급한 경우 경찰의 명령권을 인정하고, 이 명령권에 대해 검사는 단지 동의로써 일종의 거부권만 갖는 데 그친다 (§110b①). Roxin 교수는 이 조항에서 수사의 주도권이 경찰에 이전되고, 종전구도가 깨어지는 징조가 나타났다고 본다.

30) Volk, Strafprozeßrecht, 1999, S.23.

의 해방"을 실현하기 위해 검찰의 절차지배권을 폐지해야 한다고 주
창한 바 있었다. 그러나 이러한 주장은 관청으로서 경찰의 자아의식
을 강조한 소망사항으로 간주될 뿐, 입법으로는 실현될 수 없는 지
평이라는 데 대부분의 견해가 일치하고 있다. 만약 경찰수사권의 독
립을 법적으로 확립한다면 그것은 1846년 이전의 법상태로 복귀하는
일이며, 그것이야말로 경찰국가의 재도래와 법치주의의 퇴조를 야기
할 위험이 있다는 데 학계와 실무계의 견해가 대부분 일치하고 있기
때문이다. 바로 이런 맥락으로부터 종종 경찰진영에서 내놓는 '수사
는 주로 경찰에, 검찰은 공소관으로 순화시키자'는 제안이 설득력을
얻지 못하고 있는 이유를 이해할 수 있다.

　록신 교수도 앞에서 언급한 기념논문에서 검찰이 수사의 주재자
로서의 의미와 역할을 오늘날에도 상실하지 않는 이유를 다음 몇 가
지 논거를 들어 논증하고 있다[31]:

　첫째, 검찰은 잠정적(§153a) 또는 종국적(§153b)으로 절차를 정지
할 수 있고, 외국에서 행한 범죄행위(§153c)나 정치적인 이유(§153d)
또는 능동적 후회를 보이는 피의자에 대하여(§153e) 등 다양한 이유
로 절차정지(Absehen von Klage; Einstellung des Verfahrens)를 내릴 수 있
다는 점이다. 이는 판사의 권한에 유사한 처분권으로서 사법기관성
및 객관의무를 지고 있는 검찰이 적어도 수사절차에서 독자적인 법
적 판단을 보유하고 있으며, 이것을 통해 수사결론에 지도적 역할을
담당하고 있다는 증거가 된다는 것이다.

　둘째, 예심의 폐지와 강제적으로 과할 수 있는 증인 및 감정인
의 출석 및 진술의무(§161a)에 의하여 검찰은 이전에 법관에게만 주
어졌던 지위와 권한을 더 확보하게 되었다는 점이다.

　셋째, 빈번히 발생하는 보통범죄와 중급의 범죄에 대한 수사절
차에 검찰이 직접 참여하지 않고 있지만, 살인 등 중죄, 정부범죄,

---

31) Roxin, Zur Rechtsstellung der Staatsanwaltschaft damals und heute, DRiZ
　　1997, S.109ff.

경제범죄, 환경범죄 및 법적으로 복잡한 사실관계를 가진 범죄들에 대해서는 검찰이 수사를 철저히 통제하고 있다는 점이다.

넷째, 검찰이 직접 개입하여 수사할 중요사건 이외의 일반범죄에 대한 수사에 있어서도 검찰이 일반적인 지시권을 통해 수사에 영향을 미칠 수 있다는 점이다.

검찰이 일반적 지시권에 의해 사법경찰에 맡긴 일반적인 수사는 오늘날 비례적으로 검찰이 직접 수사하는 경우보다 훨씬 광범위한 것이 사실이다. 충분한 수사활동 수행기관을 갖고 있지 않은 검찰로서는 이 같은 현상을 자연스러운 것으로 이해하고 있다. 하지만 이 경우에도 법적으로 일반적인 검찰의 지휘하에 사경수사가 수행된다는 점에도 수사절차의 사법적 요식성과 법치국가적 통제는 무력화되어 소멸한 것이 아니다. 오늘날까지도 독일에서 검찰을 수사절차의 주재자(Herrin des Ermittlungsverfahrens)라고 부르는 것은 바로 법의 수호기능을 검찰이 갖고, 수사절차전반의 사법적 요식성을 통제하는 역할을 하고 있기 때문이다.

(2) 수사절차에서 검찰의 임무와 역할

독일 형사소송법은 제2장 제1절 「공소」에 이어, 제2절 「공소의 준비」에서 수사절차를 다룸으로써, 수사절차가 합목적으로 지향하는 바를 명시하고 있다. 수사절차는 검찰이 공소를 제기할 사건인가를 결정하기 위해 사실관계를 조사하는 준비절차라고 규정하고 있기 때문이다(§160 I). 수사의 개시단서로서는 고소와 고발(§158) 외에 인지 등이 되겠지만, 그러한 단서와 직면하여 실체적 진실을 탐지하고 정의이념에 입각하여, 형사소추를 해야 할 것인지 아니면 공판절차를 피하여 절차정지(우리나라의 불기소처분에 상당)로써 매듭지어야 할 것인지를 판단하려면, 먼저 혐의점에 대한 진실여부를 탐지해 내지 않으면 안 된다. 만약 혐의점에 대한 충분한 근거가 확인되면, 검사는 증거자료를 모으고, 조서를 작성하고, 공소장을 만들어 법원에 공소를 제기해야 한다. 독일 형사소송법은 이 같은 수사절차를 검사의 임무로 규정하고(§160 II,III), 이 절차과정에서 다른 수사기관들을 지시감독하게 하여(§§161, 163), 수사절차에 대한 검찰의 지배(Herrschaft)를 확립하였다(§§163, 167).

먼저 수사절차의 개시를 위해서는 i) 수사기관의 認知, ii) 고발(Anzeige), iii) 고소 등이 단서가 될 수 있다.

수사기관은 검찰이든 경찰이든 간에 범죄사실을 공적으로 인지하였으면 원칙적으로 수사절차를 개시할 의무를 진다. 검사가 사적으로 지득한 범죄혐의점에 대해서도 수사개시의 의무가 있는가에 관해서는 학설상 논란이 있었으나,[32] 독일연방법원판례는 독일형사소송법 제152조 제2항, 제160조, 제163조에 규정되었고, 형법 제258조a에 의한 제재로써 의무지워진 수사개시의무는 그 사건의 종류와 정도에 따라 공공의 이익과 국민전체의 특별한 관심사에 해당하는 경우에 한한다고 하였다.[33]

하지만 수사절차의 개시는 고발에 의한 경우가 대부분이다. 고발은 私人에 의한 경우이든 공무원이나 관청에 의한 경우이든 불문한다. 私人은 타인의 범죄사실을 지득했더라도 고발해야 할 법적의무를 지지는 않는다. 비록 그 범죄사실이 중한 범죄에 해당하는 경우라도 마찬가지이다.[34]

형사소추와 무관한 관청에게 일반적인 고발의무가 있는지, 특히 어떤 관청의 장이 그 부하직원들의 범죄행위에 대해서 고발해야 할

---

32) Anterist, Anzeigepflicht und Privatsphäre des Staatsanwalts, 1968, S.63ff.: 검사의 사적인 지득사실의 수사개시는 공무원법상 의무에 불과하고, 그 위반은 징계벌의 대상이 될 뿐이라고 한다.
33) BGHSt 5, 225; 12, 277.
34) 다만 형법 제138조에 열거된 내란죄, 외환죄의 예비·음모, 각국위조범죄, 인신매매, 살인 등의 범죄에는 신고의무가 형사제재로써 부과되어 있어, 그 예외가 된다.

의무를 지고 있는지, 있다면 어느 정도인지에 관하여는 약간의 견해차가 있지만, 부정설이 지배적이다. 일반적인 의무 대신 특별법상 개별적인 고발의무가 규정되어 있는 경우가 있을 뿐이다.

독일 형사소송법상 행정적인 고발의무가 정해진 경우로는 두 가지 예가 있다. 첫째, 시, 군, 구, 면, 읍 등 지자체는 변사의 의심 있는 사망사례나 신원미상자의 시체를 발견했을 때 검찰이나 구법원에 즉각 신고해야 한다(§159). 둘째, 법원조직법상 법관은 재판 진행 중 행하여진 범죄행위에 대하여는 구성요건을 확정하여, 관할관청에 그에 대해 작성한 서류를 넘겨주어야 한다(§183 GVG).

검찰과 경찰공무원은 고발의무나 고소의무를 지고 있는 것은 아니다. 왜냐하면 검사나 경찰이 범죄사실을 지득했을 때는 단지 수사개시의 단서제공에 그치는 것이 아니라 직접 조사에 착수하도록 의무지워져 있기 때문이다.

검찰은 원칙적으로 모든 고발이나 고소에 따라 수사에 착수해야 한다(§160 I). 익명의 고발이나 밀고형태의 고발이 있을 때라도 원칙적으로 주의를 기울여야 한다.

수사절차는 고소에 의해서 개시되기도 한다. 독일형법 제77조에서 제77조 d까지는 고소권자, 고소기간 등이 상세히 규정되어 있고, 독일형사소송법 제171조는 검찰에게 고소가 있는 사건의 경우, 검찰이 공소를 제기하지 않거나 절차를 정지하는 경우에는 그 사유를 고소권자에게 알려주어야 한다고 규정하고 있다. 고소권자는 범죄피해자가 되는 경우가 대부분이지만, 고소는 앞의 고발처럼 단순히 범죄사실의 고지를 넘어, 형사소추를 바라는 의사표시를 하는 경우이므로 누구나 단순한 고발자의 범주를 넘어 고소자가 될 수 있다. 친고죄의 경우에는 고소를 문서로 제출해야 한다. 다만 검찰이나 구법원에서는 구두로 할 수 있고, 검찰과 법원은 이 경우 구두고소를 문서로 작성해야 한다. 피해자의 경우 피해신고와 고소 사이에 명확한 구별이 있는 것은 아니다. 신고시 형사소추의사가 명백히 반영되어 있다면 그것으로 충분하다. 친고죄의 경우 고소 전이라도 수사절차 개시는 가능하나, 통상적으로는 고소제기가 있을 때까지 기다리는 것이 독일의 관행이다.

검찰의 수사활동에서 우선적인 것은 사실관계의 조사이다(§160). 이 과정에서 검찰은 피의자에게 불리한 자료뿐만 아니라 유리한 자료도 똑같이 수집하고, 일실위험이 있는 증거들의 수집에 대해서도 양 측면으로 똑같이 배려해야 한다(§160 II). 예컨대 중상을 입은 증인이나 임종직전의 증인에 대한 신문, 자동차사고에서 족적의 확보, 폐기될 위험에 처한 문서들의 확보 따위가 그것이다. 수사활동은 그 밖에도 형벌을 정하는 데 중요한 사정을 조사하는 데까지도 미친다(§160 III).

사실관계의 조사를 위해 검찰은 각양 형태의 수사를 벌이거나 벌이게 할 수 있다(§161). 예컨대 야간 주거침입절도의 경우 검찰은 (실제로는 경찰에서 이 모든 것을 시행한 경우가 대부분이겠지만) 피해자에게서 절취당한 물건의 종류, 정도, 제품, 가치, 외관, 시정여부, 취거당시의 시간·장소적 상황, 목격여부 등을 조사해야 한다. 또한 경찰을 통해 족적이나 지문 등을 조사하도록 해야 한다. 그리고 가족이나 주택관리인 또는 이웃에게서 혹 범인의 목격, 혐의자와의 조우 등을 청취해야 한다. 더 나아가 혐의자를 찾기 위해 고물상, 금은방 등에서 장물이 거래되었는지를 조사해야 할 것이다.

검찰 수사를 조력하는 기관들에게 검찰은 일정한 협조 요청 또는 지시권을 행사할 수 있다. 검찰은 충분한 수사인력과 장비를 갖추고 있지 않기 때문에, 독일 형사소송법은 검찰의 이 같은 부족을 채우기 위해 우선 경찰청과 경찰공무원들이 검찰의 범죄수사를 지원하도록 의무지우고 있다(§161 I StPO: §152 GVG). 독일형사소송법 제161조 제1항 제1문은 제160조 제1항에서 제3항까지에 규정된 목적을 실현하기 위해 검찰은 원칙적으로 모든 관청에 자료를 요구할 수 있고 모든 종류의 수사를 스스로 실행하거나 경찰관청 또는 경찰 공무원을 통해 수사를 하게 할 수 있다는 일반적 수사권조항을 마련했다. 이 문언은 법적인 수권의 토대로서 2000. 8. 2자 발효된 독일형사소송법 개정조항이기도 하다.[35] 더 나아가 수사판사(Ermittlungsrichter)가 있다. 수사절차는 검찰의 지배하에 있지만 일련의 강제조치에 대해서는 법률이 검찰의 청구에 대해 법원의 결정을 받도록 하고 있다(§162 I, II). 물론 이 경우 수사판사는 청구된 조치가 비례성의 원칙에 합치하는가에 따라 허용여부만 결정한다. 그 밖에도 검찰이 양형자료 등을 조사해야 하는 경우 이를 사법조력관(Gerichtshilfe)에게 조력을 요청할 수 있다(§160 III). 양형사항 중 피의자의 인격탐지에 필요한 사항 등은 전문적인 식견과 경험을 필요로 하는 것이므로 사법관청에서 일하는 양형조사관 등의 사전조력을 받아, 검사는 기소여부, 절차정지 여부, 양형의 선택 등을 결정할 수 있는 것이다. 물론 사법조사관 등을 사법관청 공무원으로 할 것인지 사법복지관청 공무원으로 할 것인지는 독일 내에서도 주에 따라 차이가 있다.[36]

   독일형사소송법상 수사절차는 원칙적으로 비공개로 진행된다. 따라서 피의자의 변호인이나 가족들의 참여권이 아직 인정되고 있지 못하다. 물론 수사절차진행 중이라도 법원의 처분이 필요한 사안 또는 법관의 심문이 이루어지는 사안에 대해서는 참여권이 널리 인정되고 있다(§168c). 이 점에서 헌법상 인정된 법적 청문권[37](Anspruch auf rechtliches Gehör)은 아직 충분히 구현되고 있지 못한 셈이지만, 수사절차의 밀행성은 독일법문화의 오랜 전통 가운데 하나인 것은 사실이다. 하지만 수사서류 열람권은 원칙적으로 변호인에게 허용되어 있다. 다만 조사목적을 해할 예외적인 사유가 있을 때에만 서류열람권이 제한될 수 있다(§147 II). 다만 수사가 종료되었음을 명기한 수

---

35) Pfeiffer, StPO Kommentar, 2005, §161 Rn. 1.
36) Berlin 자유도시에서는 사법조력관을 사회복지관청에 소속시키고 있다. 사회복지사의 일종으로 보고 있기 때문이다.
37) Art. 103 I GG; §6 MRK.

사서류에 대해서는 이와 같은 제한이 제거된다.

　　수사절차는 검사가 절차를 중지할지 아니면 공소를 제기할지 스스로 조정할 수 있을 만큼 사안이 밝혀지면 종료된다. 수사종결권은 검찰만이 갖는다(§170). 검사는 수사종료후 공소를 제기할 것인지 아니면 절차를 중지할 것인지를 결정해야 한다. 독일형사소송법은 기소법정주의를 채택하고 있기 때문에 절차중지사유가 없는 한 원칙적으로 기소해야 한다. 절차중지 사유는 기소법정주의 하에서 그것을 완화하기 위한 기소편의주의적 착상이라고 할 수 있다. 하지만 이같은 절차중지제도를 통해, 실무적으로는 기소편의주의를 채택한 나라의 법문화수준이상으로 기소사례가 걸러지고 있다(§153a).

(3) 수사절차에서 경찰의 임무와 역할

　　독일검찰은 자체 내에 수사인력을 갖고 있지 않다. 그러므로 검찰수사는 경찰에 대한 수사지휘를 통해 이루어질 수밖에 없는 실정이다. 이 같은 실상에 입각하여 혹자는 검찰을 머리, 경찰은 손에 비유하여, 검찰은 손 없는 머리요, 경찰은 머리 없는 손의 기능을 한다고 말하기도 한다.

　　검찰이 자체 수사인력을 갖지 못한 법적 공백상태를 메우기 위해, 독일 형사소송법은 검찰의 범죄소추기능을 지원하도록 경찰공무원과 경찰관청을 검찰의 지휘와 감독 아래 두었다. 경찰은 독자적인 수사권을 갖지만 검찰의 지휘·감독을 받는다. 결과적으로 이 같은 구조는 검찰에게 집행권을 약화시킴으로써, 검찰권이 규문재판관의 지위로 돌아가는 것을 통제하는 효과가 있고, 경찰에게 머리기능을 제거시킴으로써 권위주의적인 경찰국가로 되돌아가는 것을 막는 효과가 있다고 말할 수 있다. 어쨌거나 경찰은 행정조직상으로 검찰소속 법무성 관할이 아니라 내무성 관할에 속하지만, 기능적으로 검찰의 지휘 하에 있도록 하여, 검찰이 수사절차의 지배권을 갖도록 법

제도화한 것이다.

독일형사소송법상 경찰의 종류는 경찰관청(Behörde des Polizeidienstes), 일반 경찰공무원(Beamte des Polizeidienstes) 그리고 검찰의 보조공무원인 경찰(Hilfsbeamte der Staatsanwaltschaft),[38] 이 세 가지이다. 독일 형사소송법은 특별한 강제처분권한을 행사할 수 있는(물론 검찰의 직접적인 지시에 따른 경우가 대부분이지만) 검찰의 보조공무원인 경찰과 그 밖의 다른 경찰관청이나 일반경찰공무원을 구별한다(§152 II GVG).

또한 경찰관청과 경찰공무원은 주에 따라 그 편성이나 직무내용에 차이가 있지만 검찰보조공무원으로서의 경찰, 즉 우리나라로 말하면 사법경찰(Kriminalpolizei)에 해당하는 경찰공무원의 편성이나 직무는 내용적으로 연방내 모든 주에서 일치한다. 그럼에도 불구하고 Bayern주에서는 대부분의 경찰공무원이 동시에 검찰보조공무원을 겸하기도 한다.[39]

독일 형사소송법 제161조 제1항 제2문은 경찰관청과 일반경찰공무원에게 검찰 스스로 수사를 수행할 수 있는 용의와 준비가 되어 있는 한에서, 요청(Ersuchen)이나 위임(Auftrag) 형식의 지시(Weisung)를 내릴 수 있다. 이 문항과 관련하여 독일의 소수설은 요청이나 위임 구별 없이 검찰은 모든 경찰관청이나 경찰공무원에게 이와 같은 형식의 일반적 지시를 할 수 있다는 견해를 취하기도 하지만, 다수설은 경찰관청에 대해서만 요청을, 경찰공무원과 검찰보조공무원에 대해서는 직접 위임을 지시(Anordung)할 수 있다는 입장이다.[40]

독일 형사소송법상 사법경찰을 포함한 모든 경찰공무원은 단지

---

38) 독일형사소송법은 검찰의 보조공무원(Hilfsbeamte der Staatsanwaltschaft)이란 용어를 2000년 8월 개정에서 검찰의 수사요원(Ermittlungspersonen der Staatsanwaltschaft)으로 변경했다. 이는 보조자라는 용어가 풍기는 명예감쇄적인 인상을 없애자는 호의의 표현일 뿐, 내용상의 변화가 있는 것은 아니다.

39) Volk, Strafprozeßrecht,, a.a.O., S.21 Rn. 6.

40) Roxin, Strafverfahrensrecht, a.a.O., S.53.

세 가지 강제수단만을 공통적으로 갖고 있다.

첫째, 긴급체포권(§§127 I, 127 II, 163b I), 둘째, 범죄현장의 식별을 위한 긴급조치를 취할 권한[§§81b(사진촬영, 지문채취), 163b I(범인의 인적사항확인조치)], 셋째, 범인의 동일성 확정권(§163b) 등이다.

이에서 더 나아가 검찰보조공무원인 경찰은 긴급한 경우에 한하기는 하지만, 다섯 개의 강제수단을 더 행사할 수 있다.[41]

첫째, 압수의 지시(§§98 I, 111e I)

둘째, 수색의 지시(§105 I)

셋째, 피의자의 혈액검사 및 그 밖의 신체수색 지시(§81a)

넷째, 증인의 신체수색 지시(§81c)

다섯째, 통제소 설치의 지시(§111 II) 등이다.

경찰은 두 가지 방식에 따라 수사활동을 한다.

첫째, 경찰이 범죄행위를 지득했을 때, 스스로 수사활동을 전개해야 한다. 이 경우 독자적인 수사활동은 그러나 초동수사권과 그 의무에 그친다. 왜냐하면 독일형사소송법 제163조 제1항은 "경찰관청과 경찰공무원은 범죄행위로 규명해야 하며, 사건의 증거인멸을 방지하기 위하여 할 수 있는 모든 조치를 지체 없이 취해야 한다"고 규정하고 있기 때문이다.

종래 경찰의 초동수사권(Recht des ersten Zugriffs)은 경찰에게 어떤 침해권한도 부여한 것이 아니라, 단지 의무형태로 된 경찰의 임무만을 규정한 것으로 이해되었었다. 물론 이 경우 그 한계를 긋는 것은 쉽지 않은 작업이다. 이 법문의 한계 안에서 경찰의 수사활동은 특별한 수

---

41) 누가 검찰의 보조공무원인 경찰인가는 각주의 공무원법의 규정에 따라 정해진다. 일반 경찰직무에서는 Polzeihauptwachmeister(제1단계 3위 계급)부터 제1 Polzeihauptkommissar(제2단계 최고계급)까지 검찰의 보조공무원이 되며, 사법경찰(Kriminalpolizei)인 경우에는 Kriminalmeister부터 제1 Kriminalhauptkommissar까지가 여기에 해당한다. 검찰 보조공무원의 직권에 해당하는 권한은 일반 경찰공무원이 독자적으로 행사할 수 없고, 하급자로서 상급자인 검찰보조공무원을 대신하여 그리고 그를 위하여서만 할 수 있다.

권을 필요로 하는 강제조치가 될 수도 있기 때문이다. 그래서 경찰
측으로부터 강제처분의 문지방을 넘지 않는 범위 내에서 수사에 필
요한 침해권한은 제163조에 의해 부여된 것이며, 따라서 그 이상의
수권을 필요로 하지 않는다는 이른바 문지방 이론(Schwellentheorie)이
주창되기도 했었다.

　독일은 2000. 8. 2.자 형사소송법개정에서 제163조 제1항에 다음
과 같은 제2문을 추가하였다. 즉 "이 목적을 달성하기 위하여 경찰
관청과 경찰공무원은 모든 관서에 정보를 의뢰하거나 지체의 위협이
있는 경우 정보를 요구할 수 있으며 또한 다른 법률이 경찰의 권한
에 관하여 특별히 정하지 않는 한 모든 종류의 수사를 행할 권한을
갖는다"는 내용이다. 이 신설규정은 기존의 초동수사권의 범위에 관
한 그간의 해석론상의 논란을 피해 그 동안 누적된 수사의 현실을
반영하기 위하여 명료성의 관점에서 입법화된 것이다. 그럼에도 불
구하고 이 규정은 매우 센세이셔널하게 받아들여지고 있는 것이 사
실이다. 이 문언, 즉 "이 목적을 달성하기 위하여"라는 문언은 경찰
에게 형사소송법상의 수사권능을 승인해 주었다는 인상을 풍긴다.
종래 의무형태로만 규정되어 있던 경찰의 수사임무를 권한형태로 확
실하게 규정했기 때문이다.

　하지만 경찰의 이 권능은 역시 2000. 8. 2.자로 신설된 제161조 제
1항 제1문에 표현된 검찰의 일반수사권 조항(Generalermittlungsklausel)에
비해 별로 큰 의미를 지니지 못했다. 왜냐하면 제163조 제1항 제2문
에 따라 모든 관서는 경찰에 의해 정보의 의뢰를 받을 수 있지만 모
든 경우에 다 그 정보제출이 요구될 수는 없기 때문이다. 경찰에게
질문권을 부여했지만 그 질문을 받은 관서들이 소송법상 대답해야
할 의무는 원칙적으로 근거지워져 있지 않다.[42] 단지 개별적인 관서
의 의무가 예컨대 신고법(Meldegesetz)과 같은 특별법에서 규정되어 있

---

42) Pfeiffer, StPO Kommentar, §163, RN. 2.

는 경우가 있을 뿐이다.

물론 긴급한 경우에 경찰도 관서에 정보를 요구할 수 있고 이 경우에는 요구받은 관청이 정보제출 의무를 진다. 물론 이 같은 긴급상황은 법률에 의해 극히 제한적으로 명시되어 있을 뿐이다.[43]

경찰도 피의자, 증인(참고인)과 감정전문가들을 스스로 신문할 수 있다. 하지만 신문을 위한 경찰의 소환에 대해서는, 검찰의 경우와는 달리, 소환에 응할 의무가 없다. 이것은 관서에 정보를 의뢰할 수는 있지만, 정보제출의무가 주어져 있지 않은 것과 일맥상통하는 것이기도 하다.

경찰은 그의 초동수사결과를 지체 없이 검찰에 송치해야 한다 (§163Ⅱ). 이로써 수사절차에 대한 검찰의 지배가 확립된다. 경찰이 법관의 조사행위가 신속하게 취해져야 할 필요가 있다고 간주한 경우에만 일건 서류를 직접 구법원(Amtsgericht)에 제출할 수 있다(§163 Ⅱ S.2).

또한 법관은 지체위험이 있을 때 검사의 손이 닿지 않을 경우 신청 없이도 직권으로 필요한 긴급조사행위를 취할 수 있다(§165). 그러나 이 같은 예외상황에서도 가능한 한 빨리 검사에게 후속조치들을 취할 수 있도록 해야 한다(§167).

둘째, 경찰은 검찰의 지시(Weisung)에 의거하여 수사활동을 전개하기도 한다(§161ⅠS.2). 이 지시는 그것이 일반 경찰관청을 지향한 것일 때 요청(Ersuchen)이라 칭하고, 그것이 일반경찰공무원이나 수사요원을 지향한 것일 때 위임(Auftrag)이라 칭한다. 하지만 요청이든 위임이든 일단 검찰이 발한 지시는 구속력을 갖는다. 이 법문의 취지는 형사소추에 관하여 검찰의 지시를 인정한 것이지 경찰의 예방, 치안 임무에 관하여 검찰의 지시를 인정한 것은 아니다. 형사소추에 관한 한 검사의 지시는 절차의 전 과정에 미칠 수 있다.

물론 경찰은 검찰의 위법한 지시에 대해서까지 따를 필요는 없다. 하지만 요청이나 위임이 수사의 전문지식에 비추어 무용하거나 불합리 또는 합목적적이 아니더라도 이런 이유로 경찰이 검찰의 지시를 거절할 수는 없다. 검찰의 지휘권(Leitungsbefugnis)은 본래적인 수사활동에만 미치는 것이 아니라 압수, 수색, 긴급체포 등 모든 강제처분에도 미친다. 실무에 있어서는 수사절차가 광범위하게 경찰의 수중으로 넘어갔다는 점은 이미 지적한 바와 같다. 흔히 있는 경우이지만 경찰이 독자적으로 수사를 진행하고, 경찰수사종결 후 일건서류를 검찰에 넘겨주면 검찰이 그것을 기초로 절차를 정지해야 할지 아니면 공소를 제기해야 할지를 결정한다. 이 같은 관행은 수사절차를 사법관청의 지휘 아래 두도록 한 입법자의 의도를 잠탈한 것으로서 문제거리라 하지 않을 수 없다. 바로 여기에서 검·경수사권의 현실화를 둘러싼 공방이 발단되고 있다.

4. 수사권현실화를 위한 논의와 법개정 노력

(1) 실무상의 변형

독일 형사소송에서 수사의 주재자가 검찰인 점은 의문의 여지가 없이 법규범에 구현되어 있다. 하지만 자체적인 수사인력을 충분히 갖추고 있지 못한 검찰로서는 중대사건 이외에는 검찰의 독자적인 수사를 묵인 내지 추인하는 양태를 보이고 있다. 수사절차에서 법규범과 현실의 괴리 내지 법규범의 사실상 변형이 바로 여기에서 불가피하게 일어나고 있는 것이다. 오늘날 검찰이 직접 수사에 관여하는 경우는 정치사건, 경제사건, 조직범죄, 마약범죄 등 중요범죄에 국한된다. 이들 사건에 대해서는 각 검찰청에 전담검사가 지정되어 있고 검찰이 경찰에 대한 수사지휘권을 행사한다.

　그러나 그 밖에 중요성이 이에 못 미치는 사건들에 대해서는 검사의 지시 없이 경찰이 독자적으로 수사를 개시, 진행하며 사실상 수사를 종결한 상태에서 검찰에 수사서류를 송부하면 그때 사건의 전모를 비로소 파악하게 되는 경우가 많다. 이때 검사는 추가수사를 지시하거나 증거의 보완을 지시할 수 있고 그렇지 않은 경우 절차정지 또는 공소제기를 하게 된다. 물론 현실적으로 경찰이 수사진행 중 법리적인 문제점을 발견하면 스스로 검찰에 가서 검사의 의견조회를 구하거나 상담을 통해 수사의 방향을 바로잡은 경우도 흔히 있는 일이다.

　그럼에도 불구하고 수사실무에서 경찰의 독자적인 수사가 늘어나고, 검찰에 의한 추가적인 보완지시율이 낮은 현실을 직시하여 소송법학자 중에는 "사실상 수사의 주재자는 경찰이다"라고 말하기도 하고,[44] "오늘날 검사는 명목상 수사절차의 주재자이지만 내막적으로는 시종으로서 검찰의 보조공무원 곁에 서 있다"고 말하기도 한다.[45]

(2) 법개정노력

　이와 같은 규범과 현실의 괴리와 간극을 좁혀 규범을 현실의 변화에 맞추어 손질해 보려는 노력들이 독일에 있었고, 이 노력은 지금까지도 미완의 과제로 남아 있다. 오랜 법치국가적 이념을 구현

44) Krey, Strafverfahrensrecht, Bd I, 1988, S.34.
45) Kühne, Strafprozeßlehre, 2. Aufl., 1982, S.34.

하는 소송법 규범을 현실적인 변형에 맞추어 송두리째 걷어버릴 수는 없는 노릇이기 때문이다.

먼저 1975년 법무부장관과 내무부장관회의의 공동위원회가 구성되어 「검찰과 경찰의 관계에 관한 지도지침」이라는 권고안을 제시하였다. 여기에는 15개 항의 지침이 제시되었는데, 그 중요한 사항들은 다음과 같다.[46)]

① 검찰과 경찰은 각 조직상 독립된 기관으로서 범죄소추에 있어 효율적인 범죄투쟁을 위하여 밀접하게 신뢰를 가지고 공동으로 일을 한다. 이에는 상호간의 정보제공이 포함된다. 이는 법무부와 경찰의 정보 및 의사전달체계에 상호 참여함으로써 확보되어져야 한다.

② 검찰은 수사절차 전체에 대한 책임을 지며, 경찰이 독자적으로 행위할 수 있는 영역에서 경찰이 지는 책임에 상관없이 그러하다.

③ 경찰은 이 지침상의 기준에 따라 범죄행위를 수사할 권한과 의무를 진다. 이 권한과 의무는 지체할 수 없는 긴급조치에 국한되지 않는다. 경찰은 검찰이 달리 지휘하지 않는 한 수사실행의 종류와 범위를 결정한다.

④ 경찰은 다음과 같은 사안에 대하여는 지득한 범죄행위와 이미 행한 조치를 검찰에 보고하여야 한다.

　a) 법률적 또는 사실적으로 어렵거나 중요한 사안

　b) 검찰이 개별 사안에 대하여 또는 일정한 사례군에 대하여 보고를 요구한 경우

⑤ 검찰이 수사를 개시하는 경우 그 수사개시 여부에 대해 경찰이 알지 못하는 때 이를 경찰에 고지해 주어야 한다.

⑥ 경찰은 수사를 종료한 때 즉시 검찰에 수사결과를 송치하여

---

46) 이완규, 『검찰제도와 검사의 지위』, 334면.

야 한다. 법률적 또는 사실적인 이유로 경찰이 더 이상 수사를 계속
할 수 없는 때에도 같다.

⑦ 경찰은 다음 각 경우에는 수사종료 전이라도 검찰에 사건을
송치하여야 한다.

  a) 검찰이 송치를 요구한 겨우

  b) 판사의 영역 또는 검사의 영역에 속하는 수사활동을 할 필요
     가 있는 경우. 다만 검찰이 개별사안에서 송치하지 않도록
     지휘한 경우는 그렇지 아니하다.

  c) 경찰이 고소 또는 신고를 받거나, 범죄행위에 대하여 수사개
     시를 위한 혐의를 알게 된 후 검찰에 수사결과를 제시하지
     않고 10주가 경과한 경우. 검찰은 일정한 경우 또는 일정한
     사례군에 대하여 송치기간을 더 부여할 수 있다.

⑧ 검찰은 언제든지 수사의 전부 또는 일부를 직접 할 수 있으
며, 일반적인 지시 또는 개별사건에 대한 구체적인 지시를 통하여
경찰 수사의 종류와 범위를 결정할 수 있다. 검찰은 이 경우 개별
수사행위 실행에 대하여도 구체적인 개별지시를 할 수 있다. 검찰은
이 지시를 함에 있어 경찰의 수사학적 전문지식을 고려해야 한다.
경찰은 검찰의 이 지시를 이행해야 한다.

⑫ 협의의 경찰에 대하여는 검찰의 보조공무원제도를 폐기한다.
현행법상 지체의 위험이 있는 경우 검찰의 보조공무원으로서의 경찰
만이 할 수 있는 권한은 일정한 최소요건을 갖춘 경찰공무원에게 법
에 따라 주어지는 것으로 한다.

⑬ 경찰공무원에 대한 이의에 대하여는 원칙적으로 경찰이 결
정한다. 이의 내용으로 형사소송법적 조치, 거부 또는 부작위에 의한
피해를 입었다는 주장이 있는 경우에는 검찰이 결정한다. 이의의 내
용을 시정할 경찰의 권한은 그대로 유효하다. 이의가 검사의 지시에
의하여 한 조치에 대한 것인 경우 검찰이 결정한다.

이것을 기회로 경찰의 수사권독립을 둘러싼 학계의 찬반양론들

이 전개되었다. 그리하여 1978년 연방법무부가 「검찰과 경찰의 관계
에 관한 법률시안」(Vorentwurf eines Gesetzes zum Verhältnis von Staatsan-
waltschaft und Polizei)을 마련하기에 이르렀다.

우선 형사소송법의 관련조항 개정시안이다:

— 형사소송법 제161조 제1항(검찰은 사실관계조사를 위하여 모든
  공공기관에 사실조회를 할 수 있으며, 모든 종류의 수사를 스스로
  하거나 경찰로 하여금 하게 할 수 있다. 검찰은 경찰에 의한 수사
  시 수사의 종류와 범위 및 개개 수사 활동의 종류와 방식을 결정
  할 수 있다.)

— 형사소송법 제161조 제2항(검찰은 관할 경찰관청에 대해 협조의뢰
  를 한다. 지체의 위험이 있는 경우에는 그 관청의 개별 경찰관에 대
  하여 직접 지시할 수 있다. 일정 경찰관이 사건을 담당한 경우에도
  직접 지시할 수 있다. 경찰은 검찰의 지시를 이행할 의무가 있다.)

— 형사소송법 제163조(경찰은 범죄혐의를 알게 된 때에는 즉시 스
  스로 사실관계를 조사하여야 한다. 검찰이 지시하지 않는 한 경찰
  이 수사의 종류와 범위 및 수사행위의 종류와 방법을 결정한다. 제
  160조 제2항 및 제3항의 1문도 준용한다. 특히 중요한 사건은 지
  체 없이 검찰에 보고하여야 한다.)

— 형사소송법 제163조의a 제1항(경찰은 수사를 종료한 때 즉시 검
  찰에 수사결과를 송치하여야 한다: 다음 각 경우에는 수사종료전이
  라도 송치하여야 한다. a) 검찰이 송치를 요구한 때, b) 수사가 특
  히 광범위한 때 또는 법률적 · 사실적으로 어려운 사건, c) 경찰이
  사건을 인지한 후 검찰에 수사결과를 제시하지 않고 10주를 경과
  한 때)

— 형사소송법 제163조의a 제2항(판사의 영역 또는 검사의 영역의
  수사 활동을 필요로 하는 경우에도 경찰은 검찰에 수사결과를 송
  치하여야 한다).

그 다음으로 법원조직법의 관련조항 개정시안이다:

─ 법원조직법 제152조(주정부는 경찰의 일정 공무원군을 형사소송
법상 일정 권한을 행사할 자로 정할 수 있다.)
─ 법원조직법 제52조의a 제1항(검찰은 그 임무의 수행을 위하여
형사소추의 영역에 있어 다른 공무원 및 공공기관의 소속원들의
보조를 받을 수 있다. 검찰의 보조공무원은 관할 검찰 및 그 상급
공무원의 지시를 이행하여야 한다. 보조공무원은 다른 규정이 없는
한 법 제152조에 의한 경찰공무원군에 속한다.)[47]

　2000년 형사소송법 제161조 제1항 제1문과 제163조 제1항 제2
문, 법원조직법 제152조의 용어개정에 따른 형사소송법상 용어정리
작업 등이 대대적으로 이루어졌음에도 불구하고 아직 수사절차에서
검찰의 지배를 경찰권 강화의 방편으로 희석시키는 개정은 성공하지
못했다. 이 같은 사정은 독일 형사사법의 뿌리 깊은 법치국가성 확
립 전통 때문으로 보인다. 일찍이 수사절차에서 사실상 주재자는 경
찰이라고 말했던 크레이(Krey) 교수가 1991. 11. 4. - 5. 트리어(Trier) 대
학에서 개최된 국제학술 심포지엄에서 "검찰의 수사절차에 대한 지
배성이 없으면 위험예방과 범죄소추의 업무영역을 가지는 경찰은 법
치국가적인 면에서 용인할 수 없는 거대 권력이 될 것이다. … 검찰
의 힘을 빼서 경찰에 힘을 보태주는 식으로 법을 손질하는 것은 법
치국가원칙에도 좋지 않을 뿐만 아니라 시민의 기본권 보호 면에서
도 옳지 않다"고 역설했던 점[48]은 바로 이 같은 독일법문화의 정서
를 극명하게 보여주는 실례라고 생각한다.

(3) 합리적 대안으로서 수사절차 개혁에 관한 택일안

　형사소송법 개정 노력 중 주목할 만한 업적은 2001년도 독일,
오스트리아, 스위스 형사법학자 20여 명이 내놓은 「수사절차개정을

---

47) 이완규, 앞의 책, 336면, 주) 270에서 재인용.
48) 이완규, 앞의 책, 238면에서 재인용.

위한 택일안」(Alternative-Entwurf Reform des Ermittlungsverfahrens)이다. 1966년 독일형법 총칙 택일안을 낸 학자들의 노력 이후, 1985년 공판절차의 개혁을 위한 택일안과 1996년 증언거부권과 압수로부터의 자유권에 관한 택일안의 연속선상에 있는 공동작업이 바로 이것이다. 택일안의 제1세대로서 이미 고인이 된 마이호퍼(Maihofer) 교수를 비롯하여 바우만(Baumann), 록신(Roxin) 교수 외에, 록신의 제자 그룹인 볼터(Wolter) 교수 등이 이 공동작업에 참여했다.

이 택일안은 검사의 수사권, 경찰의 수사권, 검사와 경찰의 관계 등 그 동안 독일 내에서 검·경수사권 논쟁의 결과들을 많이 반영했다. 특히 주목할 것은 검찰의 법적 지위도 여러 관점에서 종래보다 더 명료하게 개선했다는 점이다. 즉 검찰은 여전히 수사절차의 주재자로 남아서 모든 형사소추자료에 접근하여 경미한 사례나 밝혀지지 않은 사안들을 검찰이 취소할 수 있는 권한을 전제로, 경찰에 독자적으로 종료할 수 있도록 위임할 수 있게 했다. 일정한 수사에 임한 검사에 대한 상급자의 지시는 오스트리아의 입법례에 따라 해당 검사가 요구할 시에는 문서로써 지시하고 그 이유를 또한 밝히도록 하였다.

택일안 제160조 제1항은 검찰의 수사의무를 종전보다 더 구체적으로 명시했다. 절차정지에 관련된 수사가 형사소송법 각 조항에 명시된 조건을 확정하는 한에서만 전개될 수 있게 했다. 내사(Vorermittlung) 내지 수사전 단계의 조사는 기본권 침해의 우려 때문에 형사소송법적으로 규율해야 할 필요성이 어느 때보다 높지만, 소재의 복잡성 때문에 택일안에는 별도 규정을 하지 못한 실정이다.[49]

택일안 제161조는 검찰의 수사권한과 경찰에의 위임권을 규정하였다. 검찰은 사실관계의 조사를 위해 스스로 수사활동을 벌여도 되며(제1항), 모든 관청에 정보제공과 법에 정한 범위에 따라 자료의 교

---

49) AE-EV, 2001, S.108.

부를 요구할 수 있는 권한을 갖는다(제2항). 또한 검찰은 경찰을 통해 수사활동을 하게 할 수 있다. 경찰관청과 경찰공무원은 검사의 요청과 위임에 따라야 할 의무를 진다(제3항). 검찰은 경찰의 자율적인 수사에 맡길 사실관계를 지정해 줄 수 있다(제4항). 이렇게 함으로써 검찰이 수사절차를 주재하며 경찰은 검사의 연장된 팔로서 검사의 일반적인 지휘, 감독하에서 수사에 관한 자율적인 권한을 갖는다는 사실을 명백히 하였다.

택일안 제162조a는 경찰의 자율적인 수사의무를 규정하였다. 즉 경찰에게 소추가능한 범죄행위가 저질러진 데 대한 충분한 사실상의 준거점들이 밝혀진 경우, 경찰관청과 경찰공무원은 검사의 요청이나 위임이 없더라도 수사에 나서서 증거를 확보하고 모든 긴급한 지시들을 취해야 할 의무를 진다(제1항). 경찰이 택일안 제161조 제4항에 따라 자율적으로 수사할 사항이 아닌 경우에는 이미 밝혀진 혐의점과 취했던 수사활동에 관하여 지체 없이 검찰에 보고하고 서류내용물들을 검찰에 교부하여야 한다(제2항). 여기에서 제2항의 취지는 경찰에 의한 초동수사의 경우에도 수사절차의 총책임(Gesamtverantwortung)은 검사에게 있음을 명시하고자 하는 것이다. 검찰이 이러한 책임의식을 환기시킬 수 있도록, 경찰은 검찰에게 지체 없이 그간의 수사과정을 보고하여, 자료를 넘기도록 규정한 것이다. 다만 택일안 제161조 제4항에 규정된 바와 같이, 경찰이 자율적으로 수사를 맡아 하되, 먼저 검찰이 이를 지정하여 줌으로써 사실관계를 미리 알고 있을 때에는 그 예외가 된다.50)

택일안 제162조b는 경찰의 수사권한을 규정한 것이다. 택일안 제161조 제3항, 제4항과 제162조a 제1항에 명시된 목적을 위해 경찰관청과 경찰공무원은 수사활동을 벌여도 좋다(제1항). 경찰관청과 경찰공무원은 모든 관청에 정보제공과 법에 정한 범위에 따라(§492

---

50) AE-EV, 2001, S.116.

Abs. 3 Satz 2, Abs. 6) 자료의 교부를 요구할 수 있는 권한을 갖는다(제 2항). 이 조항의 요체는 1999년 형사소송 개정법률에서도 손질하지 못했던바, 경찰수사의 효율성을 확보하기 위해 경찰에게 검찰로부터 독립된 정보요구권을 인정해 주었다는 데 있다.

택일안 제163조는 검찰의 총책임을 규정한 것이다. 검찰은 수사절차를 지휘한다(제1항). 경찰이 수사를 진행하고 있는 경우 검찰은 그 수사에 언제든지(jederzeit) 관여할 수 있다(제2항). 경찰의 수사가 종결되었거나 검찰이 수사를 넘겨받게 된 경우에는 경찰은 즉시 서류일체를 검찰에 송부해야 한다. 필요하고 적절한 사례에서는 경찰이 요약된 사실관계설명을 함께 교부해야 한다(제3항). 검찰은 형사소송절차와 관련된 또는 현저한 장래의 소추와 관련하여 수집되고 입력된 개인신상정보에 언제든지 접근할 수 있다. 그것이 경찰의 전산망에 입력된 정보일 경우에도 마찬가지이다(제4조). 수사절차에서 검찰의 총책임(Gesamtverantwortung der Staatsanwaltschaft)에 관한 이 규정은 검·경간의 관계에서 나타나고 있는 규범과 사실의 불일치를 완화시키고자 하는 취지에서 비롯된 것이다. 또한 이 규정이 그 동안 독일에서 전개되었던 검·경수사권 논쟁의 합리적인 타결점을 제시하고 있다는 점에서,[51] 특히 우리나라의 수사권논쟁에 시사하는 바가 크다고 하겠다.

현행 독일 형사소송법 제161조 제1항 제2문과 제163조에 의거하여 오늘날 독일에서 일반적인 견해는 검찰이 법적으로 수사절차에 대해 전속적인 책임을 진다는 것이다. 그것은 수사종결에서뿐만 아니라 진행되는 수사활동 전반에 대해서도 마찬가지이다. 그러나 법현실에서는 경찰이 이 같은 법취지에 따른 보조역할에서 대폭 벗어나 있음을 확인할 수 있다. 적어도 경죄와 중죄 정도의 범죄사건에

---

51) 이에 관한 논쟁, 즉 경찰의 독자적 수사권 찬성론에서부터 그 반대론까지의 상세한 설명은 이완규, 앞의 책, 340면 이하에서 345면까지에 잘 정리되어 있다.

서 수사의 주도권은 사실상 경찰의 손에 넘어갔다고 해도 과언이 아니다. 신고·고발 사건의 경우에도 경찰이 거의 자율적으로 수사를 진행시키고 있으며, 검찰은 단지 절차종결권만 행사하는 것이 현실이다.[52] 택일안의 이 규정은 바로 법규범과 법현실 사이의 이 간극을 메우려는 의도를 갖고 있다.

먼저 이 초안의 기본방향은 검찰의 법적 지휘권한을 강화하고 경찰의 사실상 주도적 역할을 제한하고 교정하는 것이다. 물론 검·경의 관계에서 이 규정으로 중점이 변한 것은 없지만, 그럼에도 불구하고 검찰의 주도적 역할을 회생시키는 의미에서 새로운 규정을 마련한 것이다. 택일한 제163조 제1항은 우선 수사절차에서 검찰의 지휘권에 관한 실천적인 언명을 담았다. 이 같은 규정은 현행 형사소송법에는 명시되어 있지 않기 때문이다. 이 같은 선언규정의 법적 구속력은 그다지 크지 않을지 모르지만, 지금까지 실무적인 관행에 휩싸여 마멸되었던 검찰의 지휘권한을 바로 잡아주고, 재량권의 행사에 따른 불확실성을 제거하는 데도 유용한 논증자료로서 이 법문의 의의는 크다. 다만, 이 같은 선언규정으로 검찰지휘권의 과부하가 걸려, 결과적으로는 검찰소추작용의 마비를 가져올 수도 있다는 염려 때문에 이 초안 제161조 제4항에 경찰이 자율적으로 수사해도 좋을 사실관계를 검찰이 지정할 수 있는 길을 열어 놓았다. 이렇게 함으로써 경죄 및 보통민생범죄의 영역에서 검찰이 법치국가적으로 불필요하게 져야 할 부담을 덜어주는 한편, 경찰의 광범위한 독자성에 대해 검찰의 지휘권한과 법원의 사법통제로써 조절할 수 있는 기틀을 마련한 셈이다.

수사절차진행에서 검찰의 총책임규정은 또한 검찰이 수사에 언제나, 하시라도 관여할 수 있음을 분명히 못박았다(§163Ⅲ).

이로써 경찰이 검찰의 지시로부터 독립하여 자기 생각대로 수사

---

52) LK-Rieß, vor §158 Rn. 33f.

절차를 진행시킬 권한은 봉쇄된 셈이다. 물론 경찰도 특정 수사사항과 관계된 지시(§161 Ⅳ AE-EV)사안이나 초동수사의 법적인 위임명령의 범위 내(§162a Ⅰ AE-EV)에서 독자적인 수사활동을 수행하여야 할 의무를 지고 있지만, 초안 제163조 제2항에서 규정된 검찰의 직무이전권(Devolutionsrecht der Staatsanwaltschaft)은 경찰에 대한 검찰의 우위가 의문의 여지가 없는 사항임을 천명한 것이다. 검찰의 이 직무이전권은 택일안 제162조a의 제2항에 의해서도 확증되고 있다.

더 나아가 택일안 제163조 제4항은 경찰이 보유한 신상자료와 전산정보에 검찰이 형사소송의 목적에 필요한 범위 안에서 접근하여 활용할 수 있는 독자적인 권한을 명시하고 있다. 원래 경찰의 기능은 형사소추 기능 외에 예방과 치안유지 기능이 있기 때문에 이 같은 목적으로 경찰이 보유하고 있는 전산정보자료에 검찰이 기술적으로 접근할 수 없다. 그러나 검사의 수사지휘권에 기초하여 형사소추의 목적에 필요한 한도에서 검찰이 경찰정보에 접근할 수 있도록 해놓은 것이다. 이로써 검찰이 수사절차의 주재자임이 다시금 확정된 셈이다.

2001년도 수사절차의 개혁을 위한 택일안 초안은 결코 종전의 검·경지위에 관한 권한의 재편이나 경찰권 강화를 의도한 작업성과물이 아님이 분명히 드러났다. 이 택일안에서 지향하고 있는 기본방향은 검찰수사지휘권의 누수현상을 막고 검찰의 법적 수사지휘권 아래서 검·경간의 실질적이고 합리적인 협력관계를 분명히 하는 데 맞추어져 있다.[53]

(4) 중간평가

국민의 기본적 자유와 기본권 보장의 관점에서 본다면 검찰지휘

---

53) AE-EV, 2001, S.119.

권의 사실상 마멸된 부분을 경찰의 실질적 권한으로 복구시키는 것
은 오히려 경찰권의 비대화라는 위험을 가중시킬 수 있다. 문제는
검·경간의 수사권 배분과 조정에서 간과해서는 안 될 요체야말로
소추기관들의 수사권에 대한 사법적 통제기능의 강화라는 점이다.
그것은 검·경간의 합의에 의해 처분될 사항이 아니라 그보다 더 높
은 헌법적 이념과 가치실현의 문제이기도 하다.[54]

결국 일정한 민생범죄분야에서 경찰수사의 독자성을 법적으로
인정하는 것은 현실의 규범화로서 불가피한 선택일 것으로 보인다.
하지만 그럴수록 그 현실화에 따른 경찰권력의 비대화와 집중화를
통제하기 위해서는 검찰의 수사지휘권을 활성화시켜야 하고 되도록
법관의 통제력을 확장하여 법률가에 의한 사법적 통제를 강화해야
할 필요가 있다.[55]

주목을 요하는 점은 2004년의 독일 법률가 대회에서 이 같은
택일안의 개혁적 제안이 변화를 원치 않는 다수 법률가들에 의해 거
부되었고, 독일에서 검·경간의 관계는 아직까지도 아무런 변화를
겪지 않고 있다는 사실이다.

5. 검찰의 효율적인 수사지휘방안

독일의 형사소송법 개정노력에서 나타난 기본방향은 법규범과
법현실의 간극을 좁히고 현실화하되, 변형된 절차현실을 그대로 받
아들여 입법화할 수 없다는 입장이 주류를 이룬다. 수사절차에서 사
법적 요식성(Justizförmigkeit)은 확보되어야 하고 이것을 보장하는 것이

---

54) Roxin, Zur Rechtsstellung der Staatsanwaltschaft damals und heute, DRiZ
    1997, S.121; Lilie, Das Verhältnis von Polizei und Staatsanwaltschaft im
    Ermittlungsverfahren, ZStW(1994), S.643.
55) Wolter, Aspekte einer Strafprozeßreform bis 2007, 1991, S.56.

법치국가헌법의 요청이기 때문이다. 따라서 변형된 절차현실을 법규범의 정신에 가깝도록 수정해야 한다는 것이다. 이러한 맥락에서 볼 때, 법의 수호자요, 객관의무의 담당자인 검찰의 수사절차에서의 지배가 현실화되도록 해야 하며, 검찰의 이 우선적 지위 아래서 검·경 양쪽의 독자적 수사권이 효율성과 법치국가성 속에서 조화와 협력을 이루도록 해야 한다는 것이다.56) 그렇다면 문제는 제한된 범위에서 인정될 경찰수사의 독자성을 검찰이 효율적으로 지휘하고 통제할 수 있느냐가 관건이다.

첫째, 검찰의 인적, 물적 자원의 확충을 통해 검찰 자체의 수사력을 획기적으로 높여야 한다는 견해이다. 경찰수사권의 독자성 영역이 확대되면 경찰자원과 정보력의 강화에 더하여 경찰권의 과다집중과 비대화가 초래될 것은 의문의 여지가 없어 보인다. 따라서 선언적 프로그램인 검찰의 수사지휘권을 실질화하려면 먼저 검찰수사력이 제고되어야 한다. 검찰의 수사력은 제자리에 머물러 있는데 법적으로 경찰에 독자적인 수사권을 부여하게 된다면 경찰 수사권력에 대한 통제는 평형을 잃게 되고, 경찰권력 집중화가 가속화할 것은 충분히 예상할 수 있다.

그러므로 검찰은 현재 경제범죄 영역에서 거둔 성과를 다른 영역에서도 적용할 수 있도록 각 분야에서 경찰수사를 지휘할 수 있는 전문능력을 갖춘 특별 수사인력을 시급히 확충해 나가야 한다는 것이다.57) 록신 교수도 일찍이 수사절차의 사법요식적 지휘를 실질화하기 위해 검찰 내의 유능한 수사공무원 스태프(staff)진을 둘 필요가 있음을 강조했다. 그 같은 전문인력이 갖추어진다면 검사의 독자적인 수사지시권한이 강화되어 경찰을 그 지시 하에 둘 수 있고, 검사

---

56) Roxin, Strafverfahrensrecht, a.a.O., S.54; Schlüchter, Das Strafverfahrensrecht, 2. Aufl, 1983, S.74.

57) Roxin, DRiZ, 1997, S.121; AE-EV, 2001, S.119; 이완규, 앞의 책, 345면; 신현주, 『형사소송법』(신정2판), 2002, 111면 이하.

는 그의 지휘로 경찰공무원의 보조를 받아 수사업무를 직접 수행해 나갈 수 있을 터이기 때문이라는 것이다.58)

둘째, 검찰은 경찰이 수집하고 입력해 놓은 정보에 직접 접근할 수 있어야 한다는 것이다. 특히 사건송치 이전의 경찰의 수사활동을 알 수 있는 길은 경찰의 사건 관련 정보에 접근하는 길이 가장 유용하다. 현재 독일 경찰은 '개인추적 시스템'을 통해 70만 개의 자료를 입력하여 사건별, 개인별 자료를 축적하고 있을 뿐만 아니라 400만 건의 사건별 정보와 100만 건의 자전거, 오토바이 관련 정보를 보유하고 있다. 따라서 개인의 이름만 검색하면 모든 관련 정보를 취득할 수 있는 실정이다. 최근 뮌헨에서 일어난 유명디자이너 암살사건의 경우 경찰이 DNA시스템 활용으로 감식 후 이틀 만에 범인을 검거할 수 있었는데 그것은 그보다 1년 전에 범인에 대한 감식자료가 축적되어 있었기 때문에 가능한 것이었다.

그런데, 현행 제도 하에서 독일 검찰은 경찰의 정보전산망에 사실상 접근이 불가능한 상태이다. 단지 일반적 수사지휘권에 기해 형사소추와 관련된 정보에 한해 개입할 수 있는 소지가 있는 셈이다. 문제는 경찰이 정보독점으로 막강한 권한을 보유한 대신 경찰의 정보악용가능성을 통제할 수 있는 장치는 미비한 실정이다. 그 통제가능성을 입법적으로 해결하고자 한 것이 2001년도 수사절차의 개편을 위한 택일안 제163조 제4항이기도 하다.

학자들의 견해도 나뉘고 있다. 우선 경찰 전산자료를 치안예방활동적 자료와 형사소추절차자료로 나누어 형사소추적 자료에만 검찰의 접근권을 인정하자는 견해가 있는가 하면,59) 현대사회에서 예방적 범죄투쟁활동과 사후진압적인 형사소추활동은 밀접불가분의 관계에 있으므로 이를 구분하지 말고 검찰이 이 자료에 접근할 수 있

---

58) Roxin, Strafverfahrensrecht, a.a.O., S.53f.

59) Schaler, Zur Entwicklung des Verhältnisses Staatsanwaltschaft-Polizei, FS-Hanack(1999), S.191ff.

어야 한다는 견해도 있다.[60] 택일안의 저자 중 1인이기도 한 릴리 (Lilie) 교수는 경찰의 예방적 활동영역에서 집적된 정보까지 검찰이 접근할 수 있어야 검찰에 송치하기 전 경찰수사에서 일어날 수 있는 부적절한 선택적 형사입건 등을 방지할 수 있다고 한다. 이렇게 될 때, 비로소 검찰은 독자적으로 수사전략을 세울 수 있고 경찰의 활동을 비판적으로 통제하거나 구체적인 지시를 통해 경찰수사활동의 잘못된 방향을 시정해 줄 수 있겠기 때문이다. 하지만 독일 내에서 이 같은 요망사항은 경찰의 독자적 수사권 주장보다 훨씬 강하게 경찰 측의 정보독점권 요구에 의한 반대에 부딪쳐 아직 입법화되지 못하고 있다.

셋째, 경찰로 하여금 모든 범죄인지사항과 이에 따른 수사활동사항을 그때그때마다 즉시 검찰에 보고토록 해야 한다는 것이다. 만약 경찰의 독자적인 수사권이 인정된다면, 경찰은 사건을 검찰에 송치하기 전 즉각적이고도 포괄적인 보고를 검찰에 해야 할 의무를 지도록 해야 한다. 그렇게 함으로써, 검찰의 경찰수사에 대한 통제력을 높이고 수사절차에서 검찰의 법치국가적 지배를 확립하는 일이 될 터이기 때문이다.

물론 현재와 같이 사법경찰의 독자적 수사권을 인정하지 않고 있는 독일에서는 사법경찰이 협력적인 차원에서 일정한 범죄발생 및 수사진행상황에 관하여 실무적으로 보고를 하고 있다. 비록 형사소송법이나 법원조직법 등에 경찰의 검찰에 대한 보고의무가 명시되어 있지는 않지만 검찰의 보조자라는 지위에서 그 근거를 도출할 수 있고 실무에서도 사법경찰은 중요사건에 대해 즉시 검사에게 보고를 하고 있다. 하지만 그 보고의무는 강화되어야 하고 특히 사법경찰의 수사독립성을 전제한다면 보고의 시점, 범위 등을 보고의무 규정 속에 상세히 명기할 필요가 있을 것이다.[61] 택일안 제162조a의 제2항

---

60)   Lilie,   Das   Verhältnis   von   Polizei   und   Staatsanwaltschaft   im
       Ermittlungsverfahren, ZStW 106(1994), S.625ff.

에 규정된 경찰의 보고규정도 그 한 예가 될 수 있다.

　넷째, 독일 수사절차개혁을 위한 택일안 제163조 제2항에 규정된 검찰의 직무이전권이 확립되어야 한다는 것이다. 이 규정은 경찰이 수사를 진행하고 있는 사건이라도 검사가 언제든지 개입하여 그 사건을 가져와 스스로 직접 수사할 수 있는 권한을 명시하고 있다. 최근 우리나라 검찰에서 사경의 검찰수사지휘 거부시 검찰이 사경에 대해 직무집행정지명령권을 행사토록 하여 수사지휘권을 강화해야 한다는 주장이 있었다. 하지만 검사동일체 원칙 내에서 이미 확립된 직무이전권을 검찰과 사경 간의 관계에서도 적용할 수 있는 법적, 제도적 장치는 확보할 필요가 있다.[62]

　다섯째, 수사중지 및 체임요구권을 강화해야 한다는 것이다. 이미 우리나라 검찰청법에 지방검찰청 검사장의 사경에 대한 수사중지 명령 및 체임요구권이 규정되어 있다. 즉 서장이 아닌 경정 이하의 사법경찰관리가 직무집행에 관하여 부당한 행위를 하는 경우에는 지방검찰청 검사장은 당해 사건의 수사중지를 명하고 임용권자에 그 체임요구를 할 수 있다(검찰청법 제54조 제1항). 위 체임요구가 있을 때에는 임용권자는 정당한 이유를 제시하지 아니하는 한 교체임용의 요구에 응해야 한다(동법 제54조 제2항)

　물론 이 제도는 검사와 사경을 상명하복관계로 설정한 우리 형사소송법 제196조와 검찰청법 제42조 제2항 및 제53조의 논리필연적인 귀결이기도 하다. 하지만 사경의 독자적인 수사권을 인정한다는 전제에서 보면 수사절차의 법치국가적 사법통제 작용의 일환으로 이 제도는 더 구체적으로 명료하게 법정되어야 할 것으로 생각한다.

---

61) Roxin, DRiZ, 1997, S.120f.; Lilie, ZStW 106(1994), S.642.
62) AE-EV, 2001, S.121.

VI. 오스트리아의 수사체계와 검찰문화

1. 오스트리아 형사소송법과 그 개정에 대한 역사적 고찰

오스트리아에서 통일된 형사소송법 입법이 최초로 실현된 것은 1768년 12월 31일에 발효된 테레지아 형사법(Constitutio Criminalis Theresiana)이었다. 이 법전의 형사절차를 지배한 것은 다름 아닌 규문재판이었다. 당대에 유럽대륙을 풍미했던 규문재판은 이 법전에서 전성기를 맞이했다고 해도 과언이 아닐 것이다. 소추자 없이 직권으로 특정인에 대해서 법률에 정한 혐의점들만 있는 경우에도 개시되고 진행되었던 이 규문재판은 규문관인 법관에 의해서만 수행되었고, 서면주의와 밀행주의를 특징으로 삼는 것이었다.

규문재판은 두 단계로 나뉘어 진행되었다. 그 첫 단계가 조사절차였다. 이 조사절차를 흔히 규문절차(Inquisition)라고 불렀다. 두 번째 단계가 판결절차였다. 이 두 절차의 전 과정에 걸쳐서 고문이 중요한 역할을 했다. 그 고문은 세 단계로 이어졌다. 첫 단계는 자백을 획득하기 위해, 만약 자백하지 않으면 가혹한 고문이 가해질 것이라는 경고를 내리는 것이다. 그 다음은 구두로 고문의 위협을 가하는 것이다. 끝으로 준비행위를 통해 고문을 실행에 옮긴다.

테레지아 형사법은(C.C.Th.) 이 두 절차부분에서 어떤 법적 조력도 허용하지 않았다. 유죄판결에 대해서는 항소와 같은 정식의 구제수단이 없었고, 단지 은전이나 법적 근거가 있을 때만 허용되는 영주들에 대한 소청제도가 있었다. 하지만 이 소청에 의한 은전이나 구제도 상급재판이 파기시킬 수 있었다. 규문재판의 판결 중에는 물론 무죄판결이 있었다. 무죄판결 외에도 귀가판결(Lossprechung)이 있었다. 이 귀가판결은 엄격한 증거규칙에 따라 판단할 증거방법들이 유죄판결을 내리기에는 충분치 않지만, 그럼에도 불구하고 혐의점을 씻어 내리기에는 불충분한 경우에 일단 석방을 시키는 제도였다. 이 귀가판결을 내린 경우에는 재판절차가 언제라도 다시 열릴 수 있었다.

1776년에 이르러 오스트리아에서도 고문이 폐지되었다. 그러나 1788년 6월 1일자 요셉 2세의 일반 형사재판법에 아직도 남아 있었던 규문재판제도는 프랑스혁명과 뒤이은 나폴레옹의 중유럽 정복전쟁을 통해 널리 알려진, 자유민주주의의 정신적 조류, 즉 시대정신과 더 이상 합치하기 어려웠다. 유럽의 구체제를 전복시킨 프랑스혁명은 형사사법에도 자유주의적 혁명정신을 고취시켰고, 그에 따른 새로운 제도변혁을 낳게 했다. 그것이 바로 법원과 분리된 별개의 소추자를 필요로 하는 탄핵주의였다.

탄핵재판은 구체제하에서의 규문주의와 확연하게 구별되는 새로운 형사재판제도였다. 그 밖에도 공재재판의 원칙, 구두변론주의, 직접주의의 소송구조와 자유심증주의, 거짓말죄와 불순종죄의 처벌철폐, 영국법에서 기원하여 유럽대륙에서도 변용된 모습으로 계수된 배심재판 등이 프랑스혁명 이후 유럽대륙의 형사사법에 모습을 드러낸 새로운 제도들이다. 이러한 새로운 제도들은 1808년 나폴레옹 치죄법(治罪法: Code d'instruction criminelle)에 수용되어 실정화되었다. 이 나폴레옹 치죄법상의 형사재판절차와 본질적으로 동일한 제도를 오스트리아에서 도입하여 시행할 수밖에 없었던 계기는 1848년 비엔나 혁명의 기본요구사항 속에 이것들이 들어 있었기 때문이었다.

하지만 이러한 개혁된 형사소송절차의 원칙들은 신중하고 조심스러운 행보를 거쳐 당시 빈 대학 소송법학자요 그 후에 법무부장관을 지낸 Julius Glaser가 초안한 1873년 형사소송법에 비로소 반영되어, 그 후 지속적인 효력을 지니게 되었다. 물론 이 형사소송법은 오스트리아제국 황제시대에 제정된 것이지만, 그 후 오스트리아 제1공화국과 오스트리아 연방국에 이르기까지 여러 번에 걸쳐 개정되고 보완되어 왔었다. 그 후 약 100여 년을 지나 오늘날에 이르도록 오스트리아 형사소송법의 일반이론은 독일법학의 본질적인 영향을 받으면서 발전해 왔다고 말할 수 있다.[1)]

1938년부터 1945년까지 오스트리아는 히틀러의 독일 제3제국에 편입되었었기 때문에 오스트리아 형사소송체계는 수많은 포고령에 의해 단절되었다. 일부 독일 제3제국에서 통용되던 소송절차규정들이 그리고 다른 일부는 새로 제정된 소송절차규정들이 오스트리아에도 적용되었던 것이다.

1945. 6. 12.자 형사법에 관한 새 법률에 의해 이들 포고령들은 오스트리아 공화국 영토에서 폐지되었다. 그리하여 1938. 3. 13.자까지 유효했던 오스트리아 형사소송법이 다시 효력을 되찾게 되었다. 그와 더불어 형사소송법 개정입법 노력들이 있었고, 많은 부분에서는 변경이, 다른 부분에서는 보완이 이루어졌다. 이 같은 형사소송법 개정에 맞추어 형사소송법에 부수된 특별법들도 개정되었다. 1960년에 제2차 형사소송법 개정이 있었고, 이에 대해 11개의 법률이 새로 손질되었다. 1975년에 대대적인 형법개정작업이 있었지만, 그 내용적인 변화에 훨씬 못 미치는 제3차 형사소송법개정이 있었다.

1978년 형사소송법 개정법률에 의해 형사소송절차의 부분개정이 다시 일어났다. 이와 같은 잦은 단편적 법률개정의 과정이 누적되다가 보니 형사소송법률의 파편화현상이 일어났고, 현실적으로 새로운 형사소송법을 제정하지 않고는 형사소송법의 파편화현상을 치유할 길이 없을 듯이 보였다. 그리하여 오스트리아 연방법무부에서는 오랫동안 심사숙고 끝에 1975년의 새 형법전과 새로운 시대정신과 그

1) Moos, Beschuldigtenstatus und Prozeßrechtsverhältnis im österreichischen Strafverfahrensrecht, in: Jescheck-FS I, 1985, S.726.

내용에 걸맞은 새로운 형사소송법제정을 위한 준비작업에 착수하게
되었다.

1974년부터 1983년까지 연방법무부 내에 판사, 검사, 변호사, 법
학자 그리고 연방법무부의 전문관료들과 각 정당의 견해를 대변할
전문위원 등 30명으로 구성된 형사소송법 개혁의 근본문제들을 검토
할 위원회(Arbeitskreis)가 가동되었다. 이 위원회의 의장은 법무부장관
이 당연직이었으나, 실행위원장은 오스트리아 형법 및 형사소송법의
대표적 주석가였고 후에 법무부장관을 지낸 바 있는 포레거(Foregger)
가 맡아 수고했다.

이 위원회에서 당장 시급하다고 판단하여 정한 개혁목표는, 이
미 개정된 1987년의 새로운 형법개정법률의 내용을 소송법적으로 우
선 실현할 수 있도록 구현하는 일이었다. 즉 단독법관의 관할권 확
장, 변호권의 확충, 특히 재판절차에서 성범죄 피해자들의 부담을 고
려한 피해자의 권리 개선, 일시적인 보호관찰제도의 도입, 유예제도
의 취소이유의 확장과 그 결정권한을 법관에게 집중시킨 것 등이다.
특히 유예제도와 관련하여서는 어차피 법관이 유예기간 중 저질러진
재범에 대해서도 선고를 해야 한다는 점을 고려한 것이었다. 그 밖
에 나머지 다른 개혁목표들 중, 예컨대 새로운 소송절차의 구조문제
및 수사절차의 구조문제에 관해서는 위원들의 견해차이가 심했기 때
문에, 장기적인 논의의 대상으로 삼기로 했던 것이다.

이 일련의 과정에서 1993년 형사소송법개정법률(StPÄG 1993)에
의해 더 많은 개혁목표들이 입법화되었다. 많은 부분은 소송법상 권
리부분에 관한 것이었고, 특히 책임부분에 관해서도 폭넓은 손질이
가해졌다. 그 밖에도 크고 작은 개정부분 중 주목할 부분은 소송구
조적인 결정에 대한 이의제도의 도입과 사인소추자(私人訴追者)가 자
기책임을 질 사유 없이 절차기간을 도과한 경우 절차재개의 보장 및
항소기간 도과에 대해서도 관련당사자의 책임으로 돌아갈 수 없는
사정이 있을 때 그 불이익을 제거하는 제도를 도입한 것 등이다.

그 밖에도 연방헌법재판소가 형사소송법 제411조가 부분적으로 위헌이라는 판결을 내림으로써 1995년 사면절차규정들을 새롭게 손질해야만 했다. 또한 1993년 행형법 개정과 함께 형사소송법 제186조 제5항(재소자의 행형조건)도 변경되었다.

1996년 형법개정법률(StRÄG 1996)은 특히 재산형제도를 새로 손질하였다. 이에 따라 형사소송법의 손질도 불가피하게 되었다. 또한 유럽연합 인권규약 침해문제를 국내법적으로 처리하는 문제와 연계된 이른바 형사소송절차의 갱신(Erneuerung des Strafverfahrens)이라는 새로운 제도도 마련하였다.

1997년 연방법에 의해 이른바 조직범죄와의 투쟁을 위해 특별한 수사조치수단들이 형사소송법속으로 들어오게 되었다. 소위 도청수사(Lauschangriff)와 추적수사(Rasterfahndung) 논의에서 거론된 기술적 수단사용이나 전산정보자료추적하에 사람들을 시각적·청각적으로 감시하는 것이 엄격한 실체적·형식적 전제조건들이 갖추어졌을 때에는 허용되도록 하였다.

1998년 형법개정법률(StRÄG 1998)은 형사소송법영역에서 증인을 배려한 특별절차에 의한 신문가능성을 더 넓혀 놓았다. 이에 따라 1999년 연방법은 장애인들을 차별적으로 대우해 온 조치들을 제거할 목적으로 이에 따른 형사소송법상의 규정들을 새롭게 손질했다. 그리고 1999년 혼인법 개정법률에 따라 증언거부권을 혼인법 제99조의 혼인중개인에게까지 확대시켰다.

1999년 형사소송법 개정법률은 특별히 중요한 개정내용을 담고 있다. 이 개정법률의 핵심은 기존의 형사제재와는 다른 소위 우회제도(Diversion)를 도입한 것이었다. 이것은 피의자 또는 혐의자가 스스로 일정한 급부를 제공하였을 때, 유죄판결과 형벌대신 절차를 중지시킬 수 있는 제도를 말한다. 여기에서 제공될 급부는 속죄금일 수도 있고, 사회봉사노무제공일 수도 있으며, 피해자에 대한 원상회복조치 내지 책임의 인수, 그 밖에도 법정 외에서 합의와 화해, 일정한 기간의 보호관찰, 그리고 보호관찰사의 지시가 주어진 경우에는 그 의무의 이행 등이 될 수 있다. 이 우회절차제도가 도입됨으로써 형사배상절차는 불필요하게 되어 폐지되었다.

최근의 오스트리아 형사소송법 개정 중 가장 폭넓은 개정내용을 가져오게 한 것이 2002년 형법개정법률(StRÄG 2002)이다. 이 법률에는 몇 가지 주목할 만한 내용들이 담겨 있다. 즉 구속된 피의자와 그의 변호인 사이의 대화를 감시할 수 있는 전제조건들을 좀 더 엄격히 제한했고, 절차의 정지와 무죄판결에 관하여 경찰과 교정공무원들이 사실을 숙지할 수 있도록 조치했고, 감정인의 선택과 의뢰에서 비용절감과 경제성 및 합목적성의 원칙을 강조했으며, 가환부·가처분제도에도 약간의 개정을 가했다. 더 나아가 은행계좌의 정보추적과 계좌접근 및 계좌감시조치를 상세히 규정했고, 전화통화감시를 새로 규율했으며, 비디오녹화형식에 의한 피의자신문과 구속의 집행가능성을 열어놓았다.

이 같은 부분개정과는 별도로 연방법무부는 개혁의 필요성이 가장 높은 수사절차의 개혁에 중점을 둔 형사소송법 전면개정에 박차를 가했다. 1998. 4. 연방법무성은 형사소송법상 수사절차의 개혁을 위한 토론 초안(Diskussionsentwurf)을 내놓았다. 거기에는 새로운 수사절차의 구조뿐만 아니라 그 절차 단계 단계마다의 본질적으로 중요한 규정들을 조문화해 놓은 내용이 들어 있었다. 이 토론 초안을 놓고 그 후 폭넓고 심도 깊은 토론이 이어졌다.

이 토론초안을 토대로 법무부는 형사소송법 개정법률 초안을 마련했고, 2001년 4월 27일까지 이 초안에 대한 심사평가절차가 진행되었다. 그리고 이 평가서의 결과를 가지고 2002. 6. 6.에 형사소송법 개정법률의 정부안이 의회에 제출되었다. 그러나 이 정부안은 당시 국회임기가 국내정치사정으로 일찍 종료하는 바람에 더 이상 의회에서 논의하지 못한 채 폐기되고 말았다. 그러다가 2003년 3월 4일에 새로 들어선 정부가 기왕에 제출한 바 있던 법률안을 변경 없이 정부안으로 다시 의회에 제출했다. 이 법률안은 드디어 의회 내 법사위의 심의에 넘겨졌다.

오스트리아 의회는 이 법안을 폭넓게 심의한 끝에 2004년 2월 26일 기존 소송법의 많은 조항들을 변경·수정하고 보완한 새로운 형사소송법을 연방법으로 의결했다. 이것이 이른바 2004년 형사소송법 개정법률(Strafprozessreformgesetz 2004)이다. 이로써 약 30여 년 동안 논의되어 왔던 형사소송절차 개정 논의가 잠정적인 결말을 보게 된 것이다. 2004년 형사소송법 개정법률은 형사소송법개정을 위한 정부안 전부를 망라하지 못하고, 수사절차에 관한 부분의 개정논의만 마무리된 까닭에, 잠정적으로 수사절차개정을 내용으로 한 형사소송법 개정법률이 되었기 때문이다.

이제 이 법률은 2008. 1. 1.부터 발효하게 되어 있다. 개정 형사소송법은 종래의 예심판사제도(Untersuchungsrichter)를 폐지하고, 검사의 기능과 역할을 대폭 강화하는 내용을 담고 있는 만큼, 검사의 업무증가가 예상된다. 그러나 현재 오스트리아는 약 50여 명의 검사밖에 없기 때문에 신규임용으로 검사수를 확대하고, 또한 공판절차와 상소절차 등과도 조율하고, 형법 및 부수형법 그리고 형사소송 부속법률들을 손질하는 데 적어도 4년간의 기간이 소요될 것이라는 예상 하에, 그 시행일자를 2008년 초로 한 것이다.

이 밖에도 2004년 형법개정법률은 성범죄형법영역에서 몇 가지 변경에 맞추어 형사소송법에도 수정을 가하지 않을 수 없었다. 즉, 이 성범죄형법은 통역인에 대한 수당지급요구와 관련된 조항이 들어 있다. 필요적 변호를 담당하는 국선 변호인은 피의자와 면담할 때 통역인의 도움이 필요한 경우, 통역인을 고용한 뒤 그 수당지급을 법원에 요청할 수 있다(§38a II StPO). 국선변호인은 반대신문에 통역인의 도움을 필요로 하는 경우에도 자신이 지급한 수당의 전보를 법원에 요청할 수 있다.

2005년도 형사소송법 개정법률을 통해 크게 변경된 부분은 수

사절차와 공판절차에서 조서작성을 새롭게 구성할 수 있게 만든 부
분이다. 즉, 조서작성서기의 입회를 포기하고, 녹음이나 비디오촬영
또는 속기록을 이에 대신할 수 있게 한 것이다(§§101, 105 Ⅱ, §271).

수사절차에서 이의절차도 쌍방이 할 수 있게 규정했고, 참고인
과 피의자는 수사절차에서도 비디오촬영 방법으로 그 진술을 담을
수 있게 했다. 공판절차에서 서면의 진술을 재판장의 설명으로 대체
할 수 있게 하였다. 끝으로 메모형식의 조서작성과 간단한 형식의
판결문작성 방식의 사용 폭을 넓혔다(§458 Ⅱ).

2. 오스트리아 형사소송법의 소송구조

유럽대륙에서 규문재판이 폐지된 후 개혁된 형사소송절차는 형
사사법에 종사하는 세 기관의 역할과 기능을 각각 분립하는 데서 출
발했다. 즉, 법원과 검찰과 변호인의 지위와 역할을 소송법적으로 분
립시키는 것이었다.

규문재판에서는 공소관과 법관과 변호인의 역할이 한 사람에게
합일되어 있었다. 실제 이 한 사람의 규문관 역할을 법관이 담당했
다. 따라서 규문재판에서는 법관의 지위만 있었고 이와 독립된 별개
의 공소인이나 변호인은 없었던 것이다.

이 같은 소송구조는 법관에게 심리적으로 과중한 부담을 주게
되어 종종 일방적으로 피고인에게 죄를 뒤집어씌우는 법관의 태도가
많이 나타났다. 뿐만 아니라 규문재판 하에서 피고인은 법적인 권리
에 따라 자신을 방어할 수 있는 지위에 있지 못했고, 단지 법관의
심문대상에 불과했다.

프랑스 혁명 후 영국 형사소송법의 원리에 따라 법원과 분리된
독립적인 공소인을 세우는 제도가 도입되었다. 영국법에서는 공소인
과 피공소인이 대등한 당사자로 마주 설 수 있었고, 법원은 양 당사

자가 제출한 입증자료를 기초로 제3자적 입장에서 심판하는 역할만
하면 되었다. 하지만 이 당사자주의적 영국 형사소송제도는 당시 규
문제도의 뿌리가 깊었던 유럽대륙에서는 순수한 형태로 받아들여질
수 없었고, 변형된 형태로 수용되었다.

즉, 법원은 적법한 공소인(검찰, 사인소추인, 대리소추인 등)의 공소
없이 소송절차를 개시하거나 진행할 수 없었지만, 일단 공소가 제기
되고 난 후에는 영국법에서처럼 조사를 당사자들의 손에 맡기지 않
고, 법원이 주도하였다. 이처럼 대륙법계의 형사소송은 직권주의이
며, 이 점에서 영미법계의 당사자주의와 구별된다. 이 같은 직권주의
는 프랑스 혁명전의 탄핵재판과는 전혀 다른 성격의 것이지만, 그럼
에도 불구하고 재판절차에서 규문주의 변형이라고 말하기도 한다.[2]

오스트리아 형사소송절차는 당사자들 사이의 논쟁적인 변론을 의
미하는 변론준칙(Verhandlungsmaxime), 소의 대상을 검찰이 법관의 판
결 전까지는 처분할 수 있음을 의미하는 처분준칙(Dispositionsmaxime),
입증필요한 사실의 다툼이나 자백에 의해 법원의 진실발견이 제약을
받음을 의미하는 이른바 형식적 진실발견의 원칙 등은 가벌적 행위
와 그에 대한 소추가 갖는 보편성 때문에 형사소송에는 적합하지 않
다는 확신에서 출발한다. 이러한 확신 때문에 형사소송절차는 실체
적 진실추구의 원리(규문준칙)가 지배한다.

즉, 당사자가 아니라 법원이 직권에 의해 진실을 발견해야 한다.
따라서 형사재판의 조사 활동의 목표는 실체적 진실발견이다(§3). 그
결과 형사소송절차에는 형식적인 입증책임이 없다. 소송절차의 주도
는 당사자의 손에 있는 것이 아니라 법원의 직권에 달려 있기 때문
이다. 그리하여 법정증거주의 대신 자유심증주의가 지배한다(§258).
형사소추권은 원칙적으로 국가에게 있고(국가소추주의: Offizialprinzip),
국가의 소추기관이 직권으로써 편의를 고려함이 없이 기소하여야 한

---

2) Moos, Beschuldigtenstatus und Prozessrechtsverhältnis im österreichischen
Strafverfahrensrechts, in : Jescheck-FS I, 1975, S.725ff.

다(기소법정주의: Legalitätsprinzip)(§34).3)

오스트리아 형사소송법에는 형사재판을 관할하는 법원의 종류로 구법원(Bezirksgerichte), 제1심법원, 배심재판법원, 제2심법원, 대법원을 구분하고 있다(§8). 제1심 법원은 개별법관에 의한 재판 외에 참심재판(Schöffengerichte)도 일정한 범죄에 대해 적용된다(§13). 참심재판은 규문재판과 영주의 절대권력에 반대하는 법적 투쟁의 산물이며 판결에 인민이 직접 참여해야 한다는 요구에 의해 확립된 제도이다.

참심에 참여하는 사인(私人)법관(Laienrichter; Volksrichter)은 법관의 자의와 관방사법에 대항하여 일하는 시민의 자유의 보장자로 간주되었던 것이다. 이 같은 초기의 사상은 오늘날의 자유법치국가에서는 퇴색했지만 그럼에도 불구하고 형사사건에서 사인법관의 재판참여는 국민의 사법참여라는 의미에서 오늘날에도 긍정적으로 받아들여지고 있는 실정이다.

배심재판은 제1심법원의 일부도 아니고, 조직상 독립된 법원도 아니다. 그것은 제1심 재판의 경우, 필요에 따라 운용될 수 있다. 오스트리아 형사소송법 제14조에는 국사범 등 중대한 정치범죄와 10년 이상의 자유형에 해당하는 중한 범죄에 배심재판이 적용되며, 단지 유무죄 선고 등 판결법원으로서만 기능한다. 수사는 제1심 법원의 관할에 속한다.

3. 오스트리아 형사소송법상 검찰제도와 수사체계

현행 오스트리아 형사소송법상 수사체계는 1848년 혁명의 정신

---

3) 물론 국가소추주의는 친고죄와 일반적 기소가 수권된 범죄에 국한한다. 예외적으로 허용되는 사인소추범죄에 대해서는 국가소추주의도 예외가 될 수밖에 없다. 이에 관하여는 Foregger u. a., Die österreichische Strafprozeβordnung, 4. Aufl. §24 참조).

적 산물을 받아들여 1873년 제정된 후 100여 년이 훨씬 지나도록
한 번도 근본적인 변화를 겪지 않았다. 이 법 제정당시 수사체계에
서 가장 고심한 대목은 기존 경찰의 막강한 권한을 약화시키는 일이
었으며, 이를 위해 프랑스 나폴레옹 치죄법상의 예심판사제도를 도
입하여, 예심판사(Untersuchungsrichter)로 하여금 수사체계의 중추를 담
당하게 하는 것이었다. 따라서 검찰 제도가 도입되어 형사소송법상
그 지위와 역할이 도처에 규정되어 있었음에도 불구하고, 수사체계
에 있어서 검찰의 역할은 미약하기 그지없었다.

규문재판이 폐지된 후 유럽대륙의 형사소송절차는 형사사법에
종사하는 세 기관, 즉 법원·검찰·변호사의 지위와 역할을 각각 분
립시키는 데서 출발했다. 특히 검찰은 프랑스 혁명 후 1808년 나폴
레옹 치죄법에서 유래된 것임은 앞서 본 독일의 경우와 같다.

오스트리아 형사소송절차에서 검찰은 법원에 병설된 공소관청
(Anklagebehörde)이었다. 검찰의 기능은 소송절차에서 피해자의 사적
이익을 대변하는 대리인이나 당사자가 아니라, 국가의 소추이익을
대변하는 사람이라는 의미에서 국가변호사(Staatsanwalt)라고 불렸다.
그의 역할은 규문제 폐지이후 등장한 탄핵재판에서 공소를 제기하고
유지하는 임무가 위주였기 때문이었다. 그의 주된 임무는 특정 피의
자에 대한 법원의 심리를 개시하게 할 것인가 또는 특정 피고인에
대한 법원의 심리를 이미 제기된 공소의 취소, 철회를 통하여 중단
시킬 것인가의 여부와 그 시기를 결정하는 데 있다.

수사절차에서 검사의 고유한 기능은 예심판사에게 내는 적법한
신청(§34 Abs. 3 Satz 2) 또는 경찰에 대한 적법한 신청(§88)이다. 공소
제기 후에는 변론절차에서 신문권과 각종 청구권(§§249, 282)을 통해
법원의 심리를 촉진시키는 작업이다.

이에 비해 예심판사는 직접 피의자, 피해자를 소환하여 조사하
고, 경찰에 그에 대한 수사를 명할 수도 있으나, 검사는 직접 수사권
이 없기 때문에 경찰에 그 같은 명령을 내릴 수는 없다.

예심판사에 의한 수사를 의미하는 예심제도 때문에 오스트리아 형사소송법상 수사절차는 우선 크게 두 단계로 나뉘어 진행된다. 즉, 첫째, 예심판사와 구법원판사 및 경찰(Sicherheitsbehörde)에 의한 혐의자(Verdächtiger) 및 그의 범행에 대한 사전조사(Vorerhebungen)절차, 둘째, 이 사전조사에서 혐의점이 밝혀지면 그 사안이 절차중지에 처할 사건인지 아니면 기소해야 할 사건인지 그리고 후자의 경우라면 공판절차에서 제시할 증거수집 등을 위한 예심조사(Voruntersuchung)절차가 그것이다.

사전조사(우리나라의 내사단계와 유사하나 그보다 더 넓음)는 넓은 의미의 형사절차를 개시할지 여부와 또한 어느 누구를 혐의자로 할 것인지에 관한 준거점들을 조사하는 절차인 반면, 예심절차는 특정인에 대하여 특정된 가벌적 행위로 인하여 제기된 혐의점이 공소를 제기하기에 충분한지 아니면 여러 가지 정상을 참작하여 절차를 중지(우리나라의 경우 기소유예에 해당)해야 할 것인지의 문제를 검토하는 절차라는 점에서 양 제도는 구별된다. 사전조사는 경찰 및 법원(예심판사 또는 구법원판사)에 의해, 특정인에 대한 고소·고발이 있거나 경우에 따라서는 직권적인 인지사건으로서 진행되는 것이 보통이며, 때로는 미지의 범인을 놓고서 진행될 수도 있다. 이에 비해 예심은 미지의 범인에 대해서는 사물논리상 진행될 수 없다. 이미 사전조사 과정을 거쳐 혐의점과 혐의자가 특정된 단계에서 예심절차가 진행될 수 있기 때문이다.

사전조사의 지휘는 검찰의 몫이다(§88). 이 사전조사단계의 피조사자는 단지 혐의자(Verdächtiger)에 불과하므로 아직 소송법상 당사자적 지위에 서지 못한다. 이에 비해 예심의 주재자는 예심판사이다. 예심의 조사대상자는 피의자(Beschuldigter)신분을 취득하여 오스트리아 소송법 이론의 다수설은 이를 소송당사자(Prozesspartei)라 지칭한다.[4]

---

4) 반대로 피의자를 소송당사자로 볼 수 없다고 하는 유력한 견해로는 Moos, Jescheck-FS, S.752 참조.

예심은 권한 있는 공소인의 청구가 있는 때에 한하여 그리고 법원에
의해서만 진행될 수 있다는 점이 특이하다. 그러므로 구법원의 형사
절차에서는 이 같은 예심이 적용되지 않는다.

오스트리아 형사소송법상 소송절차개시의 단서로는 독일과 마찬
가지로 고소·고발·직권인지 등이 있다. 고소·고발이 특히 사인에
의해 제출되는 경우, 그 내용을 특정해서 형사절차로 나아갈 것인지
를 검토하려면, 보다 상세한 조사가 필요하다. 이것이 사전조사이다.
통상적으로 사전조사라 함은 추정적인 형사사건을 밝혀 특정인에 대
한 형사절차를 개시할 것인지 아니면 그 고소·고발을 기각해야 할
것인지에 대한 필요한 준거점을 얻기 위해 검사의 지휘 아래 수행되
는 추적작업을 말한다.[5]

검사의 지휘로 진행되는 사전조사절차에는 두 가지 종류가 있
다:

첫째, 법원의 사전조사절차이다(§88 Abs. 1). 즉 검사는 예심판사
또는 구법원판사(Richter der Bezirksgerichte)에게 특정인에 대한 형사절
차를 개시할 것인지 아니면 고소·고발을 기각할 것인지에 관한 필
요한 준거점을 얻기 위한 목적으로 사전조사절차를 수행하도록 할
권한을 갖는다. 이 경우에도 예심판사 또는 구법원판사는 이 사건을
막바로 예심판사의 예심에 넘길 권리와 의무를 진다(§88 Abs. 2).

둘째, 경찰(Sicherheitsbehörde)의 사전조사절차이다(§88 Abs. 1). 즉,
검사는 법원 외에도 경찰에게 사전조사절차를 수행하도록 할 권한을
갖는다. 이 경우 검사는 경찰을 통해 범죄행위를 해명할 수 있는 사
람들을 선서 없이 신문하게 할 수 있고, 이 신문에 스스로 입회할
수도 있다. 목격증거나 가택수색은 검사가 이 일을 처리할 법원직원
이 부재하고 즉각적인 조치가 필요한 경우에 한하여 경찰을 통해 시
행할 수 있다.

---

5) Fabrizy, StPO Kommentar, 9. Aufl., 2004, S.168.

이 같은 수색활동에는 법원의 강제처분에 정해진 요식성이 준수되도록 해야 하며, 검사 스스로 그 절차에 입회할 수 있다. 여기에서 작성된 서류는 예심법관에게 지체 없이 보고되어, 그가 그 형식적 요건을 검토하고 필요한 경우 그 절차를 재개하거나 보충하도록 할 기회가 주어진 때에 한하여서만 증거방법으로 사용될 수 있다(§88 Abs. 3).

혐의자에 대한 체포를 검사가 경찰이나 경찰기관에 위임할 수는 없다. 물론 검사는 경찰 및 연방과 주 또는 지자체 공무원과 직접 합력하고 그들의 도움을 요청하고 필요한 경우 총기소지를 한 권력의 조력을 요청할 수 있는 권한이 있고, 경찰과 그 하부기관은 이러한 지시를 따라야 하지만(§36), 그럼에도 불구하고 혐의자에 대한 체포를 경찰에 요구할 수는 없다.[6] 형사소송법 제177조에 따른 체포여부에 결정은 경찰기관의 소관사항이기 때문이다.

예심절차는 필수적인 경우와 선택적인 경우 두 가지로 나뉜다:

첫째, 필수적인 예심절차에 해당하는 경우이다.

① 배심재판에 부하여질 경죄(Vergehen) 또는 중죄(Verbrechen)사건이나 부재자에 대한 형사절차가 개시되어야 할 경우에는 예심절차가 필수적이다(§91 Abs. 1 Satz 1).

② 검사 대신 사인소추자가 사건을 기소하기 전 소추활동을 한 경우에도 예심절차가 필수적이다(§49 Abs. 2 Z. 1).

③ 재심절차의 경우에도 예심절차가 필수적이다(§359 Abs. 1).

④ 형법 §21 Abs. 1에 의해 형사소송법 §429 Abs. 2에 따라 시설에 수용하는 절차 및 형법 §21 Abs. 2와 형법 §23에 의해 형사소송법 §436 Abs. 1에 따라 시설에 수용하는 절차에서 이 법조문에 예정된 특수사정이 존재할 때에도 예심절차가 필수적이다.

⑤ 공소장을 제출하기에 앞서 구속(Untersuchungshaft)을 실시하는

---

6) Fabrizy, StPO Kommentar, a.a.O., §36 Rn. 1(S.73).

경우에도 예심절차를 거쳐야 한다(§180 Abs. 1).

둘째, 선택적인 예심절차에 해당하는 경우이다(§91 Abs. 1 Satz 2).

① 검사의 재량에 의해 예심절차가 신청된 경우

② 사인소추자의 재량에 의해 예심절차가 신청된 경우

예심절차는 원칙적으로 예심법관에 의해 개인적으로 그리고 직접적으로 수행되어야 한다는 것이 오스트리아 형사소송법 입법자들의 역사적 의지였다(§93 Abs. 1). 그러나 검사가 선택적으로 예심절차를 신청하는 경우, 그는 고소·고발 및 범죄사실을 인식할 수 있는 증거방법과 이미 진행된 사전조사의 결과를 예심판사에게 알려주어야 한다(§92 Abs. 2). 이 경우 예심판사가 그 허용허부를 결정하며, 그 결정에 대해서는 피의자와 소추자가 14일 이내에 제2심 법원에 항고할 수 있다(§92 Abs. 3).

예심절차가 개시되면 예심판사가 소추인의 신청을 기다릴 필요 없이 직권으로 구성요건을 조사하고, 범인을 수사하며, 피의자의 혐의입증 또는 그의 방어에 쓰일 증거방법들을 예심절차의 목적달성에 필요한 한도까지 확인한다(§96). 소추자와 피의자는 개개의 예심활동을 취하도록 예심판사에게 주문할 권한이 있다(§97 Abs. 1). 원칙적으로 검사는 예심적 수사활동을 할 수 없다. 보통은 소추자나 변호인이나 예심판사의 피의자 신문에 출석하지 않는다(§97 Abs. 2). 예심절차에서는 증인도 조사할 수 있고(§§102, 103), 모든 활동은 조서로 작성된다(§§101, 105).

예심절차는 소추자가 형사법원의 소추에 대한 요구를 취소하거나 더 이상의 형사소추절차가 진행될 근거가 없다고 선언한 경우, 즉시 예심판사의 처분에 의해 중지된다(§109 Abs. 1). 그 밖의 경우에도 예심절차가 예심법관의 결정이나 제2심법원의 결정으로 중지될 수 있다. 물론 예심판사의 절차중지결정에 대해서는 소추자와 피의자 모두 14일 이내에 제2심 법원에 항고할 수 있다(§109 Abs. 2).

그런데 문제는 오스트리아 형사소송법 입법자들이 법제정 당시 우려했던 바대로, 법규범에 나타난 역사적 입법자의 의도, 즉 경찰의 수사권을 되도록 제한하고자 했던 조치에도 불구하고, 현실적으로는 경찰이 수사를 장악하게 되었다는 점이다. 예심판사의 수가 20여 명 정도로 극소수인데다, 판사가 수사업무를 전담하는 데서 오는 혐오감 등이 작용하여, 범죄의 70% 내지 80% 정도는 실제로 경찰이 독자적으로 수사를 전담하여 수행하고 있는 실정이 되어 버렸다.

물론 예심판사의 예심절차 개시 전까지는 경찰수사가 가능하도록 형사소송법 제24조에 규정되어 있다. 즉 시장 및 지자체 단체장을 포함한 경찰은, 관계인의 의사에 의해 수사될 친고죄사건이 아닌 한 모든 중죄와 경죄를 수사해야 한다. 또한 예심판사의 즉각적인 조치, 즉 사안의 해명에 기여하고, 가벌적 행위의 흔적 제거나 범인의 도주를 예방하기 위한 지체할 수 없는 지시와 같은 즉각적인 조치가 내려질 수 없는 상황 하에서는 더욱 그러하다. 가택수색과 일시적인 구금은 경찰과 그 조직에서 형사사법의 목적을 위해, 이 소송법에 규정된 경우에만, 독자적으로 취할 수 있다. 그러나 이와 같은 조치와 그 결과는 관할 검사나 예심판사에게 즉시 통지해야 한다(§24).

그럼에도 불구하고 실무적으로는 예심법관이 더 이상 수사절차의 정규기관이 아니고 도리어 사법경찰과 행정경찰(Gendarmerie)에 의해 수사가 행해지고 있다. 이것은 법규범과 입법자의 의사와 매우 동떨어진 현상이다. 대개의 경우, 기소시까지의 수사가 경찰에 의해 독자적으로 수행된다. 예심판사에 의한 수사행태인 예심절차가 위축되고 그 대신 경찰의 수사행태가 융성해졌다. 경찰에 의해 수행되는 흔한 수사의 실례를 들자면 피의자의 동일성 확인이나 인정신문뿐만 아니라 피의자나 참고인 등에 대한 사실조사와 신문 및 조서작성이었다. 그러나 이에 관한 충분한 소송법적 근거가 없기 때문에, 법률의 사각지대에서 일어나는 실무상의 관행은 편법 및 탈법수사로 흐를 위험이 있고, 헌법상 보장된 기본권을 침해할 소지도 다분하다.

　　뿐만 아니라 현행법상 검사가 경찰의 사전조사를 지휘할 수 있
도록 규정되어 있으나, 검사가 직접 수사를 할 수 없고, 조서작성도
할 수 없는 상황(§88 Abs. 3) 및 경찰의 신문조사에 입회만 하는 지위
하에서는 이 같은 검사의 지휘가 사실상 형해화될 수밖에 없다. 더
나아가 예심판사에 의한 예심제도는 사전조사와 예심으로 이어지는
이중 절차로 인해 그 효율성이 떨어진다는 비판과 함께 예심판사가
갖고 있는 수사기관으로서의 지위와 법의 보호기관으로서의 지위라
는 이중적 지위가 현대의 법관상과 어울리지 않는다는 비판도 지속
적으로 제기되어 왔다.

　　법규범과 법현실의 괴리를 극복하고, 애당초 역사적 입법자들이
의도했던 자유주의적 법치국가 이념을 형사소송절차에서 확립하기
위한 논의가 오스트리아에서는 근 30여 년 이상 지속되어 왔다. 경
찰의 수사권한과 역할 등에 대해 구체적으로 법률로 명시하고, 법적
근거 없이 실무상으로 형성된 경찰의 수사관행을 어떻게 법적 통제
안으로 끌어들이느냐가 오랜 입법정책적 과제였다.

　　이미 역사적으로 형해화된 예심법관에 의한 예심절차를 폐지하
고, 그 대신 예심법관의 수사기능을 검찰에 맡기고, 경찰수사에 대한
실질적인 지휘통제도 검찰에 맡긴 뒤, 수사주체로서 검찰과 경찰의
기능을 협력관계로 설정하여야 한다는 전문가들의 견해가 점점 힘을
더해갔다. 이것이 2004년 개정되어 2008년 발효를 앞둔 새로운 수사
절차의 지침이 되었던 것이다.

4. 개정 형사소송법상 새로운 수사체계

　　경찰수사의 융성과 예심판사에 의한 수사의 위축, 검찰 수사지
휘의 형해화는 독일과 마찬가지로 오스트리아에서도 사회변동의 필
연적 산물인 것은 틀림없다. 우선 오스트리아에서 예심판사는 인력

충이 빈약한데다 현대 형사학적 소양과 보조기술을 적절히 활용할 수 있는 처지에 있지 못하다. 그나마 수사과학기술의 급격한 발전은 예심판사의 능력흠결의 깊이를 더해 주었다. 그 결과 예심판사들은 통상적으로 예심절차에서 경찰의 신문자료를 반복 활용할 수밖에 없다.

다른 한편으로 오스트리아 형사소송법은 경찰에게 신문절차상 직접적인 조사권을 주어 조서를 작성하게 하고, 그 효력도 예심판사의 그것과 동일하게 한 반면, 검찰에 대해서는 탄핵주의에 따라 공소제기 권한에 국한시켰기 때문에 이와 같은 직접 조사권을 부인하였다(§88 Abs. 3). 결국 경찰의 수사활동은 검사의 그것보다 예심판사의 활동에 더 가깝게 연계되어 있다.

그런데 놀랍게도 이번 개정의 가장 핵심적인 내용은 검사를 중추적인 수사기관으로 삼고, 대신 예심판사를 역사의 뒤안길로 퇴장시켰다는 점이다. 이렇게 함으로써 종전의 2단계 수사절차, 즉 사전조사절차(Vorerhebungen)와 예심절차(Voruntersuchung)가 하나로 통합되어 통일된 수사절차(einheitliches Vorverfahren)를 형성한다는 점이다.[7] 검사가 예심판사를 대신하여 수사절차 전체를 주재하며, 판사는 강제수사에 대한 허가나 기본권 수호 등의 역할만 계속 담당하게 된다.

검사는 종전과 같이 기소, 처분준칙에 따른 소추절차의 취소, 형사절차의 중지를 결정할 수 있고, 기소하는 경우에는 공판절차의 원활한 수행을 할 수 있다(§91 Abs. 1). 이를 위해 필요한 한도 인에서 사실관계와 범죄혐의를 밝히는 작업이 수사절차이다. 그러나 종전과 달리 개정 형사소송법은 범행의 혐의를 밝히는 데 필요한 정보의 수집, 보전, 평가 또는 처리에 종사하는 사법경찰(Kriminalpolizei),[8]

---

7) Pilnacek/Pleischl, Das neue Vorverfahren, 2005, S.70 Rn. 360.
8) 종전의 Sicherheitsbehörde라는 말 대신에 Kriminalpolizei라는 용어를 사용한 것은 형사사법의 역할 담당에 관여하는 경찰기능을 소송법적으로 명료하게

검찰 또는 법원의 모든 활동을 수사(Ermittlung)라고 정의한다(§91 Abs. 2). 그리고 수사는 이 법률에 정한 형식에 따라 증거수집이나 조회(Erkundigung)의 방식으로 수행된다(§91 Abs. 2 Satz 2). 여기에 검사를 사법경찰이나 법원 외에 독자적인 수사주체의 하나로 명시한 것이 종전의 수사체계와 구별되는 점이다.

　개정 형사소송법은 더 나아가 경찰의 수사활동 중 ① 경찰이 독자적으로 할 수 있는 것, 즉 보전(Sicherstellung)(§110), 인정신문(§118 Abs. 2), 변사체검시(§128 Abs. 1), 조회(§152), 신문(§153) 등과, ② 검사의 지시 또는 승인이 필요한 경우, 예컨대 부검(§128 Abs. 3), 기술적 수단 투입에 의한 감시(§130 Abs. 2), 수배(Fahndung)(§169 Abs. 3) 등과, ③ 긴급한 경우 검사의 사후 승인이나 법원의 동의가 필요한 경우, 즉 수색(§§120, 122 Abs. 1), 일시적인 체포(§171 Abs. 2) 등 및, ④ 검사의 지시와 법원의 동의가 필요한 경우, 즉 가택수색(§120 Abs. 1), 신체수색(§123 Abs. 3), 체포(§171 Abs. 1) 등 그리고 ⑤ 검사의 신청을 통한 법원의 동의가 필요한 경우, 예컨대 수사절차에서 구속(§174 Abs. 1), 압수(§115 Abs. 2) 등을 세분하여 규정하였다.

　새로운 수사절차에서는 예심판사 대신 검찰이 수사의 주체로 등장하면서, 사법경찰과 검찰의 수사권을 둘러싼 관계정립도 주목을 요하는 사항이 되었다. 양자 사이의 관계는 협력적 관계와 위계적 관계의 양면을 동시에 갖는 것이 특색이다. 일반론적으로는 양자가 이 법률의 기준에 따라 될 수 있는 대로 협의를 통해 수사절차를 수행해야 한다고 규정하고 있다(§98 Abs. 1 Satz 1). 그러나 그와 같은 공조가 추진될 수 없을 경우에는 검찰이 필요한 지시를 내려야 하고, 사법경찰은 그 지시를 따라야 한다고 규정함으로써(§98 Abs. 1 Satz 2), 양자의 관계가 위계적으로 수립되어 있음을 보여주고 있다.

　사법경찰은 직권으로 또는 고발이 있을 경우에 이에 근거하여

하기 위한 것이다.

수사한다. 하지만 검찰의 지시나 법원의 지시(§105 Abs. 2)를 준수해야
한다(§99 Abs. 1). 물론 사법경찰의 수사상의 조치에 검사의 지시가 필
요한 경우에도 지체의 위험이 있을 때에는 그 지시 없이 수사 할 수
있다. 하지만 이 경우에도 사법경찰은 지체 없이 검사의 사후승인을
얻어야 한다. 만약 검사의 사후 승인을 얻지 못하면 사경은 즉시 수
사활동을 중단해야 하고 가능한 한 원상을 회복시켜 주어야 한다
(§99 Abs. 2).

　　검찰은 수사절차를 지휘(leiten)하며, 수사의 계속 또는 종료에 관
해 결정을 내린다. 검찰의 공표된 의사에 반하여 수사절차가 개시되
거나 계속되어서는 안 된다(§101 Abs. 1). 이것이 개정 형사소송법에
신설된 검찰의 수사지휘 권한에 관한 규정이다. 이 법률에 개별적으
로 달리 규정되어 있지 않는 한, 사법경찰은 검찰의 지시를 수행해
야 할 의무를 진다. 또한 검찰은 법적 또는 사실적인 이유에서, 특히
당해 수사가 갖는 의미상, 수사절차를 계속 진행해야 할지를 결정하
는 데 합목적적인 한, 사경의 모든 수사에 관여할 수 있고 또한 사
경의 직무상 행위의 지휘 책임자에게 개별적인 위임을 과할 수 있다
(§103 Abs. 1). 더 나아가 검찰은 스스로도 수사를 실행하거나 전문감
정인을 통하여 이를 수행하게 할 수 있다(§103 Abs. 2).

　　사법경찰과 검사의 공동작업은 경찰의 보고(Bericht)와 검사의 지
시 또는 승인을 통해 확립된다는 점이다. 사경의 보고는 발생보고
(Anfallsbericht), 원인보고(Anlassbericht), 경과보고(Zwischenbericht), 종결보
고(Abschlussbericht) 등으로 분류된다(§100 Abs. 2). 사경의 보고는 서면
또는 자동정보처리방식으로 하여야 한다(§100 Abs. 2). 검찰은 사경에
대한 지시 또는 승인을 그의 관할권에 따라 행하여야 한다. 강제처
분에 대한 지시는 근거를 제시해야 하고 또한 문서로 고지해야 한
다. 다만 긴급한 사정이 있는 경우에는 그와 같은 지시와 승인을 잠
정적으로 구두로 할 수 있다. 문서 대신에 전산망이나 자동정보처리
시스템에 따라 이를 고지해도 좋다(§102 Abs. 1).

　결론적으로 개정법에 따른 새로운 수사절차에서는 검사의 수사
상 지위를 강화했다는 점이다. 즉 검사가 소추의 최종 책임자임에도
불구하고 그의 전제되는 수사진행에 관여하기 어려웠던 과거의 법상
황에 대한 반성으로서, 검찰에게 수사의 지휘권(Leitungsbefugnis)을 부
여하여(§101 Abs. 1 Satz 1), 검찰의 기능을 강화하고, 현대사회에서 그
고전적 의미를 상실한 예심판사제도를 아예 폐지한 것이다. 그리하
여 예심판사와 사법경찰을 두 축으로 한 수사체계를 검찰과 사경의
독자적 수사권 인정 및 사경의 보고의무와 검찰의 지시·승인 권한
부여 등으로써 긴밀한 협조체계로 전환하였다. 이를 오스트리아 소
송법 학자들은 대부분 협력모델(Kooperationsmodell)이라 부르지만,9) 그
것은 수사절차 개혁에 소극적이었던 내무부와 경찰의 반발을 고려한
법률적 미사여구라고 말할 수 있다. 내용적으로는 검찰의 지휘권이
명확히 설정되어 검경의 의견충돌시 검찰의 판단이 우선하도록 했
고, 경찰의 독자적 수사영역에 대해서도 검찰은 그 절차를 정지시키
고, 대신 절차를 주도할 수 있는 길이 확립되어 있기 때문이다.10)

　예심제도와 예심판사제도 폐지 후 수사절차에서 법원의 기능도
바뀌었다. 수사에 대한 사법적 통제와 피해자 권리보호 강화 측면에
서 법원의 기능은 두가지로 분류된다.

　첫째, 수사처분과 관련하여 검사의 신청에 대한 판단이다. 여기
에는 특정한 강제처분에 대한 동의 내지 승인과 증인이나 피의자에
대한 반대신문, 범행 재현을 통한 증거수집 등이 포함된다.

　둘째, 권리가 침해되었다고 주장하는 자의 이의신청에 대한 판
단이다. 수사절차에서 검사 또는 사법경찰관에 의해 권리가 침해되
었다고 주장하는 자가 제기하는 이의신청에 대한 판단은 일반적인
구제수단으로서 모든 수사절차가 법적 보호 하에 놓인다는 것을 의
미한다. 이의신청(Einspruch)은 항고 등 다른 구제수단을 제기할 수 없

---

　9) Seiler, Strafprozessreform 2004, 2005, S.149 Rn. 632.
　10) Pilnacek/Pleischl, Das neue Vorverfahren, 2005, S.77 Rn. 395.

을 때에만 가능하다(§106 Abs. 1).

이의신청은 검찰에 제출할 수도 있다(§106 Abs. 3). 이 경우 검찰은 신청인이 주장하는 권리침해가 있는지, 정당한 이의에 해당하는지 여부 등을 심사해야 한다(§106 Abs. 4). 검찰이 이의신청을 기각하거나 이의신청자가 법원의 판단을 요구하면 검찰은 이를 즉시 법원으로 송부하여야 한다(§106 Abs. 5). 이의신청에 대한 법원의 결정에 대해서는 검찰 또는 이의신청자 모두 항고할 수 있다(§107 Abs. 3).

개정 형사소송법은 피해자와 그의 권리라는 장(제4장)을 두어 형사소송절차에서 피해자의 지위, 권리 등을 상세히 규정하고 있다. 피해자의 정의규정을 두어, 피해자의 범위를 범죄피해자 본인은 물론 피해자가 범죄 등으로 사망한 경우, 그 피해자의 가족, 범죄 등으로 정신적 피해를 입어 사법상 청구권이 있는 자 등으로 확대하였다(§65). 또한 피해자들의 정보권(Recht auf Information)(§§66, 70 Abs. 1), 절차참여권(Beteiligungsrecht)(§§67, 127 Abs. 2, 150 Abs. 1, 165), 각종 청구권(§§69, 195 Abs. 1) 등을 광범위하게 규정해 놓고 있다. 이와 같은 새로운 입법조치들은 2001년 3월 15일자 유럽연합의회에서 통과된 형사절차에서의 피해자의 지위와 관련된 범위결정을 적극적으로 반영한 결과이다.

5. 개정 형사소송법상 사법경찰의 임무와 역할

개정 형사소송법 제2장에 사법경찰, 검찰과 법원의 구조와 관할권에 관한 규정을 두고 있다. 사법경찰을 먼저 규정하고 검찰과 법원을 순차로 규정한 것은 수사절차의 통상적인 진행과정을 고려한 때문이다.[11]

---

11) Pilnacek/Pleischl, Das neue Vorverfahren, 2005, S.13 Rn. 65.

새 수사절차에서 사법경찰(Kriminalpolizei)이라는 개념은 형사사법에 종사하는 전 경찰 활동에 대한 기능적 상위개념으로 쓰인다(§18 Abs. 1). 그러므로 사법경찰의 임무도 경찰관청에 부여된다(§18 Abs. 2). 경찰관청(Sicherheitsbehörde)의 조직과 지역관할권은 경찰법(Sicherheits-polizeigesetz)에 규정되어 있다. 형사소송법에 사법경찰이란 개념이 사용될 때에는 바로 이 연방경찰법에 따른 경찰관청과 그의 조직 및 그의 관서를 포괄적으로 의미한다(§18 Abs. 3).

종전까지 형사소송법에 사법경찰의 역할과 임무에 관한 규정이 없었는데 개정법에서 이를 구체적으로 명시한 것은 진일보라고 할 수 있고, 오스트리아의 형사소송법 전문가들도 이 점의 역사적 의의를 강조하는 실정이다. 종전 형사소송법에는 Sicherheitsbehörde라고 규정하고 있어서(§88 Abs. 3), 형사사법적 기능을 담당하는 사법경찰의 기능과 예방경찰 및 행정경찰의 기능이 명확하게 구별되지 못했었다. 개정 형사소송법에서 종전의 경찰관청 개념 대신 사법경찰 개념을 도입한 것은 적어도 형사사법작용의 일환인 범죄수사 업무만은 형사소송법의 규율 하에 있음을 분명히 밝히고자 한 때문이다. 그 결과 수사업무에 관여하는 사법경찰은 검찰과 마찬가지로 객관의무(Objektivität)와 공정성 유지의무(Unvoreingenommenheit)를 진다(§3).[12]

따라서 연방경찰법에 의해 조직된 경찰관청(Sicherheitsbehörde)에 소속된 동일한 경찰관이라도 예방경찰 또는 행정경찰로서 기능할 때에는 연방 경찰법의 임무규정을 따라야 하고, 사법경찰로서의 임무를 수행해야 할 때에는 형사소송법 규정을 따라야 한다. 문제는 특정형사사건의 처리에 있어서 행정경찰의 역할과 사법경찰의 역할을 명확히 구분하는 것은 그다지 쉽지 않다는 점이다. 이 점은 독일의 경우에도 종종 발생하는 문제점이기도 하다. 예컨대, 폭행·교통상해 사건에서 피해자 또는 중상자 응급조치와 피의자 검거 등은 복합적

---

12) 특별히 이것을 명시한 개정 형사소송법 §3 Abs. 2는 유럽인권협약 Art. 6 Abs. 1의 취지를 반영한 것이다.

인 판단요소들을 내포하기 때문이다. 새로운 수사절차에서는 검사와 사법경찰의 의견이 다를 경우에만 검사의 의견이 우선되도록 돌파구를 열어 놓았지만, 전체적인 결정권의 갈등에 관해서는 준거점을 마련하지 못했다. 또한 검사의 사법경찰에 대한 통제장치인 사법경찰의 체임요구나 징계소추요구 등도 규정되지 않았다. 당분간 구체적인 문제의 해결은 학설과 판례에 일임되어 있다고 보아야 할 것이다.

사법경찰은 범죄혐의 단서가 잡히면 직무상 수사활동에 들어가야 한다. 보통 수사의 단서는 고소·고발이 되겠지만, 인지에 의한 단서라도 상관없고, 때로는 검찰의 지시에 의해 수사활동을 전개해야 할 경우도 있다. 사경은 원칙적으로 그의 수사활동을 독자적으로 수행한다. 하지만 검찰과 법원의 지시가 있을 때에는 그에 따라야 한다(§99 Abs. 1).

사법경찰은 수사전략적 고려에서 그의 수사활동을 미룰 수 있다. 이와 같은 지연술이 본질적으로 더 중대한 범죄를 밝히는 데 또는 주도적인 역할을 담당한 배후 공범자들을 찾아내는 데 도움이 될 때가 있기 때문이다(§99 Abs. 4 Z. 1). 특히 이와 같은 방식은 조직범죄나 마약범죄와의 투쟁에서 유용한 전략이 될 수 있다.[13] 그럼에도 불구하고 이와 같은 지연술이 당장 위험에 처한 제3자의 위험을 방치하는 일이 되어서는 안 된다. 물론 수사 및 형사소추활동은 증인 내지 범죄피해자 보호의 관점에서도 지연될 수 있지만, 이 경우에도 당장의 직접적인 안전이익이 우선되어야 함은 두말할 것도 없다.

사법경찰은 검찰의 지시를 필요로 하는 수사조치라도 지체의 위험, 즉 긴급한 필요가 있을 때에는 검찰의 지시 없이도 그와 같은 수사조치를 취할 수 있다(§99 Abs. 2). 이 경우에는 원인보고(Anlassbericht)의 방식으로(§100 Abs. 2. Z. 2) 지체 없이 검찰의 사후 허락을 얻어야

---

13) Seiler, Strafprozessreform 2004, 2005, S.151 Rn. 641.

한다. 검찰의 사후 허락이 떨어지지 않을 경우에는 문제의 그 수사활동을 즉시 정지해야 하며, 그 모든 경우에 이미 발생한 결과를 폐기하고 원상복구조치를 취해야 한다.

사법경찰의 수사활동에 법원의 승인이 필요한 경우에는, 사경은 법률에 명시적으로 규정되어 있는 개별적인 경우(예컨대, §120 Abs. 1의 수색)에 한해서만 지체의 위험을 근거로 법원의 승인 없이 수사조치를 취할 수 있다(§99 Abs. 3). 물론 이 경우에도 법원의 사후 승인을 얻어야 한다.

사후 허락(Genehmigung) 또는 승인(Bewilligung)은 단순히 형식적 요건이 아니라 실질적 요건에 비추어 검토되어야 한다. 즉, 지시요청이 사전에 제출되었을 때, 그와 같은 지시가 허락 내지 승인되었겠느냐에 따라 사후적인 허락 또는 승인이 결정되어야 한다는 것이다. 예컨대, 지체의 위험은 없었지만 실질적 요건은 충분히 갖추어져 있는 상황에서, 사경이 사전조치를 취한 다음 사후 허락이나 승인을 요청한 경우라면, 검찰 또는 법원은 단순히 지체의 위험이 없었다는 형식적 사유만 가지고 그 사후 인락 요청을 거절해서는 안 된다.[14]

그 밖에도 사경은 그들의 독자적인 수사활동을 포함한 수사활동 전반을 문서로 기록 보존해야 한다(§100 Abs. 1). 사경 수사의 종결 후 사경은 검찰에 종결보고서(Abschlussbericht)를 작성 제출해야 한다. 이것을 근거로 검찰은 공소를 제기할 것인지, 우회절차(불기소처분의 여러 종류)를 통해 사건을 종결할 것인지, 아니면 절차의 정지(기소유예 등) 또는 중단을 처분해야 할 것인지를 결정할 수 있는 것이다(§100 Abs. 2 Z. 4).

수사가 진행 중인 때에는 개정 형사소송법 제100조 제2항 제1호부터 제3호까지의 죄에 대해서만 사경은 검찰에 보고해야 할 의무를 진다.

---

14) Seiler, a.a.O., S.152 Rn. 645.

첫째, 중대한 범죄나 특별히 공공의 이익을 침해하는 범죄혐의
가 있는 경우에는 발생보고(Anfallbericht)를 해야 한다(§100 Abs. 2. Z.
1). 둘째, 검찰의 지시나 허락 또는 법원의 결정이 필요한 경우 또는
검찰이 보고를 요청한 경우에는 원인보고(Anlassbericht)를 해야 한다
(§100 Abs. 2 Z. 2). 셋째, 특정인에 대한 절차가 수사 개시 후 보고 없
이 3개월이 지났거나 마지막 보고 후 또다시 3개월이 경과한 때에는
중간보고(Zwischenbericht)를 해야 한다(§100 Abs. 2 Z. 3).

검찰에 대한 사경의 이 같은 보고의무를 규정한 것은 검찰이
법적으로나 사실상으로도 사경의 수사에 사법통제적인 영향을 미칠
기회를 확보하려는 것이다. 이 보고의무가 제대로 실시될 때 검찰의
지휘권한(Leitungsbefugnis)도 적정하게 행사될 수 있겠기 때문이다. 그
리고 개정 형사소송법 제100조 제3항 이하는 모든 보고서에 기재해
야 할 요건들을 명시해 놓음으로써 검찰이 보고서만 보고도 사실관
계와 법률관계를 잘 판단할 수 있게 배려해 놓았다(§100 Abs. 3, 4).

6. 개정 형사소송법상 검찰의 임무와 역할

개정 형사소송법 제19조 이하에 검찰의 조직과 관할에 관한 규
정들이 있다. 검찰은 특별한 사법관청이다. 독임제의 관청인 검사들
로 구성되면서 하나의 통일된 조직체를 이룬다. 이에 관한 상세한
규율은 검찰법(Staatsanwaltschaftsgesetz)에 있다. 검찰의 최우선 임무는
형사소추의 영역에서 국가의 범죄진압과 법질서 안정의 이익을 수호
하는 것이다. 그런 의미에서 검찰은 사법기관(Organ der Rechtspflege)으
로서 그 활동을 수행한다(§19 Abs. 2). 사법기관의 개념 속에는 검찰이
법무·사법관청(Justizbehörde)으로서 광의의 재판업무에 관여하고 있다
는 뜻이 들어 있다. 그러므로 검찰은 법원과 마찬가지로 실체적 진
실을 탐지함에 있어 공정하고 객관적으로 임해야 한다. 객관의무에

근거하여 검찰은 피의자에게 불리한 사실뿐만 아니라 유리한 사실까지 조사해야 한다(§3). 이런 맥락에서 오스트리아 형사소송법은 종래부터 검찰에 대해서도 제척제도(Ausschliessung)를 두어왔다(현행 형사소송법 §75). 물론 기피제도(Ablehnung)까지 검찰에 적용되는 것은 아니다.[15]

검찰의 수사에 대한 새로운 사물관할권은 수사절차의 본질적인 구조요소가 되었다. 연방헌법 제90조 제2항(형사소송절차에서는 탄핵절차가 적용된다)의 프로그램규정은 형사소송절차에서 소추자와 심판자의 기능이 분리되어야 한다는 점을 천명하고 있다. 따라서 검찰의 공소와 법원의 재판은 소송절차상의 권력분립 원칙에 입각한 내용적인 역할분담이라 할 수 있다. 하지만 수사절차는 검찰의 형사소추와 기능적으로 밀접 불가분의 관계에 있기 때문에 개정 형사소송법의 새로운 수사절차에서는 종래 순수한 공소관이었던 검찰에게 수사의 지휘권한을 부여한 것이다(§20 Abs. 1).

그 결과 검찰은 수사절차에서 단순히 피의자나 법원의 반대당사자가 아니다. 그는 법원이나 사법경찰의 형사절차과정에서 일방당사자가 아니며, 또한 종전처럼 경찰수사의 결과를 법원에 넘겨주는 단순한 이송자(Transporteurin)도 아니다. 오히려 검찰은 수사절차 전체를 지휘(leiten)하며, 그 절차종결을 결정한다.

검찰이 수사절차의 지휘(Leitung des Ermittlungsverfahrens)를 담당한다는 것은 탄핵주의 원칙 하에서 검찰이 자신에 의해 시작되고, 자신의 인식 하에서 진행되는 수사의 범위와 내용 그리고 그 결과에 대해 책임을 진다는 의미이다.[16] 검찰은 수사절차의 역동적 진행과정을 법적인 관점에서 지배하며, 그렇기 때문에 경우에 따라서는 그에 필요한 지시를 내리고 법원에 청구를 해야 한다.

이에 비해, 사법경찰은 수사인력, 수사전략 수립과 데이터분석

---

15) Fabrizy, StPO Kommentar, 9. Aufl., 2004, S.151 §75 Rn. 2.
16) Pilnacek/Pleischl, a.a.0., S.16 Rn. 77.

및 수사기술 분야에서 월등하게 뛰어난 역량을 바탕으로 사실적인 관점에서 수사를 주도한다. 사법경찰에 의한 수사활동의 "사실상 지배"와 형사소추관청의 일원으로서 사법경찰의 독자적 책임은 법적인 측면에서 검찰이 수행하는 통제기능과 개입기능에 의해 제한을 받는 것이다. 검찰은 어차피 공소의 제기 및 그 내용과 범위에 대해 총책임(Gesamtverantwortung)을 져야 하므로 애당초 수사절차의 진행과 종결에 대해서도 지도역할을 담당하는 것이 합목적적이기 때문이다.

검찰의 수사지휘권한(§20 Abs. 1)으로부터 또한 수사절차상 요구된 강제처분에 대한 결정은 오직 검찰의 청구(Antrag)에 의해서만 법원이 내려야 한다는 결론이 나온다. 새로운 수사절차에서 사법경찰과 법원 사이의 직접 교섭은 원칙적으로 봉쇄되어 있다. 검찰의 법원에 대한 청구는 법률이 일정한 증거수집이나 기본권 침해에 대한 결정을 법원에서 유보해 둔 경우에 필요하다(§101 Abs. 2 Satz 1). 예컨대 범죄사실의 재구성, 반대신문, 압수, 구속, 가택수색에 대한 검찰의 지시에 대한 승인 등이 그것이다. 재판상의 증거수집은 범죄사실의 중요성이나 혐의자의 신분 때문에 특별히 공공의 관심거리가 된 경우에 검찰이 법원에 이를 청구해야 한다(§101 Abs. 2 Satz 2).

이 경우 법원의 승인은 검찰에 대해서는 일정한 지시를 내릴 수 있는 일종의 수권을 부여한 셈이다. 승인된 강제처분 조치를 언제 집행하는 것이 수사전략적으로 가장 적절한 시점인지는 검찰이 결정해야 한다. 오스트리아 소송법학자 중 대부분은 법원의 영장승인은 청구된 조치를 반드시 현실적으로 수행하려는 명령장이 아니라 일종의 허가장 성격을 갖는다고 본다.[17] 법원의 승인을 받은 때의 전제조건들이 그 후 집행되기 전에 변경되었거나 사라져 버린 경우에는 법원의 승인을 새롭게 다시 받아야 한다(§101 Abs. 3).

사법경찰은 검사의 지시를 집행할 구체적인 시점과 구체적인 방

---

17) Seiler, a.a.O., S.153 Rn. 649.

식에 관해 형사학적 관점에서 원칙적으로 독자적인 결정을 내릴 수 있다. 집행장소에서의 작전지시와 집행에 대한 책임은 경찰의 몫이다. 그럼에도 불구하고 검찰은 사법경찰의 이 모든 수사활동과정에 관여할 수 있고, 법적 또는 사실적인 이유에서 합목적적이라고 판단되는 한 집행장소에서의 개별적인 수사활동에 대한 지휘를 넘겨 받을 수 있다(§101 Abs. 2 Satz 2). 예컨대 한 사건이 여러 지역에 걸쳐 발생했기 때문에 여러 관청이 함께 공조해야 할 필요성이 있는 경우이거나 변호사 사무실이나 대기업의 사무실을 수색할 때처럼 어려운 법적 문제가 야기될 만한 사건이 경우에는 검찰이 직접 강제처분집행을 지휘할 수 있다.

개정 형사소송법상 새로운 수사절차에서는 검찰이 스스로도 수사를 벌일 수 있다. 예컨대 피의자 또는 참고인을 직접 신문하거나 수사의 목적달성을 위해 전문가를 의뢰해야 할 경우에는 검찰이 스스로 그와 같은 조치를 취할 수 있다(§103 Abs. 2). 이는 검찰의 수사지휘권한과 수사절차에 대한 검찰의 총책임에서 나오는 적법한 권한사항에 속하기 때문이다.

물론 검찰의 직접적인 수사활동은 종전의 오랜 관행과 충분하지 못한 검찰인력을 고려할 때, 현실적으로는 제한적일 수밖에 없다. 중요한 몇몇 사건들에서나 또는 수사절차의 계속과 종결을 적절히 결정하기 위해 검찰의 직접적인 체험과 인상 등이 중요한 상황에서 활용될 수 있을 것으로 짐작된다.[18]

수사절차의 종결권은 검찰의 전속관할사항이다. 유죄의 입증이 충분한 사안에 대해서 검찰은 공소를 제기해야 한다(§210). 원칙적으로 기소법정주의가 지배하기 때문이다(§2 Abs. 1). 그러나 수사의 기초가 된 범죄사실이 유죄판결로써 벌하기에는 미흡하거나 피의자에 대한 소추가 법적인 이유로 더 이상 허용되기 어렵다거나 피의자에 대

---

18) Pilnacel/Pleischl, a.a.0., S.86 Rn. 424.

한 소추가 사실상 불가능할 경우에는 기소유예나 절차중지 결정을
하여야 한다(§190).[19]

　이러한 유형의 절차중지는 사건의 경미성(Geringfügigkeit) 때문에
이루어지는 경우도 있고, 피의자가 당해 사건에 관하여 이미 외국에
서 처벌을 받은 경우 때문에 행하여지는 경우도 있다(§§191, 192). 물
론 절차가 중지된 경우 피의자에 대한 더 이상의 수사는 중지되고,
필요한 경우 검찰은 피의자를 석방하도록 지시해야 한다(§193 Abs.
1).

　수사절차의 재개가 필요한 경우 또는 그 재개를 위해 특정부분
을 조사하거나 증거수집이 필요한 경우에 한해, 검찰은 개별적으로
지시를 내릴 수 있다. 단, 공소시효가 도과하지 않은 경우에 한한다
(§193 Abs. 2). 이 같은 절차중지나 절차재개의 경우 검찰은 사법경찰,
피의자 및 범죄피해자에게 알려야 하고, 그 사건이 이미 법원의 관
할 하에 있었던 경우에는 그 법원에게도 이 사실을 알려야 한다. 범
인이 특정되지 않았거나 피의자의 도주 등의 이유로 절차를 더 이상
진행시키기 어려운 사정이 있을 경우 검찰은 지명수배 조치 등을 취
한 다음에 수사절차를 중단(Abbrechung des Ermittlungsverfahrens)하는 이
른바 기소중지결정을 내려야 한다(§197 Abs. 1).

　개정형사소송법은 현행 형사소송법(§90a-§90m)에 규정된 이른바
Diversion 프로그램을 그대로 수용하였다(§198-§209).[20] Diversion 조치
는 특별예방 및 일반예방적 처벌의 필요성이 없는 경우에 피의자에
게 일정한 금액을 지급하게 하거나(§200), 사회봉사명령을 과하거나
(§201) 일정기간 보호관찰에 부치거나(§203), 재판외의 원상회복조치

19) 이것을 넓게는 수사절차의 중지(Einstellung des Ermittlungsverfahrens)라고
　　부른다. 하지만 거기에는 기소유예(Absehen von der Verfolgung einer
　　Straftat)와 절차중지(Einstellung des Ermittlungsverfahrens)가 포함된다.
20) 물론 이 Diversion 조치는 1999년 형사소송법 개정법률에 의해 신설된 것
　　이다.

(§204)를 부과함으로써 소추를 중지(Rücktritt von der Verfolgung)하는 것이다. 이 같은 다이버전(Diversion) 조치는 피의자의 명시적 또는 묵시적인 동의가 있어야 하고, 지방법원의 참심 또는 배심재판에 해당할 중죄를 저지르지 아니한 피의자에게 그 책임 또한 무겁지 아니하고 범죄의 결과로 사람이 사망하지 아니한 경우에 한하여 부과될 수 있다(§198). 이 다이버전 조치를 취할 것인지 여부에 대한 결정권은 원칙적으로 검찰에게 있다. 검사의 다이버전 조치로 인해 현재 오스트리아 형사사건의 3분의 2 이상이 재판에 회부되지 않고, 검사가 내린 판결과 유사한 결정으로 종결되고 있는 실정이다.[21]

7. 수사절차에서 사법경찰과 검찰의 관계

개정 형사소송법상 새로운 수사절차에서 수사의 두 주체는 실질적으로 검찰과 사법경찰이다. 물론 강제처분에 법원이 관여하지만 그것은 검찰과 사법경찰의 수사조치에 대한 사법적 통제의 일환일 뿐이다. 사법경찰과 검찰은 수사절차에서 서로 협력하여야 한다(§98 Abs. 1 Satz 1). 양자의 협력관계는 역동적인 수사 활동을 감안할 때 양자의 긴밀한 의사소통과 상호작용 없이는 이루어질 수 없다. 이런 관점에서 사경에게는 검찰에 대한 각종 보고의무가 부과되어 있고(§100), 검찰에게는 일정한 사안에서 경찰에 대한 설명의무(Verständigungspflicht)가 부과되어 있다(예컨대 §25 Abs. 3, §194 등).

오스트리아에서는 사법경찰이 수사를 주도적으로 이끌고 나가야 할 사실상의 필요성이 있는 반면, 검찰의 통제기능과 조정기능도 수사에서 합목적적이라는 점이 공감을 얻고 있다. 사법경찰의 형사학적 노하우와 검찰의 법의학, 범죄심리학적 능력은 다 같이 범죄의

---

21) Seiler, a.a.O., S.58 Rn. 239.

실체진실규명이라는 공동과제 수행에서 결속되어야 할 부분들이기 때문이다.

문제는 양자간의 이해가 상충하는 사건이나 의심이 가는 사건의 처리이다. 새로운 수사절차에서는 이 경우 검찰에게 최종결정권 (Letztentscheidung)을 부여해 주었다. 수사절차에서 검찰은 단순히 사경이나 경찰이 수행하는 절차의 신청인이나 기관당사자가 아니라 수사절차를 지휘하고 그렇기 때문에 수사활동의 모든 범위와 내용에 대해 총책임을 지기 때문이다. 그러므로 검찰은 사경과의 공조, 협력이 제대로 시행될 수 없는 사정 하에서는 사경을 통제하고 조정하는 데 필요한 지시(Anordnung)를 내려야 한다.

이 경우 사법경찰은 검찰의 결정에 구속되며, 검찰의 그 지시에 무조건 따라야 한다(§98 Abs. 1 Satz 1). 검찰의 수사진행과 그 결과에 대한 한층 강화된 이 영향력이 사법경찰의 독자적 수사활동을 법적으로 승인해 줌으로 인해 초래될 수 있는 역기능을 보완하고 있는 셈이다. 법적 견제장치가 충분하지 못한 상황에서 경찰의 독자적 수사권 인정은 자칫 잘못하면 거침없는 경찰의 독주를 초래할 위험이 있기 때문이다.

수사절차에서 사법경찰의 활동이 소송진행과정에 여러 면으로 결정적인 작용을 하고, 검찰의 법적 판단과 결정에도 사실상 영향을 미치지만, 그럼에도 불구하고 검찰은 자신의 기준에 따라 수사절차의 진행과정을 지휘하고 결정해야 한다. 그것은 실천적인 필요성 때문에서도 부득이해 보인다. 검찰은 수사절차의 종결에 즈음하여 절차의 중지, Diversion 조치 또는 공소의 제기에 관하여 결정해야 하고 기소된 경우에는 법정에서 공소를 유지하고 국가의 소추이익을 대변해야 한다. 따라서 수사절차의 시작부터, 수사절차의 종결결정과 공판절차에서의 그의 활동에 필요한 가능한 한 모든 사실과 정황 들이 조사될 수 있도록 검찰에게 관여가능성을 열어주는 것이 경제적이고도 논리일관된 일이 되기 때문이다.

특히 공판절차에서 검찰의 공소유지기능은 수사절차에서 질 높은 작업성과와 밀접불가분의 관계에 놓인다. 수사절차에서 저질러진 실수는 공판절차에서 교정하기가 어렵다. 검찰이 사경의 수사활동과 법원의 공판 사이를 잇는 연결고리로서 수사절차의 통일성에 관심을 기울일 수 있도록 하는 보장책이 바로 검찰의 수사지휘권한(Leitungsbefugnis)이다(§20 Abs. 1 Satz 1, §101 Abs. 1 Satz 1). 특히 개정형사소송법 제101조 제1항은 "검찰은 수사절차를 지휘하고 그의 진행과 종결을 결정한다. 그의 표시된 의사에 반해서 수사절차가 개시되거나 계속되어서는 안 된다"라고 명시하고 있다.

물론 수사절차에서 범죄진압과 예방경찰적 이해가 충돌하는 경우가 있을 수 있다. 사법경찰과 행정경찰의 기능이 중복될 상황을 충분히 상정할 수 있다.[22] 인질범의 체포냐 살상이냐를 인질현장에서 결정하는 것은 경찰의 소관사항이며 이 경우 검찰이 섣불리 인질범체포 쪽으로 작전을 유도하는 지시를 내려서는 안 될 것이다.

사법경찰은 수사절차에서 독자적인 수사권한과 임무를 부여받고 있다(§99). 사경은 인지나 고소, 고발 또는 검찰의 지시에 따라 사건을 조사해야 하며 그 조사로써 특정인 또는 불특정인이 저질렀을 범행의 혐의가 충분하면 수사절차를 개시해야 한다. 혐의점을 밝히고 혐의자를 찾아 추적하는 수사활동을 사법경찰은 스스로의 책임 하에 독자적으로(eigenständig) 수행하여야 한다. 다만 검찰의 다른 지시가 없을 때에 한한다. 만약 검찰의 지시가 있었거나 특정한 경우에 법원이 과한 지시(§105 Abs. 2)가 있었다면 사법경찰은 어떤 경우라도 이를 준수해야 한다(§99 Abs. 1 Satz 2).

검찰은 수사절차를 지휘하되, 우선 법적인 관점에서 지휘해야 하고, 또한 그 절차의 진행과 종결을 결정해야 한다(§101 Abs. 1 Satz 1). 검찰의 지휘권한은 우선 직접적인 수사활동과는 약간 거리를 둔

---

22) 이 점은 독일에서도 마찬가지로 뜨거운 논쟁거리 중 하나이다.

법적 통제작용을 의미한다. 따라서 사법경찰로 하여금 스스로 수사활동을 하게 할 것인지 아니면 사경의 수사활동을 구체적인 요청(Ersuchen)으로써 일정방향으로 유도할 것인지 혹은 법원의 사법적 통제를 청구할 것인지에 관한 결정권은 검찰에 유보되어 있다. 두말할 것도 없이 이 지휘권한은 탄핵절차원칙에서 도출된 것이다. 따라서 검찰이 수사절차를 개시하고 진행시킬 아무 이유가 없다고 결정한다면 이 결정은 사법경찰을 무조건 구속한다(§101 Abs. 1 Satz 2).

　　결국 개정된 형사소송법은 원칙적으로 범죄의 실체적 진실을 발견하기 위한 조사는 사법경찰의 역할에 일임하고 있다(§§18, 99). 그러나 사법경찰은 검찰의 지시를 준수하여야 할 뿐만 아니라 실행에 옮겨야 한다. 물론 어떤 지시는 단지 법적인 범위를 설정해주는 것일 수도 있다. 그 범위 안에서 사법경찰은 언제, 어떤 방식으로 그 지시된 조사와 강제처분을 집행할지는 스스로 결정할 수 있다. 이를 통해 사법경찰은 변경된 상황에 직면해서는 검찰에 그때마다 문의하지 않고서도 신속하고 신축성 있게 상황에 대처할 수 있는 것이다.

　　사법경찰은 이와 같이 검찰의 지시를 구체적으로 집행할 책임을 지고, 현장에서의 수사활동을 지휘할 수 있다. 물론 법원의 강제처분 승인에 기간의 제한이 있는 경우 사경이 그 기간을 준수하는지의 여부는 검찰이 주의를 기울여야 할 대목이다. 특별한 상황에서는 검찰이 직접 현장에서의 수사활동을 지휘할 수 있음은 이미 앞에서 언급한 바와 같다(§103 Abs. 2).

VII 스위스의 수사체계와 검찰문화

1. 스위스 형사소송법과 그 개정에 대한 역사적 고찰

스위스 형사법 체계 중 형법전은 1937. 12. 21.에 제정된 이래 오늘날까지도 각 주(Kanton)에 통일적으로 적용되는 단일 법전 체계를 유지하고 있으나, 형사소송법은 이와 사정이 다르다. 스위스 연방에는 현재 시행되고 있는 약 30개의 상이한 형사소송법이 있다. 그 중 4개는 연방 형사소송법이고, 26개는 주 형사소송법이다.

연방 형사소송법 규정은 1943. 12. 16. 제정된 연방사법의 조직에 관한 연방법률(연방법원조직법에 해당), 1934. 6. 15.에 제정된 연방 형사사법에 관한 연방법률(BStP: 연방형사소송법에 해당), 1970. 6. 24.자 도로교통에서 부과할 질서벌에 관한 연방법률 및 1972. 3. 22.자 도로교통에서 부과할 질서벌에 관한 규칙, 1979. 3. 23. 제정된 군사 형사소송법과 1979. 10. 24.에 제정된 군사 형사사법에 관한 규칙이 그것이다.[1]

통일 형법의 시행 이후에도 연방헌법 제123조 제2항에 따라, 각 주는 법원조직, 재판절차 및 판결에 관해 각각 독립된 관할권을 유지해 왔다. 물론 그렇다고 해서 스위스 연방이 전혀 아무런 형사소송법 규범을 창설해서는 안 된다는 의미는 아니다. 연방헌법 제60조, 제188

---

1) Hauser/Schweri/Hartmann, Schweizerisches Strafprozessrecht, 6. Aufl. 2005, §5 Rn. 29.

조 및 제190조에 의거, 연방도 군사범죄 및 일반형사범에 대한 형사사법을 연방소속 소추기관과 재판기관에 송치시킬 수 있는 권한을 갖고 있기 때문이다. 일반형사사범의 경우, 연방이 형사소추권을 행사할 수 있는 경우로는 형사실체법 영역에서 스위스연방(Eidgenossenschaft)의 이익을 수호하기 위한 경우와 통일된 판례의 확립을 위한 경우에 국한된다.

　　2000. 3. 12.자 사법개혁의 일환으로 국민투표에 부쳐 의결된 개정헌법 제122조와 제123조에 의해, 연방은 민사소송법과 형사소송법 영역에서 관련 입법을 할 수 있는 수권을 부여받았다. 이 조치로 말미암아 통일된 연방형사소송법을 제정할 수 있는 자유통행로가 연방정부에 주어졌다. 하지만, 이것이 현실 속에서 구체화되기까지는 아직도 좀 더 많은 시간이 소요될 것으로 추정된다. 이 새로운 연방헌법상의 규율이 등장한 이후에도 형사사건에 있어서만은 법률에 달리 규정이 되지 않는 한, 법원의 조직과 판결은 여전히 각 주(Kanton)의 관할에 속해 있는 실정이다.2)

　　역사적으로 스위스 형사소송절차도 격변기마다의 시대정신을 반영한 유럽대륙의 형사소송절차의 발전추세와 대체적으로 보조를 같이하고 있다고 말할 수 있다. 시대의 흐름에 따라 흔히 게르만 전사(前史) 시대, 중세의 규문절차시대, 계몽기와 프랑스 혁명시대, 자유주의(Liberalismus)와 이른바 개혁된 형사소송시대, 현대의 형사소송절차로 구분하여 스위스 형사소송법의 과거와 현재를 설명하는 경향이 지배적이다.3)

　　법문화사적으로 스위스는 게르만 법의 영향 하에 있었다. 게르만의 형사소송절차는 원래 공중의 탄핵절차였다. 다시 말해서 私人소추자와 범죄혐의를 받는 피소추자 사이의 법적 분쟁을 公衆이 회집한 民會(Thing)라는 재판기관에서 맡아 처리했다.

---

2) Art. 122 Abs. 2, Art. 123 Abs 2 BV.

3) Hauser/Schweri/Hartmann, a.a.O., S.14ff.

이 절차는 매우 엄격한 형식성을 띠었고 또한 종교의식적 성격을 지녔다. 피소추자에게는 스스로 자신의 혐의점을 벗어야 할 권리와 의무가 동시에 주어졌다. 때로는 선서조력자에 의해 강화되었을 것으로 짐작되는 선서와 불시험 또는 물시험으로 상징되는 神判이 이러한 절차형성에 기여하기도 했다. 그 결과 소추에 의해 상정된 사실관계만을 추구한 것도 아니고 판결조차도 이러한 사실관계 규명만을 지향한 것이 아니었다. 선서하지 않은 자, 선서조력자를 얻지 못한 자, 또는 神判을 견디어내지 못한 자는 처벌받았으며, 당시의 법관념에 비추어 볼 때 매우 중한 생명형이나 신체형으로 다스려졌다. 당시 법발견의 매우 공식적인 방식에도 불구하고 현실적으로 죄를 저지른 자에게는 선서를 하거나 선서조력자를 발견하거나 신판에 맞서는 것은 쉽게 상상하기 어려운 일이었다.

게르만 前史時代의 고대 독일 당사자 소송은 시간이 지남에 따라 충분한 법질서 보호를 확립하는 데 적절한 제도가 못된다는 것이 점차 밝혀지게 되었다. 따라서 중세의 권력국가들 중에서는 이 당사자 소송 형식이 규문소송절차에 의해 승계되거나 교체되었다. 물론 이 규문절차(Inquisitionsprozess)는 로마법에 그 뿌리를 두고 있었다. 이 제도는 그 후 13세기경 이후 로마카톨릭 교회에 의해, 주로 이단자 처벌소송절차 진행을 위해 계수되었다.

종교재판과 세속재판에서 이 규문재판절차는 책임 있는 규문관이 혐의자에 대한 소송절차를 직권으로 개시하였다. 더 나아가 그는 증거수집까지도 스스로 해야 했다. 여기에서 증거수집 및 증거조사는 당시로는 합리적인 관점에서 수행되었고, 현실적으로 발생한 범죄의 사실관계를 탐지하는 데 집중하였다. 그 당시 사람들은 실체적 진실이야말로 혐의자의 자백에 의해 발견되어야 하는 것으로 확신했다. 따라서 "자백은 증거의 왕(confessio est regina probationum)"이라는 명제가 통용되었던 시절이었다.

물론 입증은 범죄혐의와 관계없는 두 사람 이상의 증언만 있어

도 가능했다. 그러나 주로 마녀재판에서 문제되었지만 필요한 증인
들이 결하였을 때에는 피의자의 자백이 큰 의미와 역할을 담당할 수
있었다. 따라서 만약 자백을 획득할 수 없을 때에는 고문으로써 자
백을 강요하는 일이 일상화하였다. 일정한 정황만 있는 경우에도 고
문에 의한 고통을 가하는 일이 허용되었던 것이다.

　이 규문재판절차가 전체 독일민족의 재판규범으로 최초로 법전
화된 것이 1532년 카를 5세 황제의 카롤리나 형법전인 것은 이미
독일 형사소송법의 역사에서 언급한 바와 같다. 물론 카롤리나 형법
전보다 앞서 1507년의 밤베르크 형사재판법(Die Bambergische Peinliche
Gerichtsordnung)이 있었다.[4] 카롤리나 형법전은 이 밤베르크 형사재판
법을 기초로 하여 방대한 분량의 형사실체법과 형사절차법을 한데
묶은 것이지만, 더 많은 비중은 형사절차법이 차지하고 있다. 이 법
전 속에 실정화된 규문재판절차가 절정기에 이른 것은 그 후 1768
년에 제정된 오스트리아의 테레지아 형사법(Constitutio Criminalis
Theresiana)이었다는 점은 이미 오스트리아 형사소송법의 역사에서 언
급한 바 있다.

　규문주의 사상은 유럽대륙의 절대왕권의 상징이라 할 루이 14
세 때 제정·공포된 1670년의 형사령(Ordonnance criminelle) 속에도 전
승되고 있음을 알 수 있다. 프랑스에서는 왕의 代官(procureurs du roi)
과 검찰(ministére public)이 있었다. 이들은 법원에 대하여 공소를 제기
하는 관청으로서 특별히 세워진 독자적인 기관이었고, 이들이 국가
의 형사소추 임무를 전담했다. 이와 같이 프랑스 규문재판절차는 직
권으로 소추하는 탄핵소송절차의 성격을 내포하면서도 자백강제와
고문이라는 규문절차 특유의 성격을 갖고 있었다.

　스위스에서는 제한된 범위에서 카롤리나 형법전이 법적 효력을
갖고 있었다. 그것은 특히 스위스연방 군대에서 적용되었다. 당시의

---

4) 이 밤베르크 형사재판법의 저자는 Johnn Freiherr von Schwarzenberg und
　Hohenlandenberg이다.

법문화에서 카롤리나 형법전의 명성은 대단했으므로 그에 따른 규문
절차가 스위스에서도 널리 시행되었음을 알 수 있다.

다만 카롤리나 법전에는 고문 사용의 부과조건이 엄격히 규정되
어 있지만, 실무에서는 그 엄격한 조건이 정확하게 준수되지 않았고,
특히 마녀재판의 예에서 알 수 있듯이 소름끼치는 고문의 가해가 널
리 일반에 적용되었다. 뿐만 아니라 재판절차는 밀행주의와 서면주
의였고, 엄격히 죄책이 입증되지 않은 경우라도 덜 무거운 형벌을
부과하는 혐의형(Verdachtsstrafe)도 널리 통용되었다.

18세기가 도래하고 계몽주의와 프랑스혁명의 발발로 규문재판에
부분적이긴 해도 본질적인 변화가 일어났다. 고문제도는 수세에 처
하여지게 되었고, 정부가 사법에 영향력을 행사할 수 있었던 이른바
관방사법(官房司法: Kabinettsjustiz)도 점점 축소되었다. 베카리아와 토
마시오와 볼테르는 그들의 저술을 통해 고문의 가해를 폐지하기 위
한 전선의 선구자 역할을 하였다. 프리드리히 대제는 1740년 그의
대관식을 계기로 드디어 고문제도를 형사사법에서 폐지하였다.

그럼에도 불구하고 독일과 스위스에서는 형사소송절차에서 밀
행주의와 서면주의가 여전히 절차의 본질적 특성으로 남아 있었고,
유죄판결에 유리하게 작용하는 자백(confessus pro iudicato habeto)원칙
이 여전히 잔존했다. 뻔뻔한 거짓말에 대해서는 이른바 거짓말형
(Lügenstrafen; Ungehorsamsstrafen)으로서 채찍형(Rutenstreichen)이 가해지기
도 했고, 한 모금 마실 물과 한 조각 빵만 주는 구금도 허용되었다.
다만 정황증거는 불확실하다는 이유에서 사람들은 여전히 확실한 증
거법칙을 더욱 신뢰하는 쪽으로 나아갔다. 심지어 베른(Bern) 주에서
는 1803년의 형사지침(Kriminalinstruktion)에 따라 高度의 혐의가 있을
때 혐의형을 선고하기도 했다. 즉 완전한 유죄입증이 없지만 고도의
혐의가 있을 때에는, 이른바 비상형벌(Ausserordentliche Strafen)로서 2년
이하의 자유박탈처분을 과할 수 있도록 하는 제도가 있었기 때문이
었다.

스위스 형사소송절차에서 앞서 본 규문재판의 잔재가 사라진 것은 대략 1830년 이후부터라고 말한다. 스위스 내에서 첫 번째 주 형사소송법에 해당하는 1831. 6. 10.자 Zürich의 형사사법에 관한 법률은 1808년에 제정된 나폴레옹 1세의 치죄법(治罪法: Code d'instruction criminelle)을 본받은 새로운 형사소송절차 법률이었다. 이것은 규문주의와 탄핵주의를 결합시킨 것이었다. 또한 수사는 직권으로 수행되지만, 법원 외에 독자적인 관청인 검찰(ministére public)의 직권에 속하였다. 검찰은 형사소추기관의 중추이며, 기소를 독점적으로 전담하는 기관이었다.

이른바 이 개혁된 형사소송법에 의하여 종래의 규문재판절차를 대체시키면서 본질적으로 새로워진 부분은 자백강제의 폐지와 피의자는 적극적인 행위를 통해 자신의 유죄입증에 동참할 필요가 없다는 원칙의 승인이었다. 그러나 이 원칙도 단지 부분적으로만 승계될 뿐이어서 심지어 1892년에도 샤프하우젠(Schaffhausen) 주에서는 거짓말 형이 과형되기도 했다.

19세기중엽 이래로 독일과 스위스에서는 배심재판제도(Schwur-gerichte)가 도입되었다. 이 제도의 도입에도 프랑스의 개혁된 형사소송법의 영향이 컸다. 주지하는 바와 같이, 배심재판은 영국의 모델에 따른 제도로서 프랑스 혁명기에 프랑스 법에 도입된 뒤 그 후 유럽대륙에 한때 풍미했다. 배심재판은 공개주의, 구두주의 및 직접주의적인 공판절차와 경직된 증거규칙을 없애고 대신 자유심증주의 등을 결합한 것이다. 또한 소송절차는 판결의 확정 선고로써 기판력을 지니며 단심형과 혐의형 등의 가능성은 배제하였다.

스위스 연방차원에서 私人들이 재판에 참여하는 이 배심재판을 스위스에서는 Bundesassisen-Gericht라 부른다. 이 재판은 3명의 연방 직업법관으로 구성되는 형사부와 이 형사부에서 제비뽑은 12명의 연방배심원으로 구성된다. 배심원들(Assisen)은 유·무죄 문제를 판단하고, 유죄평결이 이루어진 후에는 형사부에서 선고형을 정한다. 배심재판의 사물관할은 스위스 연방에 대한 내란죄(Art. 265 StGB), 연방관청에 대한 반란과 폭력행위(Art. 285 StGB), 외국의 영토고권에 대한 침해(Art. 299 StGB), 전쟁수행중인 외국군대에 대한 적대행위(Art. 300 StGB), 및 소요사태의 야기로 연방군의 투입을 유발시킨 정치적인 행위 등이다.

영세중립국가인 스위스의 비교적 안정된 내부질서 덕택에 1848년 이후 배심재판은 총 16건에 불과했다고 한다. 더구나 20세기 들어와 배심재판은 1927년과 1933. 6. 17. 제네바에서 일어난 정치적 소요건 등 총 2건에 불과했다. 그 결과 스위스 형사소송에서 배심재판은 그 법적 중요성을 점점 잃어갔고, 끝내는 1999. 10. 8.자 연방법률에 의해 2000. 3. 1.부터 폐지되었다.

현대의 수사과학기술의 발달로 인하여 주 형사소송법 등에 새로운 개정 부분들이 산재하고 있음을 확인할 수 있다. 사진과 비디오 촬영, 전산자료 처리시스템, DNA 분석기법의 형사소송법제화로 사법경찰의 기능이 강화되었다. 하지만 피의자의 지위와 범죄피해자의 권리도 동시에 강화되었다.

스위스 형사소송법에서 괄목할 만한 새로운 조치는 1974. 11. 28.자로 1950. 11. 4.자 인권 및 기본적 자유보호협약에 가입함으로써 이 협약의 내용들이 스위스 형사소송법의 새로운 法源이 되었다는 점이다. 이것은 피의자의 인권보호를 위한 영국법적 사고를 형사소송절차 부분에 끌어들인 결과를 낳았다. 최근에도 주 법률 중에는 공판절차의 이분화(二分化)를 도입한 것도 있고,5) 고전적인 배심재판을 폐기하고 통상의 재판이나 참심재판 형식으로 전용된 것들도 엿보인다.6)

---

5) Appenzell ARh 형사소송법 제173조; Schaffhausen 형사소송법 제261조; Bern 형사소송법 제294조; Basel시 형사소송법 제134조; Obwalden 형사소송법 제107a조; Freiburg 형사소송법 제168조; St. Gallen 형사소송법 제206조; Zürich 형사소송법 제250조 등.

1999. 12. 22.자로 형법, 연방형사사법, 그리고 행정형법 이 3개의 연방법률이 개정되어 2002. 1. 1.자로 발효되었다. 이 3개의 개정 연방법률을 소위 효율법률안(Effizienzvorlage)이라고 부른다. 이 법률은 개정형법 제340조까지의 조직범죄와 경제범죄를 개별 주(Kanton)들의 관할에 두지 않고 연방재판관할(Bundesgerichtsbarkeit)하에 두어, 그 한에서 연방검사(Bundesanwalt)가 이와 관련하여 사법경찰의 수사절차를 개시·지휘하도록 하였다. 연방법상의 수사가 끝난 뒤, 연방검사는 사건을 관할 Kanton 법에 따라 예심절차(Untersuchung)를 더 계속할 수 있다. Kanton 법원에서 연방검사는 Kanton 소송법의 정한 바에 따라 공소를 대리한다. 방어권도 강화되었고, 증인신문은 이미 사법 경찰의 수사절차(Gerichtspolizeiliches Ermittlungsverfahren)에서도 가능하다.

이 효율법률안은 2004. 4. 1.자 형사재판법(Strafgerichtsgesetz)의 발효로 수정되었다. 종래의 연방형사재판은 이미 1893년 연방사법의 조직에 관한 연방법률에 의거 창설된 5인의 연방판사들로 구성된 연방형사법원의 관할이었다. 이 사물관할은 앞서본 조직범죄와 경제범죄 외에도 1948년 제정된 항공법상의 범죄나 1996년에 제정된 전쟁 물자법상의 범죄 등이 포함되었다. 이들 사건에 대한 연방형사법원의 심리는 연방검찰의 수사(대개 사법경찰을 지휘하여 수사하게 함)와 연방예심판사의 예심조사를 거쳐 기소된 후에 진행되었다. 지금까지 이 같은 연방형사재판의 관할에 속하였던 사건의 재판관할권은 2004. 4. 1.자 형사법원법의 발효로 새로운 제1심 심급이 된 연방형사법원(Bundesstrafgericht)으로 넘어가게 되었다. 이로써 종래의 연방형사법원은 2004. 3. 3.자로 폐지되었다.

연방사법도 그 사이 전면 수정되었다. 스위스연방헌법은 1874. 5. 29. 제정되었으나, 1999. 10. 8. 연방의회가 헌법수정안을 의결했고, 헌법수정안이 2000. 3. 12.자 국민투표로 채택되었다. 스위스의 대대적인

---

6) Kanton Zürich, Bern, Solothurn, Tessin, Waadt, Neuenburg 등이 이에 속한다.

사법개혁은 이 수정헌법에서 민·형사사법의 연방통일법 제정을 연방
정부에 수권함으로써 돌파구를 열었다. 연방사법(Bundesrechtspflege)의
대대적인 수정작업을 위한 헌법적 토대가 비로소 마련되었기 때문이
다. 그리하여 연방재판법(Bundesgerichtsgesetz), 형사재판법(Strafgerichts-
gesetz) 그리고 행정재판법(Verwaltungsgerichtsgesetz)의 대대적인 수정작
업이 불가피해졌다. 하지만 최대의 현안은 무엇보다도 스위스형사소
송법의 통일화작업(Vereinheitlichung des schweizerischen Strafprozessrechts)
이다.

　　주지하는 바와 같이 스위스 연방은 26개의 주(Kanton)로 구성되
어 있고, 공용언어도 독일어, 불어, 이태리어 3개 국어이다. 각 주들
의 문화적·정치적 다양성, 연방적인 국가조직, 경제력의 차이 등이
지금까지 26개 스위스연방내의 각 주들에게 개별적인 법원조직과 절
차규정들을 도입하게 한 원인이었다. 이러한 현상은 유감스럽게도
법의 균열을 초래했고, 그 결과 소송절차와 관련한 50여 개의 법률
중 어느 하나도 독자적인 해결책을 갖고 있는 것이 없었다.

　　문제는 형사소송법 체계의 통일성이 결여된 상황 하에서 효과적
인 범죄투쟁을 수행하기는 어렵다는 점이다. 먼저 1994. 10. 7.자 연
방 사법경찰청에 관한 연방법률(BG über kriminalpolizeiliche Zentralstelle
des Bundes) 제1조에 의거하여 연방은 국제적으로 활약하는 조직범죄
와의 투쟁을 위한 센터를 지휘할 수 있게 하였다. 이 센터는 주 및
외국의 경찰관청과 형사소추관청과 공조작업을 수행한다. 2001. 1. 1.
제정되어 2005. 6. 30.까지 효력을 지닌 한시적인 연방직역에서 사법
경찰임무수행에 관한 규칙 제1조는 연방사법경찰이 조직범죄와의 투
쟁을 위한 센터, 통화위조범죄와의 투쟁을 위한 센터, 부녀자 인신매
매와의 투쟁을 위한 센터 및 음란물 제작 및 반포와의 투쟁을 위한
센터로서의 임무를 수행하도록 하였다. 그 밖에도 인터넷 범죄에 관
한 국내의 공조센터도 연방의 임무로 규정하였다. 1999. 12. 12.자 부
패형법 수정법률 외에 이른바 효율법률안의 수정으로 돈세탁과 조직

범죄와 경제범죄에 대한 투쟁에서도 연방에 새로운 권한이 주어졌다.

이와 같은 형사정책적 여건의 변화를 전후하여 일찍이 연방정부(Bundesrat)는 1994년에 특히 경제범죄와 조직범죄의 영역에서 효과적인 형사소추이익을 위해 형사소송법의 완전한 통일 내지 부분적인 통일 또는 다른 목적합리적인 조치들을 취할 필요가 있는지 여부를 검토할 전문가위원회(Expertenkommission)를 설치했다. 이 전문가위원회는 스위스연방 법무부와 경찰청(EJPD)에 의해 운영되었으며, 1998년에는 스위스통일형사소송법의 기본개념을 공표하기에 이르렀다. 이를 기초로 이들 행정기관 밖의 한 전문가가 경찰청(EJPD)의 위임을 받아 약 500개의 조문을 포함하는 스위스형사소송법 가초안(Vorentwurf)을 2001. 6.에 만들었다. 이 가초안의 본질적인 내용 중에는 스위스 전역에 통용될 수사모델로 검찰모델의 도입, 미국 형사소송에서 일반화된 plea bargaining제도의 도입, 친고죄에서 고소인과 피고소인 사이에 중재제도의 도입, 완화된 기소편의주의의 도입 등이 들어 있었다. 하지만 법원의 조직은 지금처럼 주(Kanton)관할에 두었다.

2001. 6. 27. 연방정부는 경찰청(EJPD)에 이 가초안과 스위스소년형사절차 및 그 부속보고서를 심의에 부치도록 권한을 부여했다. 연방정부는 2003. 7. 2. 그 심의절차의 결과를 받아본 뒤, 곧 이어서 경찰청(EJPD)에 스위스형사소송법 초안(Entwurf)과 이 법의 통일화에 관한 보고서를 작성하도록 위탁했다.

이 보고서 작성 작업은 무려 2년 반이 지난, 2005. 12. 21.에 이르러서야 완성되었고, 스위스연방대통령과 연방수상은 통일형사소송법 초안을 비롯하여 무려 500여 쪽에 달하는 「형사소송법 통일화에 관한 보고서」(Botschaft zur Vereinheitlichung des Strafprozessrechts: BVStP)를 같은 날 연방의회에 제출하여 그 인준을 의뢰했다.[7]

7) 물론 이 보고서에는 스위스 통일형사소송법과 스위스소년형사소송법 초안 및 그 내용의 요약이 담겨 있다.

물론 이 통일스위스연방 형사소송법이 의회의 인준을 거쳐 시행되기까지는 지금까지의 의회의 의사관행과 아직도 상존하고 있는 주(Kanton)들간의 이해갈등해소 등을 고려할 때, 빨라야 2010년경에 이르러야 할 것이라는 조심스러운 전망도 있다.[8]

2. 스위스 형사소송법의 소송구조

스위스 형사소송법상 주(Kanton)와 연방(Eidgenossenschaft)차원에서 각 형사사법의 관할권 및 양자의 상호관련성은 매우 복잡한 양상을 띤다.

우선 스위스 형사사법은 크게 시민재판(Die bürgerliche Gerichtsbarkeit)과 군사재판(Die Militärgerichtsbarkeit)으로 양분된다. 스위스군사형법은 실체형법과 절차형법을 통합한 법전형식을 취하고 있다. 대개 군형법상의 범죄와 시민형법상 범죄가 경합하거나 중복되는 경우가 많기 때문에 민간재판과 군인재판 사이에는 이 경우 상호작용과 경합이 생길 수밖에 없다. 양자의 관할권 충돌의 경우에는 군형법 제223조에 의거, 연방법원의 제1공법부가 어느 재판에 부할지를 최종적으로 판단한다.[9]

시민재판은 다시 연방재판과 주재판으로 나뉘며, 양자 사이에도 복잡한 경합과 관할권 충돌이 발생하는 경우가 많다. 연방재판의 종류로는

첫째, 연방배심재판(Die Bundesassisen)이 있다. 스위스형사재판에서 비교적 오랜 역사를 지닌 재판이지만 2000. 3. 1.자로 폐지되었음은 앞에서 이미 언급한 바와 같다.

---

8) 이는 2005년 8월 22일 Bern에서 가진 스위스연방검찰청 Nicati차장검사와의 인터뷰 내용을 반영한 것이다.
9) Hauser/Schweri/Hartmann, a.a.O., S.58.

둘째, 연방형사재판(Das Bundesstrafgericht)이 있다. 1893년 연방사법의 조직에 관한 연방법률에 의거하여 창설되었던 재판으로서, 국사범과 항공기납치, 전쟁무기거래, 군사기밀 및 금지된 정보의 유출 등 형사범죄에 대하여, 제1심 재판으로 작동되었었다. 그러나 이 연방형사재판도 2004. 3. 31.자로 폐지되고, 위에서 이미 언급한 바대로 2004. 4. 1.자 형사법원법(Strafgerichtsgesetz: SGG)의 발효와 함께, 새로운 제1심 심급의 연방형사재판이 그 자리를 대신하게 되었다.

셋째, 무효항고(Nichtigkeitsbeschwerde)에 대한 연방재판이 있다. 1999. 4. 18.자 수정연방헌법 제188조에 따르면 연방법원은 연방의 최고 판결관청이다. 이렇게 한 이유는 법률적용의 통일성을 기하기 위함이다. 1893년 연방사법의 조직에 관한 연방법 발효 이래 연방형법을 적용한 주 법원의 판결에 대해 연방법원의 상고심(Kassationshof)에 상고할 수 있는 가능성이 상존해 왔다.

넷째, 연방 행정형법 위반행위에 대한 재판이 있다. 스위스연방은 1974. 3. 22.자 연방법률로 현대 법치국가원리에 따른 행정형법을 법전화했다. 예컨대 조세 및 관세포탈의 수사와 재판은 연방행정관청이 관할하도록 했다. 법집행도 관세범죄는 관세청이, 조세범죄는 연방국세청이 담당한다. 입법자의 의도는 행정기관의 전문성과 법지식을 당해 문제해결에 적극적으로 활용하자는 데 있었던 것이다.

다섯째, 이른바 효율법률안에 따른 재판이 있다. 이미 언급한 바와 같이 1999. 12. 22.자 형법, 연방형사사법, 행정형법 변경에 관한 연방법률에 따라 조직범죄와 경제범죄에 대한 수사 및 재판을 연방관할로 한 결과 새롭게 등장한 연방재판의 일종이다.

여섯째, 제1심 심급으로서 연방형사법원이 있다. 이 법원은 2004. 4. 1.부터 그의 활동을 새롭게 시작하였음은 이미 언급한 바대로이다. 이로써 종래의 연방형사법원은 폐지되고, 새로운 연방형사법원이 제1심재판으로서 또는 연방법원에 대한 항고가 이유 있는 때 연방재판의 前審(Vorinstanz)으로서 판단해야 한다. 이 새 연방법원은

독립적이고 독자적으로 활동한다(Art. 2 SGG, Art 13, 23 SGG). 연방의
회(Bundesversammlung)가 이 법원을 감독하며(Art. 3 SGG), 15인 내지
35인 이내의 정원을 지닌 연방형사법원의 법관을 선출한다(Art. 1, 5
SGG). 이 법관의 임기는 6년이고, 재선될 수 있다.

　　이 연방법원은 1개 또는 수개의 형사부(Strafkammer) 그리고 1개
또는 수개의 항고부(Beschwerdekammer)로 구성된다(Art. 17 SGG). 형사
부는 개정형법 제336조, 제337조에 의거 연방재판에 부해질 사건으
로서, 특히 연방검찰이 조사와 판단을 주소추관청에 위임하지 않은
사건에 대해 재판한다. 더 나아가 연방행정형법에 따라 연방재판에
부해질 연방행정청사건 및 연방형사재판관청의 판결에 대한 복권신
청(Rehabilitationsgesuche)도 형사부의 관할이다. 항고부는 종전 연방법
원의 공소부(Anklagekammer)의 업무를 대체적으로 넘겨받았다.

　　연방법원의 절차는 연방형사사법에 관한 연방법률 그리고 행정
형법사건인 경우 행정형법에 관한 연방법률에 따라 진행된다(Art. 30
SGG). 연방형사법원에 연방예심판사의 결정에 대한 취소청구가 제기
되면, 원칙적으로 연방검찰이 공소의 대표기관으로서 절차당사자의
권리를 행사한다. 형사부의 결정에 대한 취소청구가 있을 때에는 연
방상고법원에서 무효항고재판이 진행된다. 항고부의 결정에 대해서
는, 중복되지 않는 범위에서 연방법원의 다른 항고부가 판단한다.[10]

　　일곱째, 연방행정재판이 있다. 연방은 연방헌법 제191a조 제2항
에 따라 사법관청에 연방행정청 관할영역에 있는 공법적 쟁송을 판
단해 주도록 주문할 수 있다. 아직 초안상태에서 완결을 보지 못한
행정법원법(Verwaltungsgerichtsgesetz, BBl 2001)은 연방행정재판 법원의
창설을 위해 50명 내지 70명의 법관자리를 예정하고 있고, 그 법원
의 위치는 상트 갈렌(St. Gallen)에 두기로 되어 있다. 현재의 예상으
로는 2007년 1월 1일부터 연방행정법원의 재판업무가 시작될 수 있

---

10) Hauser/Schweri/Hartmann, a.a.O., S.46.

을 것으로 보고 있다.

이상의 다양한 연방재판의 종류 외에 주의 재판이 있다. 스위스의 형사소송체계에서는 앞서 본 연방재판은 예외적 성격을 지니며, 형사사건의 소추와 재판은 원칙적으로 주의 권한에 속한다. 주의 재판은 고유한 재판(Die originäre Gerichtsbarkeit)과 이관된 재판(Die delegierte Gerichtsbarkeit)으로 나뉜다.

첫째, 고유한 재판이란 주가 형법 제338조에 따라 형법에 규정된 가벌적인 행위로서 연방재판에 속하지 않는 모든 범죄에 대해 소추하고 재판하는 것을 말한다. 연방재판은 예외적 성격을 지니기 때문에 연방관할에 속할 범죄는 법률에 명시했을 때에만 가능하다. 그 밖의 경우에는 다 주의 재판관할에 속한다. 따라서 주에 의해 소추되고 처벌될 형법상의 범죄구성요건으로는 예컨대 생명과 신체에 대한 죄(Art. 111ff. StGB), 재산죄(Art. 187ff. StGB), 명예에 관한 죄(Art. 173ff. StGB), 사생활의 비밀과 평온을 해하는 죄(Art. 179ff. StGB), 자유에 관한 죄(Art. 180ff. StGB), 성범죄(Art. 187ff. StGB), 가정파괴범죄(Art. 213ff. StGB), 대부분의 문서위조죄(Art. 251ff. StGB)와 사법질서를 침해하는 범죄(Art. 303ff. StGB) 등을 열거할 수 있다. 그 밖에 도로교통법상의 위반범죄도 여기에 속한다.

그런데 1934. 6. 15.자 연방형사사법에 관한 연방법률(BStP) 제259조는 특별규정을 두었다. 즉, 연방검사는 연방에 특별한 지휘권을 부여한 연방법률에 위반한 범법행위를 소추하는 경우, 만약 그 가벌적 행위가 전부 또는 일부 외국에서 저질러졌거나 여러 주에 걸쳐 저질러진 것이라면, 수사를 지시할 수 잇다.

둘째, 이관된 재판이란 본래 연방관할 형사사건이면서도 별로 중요하지 않은 사건이기 때문에 그 처리를 주에 이첩한 경우, 주에서 소추하여 재판하는 것을 말한다. 새로운 연방헌법은 그와 같은 이관의 허용에 관해 아무런 수정을 가하지 않았다. 연방헌법 제191a조 제1문에 나오는 관할지정(Kompetenzzuweisung)은 새로운 연방형사법원이 모든 연방형사사건을 재판해야 한다는 것을 전제하지 않음을 의미하기 때문이다.

형사법원법(SGG)의 발효 후 관할이관에 대해서는 연방형사사법에 관한 연방법률(BStP) 제18조와 형사법원법 제18조에 따라 다음과 같은 규율이 적용된다: 즉, 연방검사는 주 관청에 형법 제336조 제1항과 제3항에 따른 연방형사사건을 예심조사(Untersuchung)와 판결(Beurteilung)을 위해 이관할 수 있고, 예외적으로는 단지 판결업무만 이관할 수 있다. 이 경우에는 연방검사가 더 이상 주 법원에 공소를 제기하여 이를 담당하지 않는다. 형법 제336조 제2항 또는 제337조에 따른 연방형사사건도 단순한 사안인 경우에는 예심조사와 판결을 주관청에 지정할 수 있다.

이관은 대체로 재판적에 관한 규정에 의해 주의 재판관할이 있는 해당 주에다 한다. 주는 그 이관전 형사사건을 이첩받아 조사하고 재판할 권리와 의무를 진다. 이관 조치는 단지 토지관할 있는 주만을 지칭할 뿐, 주 내의 특별한 관청을 지칭하지는 않는다. 종전에는 이관을 받은 당해 주가 이 이관을 거절할 수 있었으며, 그 경우에는 연방법원의 공소부(Anklagekammer)가 다른 주를 찾아 지명할 수 있었다. 그러나 이른바 효율법률안(Effizienzvorlage)에 의해 새로 도입된 연방형사법에 관한 연방법률(BStP) 제260조가 종전의 그와 같은 관행에 변경을 가했다. 그에 따르면 연방법원의 공소부(현재는 연방형사법원의 항고부)가 연방검사와 주 형사소추관청 중 어느 기관에, 형법 제337조에 정한 가벌적 행위의 경우, 그에 대한 수사관할권을 결정해 주어야 한다.

종종 재판관할권이 경합하는 경우가 생길 수 있다. 예컨대 폭발물파열로 사람을 상해하려고 재물을 손괴한 경우에는 주재판과 연방형사재판관할이 경합하게 된다.

만약 연방형사사건에서 연방재판권과 주재판권이 경합하면, 연방검사가 연방관청이나 주관청의 일꾼에게 절차를 통합해서 처리하도록 지시할 수 있다(Art. 18 Abs. 2 BStP). 합쳐질 때까지는 주와 연방이 각 소송법의 공식에 따라 각각 독자적으로 수사할 수밖에 없다.

　보통범죄와 연방행정형법상의 범죄가 경합하면, 사실관계는 주 및 연방의 조직 및 절차법에 따라 분리하여 조사할 수밖에 없다. 그러나 피의자가 법원의 재판을 요구하거나 그 사안이 자유형 내지 자유박탈적 보안처분이 문제되는 경우라면 재판절차가 주 관청의 공소에 대한 선고절차와 합일될 수 있다. 다만 모든 문제된 범죄구성요건에 대하여 동일한 심급의 재판관할권이 있을 때에 한한다.

　더 나아가 연방관청과 주관청 사이에 관할권 충돌이 발생하는 경우도 있다. 이 경우는 국가기관 간의 권한분쟁사건으로서 연방법원이 결정을 통해 판가름해야 한다. 이와 같은 소는 기간의 제한이 없다. 이 소송절차에서 연방정부가 대리인이 되고, 특별한 부서에 위임해서 수행하게 하는 스위스 연방(Eidgenossenschaft)과 주정부에 의해 대리되는 주(Kanton)가 당사자(Partei)가 된다.

　스위스에서는 판사와 검사를 민주주의의 전통에 따라 국민이 투표하여 선출한다. 선출기관은 주에 따라 차이가 있다. 어떤 주는 국민이 직접투표하기도 하고, 또 다른 주는 의회나 정부 또는 상급법원에서 투표하여 선출하기도 한다. 법관의 선출은 보통 다수결의 원리에 따라 결정된다. 그러나 실무적으로는 종종 비례대표제원리가 적용되기도 한다. 추크 주(Kanton Zug)에서는 주법원과 고등법원에 비례대표제를 적용하도록 법률로 정하여 놓았다. 이와 같은 선출직 법관과 검사들은 때로는 정당정치의 영향에 휩쓸릴 위험이 있으므로 그들의 직무상 독립성과 공정성 확보가 중요한 관심사가 되기도 한다.[11] 취리히 주(Kanton Zürich)는 법관과 대용법관(Ersatzrichter)들이 자

----

11) Kanton Aargau 법원조직법 제7조는 법관의 임무를 다음과 같이 규정하고 있다: "법관은 그의 직무를 겸손과 인도주의정신으로써 수행한다. 그는 그의 독립성을 지키면서 곤경에 처한 당사자를 도와주어야 한다."(Der Richter übt sein Amt mit Zurückhaltung und Menschlichkeit aus. Er steht unter

신들의 이해관계에 얽히지 않도록 하기위해 그 직에 취임하는 때 법원에 문서로 그의 직업과 부업활동, 정치적인 공직활동 등을 보고하도록 하고, 법원은 그들이 이 공지의무를 이행했는지를 감시하도록 했다.[12]

스위스 형사소송절차는 대체로 사법경찰의 수사절차(Ermittlungs-verfahren), 예심판사 내지 검사의 예심조사절차(Untersuchung 또는 Voruntersuchungsverfahren), 중간절차(Zwischenverfahren), 제1심 공판절차, 항소 및 상고절차 그리고 형벌집행절차로 이어진다. 여기에서 특히 수사절차는 각 주에 따라 차이가 있고, 또한 각 연방의 수사절차가 유형별로 상이하다. 우선 그 복잡성을 단순화하여 도식으로 말하자면, 일원적 수사절차와 이원적 수사절차로 구분할 수 있다는 것이다.

3. 현행 스위스 형사소송법상 수사체계

(1) 개   요

스위스 형사소송법상 넓은 의미의 수사절차(Vorverfahren)는 연방 관할 형사사건과 주관할 형사사건에 따라 차이가 있고, 또한 26개 주 형사소송법에서도 지역에 따라 유형별로 차이가 난다. 수사활동의 개시는 역시 고소·고발이나 직권적인 인지 등에 의해 일어난다는 점에서 앞서 본 독일·오스트리아 형사소송법상 수사체계와 별반 다르지 않다. 하지만 수사활동의 개시 후 진행과 종료에 이르는 전과정에서 수사체계는 인접 국가들의 수사체계와 약간의 차이를 나타내고 있다.

수사절차의 개시에서 종료에 이르는 일련의 과정에서 우선 크게

Wahrung seiner Unabhängigkeit einer unbeholfenen Partei bei.)
12) Schmid, Strafprozessrecht, 4. Aufl. 2004, S.102ff.

두 종류의 수사활동으로 나누어진다. 첫 번째 종류를 흔히 경찰수사라 는 의미로 이해되는 Ermittlung이라고 한다. 두 번째 종류를 흔히 예 심이라 부르기도 하고, 이미 예심조사라고도 언급했던 Untersuchung 이라 한다.[13] 여기에서 경찰 수사절차(Ermittlungsverfahren)를 독자적으 로 형성하기도 하고 또는 예심조사의 일부로서 구성하기도 한다. 이 에 따라 일원적 조사체계 또는 이원적 조사체계라고 지칭해 분류하 기도 한다.

일원적 조사체계(Die eingliedrige Untersuchung)는 예심관청의 조사공 무원이 검찰의 위임 없이 스스로 수사절차를 개시하고 심지어는 어떤 수사절차 부분을 포기할 수도 있는 경우를 말한다. 사법경찰을 통해 어떤 수사절차를 진행시키는 경우에, 예심판사(Untersuchungsrichter)는 언제든지 사경의 수사활동에 관여하거나, 그 수사를 자기에게로 넘 기게 할 수도 있다. 이러한 해결방법은 수사의 일사불란한 지휘를 할 수 있는 장점을 갖는다. 또한 수사절차 과정의 집중력을 높이며, 그 과정의 목표의식적인 진행을 보장해 준다. 그래서 일원적 조사절차 가 스위스에서는 더 선호되는 수사체계로 자리잡고 있는 실정이다. 예컨대 취리히(Zürich)(§22 StPO), 베른(Bern)(Art. 219, 220 StPO), 바젤-란 트슈프트(Basel-Landschaft)(§126 StPO), 샤우프하우젠(Schaffhausen)(Art. 212, 213 StPO), 상트 갈렌(St. Gallen)(Art. 173ff. StPO) 등 다섯 주(Kanton)가 이 체계를 택하고 있다.

물론 오늘날 이와 같은 일원적 조사체계에도 불구하고 사법경찰 의 역할이 점점 더 중요한 의미를 차지해 가고 있는 것이 현실이다. 사경의 기동성과 또한 수사과학기술적 장비와 수단을 보유하고 있기

---

13) Ermittlung과 Untersuchung으로 二分하는 것이 일반적인 관례이지만, Kanton Bern의 형사소송법과 연방형사소송법에 해당하는 연방형사사법에 관한 연방법률(BStP)에서는 Ermittlung과 Voruntersuchung으로 二分하기도 한다. 이 경우 Untersuchung과 Voruntersuchung 사이에 내용적인 차이는 별 로 없다.

때문이다. 그렇기 때문에 생명·신체에 대한 중범죄나 중요한 방화 사건이나 사회적 이목을 끌 사고 등이 일어났을 때 실무에서는 초동 단계부터 경찰과 예심 조사공무원(Untersuchungsbeamte)의 긴밀한 공조 가 이루어지며, 심지어 예심 조사공무원은 경찰과 동시적으로 사건 현장에 나타나기도 한다.[14]

이에 비해 이원적 조사체계(Die zweigliederige Untersuchung)는 예심 조사(Untersuchung)에 앞서서 좁은 의미의 수사(Ermittlung)가 이루어지 고, 이 수사는 예심판사와 다른 기관, 즉 경찰의 권한사항이 되어 있 는 경우를 말한다. 여기에서 수사절차는 사법경찰(Kriminalpolizei)이 맡 아 수행하지만, 수사절차의 주재자인 검사의 지휘 아래 이루어진다. 수사에 뒤이어서 진행될 예심조사는 예심관청(Untersuchungsbehörde)인 예심판사에 의해 이루어진다. 예심관청의 조사는 단지 검사가 예심 조사를 진행하도록 위탁했을 때에만, 비로소 진행된다. 하지만 검사 는 예심절차 중 아무런 지시권한도 없으며, 단지 이 예심기간 동안 일방 당사자의 지위만 가질 뿐이다. 예심판사의 예심조사가 끝난 뒤, 예심판사는 조사서류를 검찰에게 다시 넘겨주며, 검찰은 그 후 절차 중지나 공소제기를 결정할 수 있게 된다.

이 예심조사절차는 이미 독일·오스트리아 형사소송법에서 누차 언급했던 바와 같이 1808년 나폴레옹 1세 치죄법(Code d'instruction Criminelle)에서 유래하였고, 현행 오스트리아 형사소송법도 2008년 새 로운 수사절차법이 시행되기까지는 이 예심절차가 수사절차의 중추 를 이루고 있다. 스위스 연방 형사소송법(BStP)에도 이 예심절차(다만 Voruntersuchung이라 표현됨)가 치죄법상의 순수한 형태로 남아 있다 (Art. 104, 108 BStP). 몇몇 Kanton에서는 약간 수정된 형태의 예심절차 가 오늘날에도 통용되고 있는 실정이다. 이를테면 아르가우(Aargau)

---

14) Schmid, Strafprozessrecht, a.a.O., S.300f.; Oberholzer, Grundzüge des Strafprozessrechts, 2. Aufl., 2005, S.599f.; Maurer, Das bernische Strafverfahren, 2. Aufl. 2003, S.327f; Hauser/Schweri/Hartmann, a.a.O., S.381f.

(§§1, 123, 126 StPO), 뉴엔버그(Neuenburg)(Art. 7-7e, 9, 106 StPO), 추라 (Jura)(Art. 72, 96, 100, 240 StPO), 유리(Uri) 등 다섯 개의 주(Kanton) 형사소송법이 그 보기에 속한다.

최근 들어 나타난 새로운 입법경향에서도 수사절차에 관한 통일적인 입장을 보여주지 못하고 있다. 샤우프하우젠 주(Kanton Schaffhausen)(Art. 210 Abs. 2, 211 Abs. 2, 213 StPO)와 테신(Tessin)(Art. 192-194 StPO)은 1986 내지 1992/94년에 형사소송법 개정이 있었을 때, 이원체계에서 일원체계로 전환한 반면, 추라 주(Kanton Jura)는 1990년의 형사소송법 개정에서 반대로 일원체계에서 이원체계로 전환했다(Art. 100 Abs. 1 StPO). 프라이버그 주(Kanton Freiburg)은 1996년 형사소송법 개정에서 많은 논쟁을 거친 뒤 일원체계를 재확인했다 (Art. 144ff. StPO).

일원적·이원적 조사체계 이외에도 주에 따라 약간의 변용이 나타나고 있다. 일원적 조사체계를 일명 제1예심판사모델(Unter-suchungsrichtermodell Ⅰ)이라 칭한다면 이를 변용한 것이 제2예심판사모델(Untersuchungsrichtermodell Ⅱ)이다. 이 조사절차에서는 예심판사 및 검찰이 수사활동에 관여한다. 제1예심판사모델과의 차이점은 이 제2예심판사모델에서 예심판사는 검찰로부터 독립되지 못하고, 도리어 검찰의 지시에 구속된다는 점이다. 이 모델에 속한 주(Kanton)는 10여 개에 달하나, 예심판사에 대한 검찰의 지시구속성은 개별 주 (Kanton)의 법률과 실무에서 각각 정도의 차이가 있다. 일부 주에서는 예심판사가 절차중지와 공소제기의 권한을 갖는 반면, 다른 주에서는 단지 조사·심리권한과 절차중지권한만 갖는 경우도 있다. 대다수의 주에서는 검사만이 법원에 대한 공소제기와 공소대리권한을 갖는다.

이와 달리, 이원적 조사체계를 일명 제1검찰 모델(Staatsanwalt-schaftsmodell Ⅰ)이라고 칭한다면 이를 변용한 것이 제2검찰 모델 (Staatsanwaltschaftsmodell Ⅱ)이다. 이 조사절차의 특징은 예심판사제도

가 없이, 검찰이 모든 단계의 조사절차를 주도하게 되므로, 실제로
는 검찰에 의한 일원적 조사체계를 구축하는 것이다. 검찰은 수사
절차의 주재자(Leiterin des Vorverfahrens)로서 경찰의 초반수사절차
(polizeiliches Ermittlungsverfahren)를 지휘하고, 중반 이후의 예심조사
(Untersuchung)를 주도하며, 종국에는 공소를 제기하고 그 공소를 대리
하는 임무를 진다. 따라서 검찰은 사법경찰을 지휘하거나, 그에 대하
여 지시권한도 갖는다.

　　이 제2검찰 모델, 즉 검찰제도에 의한 일원적 조사체계가 우리
나라에서는 쉽게 이해될 수 있는 것이지만, 예심판사모델의 전통을
갖고 있는 이들 나라에서는 새로운 모험이라고 할 수 있다. 하지만
경찰의 초동수사(Ermittlung)와 검찰의 예심조사(Untersuchung) 및 공소
제기(Anklageerhebung)를 통합시킴으로써 형사소추작용에 고도의 효율
성이 기대되고 있기 때문에, 2005. 12. 21.자 연방정부가 의회의 인준
을 요청한 통합 형사소송법은 바로 제2검찰모델을 채택하여 새 입법
에 반영하였다.[15)]

　　문제는 종전과 달리 검찰의 지위와 비중이 높아진다는 점이다.
그 높아진 비중을 상쇄시키기 위한 법치국가적 조치를 스위스는 법
원에 의한 강제처분재판과 피의자의 방어권 강화를 통한 사법적 통
제조치에서 찾는다. 검찰의 수사지휘권과 수사절차 전반에 걸쳐 주
도적 역할을 경찰에 내어줌으로써, 검찰권 강화를 상쇄하겠다는 방
안은 법적인 고려대상이 아니다.[16)]

---

15)　Botschaft zur Vereinheitlichung des Strafprozessrechts(BVStP) vom 21.
　　Dezember 2005, S.23.

16) 물론 경찰의 초동수사단계에서 경찰과 검찰의 관계를 검찰의 큰 틀 안에
　　서 지휘 아래 양자의 협력관계로 설정한 것은 오스트리아 개정 형사소송법
　　상 새로운 수사절차와 비슷하다.

(2) 경찰의 초기수사절차(Ermittlungsverfahren)

스위스 형사소송절차에서 이 초동적인 수사절차(Ermittlungsverfahren)는 전체 절차과정의 첫 번째 단계에 해당한다. 여기에서 특정인에 대한 형사소송절차를 수행하는 데 충분한 준거점들이 주어져 있는지가 밝혀진다. 이 시작단계에서는 절차가 기민하고 결연하게 진행되어야 하기 때문에, 그 절차를 규율하는 형식적인 규정들도 간단하고 또 수효도 많지 않다. 예심(Untersuchung)절차와는 달리 이 초동수사절차에서는 소송법적 권리가 완벽하게 보장되고 있지 못하다. 이를테면 피의자 신문절차에 변호인의 참여도 보장되어 있지 않으며, 참고인의 조사에 피의자가 참여할 수 있는 권리도 보장되어 있지 않다.

물론 그렇다고 해서 초기수사절차가 경찰의 임의에 내맡겨져 있는 것은 아니다. 형사사법은 쾌적한 주거환경을 갖춘 로열 층에 살고, 초기수사를 맡은 사법경찰은 음습한 지하실 방에 거주하는 것은 아니기 때문이다. 사법요식성(Justizförmigkeit)의 요구는 사법경찰에도 물론 적용된다. 따라서 진술을 강요할 수 없으며, 금지된 신문방법을 써서는 안 된다. 진술거부권과 변호인의 조력을 받을 권리도 미리 고지되어야 한다.

넓은 의미에서 경찰의 활동은 위험예방과 범법행위의 진압이다. 그 가운데서 후자가 사법경찰이 수행할 초기수사의 과제이다. 초기수사절차는 고소·고발 및 인지 등에 의해 개시된다. 경찰은 직무상 범죄사실을 지득했을 때 고발의무가 있다.17) 私人들은 형사고발·고소의 권리는 있지만, 그 의무가 있지는 않다. 친고죄의 경우 경찰은 고소권자가 형법 제30조 이하에 따라 형사고소를 제기할 의사가 있

---

17) §21 StPO Zürich; Art. 200, 201 StPO Bern; §51 Abs. 1 StPO Luzern; Art. 142 StPO Uri; §121 StPO Basel-Landschaft; Art. 210 StPO Schaffhausen; Art. 140 StPO Appenzell ARh; Art. 167 StPO St. Gallen; §120 StPO Aargau; Art. 181 StPO Tessin.

는지를 확인해야 한다. 또한 이 경우 고소의사가 확인된 뒤에야 경
찰은 비로소 수사를 개시할 수 있다.

경찰이 인지한 사실들은 아직 형식적으로 예심관청에 서류로써
보고하기에는 충분치 않은 경우가 많다. 이러한 경우 우선 혐의를
구체적으로 따져보고, 또한 혐의의 진위를 가릴 목적으로 경찰의 탐
지조치가 취해져야 한다. 이것을 흔히 내사(Vorermittlungsverfahren)라고
부른다.[18] 그런데 이 내사와 같은 사전탐지조치는 연방형사소송법
(BStP)과 대부분의 주 형사소송법에도 규정되어 있지 않다.[19] 사법경
찰은 이 초기수사절차에서 증거수집과 죄적확보에 주력해야 한다.
그렇게 함으로써 범행과 범인의 실체를 규명할 수 있기 때문이다.
그 일환으로 사법경찰은 혐의자나 참고인으로 문제될 사람들을 탐문
해야 하고, 지문이나 족적을 확인하고 보존해야 하며, 음주측정 등을
실시해야 한다. 이렇게 수집된 증거방법들은 더 나아가 수사과학적
인 평가를 받아야 한다.

이와 같은 임무를 원활히 수행하기 위해 초기수사기관인 범죄수
사경찰(Kriminalpolizei)[20]에게 독자적인 권한들이 주어진다. 즉, 혐의자
의 체포, 일시적인 압수, 신체수색, 혈액검사지시, 상해부위 등 의료
진단조치, 식별조치 등이 그것이다. 그 밖에도 혐의자 수배(Fahndung)
및 마약밀매, 테러리즘, 조직범죄와 살인사건 등 중범죄로서 어려운
수사를 전개해야 할 상황에서는 함정수사나 첩보원(V-Mann)을 투입한
수사도 가능하다. 더 나아가 사법경찰은 전과자기록, 전산입력자료
등을 통해 범인의 동일인 여부를 식별해도 된다. 2003. 6. 20. 제정되
어 2005. 1. 1.부터 발효된 DNA-프로필-법률은 DNA 분석이 지니는
높은 증거가치 때문에, 경찰수사에서 중요한 의미를 지니게 되었다.

---

18) Hauser/Schweri/Hartmann, a.a.O., S.383.
19) 다만 Art. 224, 228 StPO Bern에는 이에 관한 규율이 있다.
20) 항용 사법경찰로도 지칭된다.

(3) 예심조사절차(Untersuchungsverfahren)

예심조사는 일명 사전예심조사(Voruntersuchung)로도 불리며, 대개 경찰의 초기수사절차의 후속적인 과정을 의미한다. 진행단계로 보면, 경찰 초기수사가 선행하고, 예심조사가 그 뒤를 따르게 된다. 하나의 연속된 진행과정을 이루어가지만, 그럼에도 양자는 여러 면에서 구별된다. 경찰의 초기수사절차의 단계는 주로 사실관계의 규명에 중점을 두는 반면, 예심조사단계는 이보다 더 나아가 범행의 법적·주관적 요소들의 규명에 비중을 둔다. 그러므로 이 예심조사절차는 초기수사절차에 비해 법적 절차로서의 성격이 더욱 강하다. 때문에 이 절차에 참여하는 자들은 초기수사절차에서와는 달리, 자신의 이익을 유효하게 이끌어 갈 중요한 권리들을 행사할 수 있다. 이를테면 예심조사조서를 열람할 권리와 증거신청을 내놓을 권리, 변호인의 조력을 받을 피의자의 권리 등이 그것이다.[21]

문제는 피의자나 그의 변호인이 예심조사절차에서의 강제처분행위, 예컨대 압수와 수색에 참여할 권리 또는 의무가 있느냐이다. 더 나아가 목격증인이나 참고인 또는 감정인의 신문에도 이들이 참여할 권리가 있느냐이다. 이 문제의 해결을 위한 형사소송법적 규율은 세 부류로 나누어 볼 수 있다.

첫째, 비밀조사심리이다. 예심조사는 규문처럼 본래 밀행으로 시행되었었다. 다시 말해서 절차 참여자들의 참여가 원칙적으로 배제되었다. 다만 피의자와 증인 사이의 대질신문이나 피의자 본인신문의 경우에는 사리적으로 피의자 참여 없이 예심조사가 진행될 수 없

---

21) 오스트리아 형사소송법 이론에서는 경찰의 초기수사시 범죄자를 혐의자(Verdächtiger)라고 지칭하고, 예심조사절차에서는 이를 피의자(Beschuldigter)라고 하여, 양자 사이의 법적 지위에 차이가 있음을 전제하고 있으나, 스위스 형사소송법 이론에서는 이와 같은 용어의 구별과 그 지위의 명확한 구별을 쉽게 찾을 수 없다.

을 것이다. 오늘날 이 규문적 조사방식은 피의자가 현존하는 한 법적으로 유지되기 어렵다. 헌법상 피의자는 법적 청문권(Recht auf rechtliches Gehör)을 갖고 있기 때문이다. 물론 문제 있는 예심조사방식도 공판절차에서 다시 피고인의 면전에 현출하여 반복함으로써, 밀행적 조사심리방식의 흠결을 사후적으로 어느 정도 지양할 수 있다. 하지만 법치국가적 사고와는 모순된다는 문제점을 불식시키기는 어렵다. 다만 피의자가 도주한 경우에는, 그에게 예심조사절차에서의 이와 같은 참여권을 배제했다고 해서 문제될 것이 없다.[22]

둘째, 선택적 당사자 공개원칙이다. 스위스 형사소송법상 최근의 개정법률 중에 나타나는 새로운 경향으로서 예심절차를 당사자에게 공개하여 형성해 나가는 것이다. 그러나 대부분의 새로운 개정법률에 따르면 이 당사자 공개원칙은 단지 선택적으로 허용될 뿐이다. 즉 예심판사가 예심참여자들에게 공개를 허용할지 배제할지를 결정할 수 있는 재량권을 갖는다. 법률에 따라 그 참여의 폭이 제한적인 경우도 있고 확장적인 경우도 있다. 법문의 문언에 따르면 참여가 원칙적으로 가능하지만, 예심목적을 위태롭게 할 염려가 있을 때에는 배제해도 좋다는 형식도 있다.[23] 여기에서 예심목적을 위태롭게 하는 경우로는, 피의자가 자신의 문서열람 등 참여기회를 이용하여, 허용되지 않은 방법으로 예심조사절차에 나쁜 영향을 주려고 시도하였다는 구체적이고도 객관적인 준거점이 드러난 경우를 지칭한다.

셋째, 필요적 당사자 공개원칙이다. 취리히(Zürich) 형사소송법 제10조, 제14조, 제15조는 예심조사절차에서 완벽에 가까운 피의자의 방어와 피해자의 참여를 열어놓고 있다. 이들은 증인, 참고인, 감정인의 신문에도 소환되며, 이 경우 그들이 이 소환에 응할 것인지의

여부를 각자의 재량에 맡긴다. 변호사가 참여를 포기하려면, 그는 먼저 자신의 참여가 사실상 불필요하다는 점을 소명해야 하고, 필요한 경우에는 그를 변호인으로 선임한 피의자와 사전 접촉을 가져야 한다. 동법 제14조, 제15조는 피의자와 변호인의 직접 출석을 보장한다. 다른 장소에서의 신문을 오디오 또는 비디오로 중계하는 것은 피해자와 증인 보호를 위해 특히 필요한 충분한 근거가 있는 경우에 한해서만 허용된다. 취리히(Zürich) 형사소송법상 당사자공개원칙은 예심조사절차 참여자들의 직접적인 질문권까지 인정해 주고 있다. 이 점은 획기적인 조치로서 특히 주목할 부분이라고 생각한다.

피의자가 도망치거나 성범죄희생자가 미성년이어서 범인의 현존이 정신적인 충격을 가할 위험이 있을 경우처럼, 피의자의 출석과 참여가 부득이한 사유로 불가능할 때에 한해 피의자, 피해자, 변호사에게 신문기일을 알리지 않고도 예심에서 신문을 행할 수 있다. 피의자와 그의 변호인의 참여권이 침해되었을 경우, 그로 인해 피해자가 불리하게 된 경우에 한해, 해당 조서들은 무효가 된다.

1991. 10. 4.자 범죄피해자보호법(OHG)은 당사자 공개원칙에 대해, 선택적이든 필수적이든 불문하고, 본질적인 제한조치를 취했다. 동법 제5조 제4항은 예심절차에서 만약 피해자가 요구한다면, 피해자와 피의자가 마주치는 일을 피하도록 하고 있다. 피의자는 이 경우 피해자의 증인신문에 참여할 수 없다. 다만 피의자의 법적 청문권이나 형사소추의 우월한 이익이 피의자의 참여를 반드시 필요로 한다고 할 수 있는 경우는 예외로 한다.

스위스 법에서 예심절차는 여러 가지 소송행위들을 통해 사실관계를 법적·사실적 관점에서 규명하여, 그 사실에 대하여 검찰이 공소를 제기할 것인지 아니면 넓은 의미의 수사절차를 중지할 것인지를 결정하는 데 기여하는 과정이다. 예심의 범위는 광범위하게 변론절차와 관련된 범위에 미친다. 만약 법원이 독자적으로 증인 신문과 같은 증거조사절차를 이행한 경우에는 예심판사의 활동은 상대적으로 줄어들 수밖에 없다.

공소의 제기를 전제했을 때 필요한 증거를 확보하는 것도 예심의 몫이다. 특히 변론절차까지는 갖가지 중요한 증거들이 일실될 위험이 있기 때문에, 예심에서 이러한 증거조사를 해놓아야 한다.

대개 법원의 유죄판결은 예심의 서류를 근거로 내려지는 경우가 많기 때문에, 이미 예심에서 유죄증거들을 제출해야 한다. 또한 예심은 양형의 근거되는 서류와 보안처분부과의 결정자료도 제공해야 한다. 그리하여 스위스 형사소송법의 많은 규정들은 이런 관점에 따라 예심조사 절차를 구성하고 있다.[24]

(4) 초기수사절차와 예심조사절차 구분의 의의

우선 양자의 구별은 예심조사절차에 특별히 장치된 사법적 보장책들에 비추어 볼 때, 실무적으로 중요한 의미를 지닌다. 원칙적으로 초기수사절차와 예심절차상의 활동에 사실관계의 규명과 범인의 탐지 등과 같은 동일한 임무가 주어져 있다. 하지만 양자 사이에 일도양단적인 구별기준은 존재하지 않는다. 그렇기 때문에 구체적인 예에서 형사소추기관들(사법경찰, 예심관청, 검찰 등)에게 비교적 넓은 재량의 여지가 주어진다.

일반적으로 말해서, 사법경찰(Kriminalpolizei)에게는 잠정적으로 단서를 수집하는 활동이 주가 된다. 다시 말하자면 범행의 외적인 경위에 주로 그 활동이 미친다. 이에 비한다면 넓은 의미에서 수사절차(Vorverfahren)의 중점은 스위스법상 원칙적으로 예심조사절차에 놓여 있다. 이 절차는 범인의 죄책을 규명하고 다른 법률적인 문제점

---

24) 예컨대 Art. 138 Abs. 1 StPO Uri; §61 StPO Schwyz; Art. 29 StPO Obwalden; Art. 40 StPO Glarus; Art. 152 Abs. 2 StPO Freiburg; Art. 146 StPO Appenzell ARh; Art. 54 Abs.1 StPO St. Gallen; §74 Abs. 1 StPO Thurgau; Art. 51 Ziff. 2 StPO Wallis.

들도 함께 풀어가야 하기 때문이다.

실무에서는 물론 경찰이 갖고 있는 수사과학기술의 전문지식과 기법 때문에 경찰수사절차(Ermittlungsverfahren)가 확대되고, 대신 예심판사 내지 검찰의 예심조사(Untersuchung)가 축소되는 경향이 있다. 그 결과 넓은 의미에서 수사절차 전반의 작용력이 현저하게 향상되었다. 이 점이 경찰의 초기수사절차와 예심판사 내지 검찰의 예심조사절차를 구분한 오스트리아 및 스위스 수사절차의 주목할 만한 대목이다.

하지만 경찰수사와 예심조사를 넓은 의미의 수사절차(Vorverfahren)에서 구분하는 것은 반대로 수사절차를 2원화(Doppelspurigkeit)시켜, 예심조사에서 종종 불필요한 반복 수사활동을 하게 된다는 난점을 낳는다. 때때로 예심조사가 증인이나 참고인에 대한 예심판사의 신문을 포기하는 대신 경찰수사만을 재현해 놓는 경우도 있어, 결과적으로 예심판사의 권한을 경찰에 이양한 꼴이 되는, 법적으로 허용될 수 없는 편법적 수사관행이 확립되는 경향을 나타낸다는 것이다. 그것은 바로 법적으로 보장된 피의자의 방어권을 침해하는 탈법관행의 결과와 직결된다. 이 점이 심각한 고민거리가 아닐 수 없다.

이와 같은 문제점을 해소하고 법치국가적 형사소송법의 이념을 구현하자면, 이미 바젤 주(Kanton Basel)(§124 StPO), 아르가우 주(Aargau)(§126 StPO) 형사소송법이 취한 바처럼 예심조사의 의무조항을 포기하고, 검사가 경찰의 초기수사를 기초로 예심조사 없이 곧바로 절차를 종료할 수 있는 가능성을 열어 놓는 방도를 우선 생각해 볼 수 있다.[25] 이와 병행해서 또한 피의자·피고인과 그의 방어권을 위해 보장된 법치국가적 보장책들이 수사절차 전반에 걸쳐 더 강화되도록 해야 할 것이다. 예컨대 구속이나 가택수색 같은 강제처분시 법관의 사전 승인 내지 영장을 발부받게 하고, 변호인의 참여권을

---

25) Hauser/Schweri/Hartmann, a.a.O., S.389.

보장하는 것 등이다.

스위스 현행 형사소송법 체계에서 이와 관련한 두 가지 유형의 절차모델을 확인할 수 있다:

첫째, 예심조사의 필수적인 의무를 포기하는 모델이다. 이 경우에 피의자의 방어권들을 이미 경찰의 수사절차에 앞당겨 끌어들인다. 졸로투른 주(Kanton Solothurn)는 1990년 형사소송법 개정법률에서 이 조치를 취하여, 변호인이 경찰신문에 참여하도록 허용했다(§7 Abs. 2 StPO). 바젤-란트샤프트(Basel-Landschaft)도 검찰이 초기수사 후 계속 수사를 경찰에 이첩한 경우에는 그 절차 참여인들에게 예심조사관청에 대한 그들의 권리와 같은 권리를 경찰기관에 주장할 수 있게 하였다(§122 Abs. 2 StPO).

둘째, 특별히 중요한 형사사건에 대해서는 사실관계 확정의 중책을 예심조사관청에 전담시키는 모델이다. 이런 방향에서 샤우프하우젠 주(Kanton Schaffhausen)(Art. 212, 213 StPO)와 아펜젤(Appenzell IRh)(Art. 80 Abs. 2 StPO)의 형사소송법은 예심조사관청이 언제든지 절차의 지휘를 넘겨받을 수 있고 또한 범죄나 복잡한 사실관계 규명이 필요한 사건을 넘겨받아 수사할 의무를 진다고 규정하고 있다. 이 같은 경우 예심조사 공무원은 가장 중요한 신문을 본인 스스로 수행하여야 하며, 아울러 절차 참여인들의 권리가 최대한 보장될 수 있도록 하여야 한다. 그 밖에도 베른(Bern)(Art. 219 StPO), 오발덴(Obwalden)(Art. 269 Abs. 3 StPO), 프라이버그(Freiburg)(Art. 151 Abs. 2, 153 StPO) 및 상트 갈렌(St. Gallen)(Art. 166 Abs. 3 StPO) 형사소송법은 중요한 사건에서 예심판사 내지 검사에 대해 경찰의 정보보고 의무가 규정되어 있는 경우에는, 예심조사관청은 경찰의 진행 중인 소송행위에 즉시 개입하여 모종의 조치를 취할 수 있는 가능성을 열어 놓았다.[26]

---

26) Maurer, Das bernische Strafverfahren, 2. Aufl., 2003, S.385; Oberholzer, Grundzüge des Strafprozessrechts, a.a.O., S.569ff.; Schmid, Strafprozessrecht, a.a.O., S.304; Hauser/Schweri/Hartmann, Schweizerisches Strafprozessrecht,

(5) 수사절차와 관련된 스위스 형사소송법상의 원칙

넓은 의미의 수사절차(Vorverfahren)와 관련하여 스위스형사소송법은 널리 일반적인 법문화유산에 속하는 유럽대륙적 형사소송의 원칙들을 갖고 있다.

첫째, 국가소추원칙(Offizialprinzip)이다. 형사소추는 원칙적으로 국가의 전유물이지만, 친고죄, 수권범죄, 사인소추(私人訴追)가 가능한 몇몇 사안에서는 그 예외가 인정된다.

둘째, 기소법정원칙(Legalitätsprinzip)이다. 예심관청과 공소관청은 범죄사실과 충분한 혐의가 드러나면, 필요한 소송조건이 구비되어 있는 한, 원칙적으로 소추를 맡아 공소를 제기해야 한다. 하지만, 프랑스, 독일, 오스트리아 현행 형사소송법이 취하고 있는 것과 마찬가지로 스위스 법에서도 일정한 조건하에 기소편의주의의 예외가 인정된다.

셋째, 제한된 처분준칙(beschränkte Dispositionsmaxime)이다. 기소법정·기소편의주의와 연계하여 절차 관여인들이 소송대상을 처분할 수 있는지, 있다면 어느 정도까지 가능한지는 스위스 법에서도 다양한 스펙트럼을 볼 수 있다. 형법적 갈등해소와 절차의 신속·경제적인 처리를 위해 최근 절차 관여인들 사이에 처분권한이 확대되는 추세인 것이 사실이다.

2005. 12. 21. 의회에 제출된 통합 형사소송법 초안에도 친고죄의 경우 검사가 당사자 간의 화해를 주선할 수 있는 이른바 중재제도(Mediation; Vergleich)가 도입된 것을 볼 수 있고(Art. 316, 317), 이미 슈비츠(Schwyz), 샤우프하우젠(Schaffhausen), 상트 갈렌(St. Gallen) 주(Kanton) 등도 이를 시행하고 있다. 취리히(Zürich)도 2002. 10. 1.부터 시험적으로 한 민간협회에서 만들어 시행하고 있는 이른바 형사중재소(Fachstelle Strafmediation)를 활용하고 있다. 이 중재소가 형사소추기

---

a.a.O., S.390.

관에 형사사건의 법정외 중재를 요청할 수 있게 한 것이다. 이 같은 형사중재제도는 주로 친고죄의 해결에 유용하기 때문에, 그에 대한 법적 조치도 제한적으로 이 범위에 국한되고 있는 실정이다.

그 밖에도 미국식 유죄협상(plea bargaining) 제도에 해당하는 이른바 협상(Absprache)제도도 법제화추세에 있다. 통합 형사소송법 초안에 중죄 이외의 범죄에 대해서는 검찰이 피의자 및 그 변호인과 유죄인정 및 처벌의 범위에 관하여 협상할 수 있는 길을 열어 놓았다(Art. 365-369). 물론 이러한 조치는 법치국가적 형사사법체계를 왜곡시킨다는 점에서 심각한 우려를 낳게 하는 것도 사실이다. 상트 갈렌(St. Gallen) 주는 1999년 형사소송법 전면개정에서 이 같은 염려 때문에 유죄협상(plea bargaining) 제도 도입을 결연히 배척한 바 있다. 따라서 초안은 이 점에 관한 한 의회 안에서 격렬한 논쟁에 휩싸일 것으로 예상된다.

4. 통합 형사소송법 초안의 수사체계

(1) 시대적인 배경

지난 1930년대 중반 이후 스위스에서도 새로운 범죄유형들이 증가일로에 있었다. 예컨대 돈세탁, 조직범죄, 복잡한 경제범죄 등이 그것이다. 최근에 접어들어 범죄의 세계화 경향도 나타나, 국경을 뛰어넘는 네트워크범죄들이 기승을 부리기 시작했다. 이를테면 인신매매, 마약밀매, 아동포르노, 무기밀매, 성매매 조직들이 그것이다. 이들 새로운 범죄형태들과 효과적으로 투쟁하려면 실체형법의 손질뿐만 아니라 형사소추 분야에서도 국가권력의 협력과 집중이 더욱 필요하게 되었다. 1999년에 이른바 효율법안이 제정되어 이러한 관심에 부응하기도 했지만, 근본적으로 연방법과 주법으로 복잡하게 얽혀 있는 30여 개의 형사소송법률들을 연방단위로 통일시키지 않고서

는, 현대형 범죄위험으로부터 사회안전을 구축하는 데 한계가 있다
는 인식이 점점 보편화되어 갔다.

2000. 3. 12.자 국민투표에서 형사법분야에서 헌법상 권한규정을
수정하는 안이 통과되었고, 2003. 4. 1.자로 발효된 새 헌법 제123조
제1항이 연방에 형사실체법과 함께 형사소송법을 포괄적으로 새롭게
규율할 수 있는 권한을 부여했다. 이에 따라 연방은 사법개혁의 차
원에서, 형사소송법은 연방차원에서 하나로 통일하고, 법원조직의 본
질적인 부분은 주(Kanton)들에 종전대로 맡기는 기본개념을 가지고,
형사소송법과 소년형사소송법 개정작업 준비에 들어가게 되었다. 지
난 2005. 12. 21. 드디어 의회에 제출된 통합 형사소송법은 1934. 6.
15.에 제정된 연방 형사사법에 관한 연방법률(BStP: 일명 연방 형사소
송법)을 대신할 법률안으로 상정된 것이다.

이 통합형사소송법의 기본이념은 유럽인권협약과 유럽인권재판
소의 결정, 유엔 인권협약 등에 접근하려는 스위스 연방법원의 진보
적 판결들과 조화를 이룰 수 있는 내용을 담아내는 것이고, 법적 안
정성과 법적 평등성을 더욱 강화하려는 것이며, 주(Kanton) 간의 인적
교류와 투입을 더 용이하게 하고, 그 동안 축적된 보다 나은 학문적
작업의 성과들도 반영하려는 것이었다.[27)]

이 법률초안에서 우선 주목할 대목은 단일한 형사소추모델의 추
구이다. 이미 앞서 살펴보았던 4가지 수사절차모델 가운데서, 이 목
적에 접근하기 위해 이른바 검찰모델(앞에서 언급한 바로는 검찰모델
Ⅱ)을 채택한 것이다. 가초안 심의절차에서 3분의 2 이상의 참여자가
이 모델을 선호했기 때문이다. 연방정부도 현재와 미래에 마주칠 범
죄를 소송절차를 통해 극복하기 위해서는 이 모델이 최선의 해결책
이라는 데 인식을 같이했다.[28)]

---

27) Botschaft zur Vereinheitlichung des Strafprozessrechts(BVStP) vom 21. Dez.
    2005, S.15ff.
28) BVStP, a.a.O., S.23f.

이 모델을 선택한 데 대한 몇 가지 더 상세한 이유들이 제시되
어 있다:[29]

　— 개인 소송 참여자들의 정당한 이익을 옹호하면서도 형사소추
　　의 실효성을 개선하기 위한 최선의 방책이라는 점

　— 예심조사의 개시부터 공소제기까지 검찰에 의한 조사활동의
　　이행은 종전 예심판사와 검찰간의 환전작업에서 보듯이 인력
　　과 시간낭비적인 이원체계를 피하기 위한 것이라는 점

　— 이로 인한 검찰의 권한집중과 증대된 책임은 이 모델의 단점
　　이긴 하지만 이를 상쇄할 대응조치들을 함께 규정함으로써
　　쉽게 극복할 수 있다는 점(초기에 투입될 방어권의 강화, 심급법
　　원에 의한 검찰의 강제처분 통제강화, 검찰의 처분과 직권행위에
　　대한 항고제도 강화, 검찰의 신분상의 의무 및 윤리지침의 효과적
　　인 감독 등)

　— 종래의 예심판사는 검사와 한가지로 형사소추기관이므로, 신분
　　상 독립된 법관으로서의 기능을 기대하는 것은 의문시된다는 점

　— 예심절차의 이원체계를 검찰모델로 단일화함으로써 인적·재
　　정적 낭비를 절약할 수 있다는 점

　— 예심판사의 기능을 포기하고 검찰모델로의 전환은 이미 스위
　　스 여러 주들의 경향이 되었고, 독일의 오랜 전통일 뿐만 아
　　니라 비교적 최근의 이태리 그리고 오스트리아의 새로운 수
　　사절차의 모델이며, 스위스가 가입 비준한 1998. 7. 17.자 상
　　설국제형사법원의 로마규약도 검찰모델을 취하고 있는 점

　이 같은 검찰모델에 따라 예심조사절차가 예심법관 아닌 검찰의 기
능으로 대체되면서 넓은 의미의 새로운 수사절차(Vorverfahren)는 경찰의
초기수사절차(Ermittlungsverfahren)와 검찰에 의한 예심조사(Untersuchung)로
편성된다.[30] 진행단계별로 보면 양자는 확실히 전·후로 연속되는

---

29) BVStP, a.a.O., S.25f.

30) 독일 형사소송법에서는 Vorverfahren과 Ermittlungsverfahren이 같은 의미로

두 단계이지만, 후속 예심조사의 기능담당자가 검찰이 됨으로써, 내용적으로 일원적 조사체계(Eingliedrigkeit)가 된다. 왜냐하면 검찰은 경찰이 주도적으로 수행하는 초기수사절차에 대해서 수사절차의 주재자로서 우선적인 지휘권을 가질 뿐만 아니라, 이에 뒤이은 예심조사와 절차 중지 내지 공소제기 등의 수사종결처분에 대해서도 홀로 책임을 지기 때문에, 결국 넓은 의미의 수사절차가 검찰의 지휘권한 아래 통일되었다고 보아야 하기 때문이다.[31]

이 같은 일원적 조사체계가 막강한 검찰권을 초래할 것은 필연적이다. 이것을 상쇄시키기 위해, 통합 형사소송법 초안은 검찰권에 대한 법원의 사법적 통제기능 강화와 수사절차 참여인들의 참여권 강화를 꾀하였다. 검찰의 수사권한 일부를 경찰로 분산시키고, 경찰 수사권의 독자성과 기능강화를 통해 검찰의 독주를 견제하고자 하는 시도는 적어도 스위스 통합 형사소송법 논의에서는 찾아보기 힘들다. 수사권을 검·경 양쪽에 분산시키고, 양자의 독자성을 인정해 주자는 논리는[32] 권력의 견제균형을 통해 시민의 자유이익을 확보하려 했던 자유법치국가적 기본원리의 본뜻과 거리가 먼 것일 뿐만 아니라, 오히려 검찰 지휘 아래 검·경 수사의 협력체계 구축을 지향하는 독일·오스트리아 등의 최근 입법추세와도 맞지 않는 것이다.

(2) 경찰의 초기수사절차(Polizeiliches Ermittlungsverfahren)

스위스 통합 형사소송법 초안, 광의의 수사절차 일반조항에는

사용되고 있으나, 스위스 형사소송법에서는 양자가 다른 차원에 속하고 있기 때문에, 전자를 "넓은 의미의 수사절차," 후자를 "좁은 의미의 수사절차"라고 칭하여도 좋을 것으로 보인다.

31) BVStP, a.a.O., S.181.

32) 물론 이런 논리는 우리나라의 최근 검·경 수사권 조정 논의 중 일각에서 불거져 나온 것으로서, 스위스 형사소송법 개정논의에서는 아직 하나의 가설 수준에 머무는 것일 수밖에 없음을 밝혀 둔다.

수사절차의 개념과 목적이 규정되어 있다. 즉, 밝혀진 또는 아직 밝혀지지 않은 정범에 대한 범죄혐의로부터 출발하여 절차를 가능한 한 신속히 약식명령, 공소제기 또는 절차중지 등으로 종결하려면 검찰에 의하여 또는 그의 지휘아래 필요한 수사에 착수하고 증거를 수집하여야 한다는 것이다(Art. 298 BVStP). 수사절차는 검찰의 공식적인 조치에 의해서가 아니라 이 법 제305조에 근거한 경찰의 초동수사행위에 의해 이미 개시된다. 또한 경찰의 이와 같은 행위조치로써 수사절차는 이 법률의 규정, 즉 적법절차이념 아래 놓인다(Art. 299 BVStP). 이 규정의 실천적인 작용은 수사절차의 지휘자(Leiterin des Vorverfahrens)인 검찰이 경찰에 대해 이 법 제306조 제2항에 따라 언제든지 지시를 내리거나 그 절차에 직접 관여할 수 있다는 점이다.

초안 제305조 제1, 2항은 경찰수사절차에서 경찰관의 임무를 규정하고 있다. 이 임무의 내용은 이미 종래의 소송법에 규정되었고, 관련 연구문헌에서도 설명하고 있는 것들이다. 개인의 고발이나 고소, 이에 상응한 검찰의 하명 또는 경찰의 자체 인지 등은 수사절차 개시의 단서가 된다. 이 같은 단서에 따른 경찰의 독자적인 수사는 검찰의 예심조사와는 달리 어떤 형식적 조치에 따라 개시되는 것은 아니다.

초안 제305조 제2항b는 경찰관에게 특히 범죄혐의자와 그 피해자에게 질문할 임무를 과한다. 질문(befragen)이란 표현은 포괄적인 상위개념으로서 비공식적인 질문과 공식적인 경찰신문을 포함한다.

초안 제305조 제3항은 동조 제1, 2항에 규정된 사법경찰활동을 수행할 경우 그 경찰관에게 검찰의 예심조사, 증거방법 및 강제처분을 규율하는 형사소송법규정을 준수하도록 의무지우고 있다. 경찰의 수사활동은 강제처분이나 참고인 신문 등의 경우에는 검찰보다 더 엄격한 법적 제한을 받지만, 소환이나 긴급한 사정 하에서 주거공간에 접근하는 경우에는 비교적 쉬운 조건 하에서 할 수 있다. 초안은 수사절차에서 경찰의 독자적인 권한을 규정해 놓음으로써, 이 단계

에서 경찰의 독자적인 개입이 효과적인 형사소추의 이익에 기여하는
실제적 필요가 있음을 승인하고 있는 것이다.

경찰은 수사과학적 전문지식을 갖고 있을 뿐 아니라 사건현장과
근접해 있는 속성상 검찰의 지시가 없어도 초동수사를 수행할 수 있
어야 한다. 그러나 이 독자적 개입활동은 검찰의 예심조사활동과 마
찬가지로 독주의 위험성이 있기 때문에 검찰법상의 통제뿐만 아니라
포괄적인 사법적 통제하에 있어야 한다. 그와 같은 통제로는 검찰의
지휘권행사를 손꼽을 수 있지만, 초안은 경찰의 이 절차상의 처분과
행위에 대한 항고제도를 둠으로써 비례성과 적법절차준수를 담보하
려고 한다(Art. 401 Abs. 1 BVStP).

그 밖에도 초안은 경찰의 독자적 수사활동이 통제됨이 없이 확
장되면 검찰의 예심조사를 위축시킬 위험을 가져 올 것을 예상하여,
이를 예방하기 위한 여러 조치들도 규정해 놓았다. 첫째, 경찰과 검
찰의 협력(Zusammenarbeit)에 관한 규정이다(Art. 306 BVStP). 둘째, 경찰
도 원칙적으로 예심조사에 적용되는 규정들에 구속된다는 점을 명기
해 놓았다(Art. 305 Abs. 3 BVStP).[33] 셋째, 예심조사가 진행되는 동안
경찰에 대한 검찰의 위임들이 경찰 수사활동의 개별적·구체적인 규
명활동을 제약할 수 있다(Art. 312 Abs. 1 BVStP).

초안 제306조는 위에서 언급한 바와 같이 경찰과 검찰의 협력
을 규정하고 있다. 검찰모델에 의한 일원적 수사체계에서 검찰은 그
의 지휘기능(Leitungsfunktion)을 효과적으로 유지할 수 있도록 안전판
을 확보해야 한다. 이 목적을 위한 상응한 장치가 바로 경찰의 검찰
과의 협력체계이다. 이 협력체계 구축 규정은 동시에 경찰의 수사활
동에 있어서 경찰의 독자성을 제한하는 의미를 지닌다.[34]

---

33) 이 같은 구속은 당사자의 보호, 특히 피의자의 보호에 크게 기여할 것으
로 보인다.

34) 우리나라 검·경 수사권 논쟁에서 "검·경 수사 협력체계"는 반대로 검·
경수사기관의 대등관계를 요구하는 표어로 활용되고 있어, 흥미롭다. 이에

제306조 제1항은 협력체계의 일환으로서 경찰이 검찰에게 중대한 범죄행위에 대해서는 지체 없이 보고하도록 규정한다. 보통의 경우에는 주로 전화로 보고하게 될 이런 즉각적인 보고는 다른 큰 사건·사고, 화재 등등, 아직은 범죄행위로 말미암은 것인지 즉시 알 수 없는 사안에 대해서도 예외 없이 적용된다. 이 같은 보고 및 안내의무가 검찰로 하여금 즉각 범행현장에 출두하여 수사절차의 지휘에 착수할 수 있게 해 준다.

검찰의 수사지휘기능은 앞서 언급한 중범죄 사건 외에 다른 모든 형사사건(im jedem anderen Straffall)에 대한 경찰 수사과정의 모든 단계에서 구속력 있는 지시(verbindliche Weisungen)를 내리거나 또는 그 절차에 언제든지 관여할 수 있다는 규정에서(Art. 306 Abs. 2 Satz 1) 가장 강렬하게 표현되고 있다. 만약 검찰이 하시라도 절차에 관여할 수 있다는 이 후자의 가능성을 선택하는 경우, 사실상 경찰의 수사절차는 예심조사절차단계로 즉각 전환하는 결과에 이른다.

뿐만 아니라 초안 제306조 제2항 제2문은 검찰에게 제1항에서 언급한 중한 범죄의 경우에는 즉시 보고를 받고 현장에 임검하는 외에 사건관계인들의 첫 번째 본질적으로 중요한 신문을 스스로 이행해야 할 의무를 과하고 있다. 특히 중대범죄(Kapitalverbrechen)의 경우에는 이 같은 첫 번째 신문이 무엇보다 중요한 의미를 지닌다. 왜냐하면 수사절차에 책임 있는 관청에 의해 그 신문이 직접 이루어졌다는 점에서 추후로 증명력과 신빙성에서 중요한 영향을 끼칠 수 있기 때문이다.

경찰의 수사활동은 전통적으로 경찰 수사보고서로 작성되어야 한다(Art. 306 Abs. 3 BVStP). 이 보고서 형식은 초안 제74조에 규정된 일반적인 기록의무(Dokumentationspflicht)에 상응하는 것이다. 이 보고서는 신문조서, 압수물, 재산적 가치 등 수사활동에 속한 모든 문건들과 함

관하여는 BVStP, a.a.O., S.185 참조 바람.

께 검찰에 송부되어야 한다. 이 기록송부는 초기경찰수사 종료 후 즉
각 시행되어야 한다. 이는 검찰이 지체 없이 절차의 지휘를 이행할
수 있게 하려는 것이다. 보고서 작성 및 문서송부의무의 유일한 예
외가 동조 제4항에 규정되어 있다. 주어진 상황에서 볼 때 명백히
검찰의 조사활동이 필요하지 않은 경우에는 이 의무가 면제된다.

(3) 검찰의 예심조사(Untersuchung durch die Staatsanwaltschaft)

오스트리아의 새로운 수사절차와 달리, 스위스의 통합 형사소송
법 초안은 종전처럼 수사구조에 있어서 경찰의 초기수사절차와 예심
절차 두 단계 구조물을 그대로 유지한다. 다만 예심조사의 임무를
맡았던 예심판사제를 폐지하고, 그 임무를 검찰이 전담토록 함으로
써, 내용적으로 검찰이 수사의 전 과정을 통할할 수 있는 길을 열었
다. 이 방도는 독일의 현행 수사구조나 택일안의 수사구조와도 다른
것이다. 비유적으로 말하자면, 스위스의 통합 형사소송법 초안의 수
사구조는 두 방으로 나란히 이루어진 종전의 건축구조물을 그대로
둔 채, 그 중 방 하나의 입주자만 예심판사 대신 검찰로 정한 것이
라고 하겠다.

예심절차와 예심판사제도는 독일에서 1974년 형사소송법 개정시
폐지되었고, 2008년 시행을 앞둔 오스트리아의 새로운 수사절차법에
서도 퇴출될 운명에 처하여 있다. 이 점과 비교해 볼 때 스위스 통
합 형사소송법 초안은 약간의 변용에 그쳤다고 말할 수 있다. 즉, 예
심절차는 그대로 둔 채, 그 기능 담당자만 바꾸었다. 예심절차는 전
통적인 전승에 따라 그대로 존속되는 반면, 그 기능담당자였던 예심
판사만 역사의 뒤안길로 사라질 운명에 놓인 것이다.

여기에서 확인할 수 있는 공통분모는 수사절차에서 검찰의 지위
와 역할의 강화 및 확립이라는 점이다. 이 같은 검찰모델은 최근 유
럽대륙의 형사사법체계에 반영된 시대적 추세(Trend)라는 점을 유의

할 필요가 있다. 그 배경은 범죄양상의 세계화 추세 및 그에 대한 효율적 대응방안과 전통적인 자유법치국가적 헌법가치를 한데 엮어 주는 목적합리적·가치합리적 제도가 이 같은 검찰모델이라고, 다수의 법정책적 전문가들이 공통적으로 취한 인식의 반영이 아닌가 생각한다.[35]

　　스위스 통합 형사소송법 초안 제307조는 예심조사의 개념과 목적을 규정하고 있다. 즉, 예심이란 경찰의 초기수사결과를 바탕으로 사실적·법적인 관점에 범죄비난이 상당한 증거제시를 통해 약식명령, 공소제기 또는 절차중지 등의 결정을 내릴 수 있을 정도로 숙성되는 전체 수사절차의 일부분을 말한다. 재판절차나 약식절차의 틀 안에서 형벌이 정해질 수 있게 하자면, 이 예심조사 과정에서 피의자의 개인적인 사정과 관계들도 적절한 방법으로 규명되어야 한다 (Art. 307 Abs. 2 BVStP).

　　그러므로 검찰은 피의자 개인의 신상에 관한 조사자료를 얻는 데도 주의를 기울여야 한다.[36] 공판절차에서 간소화된 증거조사를 실시할 가능성을 염두에 두고, 검찰은 법원이 추가적인 직권증거조사를 거치지 않고서도 책임 및 양형에 관한 판단을 내릴 수 있도록 일정한 수준의 자료들을 준비해야 한다(Art. 307 Abs. 3 BVStP). 통합 형사소송법 초안에 규정된 바 공판절차에서 직접주의의 제한가능성은, 바로 법원에서 판단을 내리기에 충분한 만큼의 자료가 제출되어 있음을 전제하고 있기 때문이라는 점을 염두에 둔 규정이다.

---

35) 이에 관한 방증자료로는 대검찰청, 「유럽국가의 검사와 경찰관계—2005 유럽 검찰총장회의—」 자료집, 2005. 9. 참조: 특히 402쪽 이하에 수록된 스위스 연방검찰총장 Roschacher의 발표문 중 "검찰에 대한 경찰의 종속관계는 일방적인 지시만을 의미하는 것이 아니라 상호이득을 제공한다. … 예심판사가 없는 사법제도에서 최고 수사관으로서 검사에게 결정권이 주어지는 것이 논리적이고 일관된 일이다"라는 언급도 이런 정서를 엿보게 하는 대목이다.

36) 예컨대 이력, 전과기록, 품행기록에 관한 조회 등을 두고 하는 말이다.

검찰이 예심조사를 개시해야 할 경우는 먼저 충분한 범죄혐의가 현존할 때이다(Art. 308 Abs. 1 BVStP). 이 같은 혐의가 경찰의 초기 수사자료나 고발장 등에서 충분히 밝혀지지 않은 경우, 검찰은 경찰이 보충적인 수사를 더 하도록 그 일건 자료를 경찰에 되돌려 보낼 수 있다(Art. 308 Abs. 2 BVStP). 의심스러운 경우에는 예심조사를 개시하여야 한다. 특히 개시 후에도 경찰에 대한 보충적인 수사위임이 가능할 경우에는 더욱 그러하다(Art. 312 BVStP).

물론 현존하는 일건 수사서류에서 예심조사 개시에 필요한 혐의를 입증하기에는 추가 수사도 적당치 않아 보이거나 소송장애 사유가 있거나 기소편의주의의 시각에서 형사소추를 포기해도 좋을 사정이 엿보일 때에는 초안 제310조 소정의 불기소처분(Nichtanhandnahmeverfügung)을 내릴 수 있다. 경찰에 보완수사를 지시하거나 불기소처분 외에 제3의 가능성으로 검찰은 초안 제309조 소정의 이른바 내사절차(Vorabklärungsverfahren)를 진행할 수도 있다. 이 내사절차는 최근 스위스 형사소송 실무에서 종종 발견되는 제도로서, 아직 법제도로서는 확립되지 못했고, 몇몇 Kanton의 실무에서 전개되고 있을 뿐이다.[37)

검찰은 이 내사절차를 통해, 복잡하고도 일견 애매하게 보이는 사건의 경우에도, 공식적인 예심조사 개시 전에 우선 불충분한 범죄혐의부터 추적해 볼 수 있다(Art. 309 Abs. 1 BVStP). 검찰수사에서 이같은 기법은 흔히 경제범죄분야 중 특히 피해자 없는 범죄인 경우 또는 내부거래자 범죄나 돈세탁범죄에서처럼 특히 피해자의 형사고발이 현존하지 않는 상황에서 종종 사용된다.

예심조사와 내사 사이의 한계를 명확히 하기 위해, 초안 제309조 제1항 제2문은 내사절차에선 단지 비공식적인 첩보수집만 허용된다고 규정한다. 따라서 형식 없이 서면 또는 구두 정보를 수집하거나 첩보원(V-Mann)을 투입시킬 수는 있지만, 초안 제140조 이하에 규

---

37) Hauser/Schweri/Hartmann, a.a.O., S.377ff.

정된 참고인에 대한 신문 같은 것은 불가능하다. 내사단계에서는 강제처분도 허용될 수 없다. 내사의 성질상 그 절차의 공식적인 종결도 필요로 하지 않는다. 내사절차의 진행결과 충분한 혐의가 드러나면, 그때 검찰은 초안 제308조에 따라 예심조사를 개시하는 것이다. 내사절차에서 작성·수집된 문건·자료들은 이 경우 예심조사문건·자료로 통합된다(Art. 309 Abs. 3 BVStP).

검찰은 스스로 예심조사절차를 수행하는 것이 원칙이다(Art. 311 Abs. 1 Satz 1 BVStP). 하지만 예외적으로 검찰은 일정한 예심조사활동을 검찰의 공조인력인 예심조사공무원이나 서기, 실무수습생 또는 다른 검사에게 맡기고, 자신은 그 업무에서 벗어날 수 있다(Art. 311 Abs. 1 Satz 2 BVStP). 하지만 본질적으로 중요한 예심조사행위(예컨대 법원에 대한 강제처분 신청, 공소제기 등)는 검사 자신이 수행해야 한다.

앞에서 잠시 언급했듯이 검찰은 예심조사 개시 후에도 경찰관에게 보충수사를 위탁할 수 있다(Art. 312 Abs. 1 BVStP). 이것은 바로 위에서 언급한 초안 제311조 제1항의 원칙에 대한 두 번째 예외가 되는 셈이다. 수사경찰은 잘 훈련되고 훌륭한 과학장비를 갖춘 전문인력의 도움을 받으면서 실제로는 검찰보다 범죄혐의의 상세한 부분들을 더 훌륭하게 밝혀내기도 한다. 이 때문에 검찰의 예심조사단계가 실제 형해화하고, 일종의 경찰수사가 검찰의 예심조사로 돌연변이를 일으킬 위험에 직면해 있다.

초안은 이 같은 위험을 극복하기 위해 두 가지 특별한 지침을 제시하였다.

첫째, 예심조사 개시 후 일반적인 경찰수사 위임은 더 이상 허용되지 않는다. 이 지침은 흔히 실무에서 벌어지고 있는 검찰의 관행, 즉 필요한 수사를 더 취해 달라는 두루뭉술한 지시와 함께 일건 서류를 경찰에 되돌려 보내는 관행에 쐐기를 박기 위한 것이다. 제312조 제1항 제2문은 정확하게 기술되어진 서면에 의한 경찰수사위탁 방식을 언급하고 있다.

둘째, 예심조사절차 참여자들은 검찰에 의해 이첩된 경찰신문에서는 검찰신문과 똑같은 절차적 권리를 보장받는다(Art. 312 Abs. 2 BVStP).

절차 재개조치에 의해 검찰은 예심조사를 형식 없이 다시 착수할 수 있다(Art. 314 Abs. 1 BVStP). 이 같은 검사의 결정에 대해서는 다툴 수 있는 구제수단이 없다(Art. 314 Abs. 2 BVStP).

예심조사절차 과정에서 검찰은 특히 친고죄에 한하여 원상회복 등의 화해조치를 취할 수 있다(Art. 316 BVStP). 더 나아가 검찰은 당사자가 동의할 때 절차과정 밖에서 중재에 응하도록 할 수 있다(Art. 317 BVStP). 형사중재제도는 오늘날 부드러운 사법의 상징으로 꼽히고 있다. 이와 같은 화해 또는 중재의 결과 당사자 사이에 이루어진 원만한 관계회복은 검찰의 절차중지 등 결정에 중요한 영향을 미친다. 회복적 정의실현은 오늘날 스위스뿐만 아니라 유럽국가들 사이에 검찰의 형사사법 정책에서 수행해야 할 중요한 과제 중 하나로 손꼽힌다.[38]

종종 검찰은 구류신문으로써 절차를 개시하듯, 종료신문으로써 절차를 마감할 수 있다(Art. 318 BVStP). 예심조사가 끝나면 검찰은 종결처분과 함께 절차의 중지, 약식명령 또는 공소제기 조치를 취하게 된다.

종래 몇몇 주(Kanton)에서는 이 종결처분은 특별한 형식 없이 할 수 있다고 하여 당사자에게 고지하지 않아도 된다는 입장을 취한 반면, 다른 주 형사소송법에서는 절차 종료 후 당사자에게 종결처분을 고지해 주도록 규정을 두었었다. 이 문제와 관련하여 초안 제319조는 종결처분 고지제도를 채택했다. 적어도 절차의 종료에 임박해서 검찰은 당사자의 주소지로 당해 절차가 공소제기, 약식 또는 절차중지로 끝날 전망이라는 취지를 송달하도록 하였다.

---

38) 대검찰청, 유럽 국가의 검사와 경찰관계 자료집, 2005. 9, 453면.

VIII 검찰문화의 새 지평

1. 우리나라 형사사법의 현주소

1931년 나치(Nazi) 집권 직전에 리스트(von Liszt)의 제자이며, 형법사가이자 형법이론가인 슈미트(Eberhard Schmidt)는 "형법개정과 문화위기"라는 강연에서 형법과 형사소송법은 국가와 개인 간의 법적 관계에 관한 징표이며, 형법과 형사소송법의 실체적 내용 및 입법작용도 당대의 국가관과 문화에 의존할 수밖에 없음을 강조한 바 있다.[1] 따라서 문화의 위기는 형사법질서의 위기를 가져올 수밖에 없다는 것이다.

실제 독일의 18세기 계몽운동은 개인의 독립성과 자율성에 대한 믿음에서 출발하였지만, 절대주의적인 경찰국가관을 근본적으로 변혁시키지는 못했다. 그 후 형사사법의 합리화와 인간존중화는 전면적이 아니라 일부분에서부터 신중하고 점진적으로 관철되어 왔다는 것이다. 유럽의 근대(Neuzeit)는 서구인들이 자랑스러워하는 인권이라는 실체를 신대륙처럼 한꺼번에 발견한 것이 아니라 대륙에 가까운 몇몇 섬들을 발견하면서 점차 내륙으로 시각과 이해의 지평을 넓혀갔다는 사실을 잊어서는 안 된다.[2]

---

1) Eb. Schmidt, Strafrechtsreform und Kulturkrise, 1931, S.5f.
2) Höffe, "통합문화적 형법은 가능한가?", 고대법학논집 제35집, 1999, 319면 이하 참조.

이 같은 점진성과 연속성은 21세기에 이른 오늘날까지도 진행되고 있다고 할 수 있다. 물론 부분적인 면에서 과거에로의 복귀현상도 나타나고 있지만 그것은 현대적 난제들을 해결하기 위한 고육지책에서 생겨난 "새로운 과거적 수단들"이라고 해야 옳은 것이다.

독일법사에서 계몽주의와 자유주의는 19세기 절대국가관의 저항에도 불구하고 형법의 자유화와 행형의 자유화에는 괄목할 만한 진보를 가져왔지만 형사소송법의 자유화에는 그 절반의 진보도 못 이룬 셈이다.[3] 그러한 힘든 진보 중 하나가 탄핵적 소추주의의 도입과 검사제도의 확립이었다. 오랜 규문주의로부터 탄핵적 소추주의로 전환함으로써 국가절대주의적 형사사법으로부터 시민적 형사사법으로의 길이 열리게 되었고, 국민의 이익대변자로서 검사가 범죄의 진상을 규명하고 소추하는 역할을 담당하게 되었다.

여기에서 범죄인을 포함한 개인의 권리주체성이 법적으로 승인되게 되었고, 국가는 입법, 사법, 행정의 모든 기능에서 개인의 이러한 권리영역과 자유영역을 존중하지 않으면 안 되게 되었다. 입법자는 입법이 이러한 국가의지의 표현이 되도록 입법해야 하고 법관은 오직 이 같은 법률에 따라서만 재판해야 하며 행정부의 간섭으로부터 독립해야 한다는 것이었다.

우리나라 형사사법의 실제와 형사법의 문제상황을 독일의 계몽기와 직접 연관지어 비교할 수는 없다. 왜냐하면 형식적 측면만 가지고 논한다면 한국에서 근대적 의미의 형사사법은 일제 식민통치가 끝나고, 우리 헌법에 따라 정부가 수립되고, 우리의 형사법이 제정·공포되고, 그 법률에 따른 형사사법이 실현된 때부터라고 해야 옳을 것이기 때문이다. 일제 식민지 통치법률은 해방 후 미군정법령에 의해 그 지속성을 승인받은 뒤, 우리 정부가 수립되고 한참 지난 1950년대 전반에 이르러서야 비로소 우리 법제로 변모하기 시작했다.

---

3) Eb. Schmidt, a.a.0., S.11.

1953년의 형법 제정·공포, 1954년의 형사소송법 제정·공포 등이
그 실례이다. 그러나 해방공간을 지나 신생국가의 정부수립 후에도
다년간 의용형법, 의용형사소송법 등의 명목으로 효력을 지속해 온
식민지 시대의 일본법은 우리의 자주적인 법문화 의지를 마비시켜,
새로운 법률제정에서 그대로 과거의 유물이나 일본법의 답습에 안주
하게 만들었다.

　　인간과 인권을 중심으로 한 새로운 시대, 새로운 질서 창조의
의지가 없었기 때문에 법조문의 인권과 자유에 관한 숱한 언어는 장
식에 불과했고, 지배적이고도 통속적인 것은 오직 식민지통치시대의
관행이었다. 장기적인 독재와 불법적인 통치, 잔인한 고문과 제도적
인 억압, 대량구금과 공권력의 남용이 우리 헌법의 찬란한 권리장전
의 지붕 밑에서 일상적으로 자행될 수 있었던 이유는 식민통치시대
의 사법제도의 관행이 누리던 이중 모럴(moral)을 그대로 답습한 데
서 찾을 수 있을 것이다.[4] 법의 지배가 아닌 사람의 지배가 횡행했
던 반민주적 독재통치의 기간은 자유당 독재와 유신독재를 지나 5공
의 통치기간 종료시까지 무려 40여년에 가까웠다.

　　이 같은 독재 하에서 법치는 "실정법 위반"과 그에 대한 강력한
처벌을 의미하는 것이었다. 기본권은 유보당한 채 본질적인 내용까
지 제약당했으며, 비판의 자유는 봉쇄되었으며, 자의적인 법적용과
남용의 소지는 집권세력의 유지·강화를 위해 상존하고 있었다. 이
같은 독재통치강화의 상징은 사법의 왜곡과 일탈이었고, 검찰권의
강화와 경찰력의 과잉이었다. 국가의 법집행기관인 검찰과 치안유지
기관인 경찰은 어느 의미에서 독재 권력의 충복이었다.

　　1987년 6월 항쟁 후 비로소 우리나라의 민주주의와 법치주의는
서서히 제 모습을 만들어가기 시작했다. 제6공화국 헌법 하에서 처
음 출발한 노태우 정부는 아직 5공과의 정신적 단절은 이루지 못한

---

　　4) 김일수, 『법·인간·인권』, 27면.

절반의 민주정부라고 해야 옳을 것이다. 불법도청과 고문은 아직 근절되지 않았고, 공권력의 남용도 본질적으로 변화하지 않았기 때문이다. 법을 새롭게, 법질서를 새롭게 하기 위한 법적 과거청산은 꿈꾸기 어려운 실정이었다.

민주화에로의 변화가 확산된 것은 김영삼 정부, 즉 문민정부 하에서부터라고 해야 할 것이다. 법적인 의미에서 과거청산이 진행되기도 했고, 권력기관의 새로운 의식, 새로운 민주적 변화들이 감지되기도 한 시기이기 때문이다. 민주화에로의 획기적인 진보가 이루어진 것은 평화적인 정권교체로 등장한 김대중 정부, 즉 국민의 정부에서부터이다. 사법개혁이 논의되었고, 검찰과 경찰권력의 정치적 편향성으로부터 벗어나기 위한 노력들이 있었던 시기였기 때문이다. 그러나 한국적 의미에서 가장 급격한 민주화에로의 전진과 이행은 노무현 정부, 즉 참여정부의 출범에서부터라고 해야 할 것이다. 우선 권력의 탈신화화 조치들이 수행되었고, 국민의 그리고 국민을 위한 국가권력의 이미지가 국민의 의식 속에서 각인되는 시기였기 때문이다.

이 같은 민주화 과정에서 국가권력의 상징인 검찰권의 법적 변화가 일어나는 것은 자연스러운 일이기도 하다. 이미 제6공 제1기 노태우정부 출범 직후인 1988년 검찰총장의 임기제와 중임제한 규정을 포함한 검찰청법 일부 개정이 있었다. 이는 검찰의 정치적 중립성 확보와 민주적인 검찰문화를 진작시키기 위한 의도에서 비롯된 것이다. YS의 문민정부가 막을 내릴 무렵인 1997. 1. 13.의 검찰청법 개정에서 "검사는 그 직무를 수행함에 있어 국민 전체에 대한 봉사자로서 정치적 중립을 지켜야 하며, 부여된 권한을 남용하여서는 안 된다(제4조 제2항)"는 규정이 신설되었다. 또한 검찰총장 퇴임 후 2년 내 공직취임금지규정을 신설했다. 검찰의 정치적 중립성 확보를 위한 고육지책의 하나였다. DJ의 국민의 정부 하에서는 검찰제도 개혁이 법적으로 실제 이루어지지는 않았으나, 사법개혁추진위원회의 건

274 수사체계와 검찰문화의 새 지평

의가 있은 후 검찰의 정치적 편향성을 막기 위한 제도로 거론되어왔
던 검찰총장 인사청문회 관련법들이 손질되었다. 노무현의 참여정부
에 들어와 검찰의 개혁은 권력상층부로부터의 압력에 버터내기 힘겨
운 상황이 전개되었다. 참여정부가 출범한 그 해, 2003년 송광수 검
찰총장부터 국회의 인사청문회가 개최되었다. 더 나아가 2004. 1. 20.
검찰청법 개정에서는 검사동일체의 원칙을 검찰사무에 관한 지휘・
감독 관계로 바꾼 뒤, 구체적 사건과 관련된 상급자의 지휘・감독의
적법성 또는 정당성에 대하여 검사가 이견이 있을 때는 이의를 제기
할 수 있도록 손질하였다(제7조). 정치권력에 영향받던 검찰을 국민의
검찰로 제자리에 옮겨놓기 위한 조치였음은 두말 할 것도 없다. 그
밖에도 2004. 1. 20.자 검찰청법 개정에서는 검사의 직무상 독립성 및
중립성 보장을 제고하기 위해 검찰총장을 제외한 모든 검사의 직급
을 검사로 일원화하였고, 검찰인사에서 정치적 영향력 차단과 공정
성을 확보하기 위하여 검찰인사위원회를 설치했으며, 감찰기능을 강
화하기 위한 검찰총장 자문기관으로 감찰위원회를 두기도 했다.

　　한국적 상황에서 지금 중요한 것은 검찰제도와 검찰권력을 민주
적인 이념의 지도하에 제자리에 바로 세워 놓는 일이다. 근대초기
유럽을 지배했던 국가절대주의 정치이념에 봉사했던 규문적 소송절
차가 프랑스혁명을 거치면서 그 후 개혁된 형사소송의 이름으로 탄
핵적 소송절차로 바뀌면서 새로운 소추관제도로서 검찰제도가 도입
되었다. 이 같은 검사제도는 검사와 법관의 역할분담과 상호견제를
통한 진실발견, 수사절차에서 법률의 감시자로서 수사의 적법절차적
정당성 확보 및 경찰국가의 정신적 유산과 결별하고 경찰수사에 대
한 법치국가적 감시와 통제를 기한다는 점에서 근대적 의미를 지니
는 것이었다.5)

---

5) 이런 의미에서 검사는 국가권력을 행사하기 위한 수단이 아니라 국가권력
　　으로부터 국민의 자유를 보장하기 위한 제도(이재상, 신형사소송법, 제2판,
　　91면), 법치국가원칙의 대변자(Eb. Schmidt, Die Rechtsstellung der Staats-

문제는 그 동안 우리나라의 정치상황에서 이러한 검사제도의 존재가치와 의의가 아직도 충분하게 제자리를 찾지 못했다는 점이다. 민주화의 진보는 서구의 법사에서 보여주는 것처럼 완만하고 점진적이라는 사실을 직시할 때, 아직 우리사회에서는 권력의 민주화와 민주적 관행을 확립하여 그 결실을 국민의 권리와 자유의 몫으로 돌려주어야 할 필요성이 높다는 점이다.

이미 민주화의 완숙한 경지를 넘어 후기현대사회의 난제와 직면하여 새로운 변용을 모색하는 서구의 경우와는 달리, 우리는 아직도 민주화의 더 높은 지평을 향해 매진해야 할 과제를 안고 있다. 개인의 권리주체성과 국민이 권력에 부여하는 정당성의 연원성은 단지 관념으로서가 아니라 시민생활의 일상적인 현장에서 더욱 명료하게 확증되어야 할 필요가 있다. 우리가 비교법적 연구에서 간과해서는 안 될 중요한 관점 중 하나가 바로 이러한 상황의 간극을 올바르게 인식해야 한다는 점이다. 이 같은 인식을 바탕으로 할 때 비로소 우리는 법개혁의 바른 방향도 가늠할 수 있을 것이다.

2. 검사의 소송법상 지위와 기능

(1) 문제의 제기

프랑스·독일 등의 검사제도처럼 우리나라에서 검사는 수사·공소제기·공판 및 재판의 집행에 걸친 일련의 형법실현단계에서 ① 범죄수사·공소제기와 그 유지에 필요한 사항, ② 범죄수사에 관한 사법경찰관리의 지휘·감독, ③ 법원에 대한 법령의 정당한 적용의 청구, ④ 재판집행의 지휘·감독, ⑤ 국가를 당사자 또는 참가인으

---

anwälte, DRiZ 57, 278), 법치국가 원칙의 토대(Wagner, Die Ermittlung der Staatsanwaltschaft, DRiZ 72, 166)로 일컬어진다.

로 하는 소송과 행정소송의 수행 및 지휘·감독에 관한 직무와 권한을 가진다(검찰청법 제4조). 이를 요약하여 종래 검사의 소송법상 지위를 ① 수사의 주재자로서의 지위, ② 공소권의 주체 및 당사자로서의 지위, ③ 재판의 집행기관으로서의 지위 등으로 분류하기도 한다.[6]

　　문제는 첫째, 수사의 주재자인 검사가 범죄사실의 규명과 범인의 확정을 위해 피의자에게 불리한 사항만을 추궁하는 수사관적 성격만 갖는가 아니면 절차의 객관성과 공정성을 담보하는 인권옹호적·법률가적 성격도 지니는가 하는 점이다. 둘째, 공소제기 및 유지에 있어서 검사는 일방적인 당사자로서 원고관의 성격만 지니는가 아니면 피고인의 정당한 이익을 옹호해야 할 객관적인 의무의 성격도 지니는가 하는 점이다.

　　법치국가 원칙에서 보면 후자의 성격을 배제할 수 없어 보인다. 그렇다면 전자의 성격과의 엉거주춤한 틈새 내지 모순을 어떻게 조화롭게 질서잡을 수 있을 것인가? 우리나라에서는 공익의 대표자 또는 공익적 지위라는 검사의 성격을 들어 이 문제를 해결하는 것이 일반적인 경향이다.[7] 하지만 공익성은 형사사법절차에서 검사에게 특유한 것이 아니다. 변호인, 심지어 피고인, 피해자, 증인조차도 공익적 측면을 갖고 있음을 부인할 수 없다. 검사에게 요구되는 특별한 공익적 지위가 무엇인지를 규명하는 데 먼저 중점을 두어야 할 이유가 여기에 있다.

---

6) 이재상,『신형사소송법』(제2판), 박영사, 99면 이하.
7) 이재상, 앞의 책, 103면; 강구진,『형사소송법』, 박영사, 106면; 김기두,『형사소송법』, 박영사, 1987, 56면; 배종대·이상돈,『형사소송법』, 홍문사, 2004, 85면; 백형구,『형사소송법강의』, 박영사, 2001, 114면; 임동규,『형사소송법』, 법문사, 2006, 56면; 정영석·이형국,『형사소송법』, 법문사, 1996, 67면; 차용석·최용성,『형사소송법』, 21세기사, 2008, 102면 참조.

(2) 독자적 사법기관으로서의 지위

검사는 비록 헌법에서 보장하는 신분보장이나 법관의 독립에 걸 맞은 검찰권의 독립은 보장받고 있지 못하지만, 검찰사무의 집행을 통해 독자적으로 법 그 자체를 실현하고, 법문의 의미와 목적을 구 체적인 사건에 적용하여 구체화한다는 점에서, 정의실현을 목적으로 삼는 사법사무의 범주를 벗어나지 않는다. 바로 검사가 공익적 지위 에서 피고인·피의자의 정당한 이익을 옹호해야 하며, 이를 통하여 실질적 변호를 해야 할 객관의무가 있다는 점, 수사의 주재자로서 사법경찰관리나 수사관의 활동을 지휘하며, 영장청구에서도 인권옹 호적 관점에서 독점적인 지위를 누리는 점, 수사종결에 즈음하여 기 소여부에 관해 법관에 앞서 법관과 논리적인 구조를 같이하는 법률 적 판단을 내려야 한다는 점, 그리고 법원에 대하여 법령의 정당한 적용을 청구할 수 있는 권한을 갖고 있다는 점 등은 바로 검사가 법 을 해석·적용·실현하는 사법기관(Organ der Rechtspflege)의 하나라고 하는 통합적인 특성을 갖고 있다는 점에서 도출해낼 수 있다.

물론 여기에서 말하는 사법기관이란 법원과 같은 재판권 담당기 관(Organ der Rechtsprechung)이라는 의미가 아니다. 여기에서 사법(司法: Rechtspflege)이란 협의의 재판권(Jurisdiktion: Rechtsprechung)을 담당하는 사법부(Judikative)의 그것을 지칭하는 것이 아니다. 사법은 본래 법의 사목(司牧), 즉 법이 갖는 정의와 법적 안정성, 그리고 인간존엄성의 보장요구를 진실발견절차를 통해 실현하는 영역이며, 이러한 의미의 사법영역, 특히 형사사법(Strafrechtspflege)에 종사하는 기관으로는 법원 외에 검사와 변호인 등 법률가 신분을 지닌 사람들이 망라된다는 점 은 서구법의 오랜 전통 중의 하나이다.[8]

검사가 법을 해석·적용하여 행한 불기소처분이 법원의 판결과

---

8) 김일수, "검사의 소송법상 지위," 고시연구, 1985. 2, 110면; 『법·인간· 인권』, 240면.

같을 수 없으며, 검사동일체의 원칙이 지배하는 검사에게 법관과 같은 독립성이 보장될 수 없다는 점에서, 검사가 재판기관이 아님은 분명하다. 그럼에도 불구하고 진실과 정의, 인간의 존엄과 인권이란 법이념을 실현한다는 점에서 동일한 법률가적 지위와 의무를 갖는다는 의미에서 검사를 사법기관이라 칭하는 것은9) 그의 공익적 지위라는 일반 명칭보다 그리고 준사법기관이라는 특별명칭보다10) 법치주의의 관점에서 볼 때 훨씬 강력한 메시지를 내포한다.

바로 이런 성격 때문에 검찰제도의 창설 초기부터 법관과 같은 법률가적 자격과 소양을 갖춘 인사 중에서 검사를 선발했고, 법관에 준하는 신분보장뿐만 아니라 독임제 관청으로서 양심과 독자적인 법률적 판단에 따라 수사권 및 공소권을 수행하게 한 것이다. 그런 의미에서 검사를 '준사법기관' 또는 '법관 배후의 법관'이라 칭하기도 한다.

그러나 준사법기관이라 말할 때 항상 검사동일체의 원칙에 따른 직무상의 상명하복관계와 헌법상의 신분보장이 결하여 있다는 점 및 검찰권 행사에는 사법권행사처럼 법적 안정성을 위한 기판력이 부여되지 않는다는 점 등이 부각된다. 검사동일체의 원칙은 2003. 12. 30. 검찰청법 개정으로 검사의 상명하복 관계는 지휘·감독관계로 바뀌었고(검찰청법 제7조 제1항), 그 지휘·감독의 적법성 또는 정당성 여부에 대해 이견이 있을 때 이의를 제기할 수 있게 하고(동법 제7조 제2항), 검사직무의 위임·이전 및 승계권(동법 제7조의2)만 인정함으로써 권위주의 시대와 다른 의미로 이해해야 할 여지를 넓혔다.

검사동일체의 원칙에서 인정되는 상관의 지휘·감독권은 개개의 구체적 사건에 관한 독임제 관청인 검사 개인의 법적 판단에 상관이 개입하여 영향을 주거나 압력을 넣어 변경을 강요할 수 있다는 의미가 아니라 상관의 직무이전권과 직무승계권의 범위 안에서 상관이

---

9) 배종대·이상돈·정승환, 『신형사소송법』(2판), 73면 이하.
10) 이재상, 『신형사소송법』(2판), 91면; 신현주, 『형사소송법』, 2002, 101면.

그의 지휘·감독을 받는 다른 검사로 하여금 당해 검사의 권한에 속한 직무를 처리하게 하거나 자신이 직접 처리함으로써 직무의 원활과 통일성을 기할 수 있다는 의미일 뿐이다. 왜냐하면 개개사건의 진실과 정의에 관한 법적 판단은 검사 개인의 양심적인 결정의 문제이며, 이 확신은 누구도 간섭할 수 없으며, 또한 대신할 성질의 것도 아니다. 따라서 이에 관해 어느 검사도 상관의 지시에 구속받지 않는다.

특히 민주적·자유적·사회적 법치국가에서 형사소송절차는 형법적 귀속, 특히 피의자·피고인의 책임귀속에 관한 소송주체와 관여자들의 대화와 의사소통에 의한 변증론적 진실발견절차이다.[11] 왜냐하면 범죄와 형벌은 처음부터 확정되어 있는 것이 아니고, 자유법치국가적 소송절차의 지도이념인 무죄추정의 법리에서 출발하여 관여자들의 책임대화를 통한 의사소통과 상호교류의 과정을 거쳐 점진적으로 책임귀속의 실체를 확정하여 나가는 것이기 때문이다.[12]

고소(고발)·수사·공소제기 등 일련의 절차는 책임귀속의 전 과정을 연계시키는 정보제공의 단계에 불과한 것들이다. 이 책임귀속의 과정은 점차 높은 정도의 형식성과 확정성을 얻기 위한 단계적 진행과정으로서 낮은 단계의 수사절차로부터 높은 단계의 변론절차와 판결절차로 발전해 나간다. 여기에서 사안과 형벌법규에 관한 해석·적용은 검사 또는 법원의 독단적인 사무처리일 수 없고, 수사절차·변론준비절차·변론절차에서 피의자·피고인·피해자도 대화과정의 주체로서 이에 함께 참여하게 된다. 이런 의미에서 소송절차는 결코 독백적 모델(monologisches Modell)이 아니라 상호간의 대화적 모델(dialogisches Modell)로 이해된다.[13]

---

11) 김일수, 『법·인간·인권』, 239, 305면 이하.
12) 김일수, 『법·인간·인권』, 297면.
13) Calliess, Theorie der Strafe im demokratischen und sozialen Rechtsstaat, 1974, S.99.

이 같은 대화적 소송절차의 참여자인 개개의 검사는 그때 그때의 사건진행과정에서 그때 그때마다 진실에 관한 독자적인 판단을 주체적·인격적으로 새롭게 내리지 않으면 안 된다. 그러므로 예컨대 피의자의 구속영장을 신청한 검사의 결정과 독립하여 수사검사는 법원의 구속적부심이나 보석결정에 대해 검사의 의견을 말할 때 새로운 판단을 내려야 하는 것이며, 동적·발전적인 공판절차의 마지막 단계에서 행하여지는 공판관여검사의 구형도 실무에서 널리 적용되고 있는 수사검사의 구형의견과 독립하여 공판심리과정의 전체적 사정을 종합하여 독자적인 새로운 결정을 내리지 않으면 안 된다. 왜냐하면 검사는 법을 섬기는 법률가이며, 독자적인 사법기관이기 때문이다.

비록 검사는 헌법에서 보장하는 신분보장과 사법권의 독립과 같은 검찰권의 독립보장은 받지 못하고 있지만 검찰사무의 집행을 통해 독자적으로 법 그 자체를 실현하고 구체화한다는 점에서 정의실현을 목적으로 삼는 사법사무의 범주를 벗어나지 않는다. 바로 검사가 공익적 지위에서 피고인·피의자의 정당한 이익을 보호해야 하며, 이를 통한 실질적 변호의무가 있다는 점, 법원에 앞서서 수사종결에 즈음하여 기소여부에 관해 법적으로 중요한 사법판단을 내려야 한다는 점, 그리고 법원에 대해 법령의 정당한 적용을 청구하고, 참여를 통해 이를 함께 형성해 나가는 적극적 역할을 담당하고 있다는 점 등은 바로 검사가 법을 섬기며 법의 실현에 봉사하는 사법기관의 하나라는 특성으로 포괄될 수 있다.

이렇게 본다면 검사도 법의 적정한 운용과 실현에 봉사한다는 점에서 하나의 사법기관이며, 검사가 공익대표자의 지위, 인권옹호자의 지위, 법령의 적당한 청구자의 지위를 갖는다는 종래의 개별화된 단편적 성격규정들은 바로 검사가 '독자적인 사법기관'이라고 하는 포괄적 지위로부터 통일적으로 파악할 수 있다.[14]

(3) 소송주체로서의 지위

사법기관인 검사는 객관적으로 진실과 정의라는 법가치 실현에 봉사할 임무를 맡고 있기 때문에 먼저 문제된 사안을 정의에 합당하게 객관적으로 평가하지 않으면 안 된다. 이를 위하여 검사는 피의자·피고인에게 불리한 사정만 조사할 것이 아니라 그에게 이익이 되는 사정도 조사하여 그 혐의점의 진위를 밝혀야 하고, 또 피고인에게 유리한 증거신청이나 공판심리 도중이라도 피고인의 무죄가 확실히 번복하기 어려운 객관적 사정이 존재한다면 그의 무죄를 위한 변론도 행하여야 하며, 피고인의 이익을 위한 상소제기와 재심의 청구도 하여야 한다.

그렇다면 검사는 하나의 소송절차에서 일면 피고인과 대립된 입장에서 공소를 수행해야 할 뿐만 아니라 동시에 피고인의 이익을 보호해 주어야 할 지위도 갖고 있다. 바로 이 점이 검사를 소송당사자(Prozeßpartei)로 규정해 줄 수 있는가 하는 문제이다.

앞서 독일의 검찰제도에서 논의한 것처럼, 검사는 국가기관으로서 형사소추라고 하는 법의 요구를 객관적으로 정당하게 수행할 것이 요구될 뿐, 민사소송의 대립당사자처럼 자기의 주관적 이익이나 목적을 추구하는 것이 아니다. 진실의 적극적·소극적 확인을 통해 법의 객관적 요구를 실현·충족시키는 것이 그의 임무이다. 따라서 형사소송에서 당해 범인과 공소사실이 주어져 있지만 그것은 어디까지나 단지 소송의 대상(Prozeßgegenstand)에 불과하다. 더욱이 형사소송은 이미 무죄추정이라는 전제에서 출발하고 있기 때문에 입증책임도 전적으로 검사가 부담한다. 이런 의미에서 형사소송에는 민사소송에서처럼 처분할 수 있는 계쟁물이 없으며, 따라서 계쟁물 없는 소송절차에 대립되는 당사자가 있을 수 없다.

---

14) 김일수, 『법·인간·인권』, 240면 이하.

또한 피고인과 검사가 소송당사자인가 하는 문제는 사실상 소송구조 여하에 달려 있는 것이 결코 아니다. 그리하여 당사자주의를 기본적 구조로 삼는다고 할 때 그것은 한 소송절차 내에서 소송상의 역할이 법관보다 주로 검사와 피고인의 양 소송주체에게 부여되어 있다는 의미를 내포할 뿐 검사와 피고인이 계쟁물을 둘러싼 대립당사자(kontradiktorische Partei)가 된다는 의미는 아니다. 따라서 검사와 피고인은 소송법상 주어진 각자의 권리 · 의무의 주체로서 기껏해야 소송상의 역할담당자(Prozeßträger)에 불과할 뿐, 진정한 의미에서 소송의 당사자(Prozeßpartei)는 될 수 없다.[15] 이러한 전제에서 출발할 때 피의자와 검사의 관계도 당사자주의 소송구조의 측면에서만 이해하려는 견해가 우리의 규범현실과 얼마나 동떨어진 주장인가 하는 점이 더욱 분명해진다.

또한 당사자주의 소송구조나 당사자 개념의 도입만이 피의자 · 피고인의 인권이익을 보장할 수 있는 최적의 방법인 듯이 주장되고 있으나 이것 또한 반드시 그런 것은 아니다. 당사자 개념에 관한 사고는 검사와 피의자 · 피고인 양자가 단지 법률상으로만이 아니라, 사실상으로도 동등한 입장에 현실적으로 서 있을 때에만 피의자 · 피고인의 인권이익을 위해 의미를 지닐 수 있다. 그러나 피의자 · 피고인은 법률상 동등한 주체성이 인정된다 하더라도 사실상 열악한 상태에 놓이게 되고, 반면 검사는 국가기관으로서 막강한 수사기구와 그 인력을 활용할 수 있는 수사의 주재자요, 국가적 권위의 배경에서 전체 소송절차의 과반에 해당하는 수사절차를 단독으로 지배하는 자이며, 법률적 지식과 소양에 있어 풍부한 경험으로 피의자 · 피고인의 방어력에 비할 수 없는 공격력을 갖고 있을 뿐 아니라, 신체적 · 정신적 · 심리적으로도 피고인 · 피의자 보다 자유롭고 우세한 위치를 점하고 있다.

---

15) Vgl. K. Peters, a.a.O., S.95.

이와 같은 사정에서 만약 검사가 일방 당사자의 지위에 머물러 있어야 한다면 이것이야말로 국가적 사법기능의 일부를 담당하는 검사의 진실추구와 정의의 실현에 관한 의무지위를 모호하게 해주는 결과가 된다. 이는 다시 말해 피의자·피고인의 소송법상 지위를 실질적으로 보장해 주는 데 미흡하다는 것을 말한다.[16)]

더욱이 우리나라의 현행 형사소송법 소송구조는 순수한 당사자주의적 구조만을 철저화한 형태가 아니다. 오히려 당사자주의적 구조를 기본으로 삼고 이에 직권주의적 요소를 가미한 형태이므로 비록 몇몇 소송법문언의 표제 속에 당사자란 말이 사용되고 있기는 하지만(형사소송법 제163조, 제176조, 제274조, 제318조), 그것은 소송당사자라고 하는 규범적 의미를 갖고 있지 못하다. 따라서 검사는 결코 사인소추나 공중소추의 대리가 아니라 국가적 공소권의 담당자로서 헌법질서 내에서 인정하는 법익을 수호하려는 것이므로 경우에 따라서는 피고인의 이익을 위한 상소·재심·비상상고 등 객관적 임무를 부담하지 않을 수 없다. 이런 관점에서 검사의 지위를 당사자라고 부르는 부자유스러운 표현보다 소송주체라고 하는 지위에서 통일적으로 파악하는 것이 이론적으로 물론 사리에 맞는 표현이 된다.

특히 대화적 소송절차를 전제로 하는 한, 검사의 소송법상 지위도 대화의 참여주체로서 소송절차 내에서 갖는 하나의 통일적 지위로 파악할 수 있다. 그러므로 검사에게 당사자 지위와 공익의 대표자 지위가 있다고 표현하는 방식을 버리고 현행 형사소송법상 검사의 지위를 포괄적인 소송주체라는 지위로 묶은 뒤, 이 소송주체인 검사가 그의 역할에 따라 소송법상 향유하도록 인정된 지위와 권한의 측면을 '적극적 소송주체 지위'로, 이에 비해 검사가 소송절차 내에서 다른 소송주체의 독자적인 역할에 응하여 소송법상 부담하도록 인정된 지위와 의무를 '소극적 소송주체 지위'로 분류·파악하는 것

---

16) 물론 여기에서 피의자·피고인의 지위를 확보해 주기 위한 변호인제도의 활용과 확충의 필요성은 더 강조할 필요조차 없이 절실한 요구이다.

이 좋으리라고 생각한다. 이런 의미에서 검사는 확실히 대화적 소송
절차의 한 축을 형성하는 소송주체일 뿐, 저속한 차원에서 피의자·
피고인과 맞짱뜨는 그런 당사자일 수 없다.

(4) 수사의 주체로서의 지위

현행 형사소송법 제195조 및 제196조, 검찰청법 제53조 등에서
검사를 '수사의 주재자'로, 사법경찰관은 검사의 수사지휘를 받는
'수사의 보조적 주체'로 규정하고 있다는 것이다. 따라서 수사권의
주체는 검사이고 사법경찰관리는 수사의 보조자에 불과하다는 것
이다.

이미 앞서 한국검찰사에서 살펴본 바와 같이 일제치하의 수사절
차에서 비록 경찰국가적 영향으로 경찰에 사실상 광범위한 수사권이
주어져 있었으나 대륙법계의 전통을 따른 대정형사소송법과 조선형
사령에 의하면 의연히 수사의 주재자는 검사였던 것이 사실이다. 다
만 해방공간에서 약간의 우여곡절이 있었던 것은 1945. 9. 28. 우들
(Emery J. Woodal) 소령이 미군정 법무국장에 임명되면서 1945. 11. 3.
발포한 법무국 훈령 제1호[17]와 1945. 12. 29. 발포한 법무국 검사에
대한 훈령 제3호[18] 때문이었다. 이것은 미국법의 관념에 따라 원칙
적으로 경찰에 독자적인 수사권을 부여하는 입장이었다. 즉 검찰은
공소기관, 경찰을 수사기관으로 한 규정이었다. 그러나 1946. 9. 7. 치
안불안상태에서 공산당 간부의 체포령이 내려지자 당시 이인 검사총

---

17) 제1조 "법무국 형무과는 체포기관이 아니다. 탈옥한 수인을 체포하는 외에
형무소 관리는 누구라도 이를 체포 또는 구류할 권한이 없다."; 제2조 "조
선 내에서 체포와 구류하는 것은 정당하게 권한이 부여된 군대, 경찰, 경무
국 관리와 경무국에서 대리로 지정된 자의 임무이다."
18) "검사의 선결직무는 관할 재판소에 사건을 공소함에 있음. 조사는 검사의
책무가 아님. 검사는 경무국이 행할 조사사항을 경무국에 의뢰할 사, 이는
경찰관의 직무요 검사의 직무가 아님."

장이 미군정 당국자들에게 검거책임자는 경찰이 아닌 검찰임을 주지
시켰고, 이 일의 성공적인 마무리 후 미군정도 검찰을 경찰과 함께
치안질서 유지기관으로 인정, 이를 1947. 1. 14. 사법 제17호 검사총
장에 대한 사법부장 통첩으로써 문서화했다. 그리고 1947. 11. 10. 사
법 제82호 검사총장에 대한 사법부장 통첩은 사법경찰관을 검사에
직속시킨다는 점을 확인시켜 준 조치였다.[19] 뒤이어 미군정법령 제
180호 제5조는 구속 또는 수색영장의 신청은 검사가 법원에 신청하
고, 사법경찰 기타 관헌은 소속 검찰관을 통하여 청구하게 하였다.
이 같은 기초 위에서 1948. 8. 2. 미군정법령 제203호로 검찰청법이
공포되었다. 이 법률은 검찰의 수사주재자로서의 지위, 사법경찰에
대한 수사지휘권을 명시하였고, 그 부칙에 저촉되는 법무국 검사에
대한 훈령 제3호 등 종전의 규정들을 전부 폐지한다고 규정했다. 이
정신은 그 후 1954년 제정된 우리 형사소송법에 그대로 반영되어
오늘에까지 이르고 있다.

　따라서 우리 법제상 검사의 수사권은 사법경찰관의 수사권에 비
하여 양적·질적으로 우월한 수사권이다. 검사는 수사의 개시, 진행,
종결권을 가지며, 검사는 직접수사를 하거나, 사법경찰관의 수사를
지휘하거나, 또는 사법경찰관이 수사하고 있는 사건에 대하여 송치
지휘를 하는 방식으로 수사권을 행사한다.

　이에 비하여 사법경찰관은 피의자신문, 체포, 긴급통신제한조치
등 형사소송법상 여러 수사를 개시, 진행할 수 있으나, 그 활동은 원
칙적으로 '검사의 지휘' 아래 놓여야 한다는 점에서, 그리고 수사종
결권이 없다는 점에서 열위의 수사권을 보유하고 있다(물론 이러한 검
사의 우위성은 사법경찰관리의 범죄수사에 한정되는 것이지, 경찰 전체에
대한 검찰의 우위성을 인정하는 것은 아니다). 이러한 수사에 있어서
검사의 우월적 지위는 그 자체 자기목적을 가지고 있거나 법률가

---

19) 신동운, "수사지휘권의 귀속에 관한 연혁적 고찰(1)," 서울대 법학, 제42권
　　제1호(2001), 218면.

신분에 비법률가 신분보다 높은 명예와 특권을 인정한 것은 아니다. 법적으로 그것은 검사의 사법경찰에 대한 수사지휘권을 의미할 뿐이다.

이 수사지휘권의 목적은 검사가 수사에 있어서 피의자의 인권을 담보하는 사법기관성을 지닌다는 점에 근거한다. 수사절차에서 이 같은 검사의 우월적 지위는 검사에게 인권옹호자로서의 투철한 인권의식, 그리고 법의 적정절차 이념과 사법정의와 진실 이념에 따라 실체적 진실을 추구하는 사법기관성이 확립되어 있을 때에만 설득력을 가지는 것이다.[20] 그것은 하나의 주된 목적, 즉 피의자의 인권과 자유에 봉사하는 의미를 지닌다.

2004. 9. 10.부터 2004. 12. 초까지 검찰과 경찰 사이에서 치열한 공방을 벌였던 수사권 문제가 최근에도 다시 재연될 조짐을 보이고 있다.[21] 지난 경험으로부터 얻은 지혜는 검찰이나 경찰을 위한 것이 아닌 국민을 위한 수사권조정이 되어야 한다는 점이다. 수사권조정의 핵심쟁점은 검사를 수사의 주재자로 명시하여 사법경찰관에 대한 수사지휘권을 규정한 형사소송법 제195조와 제196조의 개정 여부이다. 수사권조정은 인권보호와 국민편익 증진이 그 기준이다.[22] 그런 점에서 통제와 자율이 조화를 이뤄야 한다. 검사의 수사지휘권을 인정하면서도 경찰의 수사자율권을 확대하는 방안을 찾아야 한다. 지난번의 진통과정에서 먼저 합의가 이루어졌던 사항들부터 시행해 본 뒤 문제점을 점검해 단계적으로 경찰의 자율성을 넓혀나가는 것도 한 방법일 것이다.[23]

---

20) 이재상, 『신형사소송법』, 102면.
21) 중앙일보, 2009. 11. 17, 10면(민주당 '경찰에게 수사권 맡겨야', 검찰 '경찰, 지금도 수사권 노려' 참조).
22) 중앙일보, 2009. 11. 18, 34면 사설(수사권조정은 국민편익과 인권보호 방향으로).
23) 검·경 수사권 조정 논의에 관한 상세한 보고서는 김일수, "독일·오스트리아·스위스의 형사법 개정추이 연구," 32-60면 참조.

참여정부 들어 대법원과 정부 사이에 Law School 제도 도입을
포함한 사법개혁 논의기구가 최종영 대법원장의 전격적인 제안으로
가동되어, 사법개혁위원회와 후속 추진기구인 사법개혁추진위원회의
개혁프로그램의 일환으로 제16차 개정 형사소송법이 참여정부 집권
말기에 이르러 결말을 보게 되었다. 그 중에는 공판중심주의의 확립,
직접주의 · 구두변론주의의 강화, 집중심리제도 도입, 인신구속제도
개선, 불구속 수사원칙, 위법수집증거 배제법칙 명시 등 사법민주화
의 이념적 내용을 실현하기 위한 제도들이 산재해 있다. 다만 그 동
안 대법원 판례에 의해 증거능력이 극도로 제한되었던 검사작성 피
의자신문조서의 증거능력은 우여곡절 끝에 특신상황을 입증할 수 있
는 영상녹화물 등에 의해 보완하는 형태로 존속되고, 이와 구별된
사법경찰작성 피의자신문조서의 증거능력 규정을 존치시킴으로써,
검 · 경 수사권 조정 재논의의 기폭제가 될 만한 뇌관은 제거된 셈이
다.[24] 그럼에도 불구하고 신형사소송법은 종전에 비해 영미법계의
당사자주의를 더욱 확대하였고, 공판중심주의를 강화하였다. 따라서
이 같은 형사소송절차의 최근 변화가 검 · 경 수사권 조정을 둘러싼
새로운 논의를 촉발시킬 여지는 충분히 갖고 있다고 생각한다.[25]

3. 새로운 검찰문화를 위한 제언

이미 언급한 바와 같이 아마도 그 동안 형사소송절차의 제도개
혁측면에서 가장 획기적인 변화를 손꼽자면 2008. 1. 1.부터 시행에
들어간 개정 형사소송법 및 국민의 형사재판참여에 관한 법률의 내

---

24) 이에 관한 상세한 논의는 이완규, 형사소송법 연구(Ⅰ) ─ 개정 형사소송법
   의 쟁점, 2007, 91면.
25) 김일수, "검 · 경 수사권 조정자문위원회 활동의 회고와 전망," 형사정책연
   구 제18권 제3호(2007), 612면 이하 참조.

용들일 것이다. 참여정부 하에서 사법제도개혁추진위원회의 의결사항을 토대로 국회에 정부안으로 제출된 형사소송법 개정법률의 일부 내용이 국회 심의과정에서 삭제되거나 수정되면서 국회 법제사법위원회 대안이 국회 본회의에 상정되었고, 그것이 2007. 4. 30. 국회 본회의를 통과한 뒤 2007. 6. 1. 공포된 것이다. 개정 형사소송법 조문도 총 121개에 이르러 사실상 전면개정이라 말해도 좋을 만큼 방대한 분량이고, 여기에는 직접·간접으로 검찰의 지위와 역할에 영향을 끼치는 내용들이 산재해 있다.

무엇보다도 배심재판에 흡사한 국민참여재판제도가 시험적으로 도입·실시되었다. 또한 조서재판이 우리의 형사절차문화에 지속적으로 권위주의의 그늘을 드리웠다는 인식 아래 조서재판의 폐해를 극소화하고 직접주의·구두변론주의에 입각한 공판중심주의적 소송문화의 길을 열었다는 점에서도 그 의의가 크다고 하겠다. 예컨대 변호인의 피의자신문참여권과 기록열람·등사권, 피의자와 피고인에 대한 진술거부권, 피의자신문, 구속사유와 구속기간 및 구속전 피의자 신문제도, 보석과 체포·구속적부심사, 긴급체포시의 압수·수색·검증, 재정신청제도의 전면 확대, 공판전 준비절차제도의 철저화, 피고인 신문제도 그리고 증거법 분야에서 검사의 피의자신문조서의 증거능력에 관한 보완, 특히 전문법칙의 예외에 관한 규정들은 현행제도와 크게 달라진 대표적인 신형사소송법의 내용들이라 할 수 있다.

이러한 개정작업은 수사절차에서 피의자의 인권보장과 주체성 강화와 공판절차에서 피고인의 소송주체성 강화 및 그에 비례하여 수사기관들의 적법절차 준수와 재판기관의 공정성 담보에 역점을 둔 것이다. 지금까지 범죄혐의자나 범죄인은 자기 목소리와 자기주장을 당당히 내세우기 힘들었다. 부끄러운 일이지만 이것이 우리 사법문화의 현주소이다. 죄 지은 사람이 수사나 공판절차에서 당당하면 개과천선의 여지 없는 놈으로 인상지어질 수 있고, 간첩이나 흉악범에

게 인권은 호사스런 법률가들의 사치쯤으로 치부되는 경향이 없지 않았기 때문이다.[26]

먼저 수사절차상의 문제점을 살펴보기로 한다. 피의자도 단순한 조사의 객체가 아닌 수사절차에서 법주체이다. 수사구조 자체가 진실해명을 위한 수사기관, 피의자·변호인 등의 참여적 대화과정인 한, 이들의 동등한 주체성이 인정되어야 한다. 또한 피의자도 무죄추정 아래 있기 때문에 피의자신문을 위한 강제처분으로 구인되기까지 수사기관에 출석할 의무, 조사를 수인해야 할 의무는 없고, 퇴거의 자유도 인정된다. 다만 수사의 합목적적 수행을 위한 강제처분이 행하여졌을 때 법의 절차에 따라 피의자는 수인의무를 질 뿐이다.

편법적 수사관행의 본보기로 지적되어 온 경찰서보호실제도, 임의동행제도, 피의자신문을 위한 피의자억류 등은 변호인제도의 활용에 의해 적법절차의 영역으로 이끌어 들여져야 했었는데, 제6공화국 제2기 정부 이후부터 서서히 사라져갔다는 사실을 우리는 유념할 필요가 있다. 수사권 강화를 위한 참고인 구인제도, 사법방해죄 신설 등 제도적 보완책이 필요한 것은 사실이지만, 먼저 법률로 절차와 요건을 규정해야 할 것이고, 그에 따라 이루어져야 할 것이다.

불법 수사관행의 본보기로는 두말 할 것도 없이 자백을 얻기 위한 고문과 밤샘수사 등이 손꼽힌다. 물론 이와 같은 불법수사는 밀실에서 이루어지는 밀실수사와 직접적인 연관성을 갖는다. 2002. 10. 서울지검 특조실에서 일어난 피의자고문치사사건은 그간의 민주화과정을 먹칠하는 일대 참사였다. 민주화과정으로 권력의 축이 이동된 국민의 정부 후기 들어서도 이와 같은 인권침해적 수사관행이 개선되지 않고 존속되어 왔다는 점은 권위주의적 유산이 얼마나 뿌

---

26) 노태우 정부 초기 국회의원 서경원 씨 국가보안법 위반사건의 변호인 접견금지가 인권침해라는 시비가 국회에서 일자, 어느 여당 국회의원은 "간첩에게 무슨 인권이냐"며 역정을 냈다는 보도가 있었다(김일수, 『법·인간·인권』, 65면).

리깊은가를 여실히 보여주는 사례였다.

이를 계기로 인권보호수사준칙이 제정되어, 심야조사를 원칙적으로 금지하고,[27] 특조실을 폐지하고, 불구속 수사원칙을 천명했으며, 신형사소송법도 그 취지를 살려 "피의자에 대한 수사는 불구속 상태에서 함을 원칙으로 한다(제198조 제1항)"고 규정함과 동시에 피의자 등의 인권존중을 준수사항으로 열거하고 있다(제198조 제2항).

그 밖에도 피의자 신문절차에 끼어들 밀행성의 소지를 없애고, 수사절차에도 일조권이 반영되도록 하기 위해 변호인의 참여권과 수사기록에 대한 피의자·변호인의 열람·등사 청구권, 피의자진술의 영상녹화 등 과학적 수사기법의 도입 등이 불가결했는데, 다행히 신형사소송법은 이들을 제도로 엮어냈다. 국선변호인제도의 확충도 변호인제도의 본지를 실현하기 위해 필요불가결한 제도인데, 신형사소송법에 대폭 확충되었다.

더 나아가 공판절차상의 구조적 문제점들을 살펴보기로 한다. 종전 공판절차에서는 피고인신문에 증거조사보다 더 큰 비중이 주어져 소송주체인 피고인의 지위가 위축될 수밖에 없었다. 더욱이 피고인신문에서 공소장의 기재에 따른 유도신문, 진술강요, 그 밖에도 위압적·모욕적 신문이 난무했음에도, 피고인이나 변호인들이 이에 당당히 대처하기가 어려운 풍토였다. 재판조차 '의심스러울 때에는 피고인에게 유리하게'라는 무죄추정의 원리에서 벗어나 실제적으로 '의심스러울 때에는 피고인에게 불리하게, 검사에게 유리하게' 돌아가는 분위기였기 때문이다. 신형사소송법은 이 같은 구조적 문제점을 개선하기 위해 증거재판 원칙의 이념에 맞추어 피고인신문을 증거조사 후 임의적으로 필요에 따라 할 수 있도록 조치했다(제296조의2).

---

27) 당사자의 동의를 받았을 때, 그리고 공소시효의 완성이 임박했거나 체포기간내 구속여부를 판단하기 위해 신속한 조사가 필요한 때 등에는 인권보호관의 허가를 받아 자정 이후에도 조사할 수 있도록 했다(동규정 제17조 2항).

　무엇보다 답답한 것은 피고인의 좌석배치였다. 개정 전 형사소송법은 "검사의 좌석은 변호인의 좌석과 대등하며, 피고인은 재판장의 정전에 좌석한다"(개정 전 형사소송법 제275조 제3항)라고 규정하여, 마치 피고인을 규문대상으로 놓고 전열을 가다듬은 '법률가들만의 리그'의 인상을 물씬 풍겼다. 이 같은 구조 속에서는 변호인이 피고인의 보조인으로서 신뢰를 바탕으로 한 공동전선 위에서 검사의 공격과 법원의 편견에 맞대응하기가 어려웠다. 그리하여 개정 형사소송법은 "검사의 좌석과 피고인 및 변호인의 좌석은 대등하며, 법대의 좌우측에 마주 보고 위치하고, 증인의 좌석은 법대의 정면에 위치한다. 다만 피고인신문을 하는 때에는 피고인은 증인석에 좌석한다(신형사소송법 제275조 제3항)"고 개정하였다.

　무엇보다도 피고인은 법정에 들어설 때 일체의 신체구속에서 자유로워야 한다. 다만 재판장은 피고인이 폭력을 행사하거나 도망할 염려가 있다고 인정하는 때에는 피고인의 신체 구속을 명하거나 기타 필요한 조치를 취할 수 있다(형사소송법 제280조). 이 경우 단서의 적용은 최후수단이어야 함은 두말 할 것도 없다. 또한 피고인에게 법정의 존엄을 높이기 위한 예복에 준하는 평복이 제공되어야 한다. 마지막 발전단계는 법관의 자리를 끌어내려 법관도 대화의 원탁에 동등한 주체로 자리를 잡게 하는 일이다. 현행구조에서는 공판절차에서 법관의 권위주의가 돋보이게 되어 있고, 이것은 권위주의 시대로부터 청산절차를 거치지 못한 우리의 사법부가 과거와 단절 없이 그 자리 그대로라는 인상을 풍기고 있다.

　여기에서 새로운 검찰문화를 열기 위해 가장 시급한 과제는 검찰 스스로 검찰의 수사역점으로부터의 해방이다. 검찰이 수사의 주재자인 것은 포기할 수 없는 법치국가적 사명이지만, 그것은 사법경찰의 수사에 대한 사전적·사후적인 수사지휘에 역점을 둔 것이다. 검사가 직접 수사기관으로서 활동역량을 넓혀가다 보면 검찰의 경찰화 현상을 피할 수 없을 것이다. 검찰이 수사기관의 중심에 서서 수사활동에 골몰하는 한, 검찰문화가 민주검찰, 국민의 검찰로 거듭나 국민의 곁으로 다가가 국민의 마음속에 따뜻한 이름으로 간직되기는 어려워 보인다.

　　후기현대사회에 이를수록 범죄와의 싸움은 치열해지고 사회안전 망 구축에 대한 국민의 열망은 거세어져서 범죄진압책은 법적 포퓰 리즘의 한 형태인 강벌주의(punitivism)의 유혹에 빠질 위험이 크기 때 문이다.[28] 법치주의 확립이라는 미명 아래 투입되는 강벌주의 형사 정책은 역설적이게도 법치주의를 약화시키는 결과를 낳는다. 강제보 다는 신뢰, 공평, 믿을 수 있는 올바름의 기본가치와의 관계가 법질 서 확립과 법의 준수에 훨씬 효과적일 수 있다는 점이다. 법이 효율 적이려면 진짜로 법이 신뢰할 만하여 존중되고 그리하여 강제적 제 재가 능사가 되지 않을 때라는 점을 놓쳐서는 안 된다.[29]

　　범죄와의 싸움에 검찰이 몰입하다보면, 경찰수사에 대한 법치국 가적 통제기관으로서의 역할에 둔감해지기 쉽고, 스스로 고문 등 인 권침해적 일탈에 빠지기도 쉽다. 특히 정치적 성격을 띤 범죄혐의 수사에서는 편파수사라는 정치공세에 휘말리게 되어 검찰로서는 매 번 득보다 실이 더 많은 적자에 시달리기 십상이다. 고위 정치인들 의 공개적인 검찰소환에 대한 불응 등 정치투쟁은 검찰의 사법기관 성의 권위를 실추시킬 뿐만 아니라 선진법치사회에로의 진입을 오히 려 후퇴시키는 역작용만 낳을 위험도 농후하다. 사법기관성의 농도 가 높은 선진국의 검찰에서는 그 유례를 찾아보기 힘든 이와 같은

---

28) 1990. 10. 13. 노태우 대통령은 범죄와의 전쟁을 선포하면서 "이제 흉악범 과 누범자에 대해서는 온정주의적 형사정책을 전환해야 한다"고 선언, 외 근 경찰을 무장시켰고, 이례적인 속결재판과 확정 사형수에게 조기 사형집 행을 지시했다. 법무부와 검찰은 이에 따라 흉악범 처벌에 관한 특별법을 제정키로 하고 신체적 고통이 따르는 초중구금 교도소를 신설할 예정이었 다.

29) Il-Su Kim, Punitivistische Grundtendenzen der gegenwärtigen Kriminalpolitik, Materialien zum 2. internationalen Thyssen-Symposium in Tokyo/Japan, 24.- 26. 9. 2009, S.19ff.

현상이 우리의 정치현실에서는 자주 나타난다는 것이 문제이다.

　문제는 검찰수사가 이 같은 고도의 정치싸움에 자주 휘말리다보면 정작 경찰수사에 대한 소극적 불개입현상이 두드러지게 나타날 수밖에 없다는 점이다. 그리하여 민생범죄분야에서는 검찰수사가 경찰수사기록을 반복하는 데 불과한 경우가 일상화된다는 점이다. 이 점은 시민적 자유의 관점에서 볼 때, 위험스러운 현상이 아닐 수 없다. 검찰이 수사의 주재자이면서 법의 수호자로서 피의자의 인권이익과 자유를 위한 소위 객관의무를 지는 주체라면, 경찰수사에 대한 지휘에 민감하게 깨어 있어야 한다. 검찰의 수사지휘권이 단지 의전적인 형식이나 법전상의 장식품에 지나지 않게 된다면 경찰의 수사독주에서 일어날 수 있는 법치국가적 원칙의 훼손, 인권침해적 요소는 더 심대해질 위험이 있고, 시민의 자유이익은 그만큼 위태로워질 수밖에 없을 터이기 때문이다.[30]

　그러므로 검찰문화의 새로운 지평으로 나아가려면, 첫째, 일반범죄에 대한 사실적 수사에 골몰하지 말고 노동·경제·국제·마약·사이버·공안·중범죄 등 전문영역에 대한 중점수사(Schwerpunktermittlung)로 그 역량을 집중하여, 이른바 검찰수사에서 선택과 집중을 도모할 필요가 있다. 둘째, 고도의 전문수사기법과 초현대적 과학수사기술을 연마하여, 투망식 수사나 육감수사 시대에 자주 문제가 된 인권침해 갈등소지를 근원적으로 최소화하여야 한다. 셋째, 법치주의의 수호자로서 경찰수사에 대한 효과적인 법적 지휘·통제 기능에 역점을 두어야 한다. 넷째, 수사전문가적 지위보다는 법률가적 품격과 지위에 걸맞은 공소관으로서의 역할에 중점을 두어야 할 것이다. 결국 검찰의 사법기관성과 공소기관성에 중점을 두고, 대신 수사기관성의 거품을 대폭 걷어내게 된다면, 검찰을 통한 선진법치사회에로의 진입과 같은 새로운 법문화의 기풍도 그 활력을 찾을 수 있을 것으로 기

---

30) 김일수, 『독일·오스트리아·스위스의 형사법 개정추이 연구』, 184면 이하.

대된다.

검찰의 사법기관성을 제고하려면 수사기관성의 거품제거와 수사지휘권 내실화 외에 공판기법의 전문화와 법의 수호자답게 효율적인 법집행력과 법의 효력 담보가 필요하다. 더 나아가 검찰권에 대한 국민의 신뢰를 높이기 위해 검찰기능에서 중점의 축 이동 외에도 양질의 서비스를 창출할 수 있는 인프라 구축에 힘써야 한다. 그러려면 먼저 윤리성과 전문성을 겸전한 검찰인력을 양성하고 재교육하는 일, 과학적 수사기법과 수사인력을 개발·양성하는 일이 시급하다.

무엇보다 중요한 과제는 검사 한 사람 한 사람을 단순한 수사전문가나 공소관 차원이 아닌 형사정책가의 차원으로까지 시야를 넓히고 고양시키는 일이다. 합리적인 형사정책가가 되려면 사회적 법치국가·자유주의·민주주의의 헌법이념에 충실해야 할 뿐만 아니라 법의 최상위가치인 인간의 존엄과 가치의 실현에 대한 섬김의 자세 및 정의와 진실에의 지향성이라는 사법의 본질에 대한 확고한 인식 그리고 현실의 갈등상황을 적법절차와 이익형량을 통해 풀어갈 수 있는 건전한 판단력이 필요함은 두말 할 것도 없다. 그래야만 최후수단·최소수단에 의한 범죄통제라는 법치국가적 이념의 지평으로 나아갈 수 있을 것이다.[31]

다음으로 검찰인력도 효율적으로 재배치하는 구조조정작업이 필요하다. 오늘날 범죄현상은 지능화·전문화한 반면, 대량검거나 대량구속으로 나가야 할 범죄상황은 특별한 예외적인 경우가 아닌 한 빈발하지 않는다. 따라서 인력의 전문화와 효율적인 투입을 통해, 법치국가적 범죄통제와 규범안정 및 사회통합의 길을 열어가는 데 검찰이 제 몫을 다할 수 있으리라고 본다.

고발·고소 사건이 폭증하는 우리나라의 풍토에서는 고소·고발 선별접수제 및 형사화해와 조정제도 도입 등을 고려해 봄직하다. 회

---

31) 김일수, "참여정부와 검찰개혁의 과제," 인천법학논총(2003), 15면.

복적 사법이념에 따라 원상회복조치에 따른 형사제재 완화방안으로써 형사가해자와 피해자 간의 화해와 법적 평화회복의 길을 넓혀가도록 이를 시급히 제도화할 필요가 있다.

더 나아가 검찰기능에 시민참여를 확대하는 길이다. 검찰 내 각종 위원회, 특히 감찰위원회, 인사위원회, 항고위원회 등에 민간인 참여를 통해 신뢰도를 높여야 한다. 또한 검찰의 기소편의주의와 독점주의의 폐해를 줄이기 위한 일본식 검찰심사회 제도의 도입을 고려해 봄직하다. 그리고 여기에도 국민참여의 길을 확대해야 할 것이다.

검찰권이 국가공권력 중 가장 강력한 실체를 내포하고 있는 것은 부인할 수 없는 사실이므로, 언제나 정당하고 절제된 권력으로 남도록 힘써야 한다. 검찰권이 과거의 권위주의의 유물이 아니라 새로운 국민의 검찰로서 진정한 권위의 옷을 입자면 그 권력의 핵심에 다음과 같은 도덕성이 자리잡아야 한다.

첫째, 검찰권은 개인의 자유와 인권을 최고의 가치로 삼아야 한다. 국가와 법이 국민을 위해 존재하는 것이지, 결코 국민이 국가와 법을 위해 존재하는 것이 아니라는 원칙이 일상적인 검찰권 행사에서도 관철되어야 할 도덕성의 원리이다.

둘째, 검찰권은 다수의 지배에서 소외된 소수자라고 해서 무시하거나 심하게 다루어서는 안 된다. 민주주의의 성숙도는 그 나라의 지배계층이 얼마나 법적 절차와 요식에 맞춰 충실히 행위하느냐에만 달려 있지 않고, 오히려 다수결의 원리에 의해 패퇴한 소수의 창조적 비판과 견해를 얼마만큼 존중하고 수용하느냐에도 달려 있기 때문이다.

셋째, 검찰권은 필요한 최소한의 범위에 머무를 줄 알아야 한다. 참새를 잡기 위해 대포를 쏘아서는 안 된다. 또한 시민생활의 갖가지 규범과 생활규칙에 의해서도 규율될 수 있는 것에 검찰권이 개입해서는 안 된다. 한때 '자녀안심하고 학교보내기운동'을 검찰이 주관했던 행태는 그 상궤를 벗어난 것이었다. 또한 범죄예방작용은 검찰의 고유권한이 아니라 경찰작용에 맡겨야 한다. 검찰권은 본질상 사후적인 범죄진압을 통한 질서회복에 머물러야 하기 때문이다.

넷째, 검찰권은 피의자·피고인의 인격을 겸손히 받들고 섬기는 데서 높은 도덕성을 지닌다. 섬기는 정부가 아니더라도 시민의 자유와 명예를 위해 검찰권은 낮은 자세로 친절하고 겸손하게 피의자·피해자·피고인·참고인을 대하여야 한다.

다섯째, 검찰권은 진실을 추구하되 절차적 정의를 존중해야 하며, 정의를 추구하되 사랑을 잃지 말아야 한다. 사랑과 함께 하지 않는 정의는 독선에 치우칠 수 있고, 용서와 관용의 정신이 메마른 정의는 폭력으로 화할 위험이 있기 때문이다.[32]

4. 새로운 시대정신과 검찰문화

(1) 방법론적 성찰

과거의 문제를 논할 때, 특히 비판적 성찰을 해야 할 대목에서라면, 우리는 먼저 비판의 정당한 가늠자나 반사경을 필요로 하지 않을 수 없다. 그 가늠자 또는 반사경의 하나가 현재의 변화된 우리들의 문화와 가치의식일 수 있다. 정치·경제·사회·문화적으로 오늘의 우리는 어제보다 괄목할 만한 변화와 진보를 경험하고 있다. 이같은 발전상황과 발전속도에 비추어 우리 검찰의 과거를 살펴볼 수 있고, 또한 우리 검찰의 어제와 오늘의 발전속도를 그와 비교하여 성찰해 볼 수도 있다. 하지만 이러한 성찰에는 시대적인 정당화의 논리도 자기목소리를 낼 수 있다. 공자의 성인역종시대(聖人亦從時

---

32) 김일수, "도덕성을 잃은 공권력은 폭력이다,"『법·인간·인권』, 213면 이하.

代)라는 말씀처럼 그 시대마다 그럴 수밖에 없었던 배경이 있었고, 그와 같은 배경 속에서도 최선의 삶을 향해 몸부림친 결과가 그런 수준의 역사적 현실이었다고 강변할 수 있기 때문이다. 군부독재시절의 권위주의체제 하에서는 경제개발논리와 국가안보논리가 민주화논리를 압도하던 시절이었다. 그런 상황에서 검찰과 사법부의 자유와 인권보장적 기능은 제한적일 수밖에 없었다는 자기변명의 성립가능성을 단지 궤변이라고 몰아세운다면, 그 또한 다분히 스콜라철학적이라는 비난을 피하기 어려울 것이다. 더욱이 현실기반을 고려하지 않은 일방적인 도덕적·규범적 평가는 관념론에 치우칠 위험도 없지 않다.

또 다른 하나의 가늠자는 동시대적인 다른 나라, 다른 문화권에서의 제도와 실제운용, 그리고 가치의식일 것이다. 특별히 선진법치사회 진입이라는 목표에 맞추어 우리 시대의 검찰문화·사명·역할을 논하려면, 선진법치문화를 향유해 온 다른 나라의 법제도와 그 속에서 전개되어 온 검찰의 사명·역할을 거울삼는 일은 가능할 뿐만 아니라 필요한 방법이라고 사료된다. 그것이 비교법적 연구의 방법론과 그 필요성이다.[33] 그러나 이 같은 방법론은 우리 검찰의 당면과제이기도 한 선진법치사회 진입을 위한 검찰문화·가치관·사명·역할의 재음미를 위해서도 필요하다. 과거 우리 검찰의 문제점과 문화적 행태들을 살펴보면, 한국 검찰의 현실적인 과제가 무엇인가가 드러날 수 있으리라고 본다. 그것은 정치적 중립성과 탈권위주의로 요약될 수 있을 것이다.

(2) 재론되는 검찰비판론

2009년 5월 23일 새벽 일어난 노무현 전대통령의 투신자살은

---

33) 이에 관하여는 김일수, 『독일·오스트리아·스위스의 형사법 개정추이 연구』, 61면 이하 참조.

많은 사람들에게 충격과 비탄을 안겨 주었다. 마침 박연차게이트의 종착역이었던 노무현 전대통령 관련 비리의혹수사 막바지에서 그가 투신자살을 감행하였던 데는 저인망식 수사, 여론재판을 겨냥한 듯한 자질구레한 피의사실공표 등 검찰수사의 전방위적 공격화살을 피해나갈 심리적 안정과 정신적 건강이 거의 소진된 데에도 그 원인이 있었음이 드러났다. 또 다시 검찰수사의 문제점과 함께 검찰제도 자체에 대한 비판도 고개를 들기 시작했다.

검찰비판론은 제6공화국 출범 이후 정권이양기마다 끊임없이 반복되는 주제에 속한다. 지난 1988년 제6공화국 출범 후부터 매 5년마다 우리가 경험했던 새 정부, 새 대통령 체제에서 우리나라 검찰에 무슨 일이 있었는지 잠시 살펴보기로 한다.

'보통사람의 위대한 시대'를 표방했던 노태우 정부 5년간 형사정책과 법치주의는 여전히 권위주의의 틀을 벗어나지 못했다. 그럼에도 불구하고 정보사 땅 사기사건 등 굵직한 경제비리사건들이 한번도 검찰권에 의해 속시원하게 파헤쳐진 적이 없었다.

문민정부 5년간 의정부 법조비리 파동과 대전 법조비리 파동으로 법조계 전체의 비리와 먹이사슬이 어떻게 널리 퍼져 있는지가 백일하에 드러났다. 전관예우, 수임비리, 전별금, 촌지, 떡값 등 명목은 과거 권위주의 시대에는 법조계의 관행이었으나 문민정부에 들어오자 청산되어야 할 법조비리로 인식되기에 이르렀다. 물론 거기에는 대내외적인 역학적 구도가 작용한 탓도 있었지만, 어쨌든 사회적으로 혐오스런 이들 법조비리에는 고위 검찰직까지 연루돼 징계와 사상초유의 항명사태까지 터진 시기였다. 당시 '고개숙인 검찰', '검찰총수의 눈물' 등으로 표현됐던 대목에서 검찰은 오랜 악덕의 관행을 끊고, 새 출발을 국민 앞에 거듭 다짐하기도 했다. 검찰은 과거청산이라는 정치적 회오리바람 속에서 성공한 쿠데타의 주역이자, 전직 대통령이었던 전두환・노태우 두 사람을 법정에 세우고 한보철강사태에 이르러서는 대통령의 아들까지 구속하는 초유의 힘, 즉 법의

힘을 보여주었다. 하지만 장학노씨 뇌물사건, 신한국당 강삼재 사무
총장의 20억+알파설 등 권력실세들의 불법을 파헤치는 데는 미온적
이라는 인상을 남겼다.

　　국민의 정부 들어서면서 김대중 전대통령은 "검찰이 바로 서야
나라가 산다"라는 화두와 함께 법과 질서 확립의 선봉에 검찰이 바
로 서야 한다는 점을 누차 강조했다. 그러나 검찰총수들의 행태는
법의 공정성과 권력의 중립성과는 아직 거리가 멀었다. 검찰의 축이
영남에서 호남으로 이동했고 검찰권 행사에서 인간미가 풍기기도 했
으나 엄격해야 할 공과 사의 구별이 무딘 것이 탈이었다. 검찰총수
부인의 옷로비의혹사건, 공안검사의 조폐공사 파업유도 의혹, 서경
원 전의원 간첩사건 진실은폐 의혹이 불거지면서 사정의 중추기관
이요 수사의 주재자인 검찰의 신뢰가 근저로부터 다시 흔들리기 시
작했다.

　　그 밖에도 한빛은행 불법대출사건, 동방금고 불법대출사건 같은
대형금융비리는 검찰총수를 지낸 선배 변호사의 전화변론을 받고 검
찰간부들의 판단착오로 의혹이 묻혀졌다가 뒤에 문제가 불거지자 재
수사에 착수하는 등 검찰의 위상·명예가 말이 아닌 지경까지 실추
되었다. 4.13 총선 이후 선거사범 처리에서는 검찰이 여당의 편을
들고 야당을 불리하게 다루었다는 이유로 검찰총장과 대검차장에 대
한 야당의 탄핵소추안이 발의되기도 했었다.

　　특히 이용호게이트는 검찰수사에 대한 불신으로까지 번져 결국
특별검사의 손으로 넘어갔고, 당시 차정일 특검은 권력형비리의 전
형이라 할 이용호게이트를 마무리하면서 특검팀은 "못볼 것을 보았
노라"고 실토했다.

　　국민의 정부 마지막에 이르러서야 검찰은 대통령의 두 아들을
구속하는 등 사정의 중추기관성의 무게를 되찾는 노력을 기울였지
만, 그간의 오명을 벗어버리기에는 역부족으로 보였다.

　　참여정부가 들어서자 검찰의 위상은 이제 내부적인 부조리의 위

기가 아니라 정치권력으로부터 오는 개혁강풍에 맞부딪히면서 그 험로를 예고했다. 강금실 법무장관의 임명부터 충격이었다. 뒤이어 노무현 전대통령의 평검사와의 대화가 바로 그 심각성의 일단을 국민들에게 극명하게 보여준 사건이었다. 이 자리에서 노무현 전대통령은 "과거시대 경험을 덜 가진 사람들을 검찰수뇌부로 밀어 올리겠다"고 공언했다. 그 후 송광수 검찰총장 시대를 맞아 대선자금 수사에서 검찰의 정치적 중립성 행보는 국민적 신뢰를 되찾는 계기도 되었지만, 검경수사권조정을 통한 검찰수사권제한노력, 천정배 법무장관의 수사지휘권 파동 등은 그 동안 검찰과 최고권력과의 밀착관계를 벗어나 권력 측으로부터 검찰과의 거리두기를 위한 시도라는 뜻밖의 측면도 없지 않았다. 이 점이 실제로 권력과의 밀월관계에 오래 길들여졌던 검찰권력에는 일종의 존재상실의 불안감이요 모멸감으로까지 비쳐질 수 있었다. 어쩌면 노무현 전대통령의 퇴임 1년 만에 터진 박연차게이트를 빌미로 검찰이 노무현일가의 비리척결에 그토록 치열했던 데는 이것이 악연이 되어 잠재된 집단심리적 분노의 표출로 나타났을지도 모른다는 해석도 가능해 보인다.

어쨌거나 노무현 전대통령의 서거로 임기제 검찰총수가 임기를 못다한 채 물러났고 비록 중도하차했지만 새 검찰총수가 예상된 검찰기수를 파격적으로 뛰어넘어 발탁되는 사태까지 이르렀다. MB의 실용정부에 들어와 다시 검찰에 대한 안팎의 비판목소리가 높아질 수밖에 없는 상황이다.

(3) 정치적 중립의 문제

정권이 바뀔 때마다 검찰의 위기로까지 번지는 이처럼 반복되는 검찰에 대한 불신과 비판론은 어디에 그 원인이 있을까? 다른 많은 원인이 있겠지만 큰 문제는 검찰의 정치적 편향성, 검찰권의 정치도구화에 있다고 본다. 검찰이 민주사회에 존재할 수도 없는 신기루와 같은 성역을 설정하고 그 성역의 수호자로 자처할 때 검찰은 정치의 도구로 타락하고 만다. "성공한 쿠데타는 무죄"라던 6공 초기의 우리 검찰과 과거청산시대에 그들을 단죄하던 우리 검찰의 모순된 두 얼굴을 당대를 경험한 시민들은 아직도 야릇한 기억으로 간직하고 있을 것이다.

유감스럽게도 5,6공을 거치면서 오늘에 이르기까지 큼직한 경제비리, 권력형비리에 대해 속시원하게 검찰수사를 통해 밝혀진 적이 별로 없었다. 노태우 전대통령이 성역 없는 수사를 지시했던 수서사건, 6공최대의 금융사기사건이라는 명칭을 얻었던 정보사땅사기사건, 문민정부최대의 의혹사건이었던 한보사건, 국민의 정부시절 이용호게이트, 참여정부시절 JU다단계사기사건, 현재의 박연차게이트 등 어느 것이나 국민적 의혹을 밝히는 데 한계를 드러냈다.

인물보다는 인맥에 의해 형성된 검찰상층부는 실로 정권의 온실 속에서 자란 꽃과 같아서 바람부는 광야에서 돌밭과 가시넝쿨 사이를 헤집고 진실의 광맥을 찾아내는 데 역부족이었다. 빈번히 검찰수사는 성역을 파헤치기는커녕 성역의 문밖에 서서 그것을 비호하거나 짜맞추는 요식행위 수준에 머물렀다.

성역 없는 수사를 통해 검찰이 법과 정의의 기틀을 그때마다 바로잡아 주었더라면, 오늘날 만연한 부패의식이 우리네 삶의 터전에 또아리를 틀고 앉아 있는 일은 없었을 것이다. 검찰이 진실을 규명하여 법과 정의를 세우는 일에 혼신을 다했더라면 국민의 법의식을 신장시키고 이미 법치선진화의 지평을 내다볼 수 있는 지경까지 이르렀을지도 모른다. 그들이 정권의 이익이나 집권자 일가의 이익을 국익과 혼동하고 있을 때마다 정부와 검찰 모두 국민의 신뢰로부터 점점 멀어져 가곤 했던 것이다.

이처럼 검찰이 정치검찰화할 때 법과 정의도 일부의 편익을 위해 팔고 살 수 있는 물건처럼 상품화할 수 있다는 인상을 남겼다. 만약 법과 정의가 상품화한다면 법규범이 국민 전체를 위한 공공선의 범주에서 벗어나 개인에 대한 부분적인 편익에 봉사하는 처분가능한 수단쯤으로 전락할 수 있다. 그렇게 되면 장기적으로 국민의 법의식과 사회기강은 뿌리에서 좀먹히게 되고 법을 통한 질서안정도 흔들리게 되어 외형적인 민주정치라는 틀 속에서 결국 일인독재가 가능해질 수 있다. 검찰이 정치적 편향성으로부터 벗어나 객관성·중립성·독립성을 확보하지 못한다면 그야말로 민주화의 길목에서도 문민독재가 등장할 가능성은 상존한다.

그러므로 정치적 성역이라는 장애물을 뛰어넘어야 사회는 비로소 민주주의와 법치주의의 대로로 나아갈 수 있다. 검찰권은 결코 한 정권의 권력의지를 대변하는 기관이어서는 안 된다. 검찰이 진정으로 사모해야 할 것은 권력상층부의 얼굴이 아니라 깨어 있는 국민의 얼굴이라는 점을 잊어서는 안 될 것이다. 그럴 때에야 국민의 눈에서 검찰이 정치권력의 시녀라는 나쁜 인상을 지울 수 있을 것이다. 정치권력의 강자에게는 굴신하고, 약자에게 군림하는 그런 검찰이라면, 진정한 의미에서 국민의 검찰이라고 말할 수 없다. 정치권력의 시녀라는 오명을 벗어 던지지 못하는 한 검찰의 장래는 없다.

불행스럽게도 우리나라 검찰은 이 엄연한 제자리찾기를 아직도 완수하지 못한 채 권력의 풍향에 따라 돌고 있는 듯한 인상을 풍긴다는 점이 가슴 아프다. 2004년 형사정책연구원의 국민의식조사와 2005년 정기국회 정책자료에 의하면 우리 국민의 약 80% 정도는 검찰이 사건처리에서 정치권의 영향을 받고 있다고 믿는다는 것이다.[34] 검찰의 정치적 중립성에 대해 우리 국민 절대다수가 부정적인 시각을 갖고 있다는 증거인 셈이다.

검찰이 이제 다시 바로 서는 길은 정치권력의 하부수족으로서가 아니라 검사실 벽마다 걸려 있는 '원칙과 기본이 바로 선 검찰'이라는 업무지침에 맞게 당당한 법집행기관으로 거듭나는 일이다. 검찰

---

34) 박미숙, "국민의 시각에서 본 미래검찰의 기능과 역할," 대검찰청, 2006, 22면 이하.

청법 제4조 제2항도 "검사는 그 직무를 수행함에 있어서 국민 전체에 대한 봉사자로서 정치적 중립을 지켜야 하며 부여된 권한을 남용해서는 아니된다"고 명시하고 있다. 이러한 정신을 담보하기 위해 그 동안 꾸준한 검찰제도개혁의 일환으로 1988년 도입된 검찰총장 2년 임기제와 중임제한제도(검찰청법 제12조 제3항), 2003년 도입된 검찰총장임명에 대한 국회의 인사청문제도(국회법 제65조의2; 검찰청법 제34조 제2항) 등이 여전히 작동되고 있지만 검찰의 중립을 지키기에는 아직 미약해 보인다. 헌재의 위헌결정으로 지금은 삭제되었지만 1997년 도입된 바 있는 검찰총장의 퇴직 후 2년 이내에 공직취임금지 및 정당의 발기인 내지 당원활동 금지조항도 검찰의 중립성확보를 위한 제도적 장치마련에 그 동안 어떤 안간힘을 써왔는지를 보여주는 단면이라 할 수 있다.

　참여정부 들어와 김종빈 검찰총장의 자진사퇴를 몰고 왔던 천정배 법무장관의 구체적인 수사지휘권(검찰청법 제8조) 행사, 이른바 강정구교수사건파동도 검찰의 정치적 독립성을 약화시킬 소지가 있는 제도라는 점을 보여주었다. 정치인 장관의 정치적 이해관계에 따른 수사지휘·감독은 준사법기관으로서 서야 할 검찰제도에 대해서 분명 하나의 위험원이 될 수 있다. 결국 송광수 검찰총장처럼 스스로 목숨을 걸고 정치적 외압을 차단하려는 결연한 의지가 없다면 검찰의 정치적 중립성은 요원한 과제일지도 모른다.

　검찰의 정치적 중립성을 확립하는 데 중요한 관건 중 하나는 검찰 인사의 공정성이다. 인맥, 학연, 지연에 따라 검찰 인사가 뒤틀릴 수도 있고, 정치적 영향으로부터도 완전히 자유롭지 못하기 때문에 인사 룰의 공정성과 투명성 확립은 검찰의 선진화를 위해 아무리 강조해도 지나치지 않을 것이다. 2004년 이후 검사의 직급을 검찰총장과 검사로 단순화하고(검찰청법 제6조), 검사의 임용·전보 그 밖의 인사에 관한 중요사항을 심의하기 위하여 법무부에 검찰인사위원회를 두기도 했다(검찰청법 제35조).

304 수사체계와 검찰문화의 새 지평

이러한 제도들을 아무리 더 쌓아 올려간다 한들, 검찰 스스로 과거의 타성과 인습으로부터 벗어나 정치적인 독립성과 중립성을 지키려는 결의와 의식으로 무장하지 않으면 무슨 소용이 있을는지 의문이다. '권리는 투쟁을 통해 쟁취되는 것'이라는 예링(Jhering)의 법언은 검찰의 바로서기에도 그대로 타당해 보이는 말이다. 검찰권이 오랫동안 정치권력의 하수인이 되어 법치를 왜곡시켜 왔다는 점에 대해서는 깊은 자기반성이 있어야 할 대목이다. 국민 앞에 그 부끄러움을 고백할 수 있다면 그것이 진정한 용기요, 약속 있는 새로운 출발로 비쳐질 것이다.

더 나아가 검찰개혁을 통한 검찰 제자리찾기는 결코 타율적인 정치적 외압에 의해 실현되어서는 안 될 것이다. 검찰의 타락을 조장한 데는 실로 정치권력의 책임이 크기 때문이다. 좀 더디 가도 검찰 스스로 자기혁신의 몸부림으로 한 걸음씩 개선의 발걸음을 내딛도록 하는 것, 그것이 진정한 의미에서 국민의 검찰로 거듭나는 일이요 또한 우리 모두 함께 바로 세우는 일이 될 것이다.

(4) 탈권위주의의 문제

2007년 JU사건 수사에서 어느 수사검사가 피의자에게 허위진술을 강요해 해당 검사와 수사지휘 라인에 대한 징계소동이 벌어졌다. 법무부는 부패범죄특별수사본부를 신설하는 안을 내놓으며 그 수습에 안간힘을 썼다. 당시 검찰의 총수마저 희대의 사기사건으로 예단할 만큼 세인의 관심이 컸고, 그 수사선상에 청와대 비서관의 친인척 이름도 오르내려, 권력을 배경으로 한 모종의 대형사기극이 벌어진 게 아닌가 하는 의구심을 불러일으킨 사건이기도 했다. 그런데 그만 수사진의 불법수사가 폭로되면서 권력층으로 향하던 수사의 칼끝도 문제의 전 청와대 사정비서관에 대한 무혐의 처분으로 종결되고 말았다.

검찰의 정치적 중립성과 검찰 제자리 바로 세우기는 권위주의의 옷을 입은 검찰권이 도덕성을 지닌 검찰권력으로 거듭나 국민을 섬기고, 국민을 위해 봉사하라는 검찰민주화의 이념과 철학 이외에 다른 것이 아니다. 참여정부 초반 노무현 전대통령의 공세적 검찰관은 그 후 검·경수사권조정 및 중수부폐지와 공직부패수사처 신설 시도, 검찰이 제도 이상의 권력을 갖고 있어 모종의 견제가 필요하다는 발언 등에서 다시 확인된 바 있다. 문제의 핵심은 바로 무소불위의 검찰권력을 어떻게 민주적 통제 하에 두어, 검찰권력에 부착된 권위주의의 색채를 탈색시킬 수 있을 것인가에 함축되어 있다고 본다. 권위주의를 벗어버리고 검찰이 국민의 그리고 국민을 위한 검찰로 거듭나려면 검찰제도상의 미비점을 보완해야 하는 일 외에도 검찰권력에 수반되어온 우상과 신비의 거품을 제거하는 일이 급선무다.

5공까지의 권위주의 통치가 역사의 뒤안길로 물러난 지금, 우리의 법생활은 어떤가? 그 동안 문민이든, 국민의 이름으로든, 참여든 끊임없이 이어져 온 권위주의적 잔재, 즉 개혁이라는 명분으로 정당한 절차와 법치주의 틀을 벗어난 통치형태, 특정인과 특정세력의 손에 휘둘리는 제왕적 통치의 모습, 반대세력의 추방과 근절을 위한 국세청의 세무조사, 감사원의 사정, 검찰의 과도한 수사권력 남용 등은 법치주의를 신봉하는 보통사람들의 눈에 우수(憂愁)를 자아내는 전근대적 현상들이었다.

문민정부 이후 수사에서 절차적 정의를 실현하기 위한 제도개선 노력들이 얼마만큼의 성과를 나타낸 것은 부인할 수 없다. 경찰서보호실의 퇴출, 인신보호영장제도의 취지를 살린 영장실질심사제 도입, 영장집행에서 미란다 룰의 도입, 기소독점주의를 통제하기 위한 헌법소원제도의 활성화와 재정신청제도의 전면확대, 조서재판주의에서 공판중심주의와 증거재판주의 강화, 국민참여재판제도의 시험도입 등은 법제도와 실무관행 개선노력의 최근의 결실에 해당한다.

그럼에도 불구하고 검찰권력의 폐쇄적인 관방사법적 쓴 뿌리, 이를테면 불법·탈법·편법수사와 같은 전근대적인 잔재들이 아직도 우리나라 검찰의 사전에서 완전히 사라졌다고 단언하기는 어렵다. 최소한으로 절제된 부드러운 권력만이 현명하게 질서안정을 낳을 수 있다는 명제를 일선의 검찰실무가들은 아직 잘 인식하지 못하고 있다. 강벌과 엄벌만이 질서안정을 약속한다는 신화를 이들은 미신처럼 의식 속에 간직하고 있기 때문이다. 여기에서 법치주의는 강벌주의로 오인되어, 강경대처, 대량검거, 대량구속 등이 법치주의를 위한 전가의 보도인 양 휘둘러지는 경향이 나타난다.

새삼스러운 이야기지만 자유민주주의체제하에서는 어떠한 국가권력과 법률도 인간을 위해 평등하게 봉사하는 수단에 지나지 않는다. 권력과 법률이 단지 통치의 지배도구가 될 때 실로 자유민주주의는 질식당하고 만다. 더 나아가 권력현상의 일탈가능성을 근거로 해서 권력의 자의적인 지배가 아니라 법과 정의의 지배여야 한다는 요청이 또한 법치주의의 요체다. 권력이 정당한 목적의 한계 안에서 법적 절차에 따라 겸허히 행사되도록 하는 것, 인권과 정의의 편에 서 있는 법의 지배가 권력욕에 사로잡힌 사람의 지배의 우위에 있게 하는 것, 그것이 바로 법치주의의 이념이다. 실제 이 같은 원칙과 정신을 벗어난 공권력의 행사는 권력의 남용, 도덕성을 잃은 폭력에 불과하다.

상궤를 일탈한 수사권력이 한 사람의 국민을 고립무원의 한계상황으로 몰아넣고, 존재박탈감과 절망감 속에서 자살의 길로 내몰아가는 반복되는 수사관행은 우리 검찰이 아직도 안고 있는 전근대적인 음습한 유물의 전형이다.

검찰이 권위주의를 벗고 진정한 의미의 권위를 덧입는 길은 결국 검찰이 사법기관성과 객관의무를 지닌 진정한 법률가집단이라는 의식으로부터 새롭게 출발하는 데 있다. 검사는 비록 법관처럼 헌법에서 보장하는 신분과 독립성을 취하지는 못할지라도 검찰사무를 통해 궁극적으로 법 그 자체를 실현하고 구체화한다는 점에서 인권과 정의실현을 목적으로 삼는 사법사무의 범주를 벗어나지 않는다. 검사는 공익적 지위에서 진실을 추구하여 피의자·피고인의 정당한 이익을 보호해야 하며, 이를 통해 그들에게 유리한 실질적인 변호도 해야 할 의무가 있다는 점, 법원에 앞서 수사종결에 즈음하여 기소여부에 관한 법적 판단을 내려야 한다는 점, 그리고 법원에 대하여 법령의 정당한 적용을 청구할 수 있는 권한을 갖고 있다는 점 등은 검사가 법률가로서 법을 구현하는 사법기관성을 갖고 있음을 뜻한다.

여기에 중요한 또 하나의 과제를 덧붙인다면 검사에게 법조인으로서의 직업윤리가 어느 직역보다 강조되어야 한다는 점이다. 법률가가 법률을 기계적으로 조작하거나 피도 눈물도 없는 자비에르식 수사기술자 수준에 머물러서는 안 된다. 먼저 윤리와 인간성의 향기를 지닌 품위 있는 인격이어야 한다. 너무 인간적이 되어 사적 이해관계에 휘둘린다거나 공사의 구별을 못해 정의의 잣대를 굴절시키는 행태가 결코 인간적이라는 이름으로 정당화될 수는 없다. 그럼에도 중요한 점은 법률가의 직업윤리가 결코 법률을 잘 알고, 법률판단을 매끄럽게 하는 데 있지 않다는 점이다. 오히려 법률가 앞에 존재하는 법의 의미를 성찰하고, 그 법이 말하는 근원적인 소리에 실천이성으로써 순종하는 데 있음을 강조하고 싶다.[35]

---

[35] 김일수, "한국검찰 무엇이 문제인가―그 해법과 과제," 월간중앙, 2009. 8, 66면 이하.

IX 결 론

이 글에서 필자는 한국적 상황에 넓은 지면을 할애한 편이다. 그것은 의도한 바이기도 하다. 우리는 대화의 상대방을 쳐다볼 수는 있지만, 우리 자신의 얼굴을 스스로 바라볼 수 없다. 더구나 이상적인 담론상황이 아닌, 논쟁판에서는 상대방을 무너뜨리는 데 골몰한 나머지, 우정 어린 자세로 상대방의 모습을 귀띔해 주는 반사경 노릇을 일방이 담당하기 어렵다. 우리나라에서 수사절차를 둘러싼 검·경 간의 논쟁은 유감스럽게도 바로 이런 형국으로 전개되어 가고 있다.

정치적인 논쟁에서 제3의 반사경 역할은 공정하게 사유하는 평균적 시민들의 건전한 상식과 여론이라고 할 수 있다. 그러나 법 개정을 둘러싼 법정책적 논쟁에서는, 그 주제들이 특히 고도의 전문성을 갖는 것일 때, 정책적 논쟁을 반영하는 거울을 평균적 시민들의 상식과 여론에서 찾기 어렵다. 필자의 생각으로는 이 경우 법제도의 뿌리에 대한 성찰과 외국법의 추세(trend)에 대한 비교법적 연구가 반사경 역할로서 의미를 지닐 수 있다는 것이다. 그래서 이 글에서 필자는 우리나라 형사소송법의 뿌리를 찾아 멀고도 가까운 유럽대륙으로 발걸음을 옮겼고, 특히 현재 형사소송법 개정 및 특히 수사절차 개정에 진력하고 있는 독일, 오스트리아와 스위스의 최근 형사소송법 개정 노력의 결실들을 우리의 논쟁의 깊이와 넓이를 반성적으로 성찰해 볼 수 있게 할 거울로 삼고자 했다.

이와 같은 거울에 비추어 필자는 결론 부분에서 다시 한 번 지금 여기에서 우리 법현실에 대한 상황을 분석해 보고, 상황을 발전적으로 견인할 이념적 가치지표와 방향을 모색해 본 뒤, 희망의 지평을 전망해 보고자 한다.

한국의 법문화에서 자유주의 이념은 아직 한번도 그 절정에 이르러 보지 못했다. 관념으로서의 자유조차 우리는 아직 포만감에 젖어 역겨움을 느낄 정도로 누려보지 못했다. 500년 왕조시대, 40년 식민지배시대, 또 40년 권위주의와 독재시대를 통해 법의 왜곡과 권력·국가의 변질을 깊이 체험했을 뿐 자유의 진수를 맛볼 수 없었다. 1987년 6.29 선언 후 정치자유화와 민주화가 힘찬 행진을 계속했음에도 불구하고 자유의 최정점을 향한 발돋움은 아직 산기슭을 벗어나지 못한 실정이다. 눈에 보이는 레비아탄(Leviathan)은 꼬리를 감추었지만, 눈에 보이지 않는 빅 브라더스(Big Brothers)는 국가권력 작용의 베일 속에서 간계를 숨기고 있기 때문이다.[1]

이런 현실을 직시할 때 한국법에서 우리는 개인의 진정한 자유를 위한 투쟁과 방어에 깨어 있지 않으면 안 된다. 수사절차법에서 우리는 피의자 개인의 자유와 권리를 보호하기 위한 더 많은 조치들을 추구해야 한다. 구속된 피의자는 이미 피고인과 같은 수준의 법적 지위와 권리를 향유할 수 있어야 한다. 필요적 변호와 국선변호인제도가 여기에 확대 적용되어야 한다. 피의자와 변호인 그리고 피해자 등의 절차 참여권이 더욱 신장되어야 한다.

한국의 사회·경제적 구조는 이미 세계화의 틀 속에서 함께 짜여져 가고 있다. 국경과 보호주의 장벽은 점점 철폐되어 가고, 문호는 세계를 향해 점점 더 넓어져 가고 있다. 이미 현대형 범죄들은 국경을 넘나드는 다국적형 범죄가 되었다. 인신매매, 포르노 등 음란물, 성매매, 마약밀매, 전쟁물자매매, 경제범죄, 자금세탁, 통화위조, 테러조직, 조직범죄 등은 국경을 넘어 기동화·광역화의 추세를 보

---

[1] 김대중 정부에 이르러서도 국정원의 불법도청이 계속되었음을 알려준 최근 X-파일 파동은 그에 관한 한 단면에 불과하다.

이고 있다.

이런 현실과 대결하기 위해 한국법의 지평에서 우리는 국외로부터 개인과 사회의 안전을 지키기 위한 보다 광범위하고 효율적인 범죄투쟁전선을 구축하고 전략을 구사하지 않으면 안 된다. 국가소추기관들은 범죄기술의 과학적 진보수준을 훨씬 능가하는 범죄진압을 위한 과학적 기술들을 확보하지 않으면 안 된다. 여기에 과학적 수사기법, 예컨대 시청각적 공간감시, 전화통화 및 통신 통제, 비밀첩보원의 투입과 미행, 유전자 정보분석, 전자적 감시장비의 투입, 전산자료 정보망의 구축 등의 수사과학적 기술들이 소송법적으로 자리를 잡아가고 있다.

여기에 현대 형사소송법, 특히 수사절차법상의 야누스가 보인다. 개인의 기본권과 인권보장 및 절차 참여권의 신장이 강조되는가 하면,[2] 깨어진 유리창(broken windows)과 같은 현대적 공동체의 안전 및 잠재적 피해자 보호를 위한 효율적인 안전망 구축과 권력에 의한 사적 비밀 및 자유영역의 통제가 용인되는 현실은 분명 법치국가적 형사사법의 역설이요 모순이라고 할 수밖에 없다.

형사소송법은 애당초 개인이익과 단체이익의 충돌이 극명하게 드러나는 영역이다. 지금까지 자유주의 이념은 양자의 충돌에서 언제나 개인이익에 우선권을 인정해 왔다. 이에 비해 최근 등장한 공동체주의(Kommunitarismus)는 양자의 충돌에서 전체 이익에 우선권을 인정하는 경향이다.[3]

이러한 모순과 역설의 흔적들은 현대법의 감출 수 없는 실상으로 드러나고 있다. 전통적인 법사고는 개념의 완결성과 원칙의 수행가능성 및 법의 정의로움에 대한 신뢰를 전제한다. 전통적 법치국가에서는 법이 일면 강제력을 수반하는 수단인 점을 인정하지만, 타면 시민의 자유를 보장하는 도구라는 인식이 지배적이었다. 법치국가의

---

2) Meier, Die Reform des Ermittlungsverfahrens, in: GA(2004/8), S.457.
3) Reese-Schäfer, Was ist Kommunitarismus?, 2. Aufl., 1995, S.8f.

법은 입법자의 자유통행로가 아니라 사회계약에 기초하여, 사회적 갈등을 해소하는 최후수단이라고 이해한다.

이에 비해 후기현대적 법사고는 최선의 위험방지와 위험예방을 역동적인 기본권보호라고 역설하는가 하면, 인간의 존엄성 보장요구도 국가권력으로부터 개인의 자유·안전에 대한 소극적인 침해금지 요구를 넘어, 국가가 인간의 존엄과 개인의 행복추구권 실현을 위해 적극적으로 개입하여 입법조치를 취해 줄 것을 요구하는 적극적인 수권규범이라고 이해하기도 한다.

이런 조류 속에서 시민의 최대관심은 자유보다 안전이고, 진압보다는 예방 쪽으로 쏠리는 경향이다. 국가는 자유를 위협하는 존재라는 가설은 시민들의 과거음악이고 현재음악은 국가가 자유의 보장자라는 믿음이며, 미래음악은 국가가 안전보장자가 되기를 바라는 희망이다. 예방에 대한 편중된 관심은 전통적인 시민형법(Bürgerstrafrecht)의 패러다임을 이른바 적대형법(Feindstrafrecht)으로 전환시키고자 한다. 시민형법은 오래된 법치국가 형법의 전통과 헌법규범에서 유래하는 인권보장에 의해 제약된 형법인 반면, 적대형법은 헌법적 공동체 질서를 근본적으로 위협하는 자들을 동료시민이 아닌 공공의 적으로 간주한다. 위험에 대한 두려움과 위험에 대한 통제요구 그리고 그에 대한 예방 이익 때문에 이들 특별한 범죄자군에 대해서는 법치국가적 자유보장책을 포기해도 좋다는 것이다.[4]

만약 후기현대적 법사고와 적대형법 내지 위험형법적 사고를 일방적으로 추종한다면, 오늘날 법공동체의 법적 평화를 파괴하는 범죄에 효과적으로 대응하기 위해, 경찰의 독자적인 수사권확립 및 경찰권의 강화를 긍정적으로 받아들이려는 주장도 성립 가능할 것이

---

4) 시민형법과 적대형법의 논의를 여기에 끌어들인 학자는 독일 Bonn 대학의 Jakobs 교수이다: Jakobs, ZStW97(1985), S.753ff.; ders. Staatliche Strafe: Bedeutung und Zweck, 2004, S.38; ders. Strafrecht AT, 2. Aufl., 1991, 2/25C.

다. 그러나 경찰국가화의 경향은 현대판 레비아탄의 재등장을 용인하는 자기모순에 이를 위험이 있다. 안전에 대한 위험예방 요구가 다시 자유에 대한 위험을 낳게 될 것이라는 우려이다.

독일, 오스트리아, 스위스의 형사소송법상 수사체계의 재구축 논의에서 경찰의 수사권을 강화하려는 시도는 찾아보기 어렵다. 경찰국가에로의 회귀라는 비난은 현대의 법정책가들이 가장 듣기 싫어하는 점일 것이다. 이미 근대성의 세례를 받은 현대국가에서 경찰권의 강화를 공공연히 법제도를 통해 구축하려는 시도는 역사의 시계를 거꾸로 돌리려는 시도가 될 수 있다는 것이다. 그것은 단순한 시행착오 수준에 머무는 것이 아니라, 시대착오적인 일이 될 수 있다.

대신 범죄투쟁의 효율성제고를 위한 방편은 종래보다 한층 더 검찰권의 강화로 나아가는 방향이다. 예심판사의 역할을 검사의 손에 넘겨주고, 예심판사는 역사 속으로 자취를 감춘다. 검찰제도가 갖고 있던 근대성 프로젝트는 유럽대륙의 형사사법체계에서 예심판사의 위력에 막혀, 아직 한번도 그 꽃을 피워보지 못했기 때문에 검찰의 수사기능 강화 프로그램을 법제화하는 작업은 자유주의적 이념과 공동체주의적 이념을 두루 충족시킬 수 있는 공통성을 갖고 있다고 본 것이다.

한국에서 검찰제도의 실상은 어떤가? 검찰권의 정치적 편향성에 대한 비판의 소리도 높고, 그 우려가 항상 잠복해 있는 것은 부인할 수 없는 현실이다.5) 하지만, 근대성의 산물인 검찰제도가 제대로 정착하기도 전에 경찰수사에 대한 사법적 통제작용을 검찰의 기능에서 삭탈하는 것은 유럽대륙에서 최근 들어 일어난 검찰제도의 발전방향을 볼 때 의문스러울 수밖에 없다. 검·경간의 수사협력·공조체계의 구축과 검찰의 수사전과정에 대한 총괄책임의 법제화는 바로 정의와 인권의 수호자로서의 검찰이 사실탐지에 전념하는 경찰수사가

---

5) 김일수, 『법은 강물처럼』(법에세이집), 2002, 226면 이하.

빠질 수 있는 일탈가능성에 대해 사법적 통제의 일환으로 항시 깨어
있어야 한다는 메시지를 담고 있기 때문이다.

역사와 현실로부터 얻은 교훈은 법전과 교조화된 이념으로부터
얻는 교훈보다 더 생생한 것일 수 있다. 우리는 우리 검찰의 탄생에
서 오늘에 이르기까지 긴 역사를 더듬어 "오늘 우리 검찰이 어디에
서 있는가?", "어디로 가야 할 것인가?", "그 곳을 향해 어떤 보폭을
떼어놓는 것이 합리적인가?"라는 문제점들을 검토해 보았다. 물론
검·경 수사체계에 초점을 맞추었다는 점에서 제한적이기는 하지만
말이다.

유럽대륙의 검찰제도는 절대권력의 충복이었던 법관의 재판권과
경찰수사권력을 견제하기 위한 이념에서 출발하여 그 역량을 넓혀온
것이 사실이지만, 언제나 법치국가와 법의 이념의 수호자로서 사법
기관성의 범주를 벗어나지 않았다. 이것이 전통적으로 법률가신분
(Juristenstand)의 명예에 속하는 문제이기도 했다.

우리나라는 일본의 식민지 통치와 함께 대륙의 직권주의적 형사
사법체계의 세례를 받았지만, 그것이 식민통치의 지배수단으로 변형
되었기 때문에, 검찰상과 법관념 모두가 왜곡될 수밖에 없었다. 즉
초기 형사사법체계에서 검사에게 수사지휘권을 인정했지만 사법경찰
의 독자적 강제수사권과 사법경찰작성조서의 절대적 증거능력 등이
인정되었다. 식민지 지배를 위해 강력한 경찰력 활용이 필요했고, 그
것이 우리들로 하여금 유럽의 절대주의 하의 경찰국가 잔재를 뒤늦
게 체험하게 했던 것이다. 이 같은 경찰국가적 유산은 해방공간의
혼란과 건국 후 이승만 독재체제, 그리고 근 30여 년에 걸친 군사독
재체제의 유산 속에서 그 생명력을 끈질기게 이어갔던 것이다.

순수한 의미에서 민주화의 발걸음을 내디딘 지난 3기 정부, 즉
문민정부, 국민의 정부, 참여정부에 시행착오는 분명 있었지만, 법치
주의와 자유주의는 조금씩 앞으로의 발전을 계속 이어나갔다고 말할
수 있다. 2008년 발효된 새 형사사법제도들은 그와 같은 진보의 금

자탑이라 해도 과언이 아닐 것이다.

　물론 이 같은 변화에 발맞추어 효율적인 범죄통제를 위한 과학
적 수사기법, 공범증인 책임감면제도, 참고인 구인제도, 사법방해죄,
자백협상제도 등의 도입도 검토되고 있고, 피해자의 소송절차 참여
제도 및 회복적 형사사법제도도 더욱 실효성 있게 보완되어야 할 필
요가 있다. 그럼에도 불구하고 우리의 형사사법문화가 이제부터는
과거의 권위주의의 탈을 과감히 벗고, 새로운 선진 법치사회의 그것
으로 갈아입어야 할 시점이 되었다는 점만은 부인하기 어렵다. 이것
이 시대정신이요, 법의식에서 새로운 패러다임의 변화라고 말할 수
있기 때문이다.

　문제는 우리 검찰이 어떻게 이러한 시대의 흐름과 변화에 뛰어
들어 사법정의의 흐름을 능동적으로 주도하며, 생명력 넘치는 따뜻
한 검찰문화를 엮어내느냐에 있다. 필자는 검찰의 비대해진 수사기
관성의 거품을 걷어내는 대신, 형사정책적 모델이 될 수 있는 분야,
예컨대 공안사범, 경제범죄, 마약범죄, 지식정보범죄 등 주요영역의
중점수사에 수사역량을 집중·전문화할 필요가 있다고 본다. 그 밖
의 영역에서는 수사지휘권을 실효성 있게 강화하는 것이 바람직한
정책이 될 것으로 본다.

　검찰의 장래 전망은 사법기관성의 극대화에 역점을 두어야 하리
라고 본다. 검찰은 법의 수호자일 뿐만 아니라 법을 통해 사법정의
실현에 봉사하는 기능을 담당하는 만큼, 전문화된 인권옹호기관의
안목으로 경찰수사를 지휘·감독하며, 품격 있는 공판기법으로써 무
장된 공소관으로 공판절차에 참여하며, 법의 집행을 지휘하는 법률
가적 소명에 보다 충실해야 하리라고 본다.

　수사절차에서 검·경은 실제 권한의 분립이 아니라 기관의 분
립에 불과하기 때문에, 전체적인 수사권한 내에서 통일성을 기하기
위해서는 검찰지시권의 우위성은 결할 수 없는 요체이다.

　우선, 검찰 수사지휘권의 실효성을 확보하기 위해서 지휘거부

등 비정상적인 사태에 직면하게 될 때 검찰은 경찰에 대한 수사중지명령을 내릴 수 있어야 한다. 수사중지명령이 내려지면 그 사건에 대해 경찰은 수사를 중단하고, 그때까지 진행된 수사기록 전부를 검찰에 즉시 이송해야 한다.

　물론 직무이전권과 수사중지명령은 중복된 기능일 수 있어서 어느 하나만으로도 수사의 적법성과 공정성을 담보하는 데 충분히 기여할 수 있을 것으로 기대된다. 이 같은 제도는 스위스의 통합 형사소송법에서 발견할 수 있지만, 이미 스위스 여러 Kanton에서 실시하고 있는 전격순찰시스템(Brandtoursystem)이 바로 이 같은 제도의 실효성을 높이기 위한 하부시스템으로 작동할 수 있다.[6] 우리나라에서 실시해온 검사의 체포·구속장소 감찰제도가 이와 비슷한 기능을 해왔다(형사소송법 제198조의2). 다만 이 제도가 실무에서 형식적으로 운영되는 경향이 있어 문제이다. 이 같은 감찰제도를 오히려 직무이전 및 수사중지 제도의 일환으로 손질하여 이 제도가 실질화할 수 있도록 입법적인 조치를 취할 필요가 있다. 시민의 인권보호와 수사의 적법성 보장을 위한 이 제도의 중요성이 실무에서의 타성 때문에 소홀히 취급되거나 형식화되게 방치해서는 안 될 것이다.

　아울러, 검찰이 수사경찰에 대한 체임 및 징계요구권을 행사할 수 있어야 하지만, 그 요건과 절차 및 불복방법 등에 이르기까지 현행 형사소송법·검찰청법 규정보다 더 상세히 형사소송법에 규정할 필요가 있다.

　끝으로, 회복적 정의의 이념을 형사사법 분야에서 지금보다 한 단계 더 앞선 부분부터 구현하기 위해 검찰의 수사종결 처분에 Diversion 프로그램을 접목시켜야 하며(오스트리아의 예처럼), 형사화해와 조정제도를 연계시킬 필요가 있다(스위스의 예처럼)는 것이다. 우리나라 형사법체계에서도 이미 Diversion 프로그램이 일부 실현되고 있

---

6) BVStP, S.185(Anm. zu Art. 306).

지만, 법원의 선고유예, 집행유예의 부대조건으로 실현되고 있을 뿐이다. 이를 검찰의 수사종결 처분의 조건에 연계시킴으로써, 이 Diversion 프로그램이 지금보다 한 발짝 앞선 시점에서 활성화되게 해야 할 필요가 있다. 형사화해 및 중재제도도 피의자와 국가형벌 소추기관으로 짜여졌던 양립구조에서 피의자·피해자·국가형벌 소추기관의 정립구조로 전환시키는 작업이 필요하다는 것이다. 이것은 세계적인 입법추세이기도 하다. 그렇게 함으로써 법적 평화와 회복적 정의 이념을 수사절차에서도 더 효과적으로 구현할 수 있을 것으로 본다.

　이렇게 걸어가려면 먼저 검찰 스스로 낮아지고 부드러워져야 한다. 수사지휘권과 공소권을 독점적으로 행사하는 검찰권은 그래도 그 유례를 찾기 어려운 막강한 힘을 지닌 권력기관이다. 가장 강한 형법이 최후수단성과 겸손성을 지닐 때 법치국가형법이라 일컬어질 수 있듯이, 가장 강한 검찰이 낮아지고 부드러워질 때 진정한 의미에서 법치국가적 검찰, 국민의 검찰로 자리매김되어질 수 있을 것이다. 그러한 검찰상이야말로 법과 도덕과 권력의 조화로운 통합을 국민들의 삶과 의식 속에 각인시켜줄 수 있을 것이다.

　검찰에 대한 오랜 국민적 불신이 바로 정치편향성과 권위주의적 성격이었다면, 이것은 바로 검찰이 수사기관성에 경도되고 그에 몰입한 나머지 인간존중의 정신(sensus humanitatis)과 품격을 잃었기 때문이었을 것이다. 검찰의 정신과 문화 속에 인간존중의 정신이 강물처럼 흐르게 해야 한다. 처벌을 하든 교육을 하든 인간을 인간으로 바라보고 존중하는 정신이 우선되어야 한다. 이 같은 시대정신이 새로운 검찰문화의 영토를 넓혀가는 새로운 바람으로 불어오기를 기대한다.

참고문헌

〈국내문헌〉

강구진, 『형사소송법』, 학연사, 1982.

김기두, 『형사소송법』, 박영사, 1985.

김병화, 『근대한국재판사』, 한국사법행정학회, 1974.

김일수, "독일 · 오스트리아 · 스위스의 형사법 개정추이 연구"(법무부 용역과제), 법무부, 2005.

김일수, 『법은 강물처럼』, 박영사, 2002.

김일수, 『법 · 인간 · 인권』(제3판), 박영사, 1996.

김일수, "서구제국의 형법개정작업에 관한 고찰," 법무부 형법개정자료 집(I), 1985.

김일수, "선진법치사회 진입을 위한 검찰의 사명과 역할"(대검찰청 용 역과제), 대검찰청, 2009.

김일수, "세계화시대의 법과 한국법의 발전방향," 『세계화시대의 법과 한국법의 발전』, 2005.

김일수, "참여정부와 검찰개혁의 과제," 인천법학논총 제6집, 2003.

김일수, 『한국형법 I』(총론 上, 개정판), 박영사, 1996.

김한주, "안기부법의 문제점과 바람직한 개정방향," 씨올의 소리, 1989. 7.

대검찰청, "수사권조정에 관한 검찰의 입장," 검찰 배부자료, 2005. 6.

대검찰청, 「유럽국가의 검사와 검찰관계—2005 유럽 검찰총장회의—」 자료집, 2005. 9.

대검찰청, 한국검찰사, 1976.

대한변호사협회, 인권보고서, 1985.

대한변호사협회, 인권보고서, 1986.

대한변호사협회, 인권보고서, 1987/1988.

동아일보사, 5공평가 대토론, 1994.

민주사회를 위한 변호사모임, 반민주악법개폐에 관한 의견서, 역사비평 사, 1989.

박병호, "개화기의 법제," 정범석박사 화갑기념논문집, 1977.

법무부, 희망을 여는 약속, 2006.

법무부 검찰국, 검찰국지, 1987.

배종대 · 이상돈, 형사소송법, 홍문사, 2004.

백형구, 형사소송법강의, 박영사, 2001.

서보학, "수사권의 독점 또는 배분?: 경찰의 수사권 독립 요구에 대한 검토," 형사법연구 제12호, 1999. 11.

손동권, "수사권독립, 경찰에 보장하여야 한다," 시민과 변호사, 1994. 11.

송광섭, 형사소송법원론, 대왕사, 1994.

수사권조정자문위원회, 「검 · 경 수사권 조정에 관한 공청회 발표자료」, 2005. 4. 11.

수사권조정자문위원회, 「검 · 경 수사권 조정자문위원회 활동경과에 대한 보고 및 의견서 자료」, 2005. 5. 31.

스즈키 케이후(鈴木敬夫), 법을 통한 조선식민지지배에 관한 연구, 고려대 민족문화연구소, 1989.

신동운, 『형사소송법』, 법문사, 1993.

신양균, 『형사소송법』, 법문사, 2000.

신현주, 『형사소송법』, 박영사, 2002.

이선근, 『한국사(현대편)』, 진단학회, 1963.

이완규, 『검찰제도와 검사의 지위』, 성문기획, 2005.

이재상, 『형사소송법』, 박영사, 2002.

정웅석, 『형사소송법』, 대명출판사, 2005.

조규창, 「서구법 수용에 있어서 법학교육의 역사적 의의」, 근대서구학문의 수용과 보전(普專), 고려대출판부 편, 1986.

조준희, "법조개혁 어떻게 할 것인가; 사법부의 개혁," 인권과 정의 제204호, 대한변호사협회, 1993. 8.

차용석, 『형사소송법』, 세영사, 1997.

하태훈, "수사지휘권의 정당성과 필요성," 민주사회를 위한 변론, 2003. 1/2.

허영, 『한국헌법론』(제11판), 박영사, 1999.

허일태, "경찰수사권 독립에 관한 견해; 제한된 범위내에서 독자적 수사권 주어야," 수사연구 제105호, 수사연구사, 1992. 7.

〈번역문헌〉

Höffe, 통합문화적 형법은 가능한가?, 고대법학논집 제35집, 1999.

Maihofer, 법치국가와 인간의 존엄(심재우 역), 삼영사, 1994.

Roxin, 형사정책과 형법체계(김일수 역), 박영사, 1996.

〈외국문헌〉

Anterist, Anzeigepflicht und Privatsphäre des Staatsanwalts, 1968.

Arbeitskreis AE, Alernativ-Entwurf Reform des Ermittlungsverfahrens (AE_EV), 2001.

Binding, Die Normen und ihre Übertretungen Bd. I., 1922.

Botschaft zur Vereinheitlichung des Strafprozessrechts(BVStP) vom 21. Dez. 2005.

Calliess, Theorie der Strafe im demokratischen und sozialen Rechtsstaat, 1974.

Eb. Schmidt, Strafrechtsreform und Kulturkrise, 1931.

Eb. Schmidt, Die Rechtstellung der Staatsanwälte im Rahmen der rechtsprechenden Gewalt und ihre Einbeziehung in das Richtergesetz, DRiZ, 1957.

Fabrizy, StPO Kommentar, 9. Aufl., 2004.

Foregger u. a., Dis österreichische Strafprozeβordnung, 4. Aufl.

Hassemer, Strafrecht angesichts neuer Formen von Kriminalität, in; 세계화시대의 법과 한국법의 발전(개교백주년 고대법대 국제학술대회), 2005.

Hauser/Schweri/Hartmann, Schweizerisches Strafprozessrecht, 6. Aufl. 2005.

Il-Su Kim, Punitivistische Grundtendenzen der gegenwärtigen Kriminalpolitik, Materialien zum 2. internationalen Thyssen- Symposium in Tokyo/Japan, 24.-26. 9. 2009.

Jakobs, Staatliche Strafe: Bedeutung und Zweck, 2004.

Jakobs, Strafrecht AT, 2. Aufl., 1991.

Jakobs, ZStW 97, 1985.

Jescheck, Entwicklung, Aufgaben und Methoden der Strafrechtsvergleichung,

1955.

Kern, Gerichtsverfassungsrecht, 4. Aufl., 1955.

Krey, Strafverfahrensrecht, Bd. I , 1988.

Kühne, Strafprozeßlehre, 2. Aufl,. 1982.

Lilie, Das Verhältnis von Polizei und Staatsanwaltschaft im Ermittlungs-
verfahren, ZStW 106, 1994.

Markesinis, Foreign Law and comparative Methodology, 1997.

Maurer, Das bernische Strafverfahren, 2. Aufl., 2003.

Meier, Die Reform des Ermittlungsverfahrens, in: GA, 2004. 8.

Moos, Beschuldigtenstatus und Prozeßrechtsverhältnis im överreichischen
Strafverfahrenrecht, in: Jeschecks-FS I, 1985.

Müller, Rechtsstaat und Strafverfahren, 1980.

Niklaus Schmid, Strafprozessrecht, 4. Aufl. 2004.

Oberholzer, Grundzüge des Strafprozessrechts, 2. Aufl., 2005.

Peters, Strafprozeßrecht, 4. Aufl. 1985.

Pfeiffer, StPO Kommentar, 2005.

Pilnacek/Pleischl, Das neue Vorverfahren, 2005.

Reese-Schäfer, Was ist Kommunitarismus?, 2. Aufl., 1995.

Rieβ, Das Strafprozeßänderungsgesetz 1964, Kleinknecht-Festschrift, 1985.

Rieß/Hilger, Das neue Strafverfahrensrecht, NStZ, 1987.

Roxin, Strafverfahrensrecht, 20. Aufl., 1995.

Roxin, Zur Rechtsstellung der Staatsanwaltschaft damals und heute, DRiZ
1997.

Schaler, Zur Entwicklung des Verhältnisses Staatsanwaltschaft-Polizei,
FS-Hanack, 1999.

Schlüchter, Das Strafverfahrensrecht, 2. Aufl, 1983.

Seiler, Strafprozessreform, 2004.

Volk, Strafprozeßrecht, 1999.

Wolter, Aspekte einer Strafprozeßreform bis 2007, 1991.

찾 아 보 기

▌저자 약력▐

고려대학교 법과대학 졸업
사법연수원 제2기 수료·변호사
독일 München 대학 법학박사
Alexander von Humboldt 재단 연구지원금 수령
서암학술재단 해외연구지원금 수령
미국 Harvard University Law School Visiting Scholar
검찰 개혁 자문위원장
검·경 수사권 조정위원장
법무부 정책위원회 위원장
현재 고려대학교 법학전문대학원 교수
중국 우한대학 법학원 겸직교수
법무부 형사법 개정 및 형사소송법 개정 위원
국가경찰위원회 위원장
총체적 형법학 잡지(ZStW) 편집자문위원

▌저서 및 역서▐

『한국형법 Ⅰ·Ⅱ·Ⅲ·Ⅳ』
『새로 쓴 형법총론』(2008년 중국어판도 출간)
『형법각론』
『법·인간·인권』
『사랑과 희망의 법』
『개혁과 민주주의』
C. Roxin, 『형사정책과 형법체계』(역서)
N. Brieskorn, 『법철학』(역서)

수사체계와 검찰문화의 새 지평

2010년 6월 10일 초판 인쇄
2010년 6월 15일 초판 발행

저 자 김 일 수
발행인 이 방 원
발행처 세창출판사
　　　　서울 서대문구 냉천동 182 냉천빌딩 4층
　　　　전화 723 - 8660　팩스 720 - 4579
　　　　E-mail: sc1992@empal.com
　　　　Homepage: www.sechangpub.co.kr
　　　　신고번호 제300-1990-63호

정가 29,000 원

ISBN 978-89-8411-306-0 93360